西洋政治思想史

二版

逯扶東　著

A HISTORY OF
WESTERN POLITICAL THOUGHTS

三民書局

新版說明

　　逯扶東先生所著《西洋政治思想史》全書共分二十五章，自古希臘時期至第一次世界大戰，依時序先使讀者了解當時的社會背景，再介紹該時代重要的思想家與其政治思想，讓讀者能掌握西洋政治思想之精要。

　　全書內容豐富，資料完整，考據精確，自成書以來，即深獲士林重視，學者教授每每引為授課用書。本書初版係於民國五十四年印行，印行至今經作者多次修訂，且已逾十刷。因舊版字體較小，且漸模糊，本局為便利讀者閱讀，乃加以重新排版，除了加大字體外，並將版面由直式排列改為橫式排列，使本書更加完善，敬請讀者繼續給予支持與指教。

三民書局編輯部謹識

自 序

「西洋政治思想史」為大學政治學系所之必修課程，本書之編撰，係以歷年任教該課之講稿，加以整理，修刪增益而成。

本書係將西洋政治思想源流，作有系統之述評，予讀者一清晰完整之認識，以時序發展之過程及重要思想家為主線，貫串融接，每一章中，對時代背景均有或簡或詳之寫述，俾使前後呼應，節次分明，而淵源所自，因果影響，亦可得見，庶不致有支離零散之弊。本書初版計二十二章，後增為二十四章，今再增「法西斯主義與極權政治」一章，共為二十五章。

西洋政治思想，源遠流長，錯綜複雜，筆者雖費盡心力，然終有汲深綆短之歎，譌誤乖謬，必所不免，尚希學術先進，博雅君子不吝指教為幸。

本書初版係早在民國五十四年印行，計至民國八十三年，共刊印八版。茲由於自教壇退休已十數年，且年已衰邁，乃不再續刊，但或由於拙著內容尚條理融貫，清晰明暢，故仍不斷有學界友好及學子，時相詢問，盼能續刊，乃商之多年好友三民書局劉董事長振強兄，承蒙慨允臂助。振強兄早年獲先師鄭文海先生之指引，致力於大學用書之發行，數十年來耕耘至深至勤，今業績斐然，造福學界廣大而久遠，素為眾所推崇欽佩。值此拙著重刊問世之際，深感其盛情雲誼，謹此致以誠摯之謝忱。

逯扶東　謹誌
九十一年七月

西洋政治思想史

目　次

第四章　亞里斯多德

第十一章　宗教革命時期政治思想

第十三章　洛克──光榮革命的代言人

第十四章　開明時代的孟德斯鳩

第十八章　德國唯心主義的創始──康德及斐希特

第十九章　黑格爾──唯心主義之集大成者

第二十章　個人主義的興起與邊沁之功利學派

第二十三章　馬克思主義

第二十四章　各主要社會主義派別

緒　論

一、政治思想之發生

　　人為理性的動物，其所以異於禽獸者在此。而所謂理性，即在於有思想論理的能力，藉以辨認是非正誤，以定行事作為的準則。但任何思想決非無因而生，必對外物有所感觸，乃縈繞於腦海，推敲盤詰，發為語言，並著為文字，宣達於外。政治思想自然亦決非憑空幻想，為無意識的囈語，其所以產生，自有必然的因素。

　　人類生活受到所處之自然環境的影響很大，熱帶、寒帶的人民，或平原、山地的人民，均各有其因適應環境所表現的不同之生活方式。而社會環境對於人類生活亦有密切關係，因為人不僅為理性動物，亦為政治的或社會的動物，需要群居於一個政治社會的環境中，經營共同的生活。但人類生活是動態的而非靜止的，亦即是進化的而不是固定不變的，構成古代社會生活的道德、宗教、制度、法律，便不可能復一一適合於現代的社會，隨著生活的進化，人類為適應環境是在隨時運用其思想能力。又由於人既具有理性，有要求生活合乎理性的本能，便也不只是被動的受環境支配而求適應，更要主動的支配及改造環境以適應人類，來改善生活，或由於對現實環境不滿，發生一種反抗的作用，俾使其所處惡劣環境能夠改觀。再者人類的思想亦隨時代的進步而進步，人類的欲望亦與日俱增，因此對於不良的制度法律要求改變，並且對於改變之後的制度法律還要求其完善。所以自有政治社會以來，人類幾無日不在籌思策劃，如何適應環境或改善環境，俾使人類生活達於最幸福的境域。

　　上述一段文字，即可以說明政治思想所以發生的根本原因。但是一般人的思想仍是遲鈍的，常安於現狀而不究其所以然，或得過且過，一任所謂命運之支遣，故政治思想必賴思想銳敏的先知先覺者啟導，所以並非所

有的人皆是政治思想家。復由於人類是有惰性的，在昇平時代裏，人們常自滿於生活環境中，便不肯多用腦力以求改進，唯待至現實生活令人不堪其苦，始刺激人們，強迫人們去思考，因此偉大的政治思想家是多產生於亂世，昇平時代並非是政治思想家的福地，戰亂乃政治思想家的溫床。

就歷史的記載看來，政治思想發達的時期，的確常常就是在政治紊亂，動蕩不安的時期，尤其是在革命前後，政治思想更如雨後春筍，容易滋生而繁盛。每值此種時期，社會失調，秩序擾攘，政治、經濟、法律、倫理，甚而一切傳統都脫節失軌，各種組織，及各種生活及觀念，皆不能互相調和，以致各種現象愈形紊亂，問題愈形嚴重，人民呻吟痛楚，或至流離失所，飢寒交迫，大家深感到生存的威脅，這是一種可悲哀的時代，所謂「哀以思」，此時思想則必定特別發達，並且是豐富而深刻的，徒然的悲泣，無濟於事，必須焦思苦慮，以謀求對當前問題解決的途徑，殷憂啟聖，大思想家乃於焉產生。由此可知我國春秋戰國之時，何以會百家競起，大放異彩，成為學術思想的黃金時代。而證之於西方歷史，亦如出一轍，希臘政治思想發達的時期，亦正是戰亂不停之秋，與波斯的戰爭 (492 B.C.–480 B.C.)❶，幾度危殆，至紀元前四四九年始訂立和約，但領導戰爭而獲致勝利的雅典，也從此紛爭不寧，內有山地黨與平原黨的衝突，造成內亂，瘟疫流行，經濟枯竭，死亡日增；外有斯巴達的爭霸，乃復有伯羅奔尼撒戰爭 (Peloponnesian War, 431 B.C.–404 B.C.)❷，結果雅典陷落，斯巴達稱霸。接著馬其頓人又崛起於北方，鐵蹄縱橫，直到紀元前三三八年終於大敗希臘聯軍而為盟主，在這種賡續不斷的長期殺伐中，城邦搖撼，人民生活疾

---

❶ 波希戰爭前後共三次，第一次在紀元前四九二年，第二次在紀元前四九〇年，第三次在紀元前四八〇年，雖然每次或由於天時，或由於地利而使希臘方面險獲勝利，但希臘亦疲於應戰，有千鈞一髮之勢。

❷ 伯羅奔尼撒戰爭共分二期，前期自紀元前四三一年至四二一年，後期是自紀元前四一五年至四〇四年。

苦，顛沛流離，生死無常，大思想家乃應時而出現，蘇格拉底 (Socrates)、柏拉圖 (Plato)、 亞里斯多德 (Aristotle)、 以及齊諾 (Zeno)、 伊壁鳩魯 (Epicurus)，皆在此一階段產生。紀元前的事實是如此，迄於近代，情形依然， 洛克 (Locke) 發表其 《政府論兩篇》 (*Two Treatises of Government*, 1690) 之時， 正配合了英國光榮革命， 盧梭 (Rousseau) 的 《社約論》 (*Social Contract*) 寫於一七六二年，亦正是法國大革命爆發之前，山雨欲來風滿樓的時際。

二、政治思想之作用

政治思想發達於亂世，此在理論及事實兩方面都可得到證明，但也因此使人對政治思想發出嚴厲的指責，認為政治思想正是造成政治紊亂的原因，政治思想實乃不祥之物。柏克 (Edmund Burke) 在其所著《法國革命之評論》(*Reflection on French Revolution*, 1790) 中，即有此表示。政治學說紛云龐雜，漫無依歸，或刺激人心，激盪情緒，尤將使政治步入歧途。但這是一種倒果為因的看法，是一種由於政治思想發達於亂世所生的錯覺。應當是先有了國家社會的不安定，才有一般政治思想家出現，他們都想為亂世謀出路，他們的思想有時容或有推波助瀾之力量，但國家社會的不安定，本有其客觀的原因，即使無有政治思想家倡言鼓吹，亦必然會有紊亂的現象，如果政治思想正確，而國家能接受其指示，反可扶顛濟危，撥亂返治。另外又有一般人認為政治思想只是一種玄想，有如空中樓閣，無事實根據，亦無補於時艱，是沒有用處，沒有意義的。他們以為決定一切的不是思想，而是歷史事實，政治社會中一切變動，亦非思想之功，也是由於歷史的力量，是客觀環境的影響，唯物論者尤堅持此說。其實這種看法亦未免武斷，因為凡一思想，皆有其目的，而且每一個思想家的理論，亦必與當時事實有密切關係。柏拉圖的理想雖高，但其《共和國》(*The Republic*) 亦多有事實的依據。其他如亞里斯多德的《政治學》(*Politics*)，洛克的《政府論》，

盧梭的《社約論》，或馬基維里 (Machiavelli) 的《霸術論》，布丹 (Bodin) 的《主權論》，均有當時的政治社會為其背景及基礎。甚或謨爾 (More) 的《烏托邦》(*Utopia*)，也能直接或間接的作時代的反映，也並非癡人說夢。思想家的設計當然較一般人要深刻遠大，只能說當時人不了解，不能接受，卻不能武斷的認為是海市蜃樓，荒誕無稽。

　　上述兩種看法，都是在貶抑政治思想的價值，認為政治思想是毫無作用，反而徒增滋擾。但卻也有人認為政治思想作用甚大，現實政治的演變，完全受政治思想的支配 。 拿破崙 (Napoleon) 曾謂無有盧梭即無有法國革命，並自稱為一傀儡，其政治措施，完全是受幾個思想家的差役而已，孟德斯鳩 (Montesquieu)、福爾泰 (Voltaire)、盧梭等人均為其主使者。此種與上述看法不同的意見，則又完全忽視客觀環境的因素。事實上是政治思想家的學說，如果能與眾人的思想及要求相合，符合了時代精神，便一定會產生重大作用與影響，盧梭的著作，的確不可否認的與法國革命有深切的關係。從歷史上看，政治思想匯集為一股洪流，而致轉移事實，發生深遠之影響者，實在不少。但假使思想家的意見，不合乎人民希望，違背時代或過於超越時代，則不會發生作用，至少在當時是不可能的。所以並非一切政治思想都具有決定時代命運的力量。以思想為母事實為子的見解並非正確，而過份重視物質環境，視思想為事實之附庸或贅瘤，亦有所偏。思想與事實是交互影響的，實際政治非單憑理論政治所可形成，而思想理論亦非完全受事實之驅使擺佈。

　　總之實際政治不是僅受思想激盪而演變，然而也不能不承認有些政治思想家的確曾經發生領導時代或創造時代的功績，不過政治思想固然可能會發生影響，會產生作用，卻也有時產生了反作用，為思想家本人所始料不及者，而所發生的影響，固可造福人群，卻亦能為害世界，所謂水可載舟亦可覆舟，故斥責政治思想為造成政治紊亂之罪魁者，亦非無的放矢。同時凡所能發生影響者，亦未必就是偉大正確的思想，而影響又有大小、

久暫、遠近、深淺及直接間接之不同，此皆為研讀政治思想史所不可不注意者。

三、研究政治思想史之意義

　　蓋泰爾 (R. G. Gettell) 在其《政治思想史》(*History of Political Thought*) 中曾說：「每一個國家均必須有其政治理論。有一些原則來領導一國的政治家及公民，每次政治制度的改革及各種政策的施行，亦必有一些特定的，有系統的整個計劃以供作依據。所以研究政治思想，在幫助我們對政治事業的意義與趨向，促成更深入更公正之觀察的習慣上，是具有實用價值的。再推廣來說，將來的環境是可以自現狀中看出來，猶如過去的情形可自現在看出來一樣，故一種理想或希望，影響於未來者甚大。任何政治建設上的成就與進步，必須依賴一個適於現在情況及需要的合理健全之理論。」❸ 這一段話已經把所以研究政治思想的意義，說出了大半。在深切的研讀政治思想史後，可以知道每一種政治思想或理論，都有其淵源，我人今日所抱持之政治觀念或理想，正是前人思想的結晶。雖然每一時代中，往往亦可以發現新思想、新學說，但事實上仍是由前人的思想學說中蛻變而來。盧梭的契約說，固有其獨特的意見，但霍布斯 (Hobbes)、洛克的契約說皆對他多有啟示，然而契約觀念卻又非霍布斯創其始，古代早已有之。一切政治思想學說，從古到今可說是歷盡滄桑及錘鍊，我人研究政治思想史，正可參考斟酌，引古證今，以為借鑑，為實際政治尋覓途徑，是以不僅求知，還可致用，一些基本問題是並無古今中外之別的，自前人的思想歷程中，獲致合理健全的原理原則，以求適應及配合現實環境的需要。

　　人人各有其政治意識及觀念，正如人人皆各有其人生觀一樣，惟由於個人經驗識力的限制，或受感情的影響，乃不免有所蒙蔽。研究政治思想

---

❸ Gettell: *History of Political Thought*, Chap. I, p. 15.

史，可以就許多不同的政治理論中分析比較，取其所長，棄其所短，尋求正確的觀念，獲取理所當然的標準，藉以體察國家對內對外各方面的行為是否確當，政府對人民的管理是否合理，能有真知灼見，矯正日常錯誤的看法，是非取捨，有一尺度，才不致徬徨歧途，政治行為乃有確定的方向，精神有所寄託，努力亦有了目標。

但研究政治思想最大的意義，還是在於有訓練思想，及建立客觀態度的功用。培養獨立思想的能力，亦為大學教育宗旨之一，一般人思想的能力，是要經過訓練的階程始能成熟，我人鑽研於政治思想史之中，藉歸納或演繹的組織整理，澄清我人思想，並且可以在大思想家的思辨方法中去學習，得到指引而啟開思想源泉。復由於政治思想史中包羅甚廣，各種學說，各種主義雜然陳列，對於某一學說或主義究竟是接受抑或排拒，必須慎思明辨，不為空洞名辭所誘惑，不為權威學說所束縛，得以培養客觀的態度，冷靜的思考，如此則狂妄的維新，盲目的守舊皆可避免。再者研讀政治思想史，亦可幫助我人對歷史的正確了解。歷史的演變是複雜而曲折的，但是世代的轉移，興衰的起伏，使人感到混淆而迷惑，單從歷史的記載中去看，只是看到史實的浮雕，及縱橫交錯的支流，而不見轉變的內在意義，及大主流之所在，政治思想史的研讀，則可補救此一缺失。能正確了解歷史的意義及將來的傾向，實在也是研究政治思想史的主要目的，而且由於對歷史有正確看法，亦正可以建立客觀態度，使我人頭腦開明，胸襟恢宏，不致流於偏頗與武斷。

四、研究政治思想史之態度

許多人在研討政治思想史時，常常對古人作苛嚴的批評，如羅素 (B. Russell) 認為柏拉圖的思想，不僅是共產主義的先聲，而且為法西斯主義之基礎。他的批評固然是可以從柏拉圖的著作中尋出根據來，但是每個時代皆各有其特殊的精神氣氛 (Mental Climate)，在古希臘城邦政治的時代，

於一座小小的城邦國家之中，人們朝夕相見，公共聚會，集體生活的時間多，祭祀神祇的節日，奧林匹克的競技大會，戲劇演出的觀賞，以及公民大會的舉行，人們經常的處處生活於團體之中，尤其當戰爭期間，城破國亡，勢將淪為奴隸，於是大家把國家視為整體，視為有機體，認為人必生存在國家之中，不能離開國家。故柏拉圖主張嚴格教育，甚而富有軍國主義的精神，又主張劃分階級，而統治階層實行共產，此完全受其當時精神氣氛的薰染，我人固可就其理論去作檢討，但亦應諒解他受時代環境所影響的基本意識。所以我人研究前人之政治思想，務須具有客觀冷靜的態度，捐棄成見，並且瞭知當時政治及社會的背景，設身處地的去體會其精神氣氛，如此才能真正上接古人，如見其人，如聞其聲，則趣味盎然，便必定會有親切之領悟，否則諸多隔膜，格格不入，就會味同嚼蠟，無有收益。

　　政治思想史上的思想家，雖然不少有其偉大處，卻亦有其矛盾處，不過此非為缺點，其矛盾之所在，可能即係其貢獻，甚或正是其鋒芒光耀之處。盧梭一方面鼓吹自由，一方面又要人受制於「全意志」(General Will)。思想家們都想要解開政治問題中最難解的結，雖不能順利解開，但至少已為後人開闢了路徑。另一方面是在問題的解析中，往往會發現到一個思想家或悲觀而保守，或樂觀而進取，或偏激或溫和。有的人能在其主觀的邏輯中，使問題迎刃而解；有的人卻煞費苦心，仍不得自圓其說。這常常是與思想家本人之性格有關，與其身世、教育、年齡、及所遭遇之生活處境有密切關係，所以對於環繞於思想家周圍的一切，都應有所研究，然後才會有更深入的了解與發現。

第一章 西洋政治思想的發源地——希臘

希臘並非一文化發源地，但卻做了歐洲文化的搖籃，追溯西方政治思想之濫觴，必從希臘為起點。其繁榮時代距今已有二千多年之久，但其所遺留下來的學術與思想，精神及藝術，仍能影響現代人的思想，支配現代人的生活。

吾人固知柏拉圖 (Plato) 與亞里斯多德 (Aristotle) 為希臘政治思想之代表，但吾人須知希臘之偉大，及其最實在而可見的政治理想，恐不就在柏、亞二氏著作之中，而在其城邦國家 (City State)。柏、亞二氏之思想，並非希臘政治哲學之開端，實係結束，與其謂創造未來的烏托邦，不如說是要恢復以往的黃金時代，其影響所及，在當日亦不如在後世為遠大。因此研究希臘政治思想，應以先明瞭希臘背景為前提。

一、希臘的地理環境

打開歐洲地圖，便可發現有三個不同形狀的半島伸入地中海 (Mediteramean Sea)，最西有伊比利 (Iberia)，中間為義大利 (Italy)，最東即為巴爾幹 (Balkan)，其形如三角，而希臘半島 (Greece Pen.)，即在此大半島的南端，為一海洋及大陸氣候相參的地方，頗適宜人類生活。希臘半島之東為愛琴海 (Aegean Sea)，南面及西面均臨地中海，其海灣大都面向東方，而東面愛琴海中又有許多小島，星羅棋佈於其中，復以港灣良好，故東方埃及，巴比倫的文化，得藉愛琴海為跳板，很容易的輸入了希臘。希臘本土，幾乎全部為山巒所阻隔，形成四分五裂的狀態，交通困阻，其中只有少許的小平原及溪谷，因此不易促成一個統一的國家，而分裂成若干小城邦，地理環境造成希臘在政治經濟上分立的傾向，一般希臘人雖自稱為希

臘人民，但希臘史中，卻從未有一個統一的希臘國家。

二、希臘政治思想發達的原因

希臘所以成為西方政治思想之源頭，由於其政治思想特別發達，考其原因，可於下列四點見之：

㈠**地理之優勢：**希臘地理環境前已言之，藉愛琴海之克里特島 (Crete Island) 為媒介，吸收埃及文化，得以孕育成熟自成型格的希臘文化。良好的港灣，使其有向外發展的雄心，經濟上的充裕，得以有機會培養優越的思想家。加以氣候寒暖適中，對自然無驚懼駭異之念，視自然亦賦有理性與系統，所以影響人們亦可以藉理性以解釋自然，宗教失去束縛力，思想上先獲得自由與解放，自然現象既可解釋，人事現象亦然，以是之故，思想易於發達。

㈡**政體之遞變：**希臘各城邦政體之演化，在荷馬 (Homer) 時代❶為君主政體 (Monarchy)，至紀元前七〇〇年左右，變為貴族政體 (Aristocracy) 或寡頭政體 (Oligarchy)，紀元前六〇〇年左右又變為暴君政體 (Tyranny)❷，至紀元前五〇〇年之後，則多變為民主政體 (Democracy)，其中除斯巴達 (Sparta) 採取貴族政體，歷數百年而少變化外，其餘諸邦，大都是經過以上所述歷程的遞變。考之歷史，凡是在亂世不寧，政治動盪不安之時，政治思想必特別受刺激而發達，希臘經此政體之遞更，政治局勢有激烈波動，故影響理論之探討，思潮之發生。

---

❶ 荷馬為傳說中之古希臘的行吟詩人 (Minstrels)，其所生存之時代，約在紀元前九世紀，唯其著名之史詩「依里亞特」(Iliad) 及「奧德賽」(Odyssey) 中，所描寫者，係紀元前十二世紀的事蹟，所謂荷馬時代，亦始自此時。

❷ 暴君政體之「暴君」(Tyrant) 實係為「僭主」之謂，是指凡以暴力奪取政權，而其祖先並非帝王者。並非皆為「殘暴」不仁的君主，事實上亦有頗多僭主賢能而有幹才。

㈢**制度之歧異：**上述一點，係從縱的方面而言，制度之歧異，乃就橫的方面而說。希臘由於地理上的因素，各城邦為山岳隔離，致小國林立，亞里斯多德為研究憲法，搜集各國資料，竟多達一百五十八國。各氏族最初均係游牧而來，建國於斯，各有祖先，各有其不同的神祇及風俗習慣，甚而服著、裝飾及飲食、語言均有不同，各有其特殊情形，故各國之政治制度及法律、教育亦互異，而各城邦間強弱盛衰互有興替，於是一般理論家，得加以褒貶軒輊，比較探究，何者為最優良之政體，最理想之國家，乃備受檢討。

㈣**個人之尊重：**希臘固有奴隸制度，彼等之地位甚為卑下，但就一般公民言，政治生活幾佔去他們的大部份時間，他們積極的參予各種政治活動，對外之宣戰媾和，對內之改訂法律、選舉官吏、司法審判，以及公使之迎送，都可以參加，有自由發表意見的機會，亦有其政治識見，茶餘飯後，聚晤閒談，亦無不以政治問題為主要話題，所以亞里斯多德當時就說：「人是政治的動物。」宗教及政治的力量，對人均少約束，政治思想不為一二人所獨佔，而為全體人民所共有，是以政治思想容易發達，引起廣泛的注意。

三、城邦國家的一般狀況

希臘一切政治思想，莫不以城邦國家為對象，始於此亦終於此，因為所有政治思想，無不受其所處環境之影響左右，柏拉圖、亞里斯多德二人之理想，實不過以雅典 (Athens)、斯巴達 (Sparta) 二城之政治，截長補短而已。所謂城邦國家，乃是以一城市為中心的一個小政治區域，並且為希臘人一切生活之單位，約胚胎於紀元前九世紀，至紀元前七世紀已發育完成。凡城邦所在，必耕地面積廣大，牧場及水利較優，海洋稍稍彎入內地，交通較便，而又不易受到海盜的直接襲擊。在此一小平原中，又必有稍為高起的丘陵，山顛部份稱為衛城 (Acropolis)，四周圍以城牆，此不僅為國家

政治中心之所在，且為一切中心所在。山麓則為市場，在此亦有政治及經濟的活動，此外則為鄉區的平原地帶，四周面積最大者亦不過二三百方哩而已，半徑超過十哩的城邦並不多，市民們可從衛城上，俯視全國景物。城邦國家之特點，在於共同生活，建有公共的市場、浴室、體育場、健身房，及巍峨的神殿 (Parthenon)、劇場，市民朝夕相見而熟悉，國家對個人之關係至為密切，集團觀念甚重，排外心理極強。一般國家對教育之態度，都頗為認真，教育之含義亦廣，尤注重社會教育。柏拉圖、亞里斯多德之小國寡民思想，實本於此。

　　希臘古代是盛行奴隸制度的，普通一城邦國家中，大概可分為三個階級，即奴隸、僑民及公民，如雅典一城，當其極盛時代，人口約卅餘萬，而公民僅四萬人。奴隸之來源，是戰爭中之俘虜，或由於債務及別種關係而失去自由的人。最初奴隸僅不過供地主及貴族使喚服侍，後因商業範圍擴大，生產事業發達，竟必須由國外輸入奴隸，因此奴隸勞動成為經濟上主要基礎。奴隸乃社會之最下層，無權利可言，但在生活上尚非極痛苦，他們從事農工、警衛等工作，並可充當政府低級辦事員，彼等雖無政治及法律地位，但均能自食其力，主人有賴彼等之勞動，始得以從事文化發展及政治活動。僑民多從事於工商業，希臘當時因無固定之入籍法，致有僑居數世而仍為僑民者，彼等與一般公民在社會上無有區別，亦受法律保障，不過不能參予政治活動，無政治權利。能參予政治生活的只有公民，公民身份由出生而來，等於世襲，可出席最高立法機構的公民大會，可以被選為法庭上的陪審員，亦可以當選各種官員。

第二節　斯巴達及雅典

　　為進一步了解希臘城邦政治，可舉出斯巴達與雅典作為代表，分別加以敘述。斯巴達以其堅強的軍事力量，所向無敵，而為伯羅奔尼撒同盟 (Peloponesian League) 之盟主，稱霸南方。雅典曾因為抵拒波斯獲勝，為提洛同盟 (Delian League) 盟主，與斯巴達成對壘之勢，由於雙方政治互異，尤增加兩國間之敵對仇視。

一、斯巴達

　　採取軍國主義的斯巴達位於希臘南部伯羅奔尼撒半島，其與各邦不同者，即自紀元前七世紀之後，採取貴族政體，始終少有變化。傳說斯巴達的制度，是由一位立法家萊喀古士 (Lycurgus) 所制定，用以鎮服被其征服土地的人民，維持其強大。斯巴達對於柏拉圖的思想影響甚鉅，一方面由於現實之表現，雅典終為其強大軍力所敗；一方面由於其制度中所包含之神祕色彩。國內階級之劃分至為嚴格，計分三級，最高者為斯巴達人 (Spartan)，是統治階級的貴族，次為白里歐克 (Perioikoi)，是工商階級，乃臣服於斯巴達人的順民。最低一級為黑洛茲人 (Helots)，就是奴隸。斯巴達人為數不多，僅佔全人口的十或二十分之一，全國土地分為若干段，分配給他們，但他們卻不從事生產，有國家配給的奴隸代為操作，他們的工作是政治與軍事。因為一方面要壓制國內的反抗，一方面又要向外擴張以鞏固其權位，所以軍事組織特別嚴密，軍事化生活之管制亦特別嚴格，其所以能以少數統治多數，復能稱霸諸邦者，即在於此。白里歐克人居住於四周邊境的地方，大都從事工商業，有法律上應享之權利，可參予地方政治，但不得過問中央政治。佔多數的奴隸，以他們的勞力以供社會需要，有時亦被徵召服兵役，但不得披戴鎧甲，僅可執長矛，擲石器，彼等無法律之保障，更不能參予政治活動，如在戰爭中有特別英勇表現，可由市邦

予以解放，主人並無解放之權，所受待遇甚為悲慘，此不同於其他諸邦者，故反抗甚烈，斯巴達人可任意殺戮，設有祕密偵察隊，受到極嚴密的監視。

斯巴達人從小至老，均在國家嚴格的管理之中，兒童七歲即離開父母，開始由國家教養，集體生活並接受教育，節儉刻苦，尤注重體格鍛鍊，不分男女一同受訓，隆冬之日，亦必裸體行走，夜臥於草床之上，以實現其強國必先強種之意旨。二十歲至三十歲接受軍事教育，訓練青年具有武士的操守及勇敢，如遇戰爭即前赴疆場，即使擔任軍職，亦無薪給，他們自小所受訓誨，即不貪戀物質生活享受，輕視工商業。至三十歲始可結婚，但須受國家管制，因為結婚的目的，非為個人幸福與愛情，而是為國家養育強健種子，所生嬰兒不康健者，將使之為奴隸，甚或棄之山谷。戰士出征，誓必馬革裹屍而返，為母親者不應因有子戰死沙場而悲傷哭泣，要以堅定勇敢為人所仰慕。事實上斯巴達人亦少家庭生活，他們生活的最大意義，就是戰無不勝，攻無不克。他們一生都在嚴肅、枯燥及單調的集團生活中度過，很少行動自由，不能隨意去國外旅行，以免感染惡習，其生活情狀有如一個蜂窩，所以在文化上，毫無建樹，他們也從不願向其他城邦學習，最後終致社會進化停滯，道德墮落，以至於衰亡❸。

五十歲之後，始有從政機會，可被選為政府官員。其政治組織可簡述如下：包括所有貴族所組成的貴族會議，有決定國家重要大政之權。設有國王二人，平時甚少實權，其主要工作為在戰時領導軍隊，及宗教之祭禮。另有由貴族會議選出二十八人，連同兩個國王，組成一元老院 (Senate)，彼等為終身職，有最高司法權。此外尚有由貴族會議選出之五個監察官 (Ephors)，任期一年，為監督各級政府之重要機構，如國王中有一人出征，

---

❸ 紀元前三九五年，各城邦有反斯巴達同盟 (Anti-Spartan Alliance) 之組織，斯巴達遂陷於四面楚歌之中。崛起的底比斯 (Thebes) 終於在紀元前三七一年的一次戰爭中，擊潰斯巴達的武力。

必有二監察官陪行，作為監視，後以貴族會議不常舉行，復以人數過多，故監察官之權位日增，變成國家決策及行政的最高機關。這種制度就斯巴達貴族而言，是民主的、平等的，但實際上參予會議的仍非多數，許多人因不能付出公共食堂之膳費喪失參政權，而大會亦僅有複決權，卻無創制權。

二、雅　典

對文化最有貢獻的雅典是希臘中部亞的喀半島 (Attica Pen.) 上一主要城市，為民主政體之典型，在文化上貢獻最大，與斯巴達恰好相反，其民主制度之建立，曾經過三位政治家的努力，茲分別簡述於後：

㈠**梭倫 (Solon, 594 B.C.–591 B.C.)**：雅典的交換經濟發達較早，紀元前七世紀工商業已頗興盛，貨幣經濟侵入農村，使一般小農因負債而淪為奴隸，不勝地主及貴族之剝削，致時有衝突，社會陷於不安，梭倫為執政官時，便在憲法上作了許多新的改革，廢止土地抵押及負債為奴，設立陪審制度，以聽取控訴，予平民以參政權，使一切市民為公民大會會員，該會有選舉執政官及通過新法律之權。按市民收入分四個階級❹，規定各階級之權利與義務，並創立四百人之參議會。

㈡**克里斯提尼 (Clisthenes, 502 B.C.)**：克里斯提尼使雅典成為民主主義的城邦，他放寬公民的資格，將雅典重新劃分為十個部區，消弭黨派之爭，增加參議員為五百人，由每區分別產生五十人組成，並創立「貝殼彈劾制」

---

❹ 梭倫階級的劃分，係按收入為標準，最高階級為每年收入穀物「五百量」(Five Hundred Measures) 者，這種富人擁有牧場及森林外，必尚佔有七十五畝以上的農田，他們有資格當選為執政官。其次為收入三百量的武士，可自付費用，服務於軍旅。第三階級亦有二百量的收入，有牛供其耕作，亦可服公務，在軍中可充當披重鎧執長矛的士卒。收入不足二百量者為第四階級，不得參加政府職務，戰時亦僅能做披輕甲的兵丁。

(Ostracism)，人民得無記名彈劾一切官吏。

　　㈢**伯里格里斯 (Pericles, 460 B.C.–430 B.C.)** ：伯里格里斯尤富有民主精神，他使一切市民均有做執政官和經常參予國政的機會。公民全體會議為最高權力機關，一切市民可自由參加，有宣戰媾和、締結條約，及任免官吏、修正法律的最後決定權，為使一般市民有做官吏的機會，他主張用抽籤方法，以決定任何公職。他在紀元前四三二年致敬雅典陣亡將士時，所發表的「喪葬演說辭」(The Funeral Oration)，直至今日，仍可視為民主典範，是希臘政治思想中精彩的讜論。他認為政治制度的成功，有賴於人民的德性，而民主制度的維持與發展，尤賴於公民互信合作的美德，及辨別真偽是非的美德。治理國家並非專靠政治家的才能，平民對國事亦非茫無所知。法律對貧富應一律平等，貧困者亦可服公職，優秀的人才，不是由門第分等，而是以服務成績鑑別。每個人都可享有自由行動，但自由卻不是妨害他人，造成無紀律的混亂現象。

　　經過上述幾位執政官的改革推進，雅典民主制度得以確立。最高權力機關為公民大會 (Ecclesia)，凡雅典市民自十八歲時登記為公民，至二十歲時即可參加，每年集會四十次，但通常僅討論及表決參議會 (Boule) 的提案，故重要立法及決策機關，還在於參議會。公民大會的意義，是要使政府的行政、司法各種官吏，向人民直接負責。參議會由五百人組成，雅典共分十區，每區各選議員五十人，任期一年，但五百人集會一堂，決定國政仍非易事，乃由十區議員輪流司政，除輪值一區之五十人外，其餘九區每區分出一人，合計共為五十九人，組一委員會以掌全國行政，其中主席即國家之最高行政元首，由議員輪流擔任一日。在司法方面，有法官十人，每區各產生一人，先推出候選人，然後抽籤決定，並不得連任，另外有由各區推荐之大批陪審員，數目之多達五六千人，用抽籤方法決定何人出席，通常法庭至少有二百零一人，或多至五百零一人所組成之陪審團，判決時採用投票方式，法官亦經抽籤方法決定何人值日。軍事方面，亦由十區選

出十位將軍 (Generals)，不經抽籤，可以連任，專負軍事責任，但亦參予高級行政及外交事務，通常是這些將軍，握有實權。其他許多事務性的官吏，亦多由抽籤決定，任期多為一年，但雅典一如其他城邦，有階級劃分，有奴隸制度，這種民主政治，並非包括一切人在內，如在紀元前五世紀中葉時，雅典居民約二十萬，但享參政權的公民不過兩萬而已，奴隸、僑民以及婦女均無此權。

第二章　哲人派與蘇格拉底

　　早期的希臘思想家，大多偏重對於自然的解釋，無甚政治觀點足述，直到波希戰爭 (492 B.C.–480 B.C.) 之後，雅典一躍而為提洛同盟盟主 (477 B.C.) 稱雄海上，雅典實已為各邦之霸主，政治劃一，商務日廣，人民在精神與物質上，均有餘裕，而內政外交所涉事務日益繁多，一方面民治制度既已發達，市民言論自由，研究範圍亦廣，眼光亦漸放大，人們見火炙則焚，水寒而冰，到處皆同，何以人群之風俗習慣、法律制度隨地而異，錯綜不一？究竟人類社會中有無絕對原則，或最後真理，可資依循？於是人們遂由對自然物理之研究，轉而討論人事問題。但在最初，尚無高深的理論，或高遠的理想，為其目標，只不過如何追求個人目前的政治利益而已。

　　在這一時期，一般思想激烈的哲人派 (Sophists)❶人士，乃創其始，此派人物多是一些江湖客，旅居雅典，以教書為業，向學生收取學費，在他們之前，教授學業是不收費的，他們授人修辭辯論的學問，以便利用到法庭的辯護，和政治的演說。他們亦提倡文法，及邏輯，研究文章的結構，文字的音節，字句的組織。他們本身大都長於雄辯，鼓其如簧之舌，對舊有的觀念制度，風俗習慣，均予以抨擊，重新估價，他們對一切抱有消極的態度，有玩世不恭之意味，以否定、懷疑及虛無的心情來看人世。他們辯論的方式，大都用一種不誠實的模倣，以製造矛盾，割取別人言辭的一部份作表面的玩弄，使別人語塞而自作聰明，唯以詭辯取勝，甚而不惜犧

---

❶ 「哲人派」之稱呼，至柏拉圖的時候，已含有諷刺不敬的意思。因為該派人士唯以巧辯奪理為能，將哲學變為論理的遊戲，所以又有「詭辯派」之稱。

牲一切原則，採取一切方法，以達目的。下面將此派主要人物的言論作一
介紹，並予以檢討。

一、哲人派的言論

㈠**普洛塔哥拉斯**（**Protagoras, 約 480 B.C.–411 B.C.**）：他是哲人派最
重要的創始者，他懷疑神的存在，首先提出「人是萬物之尺度」的主張，
一切事理的是與否，都以人自己的觀點為度，以人之感官構造及暫時的主
觀印象而定。我所認識的事物，對我自己是真理，但你所認識的則未必與
我相同，既如此便根本無所謂真理與標準，正義只是少數人武斷的結論，
法律制度亦然，善與惡乃屬相對，各國各有其不同習俗，合乎其習俗者為
善，不合則為惡，雅典人與斯巴達人的觀念及習俗不同，對善惡的看法當
然不一，故善惡是非無客觀標準，全係由每個個人作主。

㈡**哥爾期亞**（**Gorgias, 約 483 B.C.–375 B.C.**）：他不僅否認真理之存
在，更甚而否認物質之存在，即使有物存在，亦屬不可知的，即使有人自
認為有物存在，亦不能以其知曉喻他人。普洛塔哥拉斯尚且以為個人的認
識是真實的，哥爾期亞則將存在與認識之間的關係推翻，在他看來一切認
識都是假。

㈢**喜比亞 (Hippias) 與安替豐 (Antiphon)**：他們認為法律是與自然相違
背的，只有自然法可以令人遵守，法律則是毫無道理的。自然界中一切物
理與事理，有自然法予以約束，人們應當服從，根據自然法，人類是平等
的，應當天下一家，沒有種族、階級、地域的區別，而法律卻把人們分離，
在戰爭中互相殘殺，所以人為的法律總與自然法相違背，實在不應該存在。

㈣**格羅岡 (Glaucon) 與卡力克里斯 (Callicles)**：他們更加澈底的反對法
律，法律只不過是「弱者束縛強者的工具」。使強者不能超越法律規定的範
圍，讓弱者得以苟活其中，人類建立一切體制及道德訓練，都無非以限制強
者為目的，自然法是合理的，那是強者之法，強者之權利，才是自然正義。

㈤**司拉息馬加思 (Thrasymachus)**：他的意見又與前二人不同，他認為「法律是強者壓迫弱者的工具」。一切制度除了為保障強者利益外，並無公道，法律是統治者為其自己的利便而編制的，用以維持其地位，本來強者是可施用勢力及手段，以鞏固其權位，但惟恐發生變化，乃製造法律的圈套，作為後盾，故通常之所謂正義，即為服從政府，遵守法律，實係要一般弱者遵從統治者的意思，放棄自己利益，因此所謂正義，即是強者利益，強權即為公理。

二、哲人派思想之檢討

上述諸人思想雖有歧異，但是根本的懷疑態度是一樣的，懷疑一切風俗習慣及法律道德，他們根本上無信仰，否認人為的一切，認為那皆是欺騙，法律並不能代表正義，因此他們的思想，自然走上偏激。他們不把問題作統一的觀察，只是抓住對某一方面的偏見，加以渲染，這是在混亂時期中常有的現象，對於現實的失望與消極，使他們不自覺的抱持這種態度，並非他們自願顛倒黑白，而是屬於時代的病症。

作為希臘代表的雅典，在這一段時期中，就文化的發展上說，是偉大的，產生了許多偉大的思想家、藝術家及劇作家，但以雅典的歷史進展來說，卻漸漸駛近暗礁。與波斯人之戰獲勝，固然給雅典帶來繁榮，但人民生活趨於享樂奢靡，一改以往一種清教徒式的單純生活，並且殘忍尖刻，鬥勇好戰❷。雅典城內，人口擁擠，死於瘟疫者數字甚大，精神漸形崩潰，道德失去標準，思想亦走上虛無。紀元前四〇四年，雅典終於為斯巴達征服，之後有三十人執政的寡頭政治時期，廢除民主制度，一千五百名民主主義者被殺害。至紀元前三九四年，雅典聯絡波斯相助擊敗斯巴達，但已

---

❷ 紀元前四一六年雅典征服米羅斯 (Melos) 時，將該城邦所有成年男子，一律處死，其餘婦孺俱為奴隸。

成強弩之末，雖將民主政體恢復，事實上卻更呈現混亂狀態，蘇格拉底被判極刑，仰藥而死，即在此段時期。所以哲人派的思想，實乃應運而生，他們的影響是頗為深遠廣大的。普洛塔哥拉斯的學說，實為哲學上認識論的開端，喜比亞等人之尊重自然，對以後自然法學派，頗多啟示。當然他們也發生若干不良後果，格羅岡的辯解，司拉息馬加思的法律是強者工具，強權即為公理，對於以後極端個人主義，以及馬克思與一般英雄主義者，都有莫大刺激。但他們亦有其功績，他們擴大了哲學與思考的領域，對於獨立的思惟活動，予以極大的刺激，因為他們強調了個人的重要，不肯盲從一切已有的事物，要把法律、制度、道德、習俗重新估價，他們認定人人平等，各人應享其自由與權利，不平等的貴族政治是不合理的，對於以後的民主思想，甚而對於盧梭 (Rousseau)、孟德斯鳩 (Montesquieu) 諸人，亦有其直接影響。但尤其重要的，他們是最早談論政治問題的學者。

第二節　蘇格拉底

一、蘇格拉底其人

　　哲人派對於人事問題的討論，固然也有其貢獻，但是他們沒有普遍的真理，而陷入懷疑論，然而人事問題是不能以這種隨便的態度來處理，人類生活中所發生的一切，是不可避免的事實，不能只以兩可的相對主義以敷衍，必須以嚴正的態度去解決。同時哲人派以其激烈言辭，懷疑態度，及強烈的個人主義論調，向雅典青年宣講，影響所及，當然搖撼了社會素所奉持的宗教、道德及政治信仰。蘇格拉底 (Socrates, 470 B.C.–399 B.C.) 處於此眾說紛紜，思想失去中心之際，而探求人倫道德，能獨持卓見，高標真理，力挽狂瀾，作中流砥柱，其唯一的目標，是要將被哲人派所污蔑的倫理道德，再予以崇高的評價，使人類得到真正的幸福。他是希臘純正

的人生哲學之始祖，且為以後柏拉圖及亞里斯多德思想上之正宗，對當時及後代，都發生極大的影響。

　　蘇格拉底是一雅典公民，家貧，曾為軍人，亦曾參予征戰，壯年之日，躬逢伯里格里斯之盛世，晚年亦經歷雅典與斯巴達之戰。他不事生產，而畢生致力於哲學教授，並不收受束脩。他的言辭鋒利，有過人的辯證能力，歡喜在市場街頭與人辯論，向人說教，頗受青年愛戴，生徒甚眾，在當時社會上已享有聲譽，幾為全國皆知的人物。他篤信宗教，愛沈思，常為思索一問題，兀立一處，經一日夜而不自知。他和學生多以問答方式討論道理，個人無著作，只有從柏拉圖的《對話集》(*Dialogues*) 及另一學生斯諾芬 (Xenophon) 的《回憶錄》(*Memorable*) 中，可以窺探到他的思想。

二、對哲人派之批駁

　　蘇格拉底向不以智者自居，他說他不是個智者，只是個「愛智者」。這對於當時自認為是才智之士，博學善辯的哲人派，無異是一種挑戰，予以嚴正的批駁。他慨歎一般人強不知為知，不僅無知，亦無自知之明，他首先要人「知道自己」(Know Theyself)，知道自己無知，最為重要。他要探索人類心靈的內蘊，及尋找一切事理的真相，追研一切思想的正確性，也就是說他最迫切的任務是在認識自己之後，去為每一種事物作「正名」，獲得正確的定義與解釋，以剷除是非不清，黑白莫辨的思想，橫行於社會。如果有哲人派的人，引用到「正義」(Justice) 一字時，他便要問何謂正義，他一層層的追問下去，使世俗的觀念，或過激的看法，不得自圓其說，或自陷矛盾，然後展開他自己的見解，獲得一個答案。對於人們通常用到的一些抽象名詞如名譽、德性、愛國心等，到底其真義為何，他要作精細的分析，而得到精確的定義。他也懷疑和辯論，但不同於哲人派的不求甚解的懷疑，作巧辭詭辯似是而非的結論，他要因懷疑而尋求事理真相，這樣才可以糾正當時混亂的現象，他這種利用對話討論的方式，層層解剖，去

「非」而得到「是」，以獲取結論，是他的一大成功與貢獻，此種蘇格拉底的對話 (Socratic Dialogue)，柏拉圖稱之為辯證法 (Dialectics)，但可以說是一種唯理的辯證法。

哲人派評譏法律，認為是弱者的圈套，或強者的工具，法律不是公道正義，良善的。但是蘇格拉底要先問法律的定義是什麼，必先確定大前提，才能去追求結論。詭辯派之所以認為法律是不公道，不合正義與良善，事實上是他們一開始就錯認了對象，他們所說的是法律的執行，而不是法律本身，從表面看來，似乎是強者可逍遙法外，但這只是法律執行的不公道，而不是法律本身的錯誤。他認為人生而合群，國家乃起於真理，生於自然，非由於人偶然意志所成，服從國家法律，非基功利，乃係吾人應有之職責。哲人派常將法律與正義並論，而致曲解法律復誤解正義，殊不知彼等均有一同樣錯誤，是把正義視為外在的。蘇格拉底則指出正義乃內在的，是天性之使然，正義乃人類靈魂之至德，是人之所以為人的基本道理，猶有如刀之必有鋒。此為人類特質之發現，是解決人事問題的關鍵，可用以匡正人之行事作為，獲得美好生活。像這樣若能對每一問題，均有一明確定義，則思想便能貫通。他要使人產生一種道德的自覺，能建立此一自覺的基礎，則能喚醒蘊藏於人類心中的道德意識，進而辨別真偽與善惡，由此可以知道真偽善惡的辨別，非由於個人的思惟，而是有普遍的必然的概念。

三、建立新道德觀

雅典人的宗教信仰，係建築於多神主義上，同時由於懼怕多神，而形成一種道德觀念，但這種信仰與道德觀，為哲人派的懷疑所摧毀，人們只抱著只要不犯法便可為所欲為的消極態度，甚而產生從俗為惡的腐敗思想，這種個人主義的發展，使國家組織徐徐潰崩，並且使人的性格日趨沈溺軟弱，終致雅典為斯巴達所蹂躪。因此蘇格拉底要建立一種新的道德觀念，新的倫理系統，但他不是要人信仰舊的諸神，而倡一種一神論，不過他知

道不穩固的神學，不能讓人衷心信服，事實上他自己對於神的存在問題，亦無法證明，同時一般宗教的果報觀念，他認為不僅不能啟發知識，反而會蒙蔽知識，所以他必須建立一種不受宗教影響的道德體系，使得對一切人，信神的或不信神的，均能接受。

他的新道德觀，即「智識就是道德」，而不知便是罪惡，這便是他的中心思想。但蘇格拉底之知，乃一種真知，不是人云亦云，道聽塗說的知，是用他那種唯理辯證法所得到的結論。用道德的自覺，以喚醒人性，去獲求的真知，體認到的不易的真理。有真識見的人決不會做不道德的事，大凡人之有謬誤的行為，都是缺乏真知，因為絕無故意而行惡者，所以有犯罪邪惡之事，皆由於不知，如能知，便不致犯罪妄為。有了這種經由思想過程而獲得的澈底了解，真知灼見，自可明禮尚義，知恥近勇，有了智識，自會有道德的實踐。因人既已深知其內在的本性，便不會反其本性而行，故能知善便能為善，這就是知行的合一，能知必能行，所以說智識就是道德，也唯有真知方能為善。人能如此，便可以過一種道德生活，其思想行為，能與內蘊的本性相調和，內外一致而滿足，這也就是最幸福的生活。同時蘇格拉底，既知由其辯證法，可以獲取智識，認識道德，於是他知道道德的概念是可教的，可以傳達的，因此便也確定了他的教育的目標。

四、反對雅典民主政治

固然智識即是道德，可以糾正人的行為，但如果政府本身是敗壞的，統而不治，管而不理，仍屬枉然。在雅典的所謂民主政治之下，一切為衝動的群眾所把持，任意選擇與罷免官吏，甚而用抽籤或姓氏字母的先後以決定法官，輕率的立法與判刑，輕視個人的才能，只重量而不重質，無智的群眾，常常在暴亂中決定國家政策，這不僅是滑稽的，也是危險的，這種單憑人數多便可獲得「明智」的政治，實在是幼稚的。人在群眾中，較之獨處時，常常是表現得愚蠢，兇暴與殘酷。

　　因此他反對當時的民主政治，他主張的是「智識的貴族政治」。這種統治的貴族，非來自血統，門閥或財富，而是智識，只有他們統治時，國家才能興盛。政治實亦為一種技藝，猶如醫生之治療，教師之授業，非人人所能勝任。有智識的人，從責任上說，應當從政，實為義不容辭之事，否則要受自然之責罰，任何一種職業都可以名利兼收，可是從事政治工作，卻得不到名利，他們只有為人民利益設想，不能為自己利益打算，所以只能有吃虧，沒有幸運，這乃是天所賦予之責任，不然國家的命運，將決定於無智的惡人。這是蘇格拉底將他的道德觀念，倫理體系，運用於政治上的道理，亦可以為他的另一貢獻。

　　但是他的理論，終於使他遭遇到悲慘的結局。他信仰一神，顯然與當時習俗不合，尤其為宗教方面人士所憎恨，他輕視民主，又干犯眾怒，於是在紀元前三九九年，被人控告❸，控告的理由是：「不崇祀國家所奉祀的神，而自奉其新神，用以教誨青年，有腐化青年之罪。」他變成了誣蔑宗教、誘惑青年、擾亂社會的罪魁，結果被判死刑。群眾輿論固然對他不利，他的罪名本來不足以構成極刑，法官亦有意開釋他，但陪審員卻投票置他於死地，他拒絕向群眾乞求，亦不願向法官申訴，終於吞服毒藥，安靜的死去❹，讓他的理論得到證明，遲鈍的人民，跟隨不上他的思想。從他這種泰然赴義，從容就死的風範中，可以知道他具有深刻的道德性格，及熱愛真理的實踐精神，其影響之深遠，或遠過於他的說教。他是真能以靈魂控制肉體的人，他亦堅信靈魂不朽之說，死乃是接近更好境界的機會，故死不足懼，甚而可引為欣慰。

---

❸ 控告蘇格拉底者有三人，一為民主政客安尼吐斯 (Anytus)，另二人為一年輕的悲劇詩人米里吐斯 (Meletus) 及一不知名的修辭家賴康 (Lycon)。柏拉圖《對話集》中之〈自辯篇〉(Apology)，寫蘇格拉底法庭答辯及審判情形甚詳。

❹ 柏拉圖《對話集》〈斐都篇〉(Phaedo)，專寫蘇格拉底服毒，及臨終的最後一段時刻，感人至深，為不朽的文學佳作，篇中並談及靈魂不滅的哲理。

第三章　柏拉圖

第一節 柏拉圖的生平及思想性質

一、柏拉圖的生平簡述

柏拉圖 (Plato, 428 B.C.–347 B.C.) 的成就與影響是偉大的，兩千年來始終為人推崇而不衰，其享譽之隆，地位之高，幾無人與之抗衡，因為他的思想是希臘哲學的精華，是理想主義 (Idealism) 的先驅。他出身於雅典貴族❶，英俊強健，曾是一青年軍人，參加競技比賽而獲勝。他於二十歲之後受教於蘇格拉底，此實為其一生之轉捩點，否則或將不過為一紈袴子弟，或為一貴族集團的政客。他曾表示感謝上帝賜他生命，讓他與蘇格拉底生活在同一時代。他說：「在所有我所認識的同時代的人之中，再沒有比他更智慧、更正直、更完美的了。」❷蘇格拉底殉難時，他年方二十八歲，這個悲劇給他印象太深刻，在他各方面的思想中，都留下痕跡，他蔑視民主，憎恨群眾的感情，絕非僅由於其貴族血統的身世及教養所促成。他堅信民主制度必須消滅，而代之以賢良者所執行的政治，因此如何發掘最賢良的人，如何使其統治國家，便成為他一生最關切的問題。

柏拉圖積極的謀求救助蘇格拉底脫罪一事，引起雅典民主派人士的嫉恨，因此他聽從朋友勸告離開雅典，以免株連之禍，自紀元前三九九年起，便漫遊各地，據推測他首先到了麥加拉 (Megara)，之後，他可能曾到過埃及 (Egypt)，義大利 (Italy)，西西里 (Sicily)，甚或遠至波斯 (Persia) 及非洲

---

❶ 柏拉圖的父親名亞里斯敦 (Ariston)，據說係雅典古時帝王之後裔，他的母親波麗克汀 (Perictione) 係出自梭倫的家族。

❷ 參閱柏拉圖《對話集》之一〈斐都篇〉(Phaedo)。

(Africa)，直到十二年後，已至四十盛年，始倦遊歸來。這段長期旅行，使他見聞增廣，對於他著作的設計頗具影響。返國後便開始著述，此時他的思想已成熟，並著手興辦教育，他首先創立學院 (Academy)，開以後歐洲大學之風，此一學院延續約九百年之久，直至紀元五二九年，始因宗教上之偏見被關閉，而黑暗的中古時期，亦從此開始。他在此講學垂四十年，至耄耋之年，於參加一學生結婚喜宴中逝世，他終生獨身未娶。

柏拉圖是一個富熱情、有抱負、有理想的人，但是他的理想卻不得實現，他極希望有一個使理想得以實驗的機會，紀元前三八七年，他曾赴西西里，向西拉鳩斯 (Syracuse) 之國君戴奧尼西一世 (Dionysius I) 遊說，結果反遭其怒，賣為奴隸，後贖身得脫。至紀元前三六七年，戴奧尼西二世繼位，復前往獻策，又遭流放。到紀元前三六一年，已至六十餘歲之晚年，還不灰心，三度前去，仍不獲青睞❸。他滿懷熱忱，高標理想，但一再受挫，其內心之抑鬱，概可想見，他晚年的思想亦難免不受影響。

柏拉圖的著作大都採取對話方式，凡卅六本之多，均能保存至今，其中有關政治哲學的主要著作，有《共和國》 (*The Republic*)、《政治家篇》 (*The Statesman*)、及《法律篇》 (*The Laws*)❹，尤以《共和國》為最重要，後面將分節介紹。

二、柏拉圖的思想性質

柏拉圖是一位古代集大成的思想家，他是哲學家，但也具有詩人的氣

---

❸柏拉圖所以一而再，再而三的前往西拉鳩斯遊說，是由於戴奧尼西一世的女婿戴恩 (Dion) 仰慕他，敬以師禮，為其所敦聘而往。再者時迦太基國勢日盛，威脅西西里的希臘各城邦，柏拉圖欲扶植西拉鳩斯以抗迦太基之入侵，此亦為其追求理想之外的一種民族感情。

❹《共和國》約寫於紀元前三八六年，《政治家篇》約寫於紀元前三六〇年，《法律篇》大概直至其逝世前寫成。

質與修養，及科學的頭腦和藝術的眼光。他的文字瑰麗，富有詩意，如《共和國》一書，不僅為政治哲學的巨著，亦且為研究文學者的範本，但也因此而使人感到他的思想含糊迷離，有一種如詩一般的飄忽 (Poetic Vagueness)，猶如在薄霧朦朧中欣賞景色，固然有其美感，可是卻不夠清晰。他是一位理想主義者，思想自然偏於唯心，這和他的高足亞里斯多德之唯實主義剛好相反。亞里斯多德之研究，是實地的從若干不同類型的國家探討中，歸納出一般的政治原則，柏拉圖則不加詳細推敲與分析，而予以哲學的概括的觀察，以致籠統模糊，只見森林，不見樹木。他的思想又極為廣泛，對任何一時代，任何一種人，都可以有所啟發，但也因此而缺乏真義，各種不同的人，均可為其自己的目的，借用他的理論做根據，研究政治的，或研究教育、文學、詩學、美術的，都可以他為宗師，而主張正統派經濟學的人，或贊成共產主義的人，亦可以從他的學說中斷章取義，幾乎每種人，每種理想，都可以利用他，這可能是最初開拓思想園地的人，所造成的必然後果。

　　他思想的另一特點，是受年齡影響甚大，青年、中年、及晚年的思想，各具面貌，致缺乏一個明朗的線條。青年時代理想色彩最濃，至中年而轉淡，到了晚年，反而有唯實主義的傾向。如前所述，他三赴西西里，但一次又一次的碰壁而返，這對他當然刺激甚大。早年他主張國家必須由哲人統治，但愈至晚年，他自己亦深感其理想不易實現，因為這種哲人幾乎是可望而不可求的，故其晚年有《法律篇》之寫述，不再迷戀人治，轉而求之於法治，因此使人懷疑該書或非出自柏拉圖之手❺，但事實上卻是他最成熟的著作，並且如能了解其前後遭遇，及研究其著作內容，便可以知道他的思想，有無前後矛盾之處了。

---

❺ 十九世紀德人愛司脫 (Ast) 及瑞勒 (Zeller) 均曾認為《法律篇》為贗品。

《共和國》

　　在柏拉圖所有著作中，無疑的《共和國》是最受後人重視，也是影響最為深遠的一書。這部作品係在他四十歲正當春秋鼎盛之時寫成，也是他的老師蘇格拉底莊嚴殉道一事，對他印象仍極深刻，而其個人理想主義色彩最為濃烈的時候，雖至其晚年，另有《法律篇》之作，含有唯實主義的意味，但此是不得已而求其次的另一種國家的構圖，而在該書中，仍不難發現《共和國》的跡痕，足證其繫戀不已，心嚮往之者，還是「共和國」的一幅美景。

　　這部作品是柏拉圖繼蘇格拉底之後去追尋何謂「正義」(Justice) 的答案，而通常又皆認為係一理想國家的描寫，以代表其政治哲學，惟自柏拉圖言，政治與倫理是不可分的，政治必須建立在倫理的基礎上，所以此書也可以說是他一本重要的倫理著作，他在討論國家的理想境界時，亦即是研究一個人的行為如何理想化。他認為無論國家或個人，其理想境界都在於實現正義公道，而止於至善，國家與個人的道理是一而二，二而一的，正猶如國家乃一本大字的書，個人是一本小字的書，通常觀察的對象較大時，則較為容易而清楚，所以可從國家研究起，其獲得的結論同樣的可適用於個人。

　　下面便將《共和國》的內容作簡要的敘述。

一、階級劃分

　　柏拉圖是最早從分析人性表現的心理狀態著手，以研究政治的一個人。他認為人的行事作為，係受到三種秉賦的支配，即慾望 (Desire)、感情 (Passion)、與理智 (Reason)。所謂慾望，是包括一切物慾、食慾及本能的衝動。感情是表現出重精神、尚氣節、感情豐富、見義勇為等特徵。理智則是有愛好智慧、耽於思想、崇尚理性等傾向。慾望、感情、理智雖人所

共有，但秉賦各異，因此一般人可據此而分為理、氣、慾三種類型：即愛理智者，重感情者及重慾望者。重慾一型，浮躁而貪婪，汲汲於慾念的滿足，物質之追求，嗜慾華奢，貪得無饜。重感情者，則重榮譽有勇氣，他們之與人發生爭執，不是為了錢財，而是為了勝利，他們願意馳騁沙場而不屑於逐鹿市場。愛理智者，為數最少，他們不貪財富，不慕虛榮，嚮往真理，熱愛學問，他們的意志不是熊熊的火焰，而是曖曖之光，其立身之處不是財富或權力，而是真理與寧靜。

　　依照這個類別，於是他把一國人民分作三個階級，並假託了一套神話，是神意安排把人們分成彼此不同的三種。重慾望者為銅鐵階級，即國家生產者，也就是普通一般人民，因為他們偏重物慾，故可以從事農、工、商各種不同行業，去生產交易，以維持社會經濟，並謀求個人利益與享受。重精神尚勇氣者為銀階級，即衛國者 (Guardians)，他們驍勇善戰，可為優秀戰士，以定內亂禦外侮為其職責。愛理智者則是金階級，為最高的治國者，因為重慾尚氣二種人，性格各有所偏，如一任彼等個性發展，為害甚烈，慾盛則貪，氣盛則剛，將導國家於危亂，必有賴金階級予以適當節制調和，使得各有其職責，各守其本份。銅鐵階級可從事生產，萬不可以掌握政權，富裕而驕橫的商人、地主當國，必定上下交征利，致國家於敗亡。銀階級亦儘可捍衛疆土，卻不能治理國家，軍事獨裁與窮兵黷武，只有使國家長年的陷於戰亂之中。總之銅鐵階級在生產界可以大有作為，銀階級在戰場上可以大顯身手，但在政治上卻一無是處，唯有金階級是最佳治國人選，他們是哲學家，是專門人才，憑其高度智慧，調和每個階級的特性，俾使國家達於至善境界。這種善，是一般人所不能了解的，世間萬事萬物，固然都有一個客觀的美善與真理存在，但卻是抽象的，普通一般人無法體認，普通人只能憑感覺感官去辨識，所得到的只是片斷的「意見」(Opinion)，而不是智識 (Knowledge)，唯有天資優異而接受過辯證訓練的金質階級才能領會，自然的能導使國家至一理想境域，人民只能接受領導，

而不能自己領導，所謂「民可使由之，不可使知之」。不然則將如盲人瞎馬，步入危境。所以他說：「除非哲學家為國王，或世界上的國王與王子，都具備哲學的精神與力量，使智慧及政治領導權同屬一人，以及一般只知排除異己的普通平民立於政治圈外，則我相信我們全人類，及所有城邦都不能澄清其弊病。」❻

　　階級的劃分是如此的顯明，或有人將要指責柏拉圖，未免過份維護階級制度，貴族色彩太為濃厚，但是他的階級劃分，是由於天賦的不同，並不是由於血統門第，由一人之出生而注定其終身的那種一般的階級意義，而且他的階級品類，並非固定不易，卻可能是每代有所變動的。他力言治國者必須審慎考核每個青年的造詣，以確定其品質，金質銀質的子女可能淪為銅鐵質，銅鐵質的子女亦可能變化氣質，上升為金銀階級，所以這種劃分，與其說是階級區別，不如說是品質分類。同時治國者不僅不能享有特權，反而只有犧牲而無享受。他認為這種聖哲之士，絕不肯為名利而獲取權位，他們既不願因服務而得酬金，自等於僱傭，更不願憑藉其職位暗中取利，被人民責罵為盜賊。他們胸懷磊落，淡泊寡欲，不會為貪戀利祿或虛譽而求官位，他們所畏懼的，只是政權掌握在不肖者手中，將置人民於水火，具己飢己溺之心腸，獻身國家，他們深知為政者是在謀取人民公利，而不是貪求統治者之私利，如果能明於此，則一般人將願做被治者而受惠，而不必做治者去施惠予人❼。所以這種階級的區別，只是職份的劃分，不是權利的劃分，更未曾含有尊崇輕蔑之意，乃本於分工合作的原則。人人各有工作，各有崗位，各有其職掌與身份。分工合作正是柏拉圖的創見，他認為各人天賦才能不同，如各有專業以展其所長，工作效果必定良好，再者各人皆有一專門工作，經常從事操作，技藝日進，予人予己均屬

---

❻ 參閱《共和國》五卷。

❼ 參閱《共和國》二卷。

有利，對經濟的繁榮，與品德的修養均有幫助。這樣在一個社會中，每個人給予他人以勞務，也接受他人予己的勞務，公平而合理❽。

　　每一種階級均對國家有所貢獻，對任何人皆無輕視侮慢之意，銅鐵階級的生產工作，不僅是國家的經濟基礎，而且是國家起源的始因。柏拉圖很早就以經濟利益作為國家起源的解釋。他說：「國家的成立是由於個人不能獨立生存，同時又有許多需要。」❾他認為人的慾望非僅一種，但一個人卻無法以微薄之力，滿足各種慾望，必有賴集體生活，在食衣行住各方面，都各有工作的人，相需相助，這樣便組成一最初的簡單社會，此實係重慾一型的銅鐵質的人所促成。物質生活漸有基礎，始進而有藝術，教育等高級慾望產生，社會生活乃大有進步。但是此時社會團體之間，因不可避免的接觸而發生衝突。解決途徑唯有訴諸戰爭，戰幕揭開，勇敢的銀質階級得以逞其雄風。但之後內部的糾紛，仍然經常發生，銀質者與銅質者之間，以及銀質銅質的人，他們自己相互之間必為爭奪財富與權位而爭執不已，至此必有賴金質的人產生以折衝調和，統御管理，方得協和安寧。他這種解釋，對以後以「經濟起源說」以研究國家發生的思想家，有不少啟發，但究其用心，似仍為金階級作辯護，他們產生在最後，卻最為重要。柏拉圖認為在金質的人未出現之前，可以說當時人們只有社會生活，而無國家生活，無健全的國家組織，擾攘紛爭，沒有正義與公道，唯等待金質者出人頭地，始步入正軌，這樣，使他為金階級之重要地位，獲得一個理論根據。

---

❽ 同❼。

❾ 同❼。

二、教育制度

　　至於如何產生理想的衛國者?如何培養哲學家的統治者以治理國家呢?那便是需要教育,教育不但是產生「哲君」(Philosopher King) 的必要過程,同時也是培育道德,鑑別人才的一項最重要工作。柏拉圖在《共和國》中,特別注重教育而輕視法律,在他看來,如果所有國民皆心身健全,循規蹈矩,則法律是不需要的,僅為多餘的飾物,相反的如一般人民均受慾望及感情之支配,只知損人利己以維私益,道高一尺,魔高一丈,則法律亦將失去效用。法律不是不需要的,便是無效用的,法律只是用文字規定下來的規條,而並非客觀的正義公道,只有注重教育,可以使大家和睦相處,使每個人的行為自然合乎節拍規矩,治國階級必須傾力主持此一最重要工作。

　　教育在《共和國》中是一主要論題,寫述至為詳盡。教育的歷程甚長,可以說從出生,甚而從未出生之前的孕育時期,直至老年,都在教育之中,但較為系統而嚴格的劃分,則有初級教育、高級教育及專門教育三個階段。茲將每一階段的教育內容及目的分述於後:

　　㈠**初級教育:**是施於七歲至二十歲之少年的一種普及教育,每個人都有受教的平等機會。少年們集中在鄉間,接受集體訓練,以免感染到前代之不良習氣,把人從如同一張白紙似的作為教育起點,但也並非是把智識填鴨式的強行灌注到學生心靈,而是要啟發學生的潛能,指引向一光明途徑。最初注重的是含義很廣的體育和音樂。體育中包括有身體鍛鍊,以及飲食起居的規律。每一學校均必須設備有體育館運動場,最初十年遊戲運動尤為主要課程,俾使每一少年,打下強健體格的基礎,可以終生不生病不服藥。體育雖偏重在體格之培養,然亦有其陶冶心靈、涵育德性的作用,因為藉各種體育活動,可訓練少年忍耐、勇敢、群性、以及活潑健全的氣質。但如偏重於體育,又未免使性格流於剛暴,僅憑競技士與舉重選手,

不能構成健全的國家，故必須訓練人民將剛柔兩種性格調和並濟，因此音樂教育當然是不可或缺的。

　　柏拉圖的音樂內容，幾乎包括了現代的所有藝術，凡是以文字、圖形或聲音、動作以表現諧和之美的，均在音樂範圍之內。音樂是偏於柔性的，可以在潛移默化之中，培養人愛好和諧節奏的習性，甚而可由悅耳的音響中，注入正義的思想，淨化感情，培養情操，俾予人對於正義公道先具有深刻印象，造成其和諧個性，不致流於邪惡不正。音樂既有此大用，所以他主張國家對於詩歌須嚴格管理，治國者應從事刪詩工作，儘管有的詩歌具有文學價值，但若無正義觀念，或對於培養嚴肅、正直、勇敢等美德有所妨礙時，亦應查禁，因此他對於荷馬 (Homer)、希西奧 (Hesiod) 都曾有苛刻的批評。至於舞蹈，亦為所注重，它含有一種節制的哲學，所有舞踊，都是講究節奏，每一節拍都應與音樂相配合，須待理智的駕御與控制。柏拉圖對於戲劇似乎最無好感，扮演戲劇會使人具有雙重性格，舞臺上惡徒、罪犯、奴隸等卑賤角色，影響人品之陶鎔。

　　初級教育的後期，漸注重智育，訓練語言及辯論。個人體育及音樂，漸形停止，但合唱及團體遊戲仍屬重要。經此教育，生理及心理上俱有良好基礎，然後便對年屆廿歲的青年，在絕對公平的原則下，作一次慎重的考試與選拔，理論與實際兼重，接受種種勞動、艱苦的考驗，俾使其優點及缺點均可在此次考驗中表現出來，凡不及格者，將分發至生產部門，降為銅鐵階級。

　　㈡**高級教育**：經前次考試及格，將自二十歲至三十歲接受高級教育，此為另一種在身體、精神及性格上的長期訓練。此時在智育方面注重科學教育，對於算學、幾何、天文、物理等科逐步研究。研究科學之目的，在於能訓練思想，藉以解決以後所遭遇的困難與衝突，並且可以由對於宇宙萬象之原理的逐漸了解，進而導入哲學的門徑，為培養哲學家作未雨綢繆的工作。但此一階段的主要目標，仍著重於銀階級的鑄造，因為至學習期

間屆滿，便要舉行較第一次尤為嚴格的淘汰考試，不得通過者即將為戰士及政府的佐理官員，對於這一批衛國者最大要求，就是忠貞與勇敢，對本國能竭盡忠心，對敵國則能勇猛的攻擊。

(三)**專門教育**：經第二次考試及格者，已年滿卅歲，這是經長期教育，兩次考核而獲得的最優秀人員，是少數天資特厚，愛好理智的人。此後五年，致力於哲學研究及辯證法訓練，對於自然的真相以及做人的正當行為，都有很深的了解與造詣。五年訓練中，仍然在慢慢淘汰，最後所餘者已如鳳毛麟角，寥寥無幾。至五年期滿並非即能遂登帝王寶座，而是從此投身社會，從事實際的幹部工作，擔任各種文職人員，及帶領軍隊的軍官，經歷許多試驗與磨練，直到五十歲時，閱歷既豐，亦深明世事人情，始可成為真正的治國者。

顯然的，柏拉圖是主張「老人政治」的，被選拔為治國階級的人，均已達知命之年，經驗與知識均在常人之上，他們將兼立法、行政、司法於一身，有絕對的發號施令權，並且無需法律的條文，不必墨守成規，他們的治理只要依據個人富有彈性的智慧，自會無往不適，而不為任何呆板的法規與慣例所約束。或謂一般哲學家，在實際生活與工作的表現上，不是呆滯即為怪誕，要他們去執政，必無高明之處，甚或極端自私。但是柏拉圖認為在他設計下所產生的哲學家，不致如此，因為他們並非是生活在象牙塔中，而是有實際工作及生活的鍛鍊，他們是思想家也是實行家，有高尚的人格，亦有遠大的理想，及豐富的經驗，絕不是那種閉門謝客，佯狂避世，離開現實的形上學者。

柏拉圖的這一個長期的有系統的教育制度，不僅是分成若干學程以作育人才，而且是一項嚴格的甄別考試。教育工作者對於每個人的個性，經長久的觀察，已能分析的很清楚，這份工作做的愈仔細，則國家愈調和，使各階級各有其適合個性的工作，人人基於平等的原則下，獲得恰如其份的職位，這是一種「教育選舉」必優於民主制度的選舉，亦不同於由於世

襲而產生的貴族政治。至於如何使得在兩次考試中被淘汰而決定階級的人，心悅誠服，心安理得？此必有賴於道德訓練，建立宗教信仰，將他們的分配，歸於神意之安排。再者，柏拉圖是主張男女絕對平等的，有同樣受教育的機會，也同樣有擔任國家高級職務的機會，分工是以各人性格與能力為準，而不是從性別。一個女子有治國之才，亦理應為金階級，一個男人如僅能灑掃煮洗，也只好回到廚房去。但是柏拉圖的所有教育，似乎僅是針對衛國者及少數哲學家而設計，並未言及農工商一般銅鐵階級，這實在是一個很大的漏洞。

三、共產公妻

　　金質及銀質的治國者與衛國者，因經長期教育，已顯露其特長，但自私仍為最大敵人，為防止自私，則須實行共產制度。他們除絕對的必需品之外，不准有任何財物，因此他們的居所無加鎖之必要，同意接受不超過實際需要的固定薪津，有定期無虞的供給，毋庸為經濟生活煩心，過一種集體生活，他們將如聖徒一般的共進飲食，一如簡樸的兵士一般，同睡在一個營房。他們唯一的報酬是榮譽，及由於服務大眾而得到的喜悅，因為他們具有上帝賦予的黃金及白銀，那是聖潔而光輝的，不應該讓塵世的金銀沾污。他們能斷絕私產觀念，即為彼等自救之道，亦是國家振興之途，否則，他們將成為暴君及人民的敵人，為謀取財富，他們必嫉恨他人，亦為他人所嫉恨，欺騙他人，亦為他人所欺騙，必將在內憂甚於外患的恐懼中度其一生，他們與人民及國家同歸於盡的危機，便也迫在眉睫。

　　這種共產制度，其實在當時斯巴達的貴族中，業已有部份的實行，柏拉圖的共產思想原有所本，不過較之尤為激底。因為內亂是當時希臘各國的普遍現象，他之所以提倡共產，意在避免內亂。他目擊當時情狀，深知國內紛爭之源，無非執政者憑藉其權位，暗中取利，今實行共產，使統治者無物可爭，釜底抽薪，杜絕紛爭。他說：「他們除軀體外，無任何財產為

己有，所以爭執訴訟之事，便無由產生。」❿

　　柏拉圖的共產制度與此後的共產主義並不相同，這是要加以說明的。第一、他的共產是從理想主義出發，其用意在防止財閥政治的產生，是政治的、教育的，也是精神的、倫理的。在根本性質上，是不同於後日從唯物主義出發的共產主義，因其為經濟的、物質的，他只是想在政治中減少經濟影響的因素。第二、他所施行的對象，僅為金銀兩個階段，是部份的，含有貴族性的，非如後日之共產主義施之於全民。第三、在他的共產制度之下，所共者乃收穫之相共，後日共產主義則著重於生產工具之共有。

　　除財物外，家庭亦為使人自私的一個主因，所以他又主張公妻，使治國衛國者，不但要從自我的利己主義中解放，同時也從家族的利己主義中解放。他們不應為撫養家屬而苦心焦慮，浪費心力，他們獻身的對象是社會國家，而不是家庭妻女。他們的子女，自呱呱墜地即離開母親懷抱，接受集體撫育，父母子女之間無任何明確的標誌與關係，個人的血統身世等觀念自然消失，四海一家的思想不再是口號，少年男女皆為兄弟姊妹，對於年長的男女均可敬為父母，年長者對幼小者，亦均視為其子女，無彼此之分，對於妻室子女，亦如對於財產，再沒有「我的」與「非我的」的觀念，父慈子孝的美德，則更能流露與發揚。這個社會有如人之一身，有一個共同目的，風雨同舟，甘苦與共，而無私人的快樂與憂患。

　　這種公妻並非亂婚，相反的所有男女關係，均以優生學原則加以嚴格管制，並以飼養家畜為喻以說明。凡身體不健康者，不得生育，而欲婚合生育者，應有健康證明，男子生育時期為二十五歲至五十五歲，女子為二十歲至四十歲，未符合規定而私婚所生嬰兒，或畸形不健嬰兒，可棄之郊野，任其夭折。按照生理上的自然需要，及參酌國內人口增減之需要，規定男女相會時期，但是「凡男子之最優秀者應與最優秀之女子相配合，如

---

❿ 參閱《共和國》五卷。

此配偶多多益善，較劣者與較劣者相配合，此等配偶宜日益減少為佳」。**⑪**
這是種族繁榮之唯一途徑，對於勇敢才智的青年，除給予種種榮譽與報酬
外，應予以較多結合的機會，這種父母生子愈多，愈有益於社會。這是最
早的優生學與人口論，這種優生政策，不但可防止內部弊病及腐化，同時
亦可防止外來的侵略，共和國的人民固然愛好和平，但鄰邦的敵視或不可
免。

四、理想境界

　　柏拉圖最初是在討論個人行為如何合乎正義，乃從國家正義之探求下
手，現在結論已經獲得，即「人人各盡己任，各有己物，謂之正義」。這就
是最高的道德，至善的境界，也就是國家目的的實現。正義非如詭辯派所
說是強者的權利，或弱者的陰謀，而乃是整體的有效和諧。一個國家要宛
如一個完善的交響樂團，在優異的指揮之下，齊聲共鳴，節拍符合，諧和
悅耳，這就是理想的境界。這個國家由少數的明智哲人所監護，很多勇敢
軍人及幹練的佐理官員所拱衛，及佔極大多數的農工商階級所支持。銅鐵
階級是可以擁有私產，配偶及家族的，對於他們無法施行共產公妻制度，
因為他們的特點，即在私慾旺盛，故可順其天性，但仍須節制，他們的財
富仍須受到治國者的管制，以免有貧富懸殊現象，以資金放利必須禁止，
營業利潤亦有所限制。治國衛國者一方面盡其全力以安撫國民，一方面縮
衣節食，將物質享受讓予銅鐵階級，那麼他們便也不會來干涉政治。總之
在這樣一個理想的國家，完善的社會中，理性型的統治者，發揮其智慧之
德，感情型的衛國者，表現其勇氣之德，慾望型的生產者，促成其節制之
德，便構合成正義公道的全德。大家分工而合作，把一己之力貢獻於團體，
每一階級，每一單位，都安守本份，擔任其適合天性的職務，各有應得的

---

⑪ 同**⑩**。

報償，正如一堅強的球隊，前鋒、後衛各有其位，作合宜之組合，並無任何不公，彼此無所衝突，保持最和好的關係，此即為一和諧有效的團體，同於宇宙天體富有秩序的運動，社會國家能達此正義公道的理想境域，即可永存不滅。

至於個人的正義，仍然是有效的調和，因為個人生活的美善，亦有賴道德的完備，個人道德一如國家，有智慧、勇敢、節制及統合全德的正義。一個人心靈中具有各種機能，當行為表現時，務使其保持彼此間的和諧狀態，位於腦部的理性，發揮其智慧之德，位於胸部的感情，表現其勇敢之德，位於下體的慾望，亦實現其節制之德。當然理性最為重要，以其智慧駕御感情及慾望，能協調和諧，便是一有秩序的整體，是正義之德的完成，便可以獲得完美的生存與發展，否則便是混亂的組合，人格的崩潰，所以個人之正義，一己之美善，就是心身各部門秩序之調和，而一切罪惡，一言以蔽之，就是不和諧。

第三節　《政治家篇》

柏拉圖在《共和國》中，是主張絕對人治的，而晚年的《法律篇》則頗重法治，這種思想的轉變，可於《政治家篇》中發現若干痕跡，《政治家篇》正可作為前後之間的過渡。

一、政治家的統治

柏拉圖心目中的政治家，就是哲學家。在一個理想的國家中，當然是應該由一位哲學造詣很深的國王統治，他操有最高無限的權力，有絕對的統治權，是一位最卓越的領導者，他不僅作之君，亦作之師。他之所以為人尊仰，是由於他的才能，人民心悅誠服的接受其統御，聽從其號令，這是不同於以武力統治，有違人民所願的專制君主的。其職責在於將社會各

色人等，調和組合成為一秩序和諧的團體。猶如一個織工，將各種優劣的線，縱橫上下交織密合，成為一匹錦繡。

　　政治家的統治，是一種科學，亦為一種藝術，是一項專門的智識學問，當然也是一項專門職業工作。他的統治完全依憑經驗與智慧，而不必徵詢或採納人民的意見，亦無須依照呆板的法律。他固然可立法，但他的智慧是居於法律之上的，以硬性的法律，限制一位活動的哲君，乃最不合理之事。因為「人物與行為各有不同，人類的活動又永遠不能一致，此皆不允許有普遍同一的規律」。❶一個醫生診治病人，不必一定根據師長的傳授，醫書上的公式，而靠他個人的臨床經驗，以及視病人之體質與病情如何以處方配藥，更無須詢問病人是否要吃藥，他們要做的就是希望病人康復，所考慮的只是所開藥方是否對症，能否有效。又如一位船長在航行中遭遇風暴，他不必徵求乘客的意見，繼續航行抑或拋錨停泊，完全依靠他個人的航海經驗及當時的實際情況，以定行止。

二、政體分類

　　早在《共和國》中，柏拉圖就有政體退化的悲觀看法。最理想的國家，固為共和國 (Republic)，但可能退化為武力政體 (Timocracy)，再退化為寡頭政體 (Oligarchy)，然後復變為民主政體 (Democracy)，最後則退化到最惡劣的暴君政體 (Tyranny)，是幾乎不可避免的現象。

　　在《政治家篇》，他作了更實際的分類。人既有理、氣、慾三種秉賦，故人有善性亦有惡性，在有哲君統治的時候，是善的一面勝利，這是理想的國度。但一旦哲人其萎，後繼無人，隨之人亡政息，而惡性勢將抬頭，此時亦勢不得已而求其次，需要崇尚法治，法律雖次於理智，但仍為古代相傳的思想結晶，是大多數人依賴的理想，不失為一個次於理智的統治工

---

❶ 參閱《政治家篇》四卷。

具。於是根據此一觀點他將政體分為六類，劃分的原則，是以統治者人數的多寡，及有無受法律限制為依據。如受法律限制者，統治者為一人是為君主政體 (Royalty)，為少數人是貴族政體 (Aristocracy)，多數人是民主政體。相反的如腐化而無法治，統治者為一人是暴君政體，為少數人是寡頭政體，多數人則是暴民式的民主政體。

在六種政體中，有法律限制者當較無法治者為優，而在有法治國家中，是以君主政體最好，貴族政體次之，民主政體又次之。在無法治國家中，民主政體較好，寡頭政體次之，暴君政體最劣。柏拉圖對民主政體總無好感，所以在有法治國家中，列為最後，但何以在無法治國家中又視為較好之一種政體？因為他認為民主政體是慾望不受節制，是最鬆弛無能力的。有法治之國家，固不若理想國家之為至善之表現，僅能作善的模擬，善的模擬並不就是善，但尚有其法令之內的公道正義。而在無法治之國家，則完全是惡的勢力，惡的勝利，民主政體在這種國家之中反而較好，因為其能力最低，既不能向善，而即使為惡，亦不太甚。

在這裏，他已經漸漸感覺到哲君政治是一個不易達到的理想，所以在分類中，未將其列入，他已經能從實際狀況中作客觀分析，減少了理想色彩。

第四節　《法律篇》

《法律篇》係柏拉圖晚年作品，風格與《共和國》迥異，但卻是他思想最成熟的時期，富遷就現實及調和之精神，內容豐富，理論亦深刻，對於政治、法律、教育、宗教等，均有其不朽的貢獻。與《共和國》之主要不同，是由重人治轉重法治，由貴族政體轉而採取混合政體，廢除三種階段的劃分，改為自由公民與非自由公民之區別，共產公妻的意見亦作了修正。共和國的理想，幾有高不可攀之勢，不得不作一種次優國家的設計，而當時的希臘城邦國家漸形衰落，有不能久持之勢，於是他由理想而趨向

現實，撰《法律篇》之作，想要振衰起疲，使希臘文化，仍能光耀於世。《法律篇》的內容實為一個國家憲法的範本。茲將其要點分述於後。

一、法律觀點

　　《共和國》中重教育輕法律，《法律篇》中則頗強調法律之重要，《政治家篇》為此一轉變之橋樑。但是如因此而認為柏拉圖的思想前後矛盾，卻又不可，他的思想仍是一貫的，前後之間仍能相互呼應。教育的目的是要人自動的修養，自動的糾正行為，戰勝內在的敵人，是理智標準的提高。法律則著重於外在的強制，強迫人在行為表現上，履行法律規定，如無越軌行動，法律亦無能制裁，必內有惡念，外有惡行，致觸犯法網，始予以懲處。可見法律僅能約束人的外表，尚無解決內在缺憾之功，同時成文法律不管如何細密，也不能替代不成文的習慣法，及傳習已久的生活規則，故教育才是最值得重視的，但是教育如不能在使人正心誠意的工作上奏效，則不如約之以法。不過柏拉圖之法制仍注重與道德原則相配合，俾使淳厚風俗，得以保持與普及，立法家必以謀求整體的善為原則，務使其至公至當，法律是手段，目的還是在教育，要寓教育於法律之內。因此他認為法律條文明白清楚，易於使大家了解遵行並非重要，最重要的是加寫在法律條文前面的「引言」(Preamble)，用以說明此項法律之動機及旨趣，以盡教導之功，此較之條文內容尤為必須，這個引言，就負有教育之使命。法律固然是要用強制力使人屈服，但是也非是要人民麻木的、機械的服從，而是先要使人明白所以如此者，是為了社會之安寧及秩序，為己亦為人。他的意念中是仍以教育為主，法律為輔，他希望能無須監禁，不要法警而達到目的，此一態度實不同於其他法律家。至近代已有許多法律家受到他的影響，邊沁 (Bentham) 在其《道德與立法之原理》中即採納此一主張。

　　除上述意見之外，尚有兩點與一般法律家所不同者，亦可以表示有重視教育的一貫精神。

㈠**「不教不誅」的原則：**他為了發揮教育作用，主張對於違法者，不應作嚴厲的制裁而重勸導。第一次違法不必立即給予處罰，應先經過感化的手續。不智乃罪惡之原因，非其本心向惡，乃由於不知何者為善，何者為惡，若感化無效，然後再加以懲處，刑罰置於最後。報復主義為法律上傳習甚久的看法，羅馬法是法律成熟的時期，仍注重在補償與報復，「以牙還牙」這是相當原始的法律觀念，現在對於犯罪的看法是認為原因複雜，罪犯的環境、教育、經濟及心理上種種因素，都須加以調查，以研究其犯罪動機，因此進一步想到對於犯罪應採取預防的措施，應積極的消滅犯罪，而不偏重報復的刑罰。柏拉圖的不教不誅原則，其用意正是在積極的消滅犯罪，而不作消極的刑罰，這是一種很進步的觀點。同時他亦反對峻法嚴刑，條目苛細，而主張法律以寬大為主，其目的仍在教育，注重人格的陶鎔。

㈡**敬奉上帝，父母及靈魂：**在《法律篇》中固然對婚姻，商事等方面的法律均曾討論，但是他認為最重要的是要把對於上帝，父母及靈魂的敬奉觀念，置於法律之內。上帝是至善的化身，為完美人格的典範，尊敬上帝，可以變化氣質，減少過失，他是想一方面用宗教的力量，以補教育之不足。至於父母於己有養育之恩，不敬父母，豈非忘本。人分有理、氣、慾三型，最高尚者為理智，乃靈魂之指導，故亦應敬奉。

二、國家的客觀條件

《法律篇》係柏拉圖以克里特島上一國為對象，所設計之憲法，他首先分析該國地理、氣候、物產及人民氣質等客觀因素，可見他知道一國制度當因環境而轉移，受物質條件影響者甚多。此一意見直至布丹 (Bodin)、孟德斯鳩時始加以注意及討論。

㈠**地理環境：**他認為一個城邦國家的位置必須適中，不應距海太遠或太近，太遠則交通不便，太近又易於招徠外僑，改變本國人民氣質，交通

過於利便，則刺激商業發達，使人民好財貨之利，品格墮落，同時亦導致國家向外侵略，理想的距離是為十一哩。由上所述，可見他是抱持輕商政策的，他認為國家應以務農為本，始能保持國民質樸篤實之風，但卻又主張疆域之內山地宜多於平原，生產不必過於豐厚，致使人民驕矜懶散，勤勞生產可自供自給，同時亦不致有大地主及農奴的現象出現，人民相互之間，無所嫉恨。

　　㈡**面積及人口：**一國面積不宜過大，太大則易形成專制，當時波斯的暴君政體正為一例。因為版圖遼闊，便需要大的威權統治，國內風俗習慣及人種職業均有不同，缺乏統一性，不得不用很大的威權製造表面的統一，而以強力加以壓抑，於是專制政治不可避免。柏拉圖是很重視統一的，故一國面積要小，則國民少，相互間易於了解，感情溝通，苦樂與共，當然較為諧和。為配合國家面積，人口數量最好能有標準數目，即五千零四十人❸。為維持此一絕對數字，每一家庭，只應子女各有一個，過多則嗣於無子女的家庭，如人口過量，則移民他處，再建一新國家。

三、財產、婚姻及教育

　　㈠**財產：**《法律篇》中已改變以前的共產制度，准許保有私產，但在根本態度上，仍傾向於共產。他認為富有使人驕傲，貧窮又使人卑賤，所以必須給人有足夠的生活條件，而又不可相差懸殊。他以全國不動產（土地、房屋）平均分配公民，每人有其固定耕地，從事農業生產，如耕作之外仍有餘力，亦可從事他種經濟活動，可擁有私有的動產，但必須予以限制，最多不得超過不動產的三倍，凡有超過則予沒收。同時根據這種財產的所有，劃分成四等人，財產超過配給不動產三倍者為第一等人，超過二倍者

---

❸ 五千零四十人的絕對數字，可能係受到畢達哥拉斯 (Pythagoras) 強調數字的哲學的影響，但是此僅就自由民而言，如包括僑民，奴隸在內，總數仍在數萬，此仍為一般希臘城邦國家的類型。

為第二等人，超過一倍者為第三等人，僅有不動產者為第四等人。所有收穫，應分為三份，一份交給國家，用於公共會食，一份亦交給國家，用於對外貿易，僅餘一份為自己所有，在這種嚴格的管制下，財產雖名為私有，實係私有而公用。借債生息，應予嚴禁，人民不得儲藏金銀及外幣，使財富無從隱匿，處處設法防止財富之腐化力量，使奢靡之風不禁自絕。其他如關於必需品不得出境，奢侈品不得入口的管制（此待至紀元一八〇〇年，德國斐希特 (Fichte) 始有此政策。） 表示他始終未忘記如何使經濟因素不致干擾政治。

　　㈡**婚姻**：家庭乃感情結合，婚姻制度亦應保留，但仍須受國家管制，家庭組織固可保留，而家庭生活卻要儘量避免，用公共教育及公共會食的方法加強團體觀念，而沖淡家庭觀念。至於婚姻的配合，此時與前有所不同者，是已有調和中庸的主張，使各種氣質秉賦不同的人相結合，使得國民性質愈形接近，沒有最好亦無最壞。結婚的年齡及健康特別重視，婚前男女應彼此裸見，以鑑別健康，淘汰病弱，婚後要節制生育，配合其絕對的國民數字，有老年婦女所組織之監察委員會，負此專責，並禁止獨身，離婚或續絃再醮，須經過審查及法律的許可。

　　㈢**教育**：教育仍受重視，以培養良好品德，為國家最重要工作，唯放棄最高的哲學教育。國家各種官吏中仍應以監督教育者為最尊嚴，從最高官吏護法者中選任人選擔任，其管理範圍甚廣，幾乎及於人民全部生活，甚至開始於人未出生之前，懷孕婦女須按照規定做運動，以增胎兒健康，設有監督指導機構責其成。嬰兒出生後，雖非集體撫育於托兒所，但教養方式係由國家決定，三至六歲的兒童，須參加每月一次的遊藝會。兒童天性活潑，喧嚷跳躍，不肯安靜，故可因勢利導化喧嚷為詩歌音樂，化跳躍為舞蹈，國家可統一歌舞教材，在遊藝會表演，由負責婦女監督檢閱，注意其是否符合國家規定。由此可見仍如《共和國》中一樣，對歌舞內容，是要經過嚴格審核的。七歲之後進入學校，離開父母接受初等教育，十至

十六歲為中等教育，二十五歲為成婚之期。所有各級教育，尤注重於宗教
信仰，如有對於上帝之存在及其仁慈公正否認者，監禁五年，再犯者甚而
處之極刑，於此亦可見出他仍以教育為重，事前預防重於事後補救。盧梭
《社約論》中關於國民宗教一節即可能取於此處。

四、政治原則與政治組織

　　在政治制度方面的意見，柏拉圖較前尤切實際，此時他所主張的是混
合政體，實為亞里斯多德以及波里比斯 (Polybius) 之先聲。他想把君主政
體與民主政體混合起來，他以波斯與雅典為例加以分析，他認為波斯在賽
祿斯 (Cyrus, 550 B.C.–529 B.C.) 為王時，君權受到人民自由權之節制，故
君王之決策極為賢明，惟自大流士 (Darius, 521 B.C.–486 B.C.) 之後，一般
王子生長深宮，為奴婢倖臣所包圍，缺乏正當教養，不知民意，不悉民瘼，
乃致倒行逆施，導國家於敗亡。雅典的弊端在於一般人自以為對上演之悲
劇能作批評，乃引用於政治，智識與品德不受尊敬，國家陷於混亂。波斯
之病在於無賢明者在位發號施令，而致濫用威權；雅典之患則在於人人自
由不知服從，如能將威權與自由調和，便可以避免禍患。選任賢能者在位，
他的施政成功，就是人民自由之增加，而人民自由增加，也就是執政者威
權的削減。他說：「國家的母型有二，所有其餘的各種國家，可以說皆由此
而產生。一為君主政體，一為民主政體，前者的極端是波斯的政體，後者
的極端則是雅典的政體，其他政體，實際上都不過是這兩種政體的變形。
一個政體如想把自由、友好、智慧各種德行融結起來，必定要兼採這兩種
政體的成份，無論任何國家，倘不兼採此兩種政體的成份，便不能算是正
當的組織。」❹

　　他此一主張，主要的是想要讓治者與被治者之間，維持一種良好的關

---

❹ 參閱《法律篇》三卷。

係，雙方面均須節制，遵守著所謂「友誼原則」(The Principle of Friendship)。柏拉圖對此極為重視，在這一方面，他實在是第一個發現了一項最重要的政治原理，予後來者貢獻及影響至鉅。他認為「政府執行法律，應在於人民的情願，而不是在於強迫」。❺此一意見，在自然法與制定法的區別尚不明顯的古代，是容易為人所接受的，而在此一意見中，便也表明政府係立於被治者同意的基礎上。在此他認為一個君權政府的組織，必須合乎此一原則，以防威權不適當的擴張，在他看來，斯巴達的政府頗近乎此，國王之外，尚有議會及監察官的牽制。在另一方面言，民主的自由，也不可變為放縱，尤其注意的是對於與自由同樣重要的平等觀念，要有適當的了解，此為民主的根源問題。他認為一般人對於平等，有兩種觀點，一為「絕對的平等」(Absolute Equality)，一為「比例的平等」(Proportionate Equality)，前者是希望每一公民都有同樣的參政權利，服公職的機會；後者則主張優秀人士主政，因此官吏人選，應將抽籤及選舉的辦法合併運用，才能夠兼顧雙方。根據此一理論，他所設計的混合政體的組織如後所述：

㈠**護法者 (Guardians of Law)**：護法者共卅七人，係由服兵役之公民，從全國十二區分為三個階程選舉產生，採有記名投票方式，以增加責任感，當選者須為有超過三倍不動產的第一等人，年齡應在五十歲以上，俾老成當國，發揮其高度理智，七十歲後應行退休。其職務是在於行政方面，亦即執法工作，他們是一般行政的官吏與顧問，並且是監督的權威，調查人民財產狀況，檢舉隱匿財富者，及沒收超過限產之暴利，使社會健全之基礎，得以永久維持。彼等亦兼有司法職權，處理重要案件，他們係採輪流負責制，或一日或一月，每人當值一次，有讓一人獨斷作主的機會，用以表現君主政治之下效率大的優點，但無專制之害，因其為時甚暫。

---

❺ 同❹。

㈡**行政議會 (Administrative Council)**：行政議會共有代表三百六十人，由公民自四等人中分別選出，亦分作三階程，頗為繁複，須經初選，複選及抽籤而後決定⓰，原則上能使富者由少資產者選出，少資產者由富有者選出，俾為富不仁及貧而好作亂者不致產生。他們任期一年，劃分為十二組，每組三十人，負責工作一個月，是國家決策機關，討論護法者之工作及行為，向人民提出建議。

㈢**公民大會 (A General Assembly of the Citizens)**：公民大會亦為政治組織中的一個要素，其主要功用在於選舉各種官吏，及一般法庭的推事，但在法庭的審判中，凡是公民皆應有其發言權。

㈣**夜間議會 (Nocturnal Council)**：此一機構實際上就是一個太上賢哲院，它的設計可以顯示出柏拉圖仍在懷戀共和國的精神。這是一個道德智慧的最高結合，也是所有組織中，最高的權力機關。共六十人，其中三十位應為德高望重，經驗豐富的人，分由三方面產生。十人是七十歲以上業經退休的護法者，且獲有道德褒揚狀者，行政會議方面亦可推薦曾任教育工作的官吏十人，另外十人係自宗教方面選出的教士。此三十人既經決定，再由彼等在青年當中物色三十位賢士，一方面有老年的智慧與經驗，一方面有青年的朝氣與膽識，始足以指導及感召其國民。他們可以決定何種時機，作若干程度的法律修改，這六十位最重要的人物，每日由黎明至日出時集會。

除上述機構外，尚有軍事統帥三人，先由護法者提名，然後經年屆服兵役年齡的公民選出，另外還有監察官及訪問使等官吏。在以上的政治組織的設計中，他已經注重到分權及制衡原則，但無有如今日之負一般立法

⓰ 行政議會議員選舉，初選分四日進行，第一二兩日分別選舉第一二等人各三百六十位。須四等人全體參加投票。第三四兩日，分別選舉第三四等人，亦各為三百六十位，但第三四等人可不必投票，而由第一二等人投票。複選係就此一四四〇候選人中，由全體再行投票，選出七二〇人，最後再行抽籤決定三六〇人。

專責的機構，這是因為當時一般國家，每於立國之初先有了一套完整法律的緣故。

第五節 **柏拉圖思想之討論**

一、柏拉圖的理想與實際

柏拉圖的政治思想從《共和國》到《法律篇》，固有所轉變，但亦有連貫處，前者所述，是一個理想的國家，一個最高的境界；後者設計，乃一次優國家，而且《法律篇》中仍保留若干《共和國》的痕跡，其一貫的精神，隨處可見，亦可知其繫戀不已，心嚮往之者仍在於《共和國》的一幅美景。

前面曾經說過，柏拉圖的思想固偏於理想，但亦有唯實之處，他的每一設計亦並非均出於他的虛構，事實上卻皆有所本。他既不滿雅典的民主政治，則斯巴達的貴族政治當然會使他較有好感，斯巴達貴族的集體生活，嚴格教育，優生原則及勇者多妻，一定給予他很深印象。當蘇格拉底仰藥而死後，他遠適異邦，在這段為時十二年的長期旅行中，他周遊列國，見聞甚多，在埃及曾看到僧侶階級，以神權統治著這個廣大的文明古國，較之雅典議會的爭論，暴亂無能，要完善的多，在南義大利，接觸到的畢達哥拉斯 (Pythagoras)⑰的哲學，當然也對他影響甚大，而在其門徒所組織的教團中，實行的財產公有，男女平等，集體生活，更會給他留下深刻的印象。

---

⑰畢達哥拉斯為紀元前五世紀中的哲學家，他認為數是一切存在的原理，故注重數學以及天文的研究，以為天體的一切運動是有法則的，且此種合法的規則性，完全表現於數，哲學所應探求的即為恆常不變的數。柏拉圖不僅在共產的主張上受其學派影響，而其所以重視數學的教育亦係受其影響。

　　他的設計既然均得之於實際見聞，因此在最初，他認為他的理想國並非不可實現，所以他三度前赴西拉鳩斯向戴奧尼西遊說，希望能採納其建議作為實驗，很不幸的，三次均碰壁而返，這個打擊，對他影響極大，晚年的《法律篇》，顯然是受此刺激而改弦易轍。事實上他的理想若能在某些範圍內加以修改，未嘗無實現之可能，但是他找錯了對象，西拉鳩斯係一通都大邑，又正受到迦太基 (Carthage) 的威脅，時空均未能契合，成為他的終生遺憾。但是中古時期的基督教國中，可以說始終保持有類乎柏拉圖理想國的一種型態，一般高僧為國家監護者，人民被分為工人、軍人及僧侶三種，僧侶為數最少，卻佔有國家一切文化及教育的工具及機會，以無限的權力統治國家，他們地位之所來，非由於人民的投票，而由於宗教上的威權與學識，以及優越的才能，他們歡喜冥想及簡單的生活，同時亦無家庭之牽累。這種統治方式，幾佔有大半個中古時期，實為一種最高明的貴族政治，不能不說是柏拉圖理想的部份實現，何況在中古時期的前數個世紀中，宗教人士崇信他的學說，已將其思想融化於教義中。

二、亞里斯多德的批評

　　柏拉圖雖曾讚美亞里斯多德的才華，譽為其學院中的理性代表，智慧之化身，但兩人思想性質差異頗大，年齡的距離也可能是離間兩人觀點的原因。亞里斯多德首先對《共和國》發出評論⓲，後人的批判，大多根據他的意見而發揮，下面先將他的評論要點分述於後：

　　㈠亞里斯多德認為柏拉圖在《共和國》中所求的統一性是錯誤的。利用政治、教育的方法，把社會上的人都造成同一類型，以求達到絕對的統一與和諧，而實則降低了國家社會的組織，使之縮小如一個家庭，一個個人，破壞了國家的目的及存在的價值。因為國家貴在能夠獨立自給，必須

⓲ 參閱亞里斯多德《政治學》(*Politics*) 二卷。

具備各種人才，組成一完美團體，在國家與個人之間，仍得允許許多不同的社會團體存在，假如把一國中一切社會組合都加以破壞，只造成彼此相似的個人，正如同把音樂的頓挫抑揚，節拍疾徐取消，而變成一種單調僵化的樂譜。

　　㈡對於共產制度方面，亞里斯多德認為共產方式的集團生活將人民置於不能忍耐的不斷接觸中，不允許有個性及祕密，這種高度的忍耐及合作德性，只能要求於少數聖人，他說：「我們不應該假定超過一般水準的道德水準，必須注重大多數人所能參加的生活，及一般國家所能達成的政體。」同時他更進一步的就經濟及道德方面，攻擊共產制度。在經濟方面，他認為私有財產制度，可鼓勵人們勞力生產，以充財源，若一切物品均屬公有，則人民只知浪費而不加愛惜，工作懈怠，影響生產。在分配上，又不易公道，難免爭執，而致人民之間，惡感日增。在道德方面，他認為財產是寬厚慷慨等美德所賴以表現的工具，財產的收穫與處理，可以表示出一個人的才能及人格。而在共產制度下，人們禁欲太甚，反成為惡性發展的溫床。

　　㈢在公妻制度方面，亞里斯多德尤多中肯的評論。家庭組織乃本乎人類自然天性，家人父子間的骨肉之親，手足之情，是人性自然發展的光輝一面，也是幸福的泉源和精神的保障。在家庭制度之中，包含有許多道德力量及習慣力量，以幫助人格之陶冶及生活之調整。亞里斯多德更認為柏拉圖忽視了人們在感情方面的佔有慾及嫉妒心，並且誤認為婦女可以輕易的放棄她們的子女，去接受冷酷的集體撫育，遺忘了母性的本能。取消小家庭而造成一個整體的大家庭，這只能使大家均如路人，感情淡薄，整個社會是冷漠而無情的，如同把一小撮糖置入一大缸水中，只是使全缸水淡而無味。家庭是培養兒童道德生活的地方，作為接受國家教育之基礎，廢除家庭，則完全破壞了柏拉圖自己所建造理想國家的心理基礎及倫理基礎。同時家庭經濟及生活，必須男女合作，各依其天性司掌工作，互相得以調和，否則無異下等動物，蠢蠢苟合，有違人性，不合人情。

以上亞里斯多德的批評，是不無道理的，尤其在公妻方面的指責，幾令人無法為柏拉圖辯護。對於所謂單調的統一，及有害經濟及道德的共產制度，固然有人認為並不公允，因為柏拉圖亦主張分工合作的原則，而共產公妻制度，僅施行於金銀兩階級的人，並非全部人民，但是我們仍感到亞里斯多德理論之深刻，有先見之明，尤其是對共產的批評，直至今日，仍可供吾人參考。

三、忽視經濟及忽視自由

㈠**忽視經濟**：柏拉圖由於重視道德的修養，追求至善的精神境界，而致忽視經濟的因素，物質的重要。他雖然在《共和國》中，表示國家起源是由於生活資料的需要，但是在國家產生後，他卻將經濟因素排斥，《共和國》中的治國衛國者，是要共產的，固然其作用是倫理道德的，要使得這一批人賤視物質，視富貴如浮雲，杜絕紛爭，可是他們既無財產，又不從事生產及主持經濟部門，那麼則何以有經驗去處理這一方面的事務及糾紛。再者他們有政治權，但無經濟權及財產。生產階級如不滿意彼等之措施，則可停止其經濟供給，甚而斷絕彼等最低之生活資料，則彼等何以為生，統治力量又如何維持？如統治者勢必要聽從生產者，豈非要造成尾大不掉之勢。柏拉圖只想在政治中減去經濟影響的因素，但結果仍不能不受到經濟的影響及控制。政治與經濟實在是在各方面均有其不可分的關係。

再者，吾人固然知道希臘各城邦均有階級制度，柏拉圖也畢竟要受到現實環境的影響，劃分了三個階級，但是他所主張的教育制度，卻完全是為了統治階級而設，而對於從事經濟活動的生產者，幾置於不教不養的地步，統治者究為少數人，竟傾全力予以培植，卻置大多數人於不顧，豈非愚民政策，如此則國家如何能發達繁榮，長治久安？他雖然表示階級的劃分是由於秉賦品質的不同，非由於身世門閥，而且可能是代代有所改變的，金銀階級的後代有降為銅鐵階級的可能，銅鐵階級的子女亦有升入金銀階

級的希望，但銅鐵階級無受教育的機會，同時金銀階級在有計劃的優生政策下公妻公夫，如此則統治階層勢將世代相傳，銅鐵階級則將無變化氣質的可能，奢望永不得實現。

　　㈡**忽視自由**：柏拉圖不論在《共和國》抑或《法律篇》中，都是主張對教育文化要絕對統治，這樣將使國家達於靜止狀態。他為民主政治的混亂所困惱，所以特別愛好秩序與和諧，但也因此而忽視了個人價值，他以昆蟲學家分類的態度，以鑑別人類，不惜利用僧侶們所慣用的宗教上的謊言。這個國家很容易變成由反對一切發明與變化的頑固老者所統治，而呈現落後現象，強調機械性的秩序，而忽視造成藝術的自由精神，完全抹煞每個人不同的個性，使人失掉自發的靈機，他雖崇尚美好，但卻排斥創造美好的藝術家，其結果會形成了一個極權專制的國家。政治由哲人掌握，仍然是一種「保姆政治」，人民是一群馴服的綿羊，是大機械的一個細微部份，其完整人格無從發展，一切人民，一切藝術，都從一個模型中造出來，要用這種手段去陶冶青年心靈，恐非所能勝任，更萬難達到圓滿的效果及理想。

　　柏拉圖到了《法律篇》中，講到政治的友誼原則之理論時，已頗注重人民的自由，用以牽制統治者的威權，但是這也僅是一種政治的自由，屬於政治權利的性質，教育文化仍在壟斷之中，以及對於財產、貿易、旅行、婚嫁，甚而葬儀等限制，在在束縛了個人的社會自由。固然希臘城邦國家時代，是個重集團主義的時期，吾人必須了解柏拉圖受到這種時代的精神氣氛 (Mental Climate) 的圍繞，他的思想自不能絕塵飛去，但如果不顧及人民受教育的權利與自由，忽視人民社會的自由與發展，則政治的自由權利，亦勢必將受到嚴重的損害。

　　柏拉圖在這一方面的意見，對後世之影響，可能已發生實際作用，對於德國的唯心主義者康德 (Kant)、黑格爾 (Hegel) 印象尤深。康德及黑格爾視國家為一倫理實體 (Ethical Entity)，國家所表現的是最高的道德，因此個

人的行為應合乎國家的意旨，能服從國家法令，為國家而犧牲，便達到了道德之高度水準，這種思想對於以後義大利法西斯及德國納粹之極權國家，有直接影響。康德，黑格爾等唯心主義者所用的「唯心辯證法」亦可以說師承柏拉圖而來。但事實上，柏拉圖以及康德或黑格爾，均無意製造極權國家之產生，他們只是推論一個理想國家之如何產生，柏拉圖認為一個理想國家，應有哲君，他的工作在於教育國家，領導國家達於至善。康德、黑格爾的倫理實體，亦復如此，但是他們的思想，一旦為現實國家加以引用時，不惟不能產生理想，反而造成了墨索里尼、希特勒等獨裁專制的人魔變為哲君。柏拉圖的哲君是擁有絕對統治權的，理所當然的有關政治、教育、文化等一切國家的事，均應由其嚴格統制，可是如果一個暴君以同樣的理論為根據，而握有絕對的統治權，其後果當然是惡劣的，此不幸亦正為其流弊所在。

四、不朽的貢獻

　　柏拉圖思想中，瑕疵固然不免，矛盾並非沒有，但亦有其偉大深遠處，仍然有其不朽的貢獻，究其動機與目的，以及向善的熱忱，均有令人同情者。他的著作距今已有二千餘年，仍然會使讀者感奮激動，仍能啟發新的理想，西方人對他的尊敬仰慕之情未稍減，後人以《共和國》為藍本而寫的書，所在甚多，尤其到了近代自盧梭、康德之後，更為人所尊重，所有的理想主義者，都是在模仿他。在他的思想中，有許多原則性的創見，他首先開闢了許多道路，可以讓後人得以繼續開發，向前邁進，如對於正義的辯解，分工合作的理論，政治原理的解說，教育的重視，法律的闡釋，以及國家物質環境等等，總之所有他的一切思想，都已深植於後人的心中。尤其重要的是在西方，他是第一個將政治哲學作有系統的完整的敘述，有專門論著以研究國家的問題，得以啟迪後世，其功實在不可沒，而其影響之深遠，更不可量。

　　柏拉圖至其晚年，亦漸漸明白他的《共和國》，並非能完全實現，乃有《法律篇》之作問世。他曾承認自己描寫了一個難以達成的理想，但是他又表示，「把我們的願望，繪成圖畫是有價值的」。畫中美女，固然人間難覓，但其艷麗絕色，是不可否認的，藉以作為標準，可品評人間佳麗。人類之所以偉大，就在於能想像一個更美的世界，並且有能力，至少將其中的一部份，促其實現，人類若無理想，豈非形同禽獸木石。有理想，有希望始能有進步，人類有向善的傾向，雖一時不得實現，但仍可為我們生活的目標與榜樣，等到大家都能按照此一目標而行動，便已接近或實現了理想的善。

　　柏拉圖是一位西方的聖哲，其地位以及其思想內容，生平遭遇，頗近似東方的聖哲孔子，或亦有人認為有如孟子，此不僅柏拉圖如此，希臘時期尚有許多哲學家，與我們春秋戰國時思想家的理論，極為相似接近，在以後的章節中，吾人不難發現西方的老莊、墨子或揚子。在敘述這一位西方最偉大的思想家的一章即將結束之時，所以附此數語者，是表示東西的文化，實多相通相合之處，而並非兩個扞格互拒的絕緣體。

第四章　亞里斯多德

第一節　亞里斯多德的生平及思想性質

一、亞里斯多德的生平簡述

　　亞里斯多德 (Aristotle, 384 B.C.–322 B.C.) 於紀元前三八四年，生於雅典之北約二百英里馬其頓 (Macedonia) 境內色雷斯 (Thrace) 之斯達加拉城 (Stagira)，其父曾為馬其頓王亞民達斯 (Amyntas) 之私人醫生，所以自小即有培養他科學氣質的機會與環境。他約在十八歲時即前往雅典，師事柏拉圖垂二十年之久❶。此一長期的薰陶，當然影響甚大，一個是才氣縱橫，悟性超人的青年學子，一位是思想深刻、學問淵博的哲學大師，這實在是一令人慕羨的奇遇，可是兩人年齡相差達四十餘歲，思想性質又頗有差異，所以在思想上難免不無距離，柏拉圖雖曾稱讚他是其學院的理性代表，智慧化身，然而理論上卻有不少地方意見相左。柏拉圖逝世後，亞里斯多德年三十八歲，在亞達紐 (Atarneus) 之國王赫米亞斯 (Hermias) 朝中居停三年，並娶其妹為妻❷。紀元前三四二年應馬其頓王菲力浦 (Philip) 之邀，前往蓓拉 (Pella) 王宮，為其子亞歷山大 (Alexander the Great) 之師，這兩個偉大人物的遇合，或認為亦係千載難逢之際遇，相得益彰，而事實上之相互影響，並不如想像的那麼大，不過至少對亞里斯多德晚年的遭遇，頗有關係。紀元前三三五年

---

❶ 亞里斯多德至柏拉圖學院求學事，另有一說，謂彼三十歲時始從柏拉圖遊，前後計八年。

❷ 關於亞里斯多德的賢妻，其身份傳說不一，有謂係赫米亞斯之女或侄女者，甚而有一說，謂係其妾。

亞歷山大東征，亞里斯多德乃返雅典，創辦一學院名蘭心 (Lyceum)，
在此講學十餘年，入門學子甚多。其所授科目，較之柏拉圖學院增加並
偏重自然科學，他有時動用為數甚多的人員，分遣至各城邦及小亞細亞
各地，蒐集各種動物及植物標本，亞歷山大亦曾供給其大量的貲產、物
資及人員，更不惜鉅資派人探究尼羅河水源，以明瞭其定期泛濫的原
因。亞里斯多德為研究憲法，而將一百五十八國之資料彙集整理，亦必
定動員大批人力，由此概可想見其學院之規模頗為宏大，並可發見其實
證精神。

　　亞里斯多德晚年，由於其姪兒之關係❸，與亞歷山大不睦，但另一方
面由於他與亞歷山大間有師生之誼，卻又遭到雅典人的嫉恨與攻擊。因為
當時的希臘包括雅典在內，均為馬其頓所征服，雅典人對他懷有一種民族
的仇視心理，漸漸地亞里斯多德陷於四面楚歌之中，有如蘇格拉底當年之
處境，適於此時亞歷山大駕崩 (323 B.C.)，雅典舉國歡騰，乘機獨立，未幾
雅典主教攸利美頓 (Eurymedon) 遂以否定祈禱及犧牲價值之罪名控告他，
當時一般陪審員及群眾所懷之敵意及激怒，甚而遠過於審判蘇格拉底之時，
於是他決定離開雅典，他說他不願雅典人再冒犯哲學，因為雅典的被控告
人，按當時法律的規定，有選擇出境的自由。他離開雅典之後，乃至卡爾
琪斯 (Chalcis)，不久即臥病不起，數月之後便與世長辭。從此希臘燦爛的
光輝，乃在羅馬的曙光四射中逐漸黯淡而消失，亞里斯多德之逝去，對於
希臘來說，猶如暮色蒼茫中，夕陽之沈落。

　　亞里斯多德是一偉大的百科全書家，他研究的範圍太廣，包括天文、
博物、醫學、玄學、倫理、經濟、政治、文學、修辭以及邏輯，故其著作

---

❸ 亞里斯多德之姪名克利斯托尼斯 (Calisthenes)，因對亞歷山大不敬，致被刑罰，亞
　里斯多德頗為不滿，亞歷山大竟亦不假以辭色。

亦包羅萬象，至為豐富❹。在表露其政治思想方面的著作，則有《政治學》
(*Politics*) 及《倫理學》(*Ethics*)❺。

二、亞里斯多德的思想性質

　　政治學之成為一門獨立的科學，可以說自亞里斯多德開始，很久以來
西方學者均推崇亞里斯多德為政治學之鼻祖。在他以前，哲人派雖亦曾討
論政治問題，但僅是片斷的，零亂的，沒有成為一有系統學問。柏拉圖的
著作，雖成就了一完整系統，但是他沒有把政治學與倫理學劃分開來，《共
和國》中所述，固然是在如何建造一個理想的國家，可是同時也是如何鑄
造一個人的完美德性，因此以柏拉圖來說，他只是有政治哲學，而無政治
科學。亞里斯多德則將政治與倫理分開，他有一本《倫理學》的著作，亦
有一本單獨的《政治學》。他並曾將科學（或稱為哲學）分別為二：一為純
理科學，一為應用科學。在純理科學方面又分有本原哲學、數學、物理學
三種；在應用科學方面則有政治學、經濟學及倫理學，另外邏輯學是研究
一切科學的基礎。從此一科學的分類中，也可見出他將政治學獨立一科，
而與倫理學明顯的作了分野。不過如因此而認為亞里斯多德將二者截然分
割，互不相屬，則又容有未當，他雖然對於政治與倫理各有著作，分別論
述，但在內容上，仍未澈底的分裂，他所講的政治原則與倫理道理，實際
上並未區分。他認為「中庸」是做人的妥善之道，太剛或太柔，太魯莽或

❹　亞里斯多德的著作數以百計（或謂有四百冊，甚或一千冊），現存者雖僅其一部
　　份，亦數量驚人。其著作可分四部門：第一部份為一切學問基礎的理則學。第二
　　部份是科學，有物理學、天文學、博物學、動物學、靈魂學等。第三部份為美學，
　　有修辭學，詩學等。第四部份為哲學，有倫理學、政治學、形上學等。
❺　亞里斯多德的著作，多由其弟子門人編纂而成，後復經戰亂，年代久遠，流傳於
　　後者頗為雜亂，如《倫理學》即有三種，且無完稿，「政治學」尤多脫漏錯雜。另
　　外尚有「憲法」(Constitution) 之作，散失尤多，僅雅典部份，較為完全。

太拘謹，都是兩極端，個人的一切行為、思想及感情，都應採取兩極端的中和 (Mean)，不可太過，亦不可不及，即為中庸之道，人生能如此，便是快樂幸福的，便是良善的，道德的，否則便為罪惡。在國家中，他亦以中庸為政治上最高標準，他的混合政體的設計，便是要在過與不及之間尋致中和的理想，與其倫理的道理，仍是一而二，二而一的。不僅如此，他還認為國家所追求的最高目的，是使人過一種道德的美好生活，所以由此看來，他仍是未將政治與倫理分開。不過此一申說，乃藉以說明亞里斯多德思想之一般，而政治與倫理之學科的劃分，仍應歸功於他，較之柏拉圖已有所進步。

從以上政治與倫理之解說中，可知亞里斯多德與柏拉圖二人的基本觀點，及思想內容相差並非太遠，所不同者在思想性質及方法，下面可就藉二人之比較，以發現亞里斯多德思想之特性。

柏拉圖的思想是偏於唯理的，他具有詩人氣質，富幻想，想像常超越現實，由於過於偏重理想，以致使人有置身雲端之感。他的觀察是綜合籠統的，他的方法是演繹的，善用比喻作抽象的說明，因此不易為人所了解與接受，但由於其主觀色彩重，常能抱持己見，一以貫之，使問題有了絕對的答案，然而武斷之弊，亦所難免。亞里斯多德則是一唯實主義者，他是個具有科學氣質的人，他的研究是腳踏實地的，其方法是分析的，歸納的，從具體的實例中去找答案。他把許多國家的憲法拿來作實際之分析，注意其差別所在，探討其所以相異，所以相同的原因何在，平實而和易，容易為人所了解接受，但也因為由於態度之冷靜客觀，重視現實，則未免遷就現實，而沖淡其理想，致有保守之嫌。在柏拉圖的思想方式之下，偏重一完整的理想，而不甚顧及現實之分析，使人只見森林，不見樹木，相反的，亞里斯多德則是使人但見樹木，卻不見森林。

第二節　國家論

　　亞里斯多德在其《倫理學》中，一開始就說：「每一種技藝，每一種研究，以及每一種行為與職業，都在追求某種好的境界，因此可以說『好』就是一切事物的目的。」❻由於其全部哲學，係根據一種進化發展的觀念而來，認為宇宙間萬事萬物都各有其自然貯能，在逐漸發展進化而趨於好，個人的一切表現亦是如此，人類社會亦復如此，由簡單野蠻而趨於文明禮節。根據此一基本觀點，便可將他的國家的理論說明於後，並藉以了解其所謂國家之性質為何。

一、國家的起源

　　自契約說的觀念產生後，許多政治思想家，常認為國家是憑藉人類意志而創造，人類既可以創造國家，亦可以憑自己的意思去改變或取消國家。亞里斯多德的意見則與此不同，他認為各種社會組合或制度，皆由於人類之天性自然形成，他說：「人天生是一種政治的動物。」(Man is by nature a political animal.)❼人類天性上有一種社會性，有願與他人結合的衝動，人既有群居本能，便不願孤獨，這種本能衝動的最後結果，就是國家之產生，此實係天性使然。至於其他因素，如經濟利益等，當然對國家之長成亦發生作用，但這只是使已結合的組織不易破散，同時經濟利益等現象，係待之組織完成以後，始可發生，是產生在國家社會之後，而非為組織國家之動機。

　　人類社會組合，是先有兩性結合的家庭，男女分工互助，養育子嗣，繁衍種族，是為夫婦關係，除此之外，尚有主奴的結合，以謀物質生活之

---

❻參閱《倫理學》一卷一章。
❼參閱《政治學》一卷二章。

滿足。但這種家庭互助生活太簡單，不能滿足人類要求，於是乃結合若干家庭為一部落，一個較大的互助團體乃告成立，生活亦較前平安與幸福，之後人類仍不以此為滿足，因為人類的生活，是在進化發展之中的，便再進一步聯合若干部落村莊，而為一城邦國家，到了城邦國家組成，則分工合作愈見細密而有效。有市場作為公眾聚會及互易有無的處所，有廟宇以供祭祀，有法庭以斷是非曲直。由此可見人類最初的社會結合，是要求生活，進而要求更完美的生活，國家就是人類社會進化發展上最完美的階段，是最重要的，也是最高級的，故國家乃社會組織之止境。但是亞里斯多德亦並非認為一切國家都是美好的，有些國家內部惡劣，阻礙發展，停滯不前，不過一旦有了國家，則追求美好生活的客觀條件業已具備，人類即可運用才智，在國家範圍內，謀求美滿的共同生活之實現。他認為人性中所含獸性亦不少，如果孤立不群，便可為惡劣的動物，運用其與生俱來的不正當的智力與特長，會變成最下流野蠻，充滿食慾與色慾的動物。人之美德須藉社會之管制力而表現，人因群居而結合，藉語言之天賦，激發知識之進步，因知識賦事物以秩序，由秩序而生文明，個人在一秩序井然的國家內，始有無窮機會以求發展，這是獨立生活所做不到的，所以國家產生之後，人類即應順其天性，生活於國家之內，過國家生活為一公民，國家與個人，猶如人身全體與手足，手足如離開人身，即為廢物，完全失去其為手足之意義。如有人能順其天性，而又不必為國家一份子，則此人「不是神靈，便是禽獸」。❽

　　國家成立之後，其他社會組合，並不因而消滅，國家固可包括其他較低級的社會組合在內，但國家並非為家庭村莊之擴大，取代其地位，家庭及村莊是國家長成中的過程，國家產生並不妨害其組織，尚且可予以扶助監督，以達到更完美的境地，國家有統御調和其他組合之作用，家庭間的

正義與公理，權利與義務，國家法律不但不加以制止消滅，而且還要立法加以保障，因為家庭包括在國家之內，家庭之正義，正是國家正義的一部份。

二、國家的目的

亞里斯多德何以認為國家是所有社會組織中最高級、最重要者？據他分析，家庭組合是由於生理的需要，人種的延續，以及物質生活的滿足，因為夫婦子女固為構成家庭的份子，而奴隸亦為家庭之構成份子，奴隸是生產者，有奴隸則家庭所需物資有所供應，所以家庭組織是偏於經濟的，物質方面的。至於部落村莊，其目的仍偏重於經濟，使生活上獲得更大的滿足，有一個較大的範圍交換需要，及保障生命、財產之安全。國家則不然，國家是包括一切社會的最高組合，「好」固為一切社會組合追求的目標，而國家所追求者，乃是一種最高的好 (Highest Good)。國家要使人享受最快樂、最完美、最高尚的生活，是在豐衣足食，安居樂業的經濟利益及生活安定之外，還有一種道德意義，其所以為最高級、最重要者在此。如果一個團體只為謀求經濟生活之滿足，便不足稱為國家，否則蜂巢蟻穴，豈不也算是國家。所以他說：「國家的組成是要使大家能生活，國家的繼續存在，是想使大家得到更好的生活。」❾只是交易貨物，保障生命財產的社會結合，不能成為一個國家。他又說：「政治社會之所以存在，是以高尚的行為，為其目的，非僅只是使人生活在一起，朋比結社為已足。」❿國家必須是人民的一個道德結合團體，不只是消極的防止互相侵害，為非作歹，並且要使人民培養完善的道德，及健全的身心，使大家根本無害人之心，無作歹之意，故國家之目的，就是使每個人成為有德性的個人，使整

---

❾ 同❼。

❿ 參閱《政治學》三卷九章。

個國家成為一個道德團體。

由上所述，可知國家與其他社會組合，在性質上，有所根本的差異，亞里斯多德在這一方面，還有更進一層的意見加以說明。他認為人具有兩種能力，一種是可以發號施令，一種是服從於人。在一般社會中，總必有這兩種關係的存在，例如在家庭中，有夫妻、父子、主奴等身份關係，其為丈夫，為父親，為主人者，便是發號施令的一方，丈夫對妻子，猶如一位憲法顧問，父親對子女，便像一位開明君主，主人對奴隸，則如同一個專制君主。而另外為妻子，為子女，為奴隸者，便是人民，是服從於人的一方，這樣會使人的性格，有所偏差。但在國家中，只有一種單純而高尚的關係，每個人能發號施令，當一個公民擔任陪審員，或擔任法官及其他官吏時，他均可表現此一能力，可是當其一旦去職，他亦能服從，並非絕對的能發號施令，或只知服從，每個人都是一樣，只有一種關係，對於一個人健全性格的發展，很有幫助。

不過亞里斯多德所說在國家中，既能命令，又能服從的這種人，是專指自由公民而言，奴隸則不在此論之例，他為遷就現實而維護奴隸制度，致為後世所詬病，但事實上奴隸制度，實為當時普遍的現象，及傳習甚久的觀念。他對於奴隸制度之存在的辯解是這樣：「造物者對於自由人，與對於奴隸，似本有所區別。即按其軀體之構造而觀之，一則體力絕強，足以服勞務充賤役；一則端正秀慧，雖不合於服勞任重，然適於政治生活，……可見芸芸眾生之中，有天生宜為自由人者，亦有天生宜為奴隸者。」⓫主奴乃係天生，許多人雖生而身強體健，但低能愚昧，只有沈淪為奴，他們既缺乏理智，僅為有生命的生產工具。他說：「工具之種類，千端萬殊，然大別可分為二類：一為具有生命者，一為不具生命者。……從技術方面而論，凡可供人役使者，均可謂為工具之一種，是故人之所有物，亦即維持

⓫ 參閱《政治學》一卷五章。

其人生活之工具。在治理家政範圍內，所畜之奴隸，為其有生命的所有物，而所擁之財產，為其若干類之工具，質言之，奴隸之本身，確為一種工具，惟在其所有工具之中，佔有優越地位而已。」⓬所以奴隸只有服從的能力，是自由公民的附屬品，「勞心者役人，勞力者役於人」。奴隸在一國的各個家庭中，只有擔負生產的責任，惟主人對於奴隸，亦應善待，猶如愛惜其家畜。亞里斯多德直把奴隸視若牛馬牲畜，這的確是會使現代人所驚異的。

　　從前段亞里斯多德對於奴隸擔負生產工作的辯解中，亦可見出他與柏拉圖同樣有輕視財富的思想，同時可藉此以說明他的經濟觀念。他的經濟眼光，只注意到生產，而忽略商業交換，他認為生產的自然方法，是畜牧、耕稼、漁獵及掠奪⓭，以自然方法生產，可增加人的利用價值，使其發展適當的效用，所以他亦如柏拉圖，主張禁止放利生息，金錢僅可作為交換工具，卻不可作為獲利工具，國家的目的不是增加財富，而是在培養道德，因此他也把工人商人放在最後，不承認他們是公民。

第三節　政體論

一、政體分類

　　國家中必有政府，乃屬當然之事，但就當時希臘各國政治制度來看，是互有不同，亞里斯多德便根據各國實際的政制，及理論家所宣揚的制度，作一歸納、研究，將政體加以分類，在劃分的類別與名目上，與柏拉圖頗

⓬ 參閱《政治學》一卷四章。

⓭ 亞里斯多德視掠奪為生產，是由於對「自然」（Nature, 或稱本能）的解釋不同而來。他有時認為自然，是謂發育到最完美之時，但有時又說是在古代野蠻時期的原始狀態，故掠奪亦係自然的表現。

多相似，即根據一國憲法，視最高權在一人之手，少數人之手，抑或多數人之手，並再以是否顧及到國家目的，是否為多數人民謀福利，而區分為純正的及腐化的兩類。在純正的政體方面，如最高權在一人之手，則為君主政體 (Royalty)，在少數人之手，是為貴族政體 (Aristocracy)，在多數人之手，便是立憲的民主政體 (Polity)。腐化政體中亦以掌握最高權人數的多寡分為三種，即暴君政體 (Tyranny)，寡頭或財閥政體 (Oligrachy)，及貧民或暴民式的民主政體 (Democracy) 亦可逕稱為貧民政體或暴民政體。柏拉圖劃分的主要原則，是在於有無法治，亞里斯多德則以是否合乎國家目的，為人民謀福利，似較為切合實際。在亞里斯多德看來，法律是一回事，政體又是一回事，在各種腐化的政體中，亦可能有法律，但卻是不公平的，表面上是法治，實際上是腐化惡劣的。法律的效力，只有在多數人自動遵守時始能有效，換言之，即法律要與多數人的道德習慣打成一片，所以政體的分類，不當以法律之有無為根據。

亞里斯多德更進一步的分析各種政體的特徵，以說明政體的實際不同。他認為每種政體，均有其特徵，此實為各種政體性質不同之真正所在。所謂特徵即自由 (Liberty)、道德 (Virtue)、財富 (Wealth) 及身世 (Birth)。各種政體係在此四特徵之原則下變化。亞里斯多德很早即認為自由與平等是相同的名辭，凡主張自由平等者，是為民主政體，以道德為重，在位者屬有德之士，則是君主政體或貴族政體，強調財富力量的是財閥政體，講身世門第者，則是世襲的君主政體，或世襲的貴族政體。

二、政體優劣的分析

在上述六種政體中，君主政體是以重道德為特徵的，但是實際上卻不容易出現，所以這是一種最理想，同時也是最不理想的政體。因為要產生一位既有過人能力，又有超人道德的君主，極為困難，而且亞里斯多德的道德觀是重量不重質的，一個人的道德，是不能與多數人民的道德相等的。

同時他又認為一個人較多數人容易腐化，一個人容易受情慾的蠱惑，利祿的引誘，多數人則互有牽制，因此一定說一個人的德性，可以超過一切人，是不可能的，而事實上，即使在君主政體之下，仍然是少數人的統治，除君主之外，尚有其他佐理人員，所以這種政體等於是不存的。相反的，暴君政體卻是常見的，暴君所使用的是武力統治，是恐怖高壓的手段，一個君主所希望的是道德榮譽，一個暴君只貪求財富權力，彼等多為梟雄，支持人民以壓制貴族，施用毒害暗殺種種殘酷的方法，嫉恨人才出現，而不重教育，仇視公共集會，而防止人民彼此相識，強制人民於戶內，用諜報密探以偵察人民行動，使人民窮困，而發動大工程以供彼驅使，或製造戰爭，使人民效命疆場，一方面無暇內顧，一方面又必須擁護暴君為首領，俾使叛變革命得以阻止，這是常見的事實，是一種最不合理，最惡劣的政體。亞里斯多德這種對暴君政體的分析，幾乎有如文藝復興時代馬基維里 (Machiavelli) 的口吻。

　　貴族政體亦以道德為重，也是一種頗為理想，卻也是不易實現的政體。實際上少數統治者，亦不可能人人都具有高風亮節，不可能每個貴族份子都是聖賢，政治果能由知識淵博，道德高超，以及才幹非凡的少數人管理，以德教人，化民易俗，舉國上下均以追求道德生活目標，便也無需法律制度，政治自然清明，步入正道，可是在現實的環境中，是難以實現的，只不過是存在於空中的理想。事實上見之於各國的卻是財閥政體，只單純的講求財富，政權為少數豪門所把持。其中又可分為農業財閥政體、商業財閥政體、工業財閥政體、海洋財閥政體四種，但不管何種財閥政體，政府官吏人選，均有其財產限制，所以只有少數人能為入幕之賓。一切行政措施，亦完全以獲得財富多少作決定，統治者斂財自肥，升官發財以滿私慾，這種政體是不能持久的，因為統治者私人，以及整個國家政策，都在要求財富增加，一般國民所得隨之俱增，當年入選官吏的財產限制，隨著社會環境變遷，不應再是少數人的專利，勢將激起變化，演為民主政體。至於

世襲的貴族政體，只顧念其階級利益，不重法律，壓迫人民，其能否持久，端賴其階級之團結與否，但他們卻不可能長久團結，一旦衝突發生，必利用人民互相攻擊，而且他們亦無穩固的經濟基礎，新興的暴發戶與官廳勾結，賣官鬻爵，是公開的祕密，輕才而重財，其政體本身必將變質。

最後說到民主政體，民主政體通常是由於反對財閥政體而產生，貪愛財富的統治者人數不繼，下層人民勢力逐漸增大，發動叛變革命，而建民主政治。所謂純正的民主政體，是一種立憲民主政體，除注重自由平等外，亦注重財產，由抽籤或選舉方式產生官吏，惟人選的決定有財產標準，非人人有任官機會，不過一國中貧乏的平民總佔多數，他們仍可為最高權的掌握者，惟一般平民各有其不得分身的工作，實際政治上的執行工作，仍在官吏手中，故尚含有貴族意味，但平民操有最後控制權。至於腐化的民主政體，就是一種貧民政體或暴民政體，特別注重自由平等，一切公民皆有選舉權與被選舉權，國家用種種方法籌措經費，以維持公民大眾的生活費用，使大家有暇參加政治活動及公民大會而無衣食顧慮，一切國事取決於公民大會，公民的決議代替了法律，法官的職權亦為陪審團所奪。在這種極端的民主國家中，等於無法律亦無憲法，即使有也形同虛設，因為是公民大會決定一切，人民生活紊亂無序，誰也不知道明天的律令如何，這種政體雖名為民主，實係專制，此時煽動術必大行其道，一般人民思想浮淺，於是常為善於煽動的野心家所操縱與犧牲。

由亞里斯多德對腐化的民主政體之分析看來，他對民主政治似亦無好感，不過他並不像柏拉圖之深惡痛絕，他認為民主政治亦尚有可採之處。他覺得一般人民的判斷力，固然抵不上專門政治家，但是集體的判斷則不亞於政治家，有如某些藝術品，常無法由藝術家本身得到正確評價，而必須由他人作批判，居住房子的人，對房子的批評較建築師為恰當，食客對菜肴的品評，亦優於廚師。同時他還是認為多數人總較少數人不易腐化，大量的水較少量的水是不易變質的，一個人易為喜怒哀樂的感情所克服，

失去正確的判斷力，多數的人便不致如此。

三、何謂良好的政體

　　由以上對各種政體的檢討中，可以知道君主政體及貴族政體以重道德為其特徵，固然理想，但實現的希望甚微，暴君政體又是最不足道的惡劣政體，於是亞里斯多德的目光，較為集中於民主政體及財閥政體上。一般民主政體之缺點，在於過份強調自由平等為基礎，而財閥政體的錯誤，是認為收入的多寡，可作為才智與德行的比例，事實上才德之士的收入，是既非過多，亦不太少。但一國中必有貧富兩種人，這是柏拉圖早已發現的事，亞里斯多德也有同樣的觀察，並認為這兩種人，一方面主張自由平等，另一方面則偏重財富，以致相持不下，如能在政體中採取一種中庸之道，便可調和這種爭端。於是他主張由中產階級執政，中產階級可作為貧富之間的調人，他與此兩極端都能有接觸，卻無他們的偏失。富人的缺點是傲慢狂妄，窮人的缺點是卑賤無賴，前者是荒淫恣肆，不知謙恭服從，後者則自暴自棄，缺乏發號施令的能力，作姦犯科者多是他們。惟中產階級能自食其力，自給自足，既無自甘墮落之奴性，亦無攫奪權勢之野心，與貧富雙方，均不致有嫉恨仇視，而可保有友誼，他不去搶佔別人，別人亦無意劫掠他，故以中產階級為重心的政體，最能夠維持平衡，此即是亞里斯多德心目中一種良好的立憲民主政體，是兼有自由與財富特徵的一種混合政體。他說：「凡一國公民如為中產階級所構成者，實為最良好之政治社會，而其國家亦即因此而易於治理。」⑭故一國之中如中產階級佔最大多數，其人數足以為貧富二者之和，則必能長治久安。

　　另外亞里斯多德思想中，還有一種理想的良好政體，是比較富有貴族色彩的，就是除了注重自由與財產之外，並將貴族政體的特徵——道德，

⑭ 參閱《政治學》四卷十一章。

融合於其中的混合政體。官吏係公開自由選舉，當選者則應有財產及道德的標準，但又不可訂的太過，使一般公民難以企及，有一普遍適宜的條件，如此則質與量並重，既民主，亦復貴族，大家有選舉權，但官職保留給才智之士，政治方針由人民決定，但政治執行由專家負責。將各種政體的特徵融為一爐，便不致有一般政體的偏失，反能兼具各種政體的優點，這也是一種最能顧及到國家目的，謀求全體福利的政體。

但是亞里斯多德是一個極遷就現實的人，所以他不贊同柏拉圖的絕對主義，強調國家的統一性，不惜採取共產公妻的制度以獲致，他固然認為混合政體是良好的，可是他又認為在某種特殊的環境中，何種政體為最好，則應視其能否適應環境而定，只要一個政體獲得擁護的人多，反對的人少，能維持安定秩序，便是好政體。財閥政體如能運用其萬能的金錢，以應付貧民，使政府穩固，國家安定，亦未嘗不可。於是何謂良好的政體，答案便不止一個。他的看法是屬於相對主義的，此實由於當時戰爭頻仍，內亂不止，為希求安定，致有此一論調。

四、維持安定的條件

維持一國家的安定，不致動搖變亂，最好是以中產階級為中堅，並有賴農、工、商、軍人、富人、教士及官吏共同的忠於其國體，循規蹈矩，守法奉公，此不僅為私人所應當之行為，亦合乎國家理想，俾使國家為一永久不墜的道德團體。為達此一目的，教育與法律乃最重要方法，其他關於政府組織、婚姻制度及客觀環境，亦不可忽視。

㈠**教育：**亞里斯多德與柏拉圖同樣的認為教育是國家最重要工作，一國教育必須適合其國家之理想及精神，故教育必應由國家管理，不可如雅典當日之情形，任由私人興學。其教育之主旨有二：

1.注重公民教育：教育為政治之一部門，維持一國制度最有效的辦法，是使教育配合政治，訓練人民思想，以配合國家的理想及政體，授以公民

知識，以便行使公民權，並培養其領導及服從的兩種能力，養成守法道德，否則國家無法建立，使受教育者明瞭他們所享受的自由、福利及安定的生活，是國家所賦予的，知道國家與個人之關係密切，俾使個人與國家彼此得到調協。亞里斯多德的這種主張，與柏拉圖相較，實亦五十步與百步之間。

2.注重品性陶冶：亞里斯多德認為人如果在品格方面修養成功，可成為最優秀的動物，否則便是最惡劣下流的動物，故美德的培養，尤重於智識灌注。抽象的數學及精確的文法，可啟發少年智慧，而音樂及文學，則可培植高尚志節，圖畫雕刻等藝術方面的薰陶，亦可有助於道德感覺。至於手工技藝則不予重視，此係奴隸所為，不應讓一個公民轉移其注意力在金錢方面，應輕工商而重農業。一方面固然使人保有私產，而一方面須使人有輕財尚義，慷慨輸捐的性格，以利公共事業。但教育之可貴，在於其潛移默化之功，在習慣自然中變化氣質。

(二)**法律：**教育的功效，是使人知而後行，法律則使人行而後知，而其目的都在使人之行為合乎美德。亞里斯多德固重教育，但尤重視法律，從守法的習慣中，建立美好的生活。他說：「欲使人自其童年開始，即得到傾慕美德之正當態度，必其人自少至長皆在良好法律下生活。蓋中庸適度，正直謹嚴之生活，實非一般人，尤其是少年所能體認而樂於從事者，故少年之訓育，以及飲食起居，應以法律節制，而一經習慣於遵守，則不致有感於法律約束之痛苦。」⓯此不僅對少年如此，即對成年者也是要禁之於法，因為人之崇尚道德的力量，實不若畏懼強力的制裁。

法律不只是有培養人道德習慣的功效，同時更是一個國家精神及理想的具體表現，國家必應有公正無私的法律以統治人民，所以亞里斯多德極推重法治的作用，他對於法律的觀點，與柏拉圖也頗不相同。他認為法律

⓯ 參閱《倫理學》十卷十章。

並不是不得已求其次的工具，法治是一個良好政府不可分割的部份，是一個良好國家的特性。法治建立，則使統治者與人民之間，可保有正常的關係，雙方均可維持自由，及一種道德上的平等，與家庭中之夫婦、父子、主奴等其他一般隸屬關係皆不同。同時法律具有一種超然性，雖聖人亦不能及，它不會受任何慾望的影響，有最冷靜的理智，它雖不能代替一個行政首長，但是它可以使一個行政首長具有道德價值，使人心悅誠服。在人治之下，無論如何聰明睿智的統治者，總難免不受感情慾望之操縱，甚而會受到獸性的支配，而有失公允，所以法治較任何人治為好，法律並非因人性墮落的不幸產物，實乃一良好政府的標誌。

㈢**政府機構**：任何國家的政府組織，應有三個機關，即討論機關 (Deliberative Organ)，執行機關 (Administrative Organ)，司法機關 (Judicial Organ)。亞里斯多德的意見，頗似今之三權分立。討論機關對於行政官吏之選舉監督，宣戰媾和，訂約立法，以及死刑宣判，均為其職掌，具有最高法律權力，但通常是採取民主政體的國家，討論機關有此大權，在君主或貴族政體的國家則較小，在暴君政體之下，便僅不過為一備諮詢的顧問機關而已。所以從討論機關的權力大小中，尚可作為鑑別政體的依據。但不管是何種政體，不問其權大權小，總必得有此一機構，否則專制獨裁的政治，更見惡化。此為亞里斯多德頗為獨到的見解，是最切實際的看法。

㈣**婚姻**：亞里斯多德亦認為結婚一事，應由國家監督及管制，國家應規定兩性結婚的最大限度及最小限度，標準的結婚年齡是男子三十七歲，女子二十歲。早婚則有損健康，所生子女發育不良，他甚而指定懷孕的適當季節，應在冬日北風嚴寒之時。並認為人口增加率過高時，可在胎兒未有生命及感覺時墮胎，而不可用殘忍的方法殺嬰。亞里斯多德無有男女平等的觀念，他認為女子意志薄弱，無獨立能力，女子的最佳處所，是平靜的家庭。

㈤**人口與面積**：小國寡民是希臘城邦國家的普遍現象，亞里斯多德的

思想，當然未超越此一現實環境。每一國家應根據其財源，在人口方面訂一理想標準，不可太少，亦不宜過多，太少無法自供自足，失去國家意義，過多則種族複雜，不易建立良好的立憲政府，獲得政治統一，應以不超過一萬人為原則，不過此係僅指自由公民而言。國家幅員之大小，當與其人口相合，以站在高處，一覽無餘為適當，全國公民可聚集一個會場，發表演說時，能讓予會者均可聽到。距海不宜太遠或過近，太遠有礙交通運輸，過近則易發展海洋貿易，及遭遇強敵侵襲。氣候宜溫和，以利人生。

第四節　主權、憲法及革命

一、主權與憲法

　　亞里斯多德與柏拉圖同樣的均以一國最高權屬於何者，作為政體分類的原則，不僅如此，亞里斯多德在其著作中，於討論國家問題時，亦常用到「全權」(Plenary Power) 或「最後權」(Ultimate Power) 的語辭。此所謂全權、最後權以及最高權，其意味即為後之主權 (Sovereignty)，但是他關於這個問題，並未能說得十分明暢，以致主權論的發明者，落在以後布丹 (Bodin) 身上。亞里斯多德有時認為政府的某個機關，具有完全的最後的權力，他說：「憲法乃決定國家中官職之佈置，凡係政府，均握有國家最高權力，故憲法之性質，即視政府本身而定」⑯，有時卻又說人民的政權，即人民的選舉與監督權，就是一國之最後最高權。所以說他的觀點頗不清晰，不過他對人民政權的分析，有其獨到及精確的見解，並且隱含有人民主權的意思，以及對民主政治的解釋。在當時雅典的民主政治，可稱之為直接民權，所有公民不僅可以當選官吏，並且可參加公民大會，及享有陪審權

---

⑯ 參閱《政治學》三卷六章。

利。但是在亞里斯多德看來，如何使每個人享有政權，並不見得必須人人實際的參與政治，即使在雅典公民人數並不太多，如果讓人人實際上均負有責任，仍不可能，實際的政治工作，仍為少數官吏負責，因此他認為只要對政府官吏之產生利用選舉權，予以控制，在產生之後復能監督，就已經握有政權，就是民主政治。「何謂民主？」此一問題，一直為政治思想中引起糾紛的事情，許多人認為必須全民參政，直接民權，才是真正的民主政治，亞里斯多德在二千多年前，便已經明白間接民權的意義，的確是令人讚佩的。

據前文所述，亞里斯多德對於主權，是未能作確定的論斷，但是有一點，他已明白的道出，就是一國全權或最後權的位於何處，及其運用方式如何，完全決定於憲法。一個國家必須要先有一基本的憲法，然後根據憲法再制訂各種詳細的法律條文及命令，並且規定政體的形式，政府的基本組織，以及人民與政府間的種種關係，藉憲法以表示出一個國家的特殊性質，此一意見對現代民主政治，可以說已給予明確指示。同時亞里斯多德更認為憲法不僅是一種公民組合的構圖，而且是一國人民生活方式的定本，政體之形式及政府之組織，即一國人民所欲採取生活方式的顯示。於是如果一國政體變更，即表示憲法已經變更，也就是人民所欲求的生活方式，作了根本的變更，國家性質亦隨之改變，國家乃藉政府形式的存在而存在，因此憲法改變，乃是表示一個新國家之產生，並非一個國家的繼續，當然所謂全權最後權，亦隨國家消逝或再生。總之亞里斯多德認為政府性質即為國家性質，國家、政府、憲法、法律是一致的，皆應與人民合群而居的目的，有不可分的關係，一旦原有的國家、政府及憲法、法律變更，產生了新的國家、政府及憲法、法律，那麼此一新國家的政府對往日舊政府所訂契約，便沒有履行義務，一切債務及國際間的盟約，均屬無效，這是不同於以後之觀念的。布丹認為主權有永久性，除非一個國家被他國所滅亡，主權是不受影響的。現在一般觀念，皆認為主權屬於國家，政府不能享有

主權，政府變更不應影響主權之存在，尤其在民主國家，政府很容易改組變更，但對於前一政府所負債務及簽訂條約，仍須有償還及履行之義務。亞里斯多德所以有此看法，係受當時希臘實際環境之影響，因為當時各城邦國家時常有革命，有政治上的變動，每次變動之後，新政府對舊政府的一切概不承認。

二、革命論

亞里斯多德目睹希臘各國時常發生政治上的動亂，國體政體隨之更轍，也就是說革命頻仍，政治局勢不穩，影響甚大，因此他渴望安定，他認為革命永遠不是件高明的事。革命也或者可能帶來某種利益，但同時也帶來更多的罪惡與苦難，破壞了政治組織與秩序，造成社會的紊亂，革命固有革新的意義，可能創立新制度，新理想，可是它所造成的間接影響，常常是無法預料和估計的，甚而引起更大的災害，所以他極力想防止革命。

他首先研究革命所以發生的主要原因何在，他亦如同柏拉圖的意見，認為在社會中人們有兩種不同的平等觀點，一種是「比例的平等」，一種是「絕對的平等」。凡有資產，有才智，有威望的人，多主張比例平等，認為才能高超的人應獲得多，卑微低能的應獲得少，這才是合理的平等。但要求絕對平等的人，則希望人人一律平等待遇，無分厚薄。這兩種不同的欲求，是互相衝激的力量，革命的原因即在於此，不是爭取比例平等，便是爭取絕對平等。本來一個國家，原有其制度，有一排列組合的規則，可以對人發生控制的力量，強制人符合此一組合原則，道德、財富、自由、身份的份量，分別釐定，有其定型的正規標準，但是一旦客觀環境有所變遷，與原有的制度規格不能調和時，便要發生變亂，少數才智、資產及身份優越的人，如果有了力量，而現實制度不適合他們的欲求時，必將起而搗毀現實。即使在主張絕對平等的人佔多數的時候，在以自由平等為特徵的民主政治下，也會發生變亂，因為這種貧民的民主政治，終必為有能力有野

心者所劫持，而變為暴君政體。總之革命的主要原因，就在於不平則鳴爭平等，在於現實制度與客觀環境有了衝突。

除上述原因之外，在不同的環境中，也有著不同的革命火種，所以尚有許多偶然因素，亦可能造成革命情勢。或由於統治者心理上之變化，使人民發生反感，傲慢貪婪，行使恐怖政策，在這種暴君的高壓手段，殘忍殺戮之下，人人自危，人民會被迫鋌而走險。或者社會上有強凌弱，眾暴寡的現象，各階層人數之增加，已不依慣常之比例，在社會利益或經濟利益上，使人民感到不滿。再者如人種混雜，黨爭迭起，地理上的利害衝突，無意識的改革要求，統治者本身間之不睦，中產階級的人數已不足以作為安定的力量，另外如天然的災害饑荒，以及政體相反的鄰國之干涉，與異族之接觸太密，均可能促成變亂革命，而使政體變換，憲法更易，後果嚴重。

至於如何防止革命，當然也因環境不同，所採方法亦互異❼，下面可歸納三點加以說明，這些意見並非是高深的理論，正確的原理，只是一種政治上隨機應變的策略或技巧。

㈠**政治方面**：統治者應儘量開放政權，不可使少數人把持，在君主政體、貴族政體之下，政權頗不易開放，易激起反感，所以至少要把不重要的低級官吏給一般人民，高級要職仍為統治者掌握，人民能稍有滿足，情緒自可穩定。再者握有政權的統治者，有一點須特別注意者，必須捨棄經濟利益，如果藉其政治權力以取得經濟利益，最為人民所忌恨猜疑。商人可以因職業上之成功以獲得經濟滿足，而執政者的收入，只應該是尊崇與榮譽，把經濟利益讓給一般人民，名利不可兼得，而應各有所求，各有其宜，否則一般人民便覺得他們應當得的利益，反被執政者攫奪，必定大為憤慨。所以一般官吏，尤其是高級官吏最好為無給職，他們在執政之前，

---

❼ 第三節亞里斯多德所言暴君政體之特徵，亦可謂是暴君政體下壓制革命的方法。

在經濟上應已有所成就，衣食無慮，不必再需要經濟報酬，這樣才不致腐化，在君主政體、貴族政體或財閥政體之下，尤應如此。同時國家財政應行公開，會計賬目每年公佈一次，人民可得以了解政府是否為人民做事，抑或為自己謀利，開誠佈公，人民便無忌恨猜疑之心，如此則尚可維持安定。此一方法，可以說完全偏在政府的手段方面，而不見有任何制度之設計，有如以後馬基維里之霸術。

㈡**經濟方面：**統治者應仔細的觀察國家經濟發展的情形，研究經濟現象有無改變，應當阻止的則迅速阻止，不能阻止的，則應主動的去適應。如在財閥政體下，發現一般商人獲利甚豐，躍躍欲試的要謀取政權，便要設法使他們的財富不致脹大。時刻注意情形的演變，最好能使之保持現狀，如實不能阻止亦無法阻止時，只有將政體逐漸改變，先使有地位人士參加政府，使他們信任政府，與政府合作。總之要想政體不變，必客觀環境不變，政府當局能主動的改變以適應環境，或可轉危為安，避免暴亂的革命。

㈢**教育方面：**亞里斯多德固然與柏拉圖同樣的重視教育，但教育的目標不是絕對的，他認為教育乃政治的一部門，也就是說教育原則必配合國家憲法精神，如為民主政體，則應灌輸民主精神的教育，是財閥政體，便又是一套教育政策，是何種政體，就施行何種適合其政體的教育。但各種政體均有其優點及缺點，教育之方法，便是把所採取政體的優點，作為施教之目標，而避免缺點的擴大。

第五節　亞里斯多德思想之討論

一、一貫的道統

亞里斯多德的思想，並無令人特別興奮之處，便也不易使人對他抱有狂熱的態度，因為冷靜是他的特色，不驚奇是他的格言。他與詩人氣質的

柏拉圖不同，他沒有柏拉圖那種玄祕而多彩的思惟，以及偉大高遠的理想，他亦少有改革的熱情，更少憤世嫉俗的激烈情緒。雖然如此，但是當吾人為柏拉圖的熱情而感奮動容之後，再接觸到亞里斯多德的冷睿，卻是有益的。

　　有人認為亞里斯多德在《倫理學》及《政治學》中所注重的中庸，是一種缺少歡躍活力的老生常談，令人乏味，過份的強調中庸，產生一種呆滯的德性，他的理論，固可促成許多偉大的成就，但也助成了冷靜而近乎冷酷的現實主義，這當然與柏拉圖的思想所造成的後果不同。可是吾人試加以研究，便可以知道他仍是遵循著蘇格拉底及柏拉圖的目標前進的。蘇格拉底創「知識即道德」之說後，柏拉圖始終奉行，他要以哲學的鑽研，獲致正義至善。亞里斯多德亦然篤信不渝，但是他更擴大了知識的範圍，而選擇了中庸以獲致道德的幸福生活。在個人道德上，柏拉圖正義的美善，是比較機動的，是先決定了社會身份 (Social Role)，然後確定其恰如其份的行為，故正義是可隨人而變的。亞里斯多德的中庸，雖較為具體化，也較為通俗化，但也並非事事選擇兩極之間的固定一點，事實上，也是辦不到的，所以他之所謂中庸，也認為是人在客觀環境下，所應採取的適當態度，此與柏拉圖之各守其份，意義上仍然是一致的。因為人不是一個抽象名辭，一個人在社會國家中，必加上許多身份符號，人既有如此如彼之不同，其行為標準，便亦可能因身份環境不同，有所差異。如拋開這些細節不論，以追求道德的幸福，為人生之目標而言，亞里斯多德並未叛經離道，因此在政治理想上，他與柏拉圖也是相同的，皆以倫理的目的，為國家的目的，亦即是以道德的實現，為國家的指標。他們同樣輕視財富，而重視教育，呵斥商賈而尊重知識，主張精神高於物質，政治重於經濟，所以亞里斯多德仍然是繼柏拉圖之後，共屬於蘇格拉底所創立的一個道統之中。

二、亞里斯多德政治思想的傾向

就亞里斯多德政治理論的內容來看,其思想之傾向,可作以下之分析:

1.在他的許多理論中,吾人不難發現,他是個唯實主義者,同時也即是一個保守主義者。他注重教育與法律,以培養良好的習慣,藉永久的習慣,以維持道德於不墜。他因為懼怕紛亂,希望安定,致使人覺得他過度的重視中庸,趨於維護現實而守舊,因此何種政體為良好,完全以各自的環境而定,只要求其能夠維持現狀的安定,似乎即使形成一種死寂的狀態,亦無不可。這種意識,也可以在其防止革命的方法中發現,這樣他不自覺的放棄了理想,甚而與其國家的目的相背馳。他為當時的奴隸制度而辯護,他對於一般商人,尤其是投機商人,予以嚴厲的抨擊,推重忠誠而具有保守性格的農民,只有他們的生產,才是國家真正富源,原因是他要保持經濟之平衡,以免影響國家的安定。

2.亞里斯多德較之柏拉圖是傾向民主主義的,但他的民主觀念與今日並不盡同。他固然承認社會上階級的存在,但是他反對任何方式的獨裁專制及階級間的鬥爭。他相信一般平民有判斷能力,而且集體的判斷,必優於個人的判斷,因此他推翻了柏拉圖的哲君政治,因為每個人,雖然具有的是極小的德性與特長,可是綜合起來就大了。不過他的民主政治僅限於批評方面,至於執行,仍有賴少數專家,所以他的貴族政治的意味,仍是很濃。

3.亞里斯多德與柏拉圖,同樣的因受當時城邦國家的影響,是重集團主義的,亦即是頗含有社會主義的色彩,但不是經濟的,而是倫理的。人生的目標,是在追求良好的幸福生活,所謂良好的幸福生活,並不是現實的物質享受,而是具有道德含意的,同時不是以自我為主的,需要與國家相配合。國家的目的,在形成一個道德團體,給所有國民一種道德的幸福生活,國家乃是整體的,故有培養道德作用的教育工作,必須屬於國家,

不能屬於私人。亞里斯多德與柏拉圖都未能超越城邦政治的環境，在希臘的城邦時代，重視國家團體，是一致的看法，他們是從國家的立場去看個人，則視國家為一分工合作的社會，每個人必盡其責以符合國家需要，如此國家才能安定。這是不同於十八世紀思想家的，他們乃是從個人立場去看國家，忘記了人在國家之中。

三、亞里斯多德的貢獻

㈠**權力與自由的調和：**亞里斯多德繼柏拉圖的友誼原則之後，更切實際的注意到政府權力與人民自由相調和的問題。他認為政治的後果是好是壞，並非由政府決定，而是由人民決定，廚師的菜，有待吃的人品評，穿鞋子的人，才知道鞋子的大小，這是他思想中，含有民主精神的表現。假使一國中，只有威權而無自由，政府可為所欲為，便是很危險的事，威權是最易使人腐化的原因，統治者享有無上的權力，可以不負任何責任，不受任何限制，專制極權是必然的結果，所以他主張混合政體，使人民有選舉官吏及監督政府的能力，以使政府權力與人民自由得以調和。

㈡**政治與經濟的配合：**亞里斯多德是首先承認政治與經濟有密切關係的一人。柏拉圖對於國家之產生，固認為是經濟因素所促成，但一到國家產生之後，便極力把經濟因素排除而去，甚而用共產公妻的方法，以消滅經濟的影響。亞里斯多德則時時注意到經濟力量，政治必須與經濟相配合調協，才不會發生變亂革命，他的混合政體亦注重到財產的因素，這表示他較柏拉圖是具有客觀科學的態度。

㈢**政府機構的分立：**亞里斯多德認為任何政體均應有討論、執行、司法三個機構。他並沒有說到三個機構的互相制衡，而是說討論機關應處於最重要地位，這樣的國家與政體是民主的，人民是自由的，如果執行機關最為重要，便是君主政體或貴族政體了，但討論機關仍必須有其一席之地，這也是他富有民主精神的表現。中國古代的御史制度，便是使皇帝亦不能

專制一切，有任意橫行的力量。亞里斯多德的討論機關，不僅是一御史臺，而且也是一代表人民的會議，所以政體即使是屬於君主或貴族的，但精神是民主的，他完全是從政治的實質上去觀察，而不從政治的形式上去探論。

　　亞里斯多德的貢獻，是說不勝說的。以上幾點，是比較具體的原則性的創見，其他對於法律、教育等方面的理論，都對後世有所影響。當然他最主要的貢獻，仍在於他完成最有系統的政治學說，而將政治學獨立於倫理學之外，給政治學一個單獨的園地，同時他能夠不以個人的思想及願望為出發點，全係本著科學的態度以研究政治問題，這都是前無古人的，這也就是他被稱為政治學鼻祖的原因。又因為他不好高騖遠，所以他的思想平易近人，為人所接納，他所設計的理想的混合政體，實際今日各民主國家的真實表現，與之極為相近，故其對後世政治影響之大，可能已超過柏拉圖之所為。

第五章　希臘晚期政治思想

　　亞里斯多德可稱得上是一位劃時代的人物，因為自他逝世之後，希臘即在加速度的衰退轉變之中，城邦國家的精神及理想，均隨現實政治情勢的改變而消逝，此後二百年間，內則反覆革命變亂，外則強鄰侵略蹂躪，先是淪入馬其頓人之手 (336 B.C.)，繼則併入羅馬的版圖 (146 B.C.)，其間雖尚有若干城邦仍圖聯盟抗爭，但已成強弩之末。亞歷山大父子所建立之馬其頓王朝的煊赫霸業，為時雖短暫，而其影響則至為深遠。亞歷山大挾其銳不可當之勢，短短十年間，征服希臘、小亞細亞、敘利亞、埃及、巴比倫、及龐大的波斯帝國，甚而軍力遠達印度，造成歷史上一個空前的大帝國。希臘則從此在文化、政治上居於領導的地位，降而為他人的附庸，其扮演歷史主角的時期，已漸成過去。因此在這一期間的政治思想，自不免有極劇烈深刻的變化。下面便將此一時期，在思想上顯著的變化及影響，作一分析。

一、政治哲學之冷落

　　「人是政治動物」的觀念，自亞里斯多德之後，已漸滅絕，以往希臘的每一個城市國家，不問其採取何種政體，總之貴族及自由公民，都有參政的權利及機會，一般人的觀念均認為個人不能與國家分立，個人是不完全的，必須參與國家生活，每一公民份子，亦自感其地位之重要，及其政治權利的效果，在理論上亦復如此，亞里斯多德之所謂完美生活，必須依靠國家方能獲致。但是被征服之後，城邦國家消滅，希臘人喪失了參政機會，政策決定於馬其頓的將領，及高高在上的朝廷，政治已遠離希臘人，他們已無權過問，於是對政治的態度趨於冷淡。在亞里斯多德時代的思想

家，還一再探問，人如何創造一個好國家，這個時代的思想家所探問的卻是在這個惡劣的世界上，人如何能有德行，在這個苦難的歲月中，人如何尋找幸福，他們不再談政治哲學，而代以人生哲學、倫理道德，嚴格說來，此一時期是沒有政治思想的，即使有，也是消極的。他們對現實已不存任何希望，對於法律制度的改進無能為力，只有轉而追求個人美滿生活之實現。同時由於戰亂不止，促使道德之淪喪，智力的衰退，生活動盪不安，傳統的習俗及觀念都不可恃，勤儉固一向被視為美德，但此時一生血汗積蓄，可能一夕之間，毀於兵燹，誠實不欺只是愚癡，死守善道變為迂腐，惟投機取巧，阿諛取悅才是保身安命之道，於是生活的目的只是如何避禍，謀求個人的幸福，而不是積極的取義行仁，更不是如何建造一個好國家，因此政治哲學被冷落，人生哲學變得第一重要。

二、世界主義之萌芽

以往柏拉圖、亞里斯多德諸人思想中，均帶有希臘的優越感心情，有一種自尊自大的心理，但此時亦為亞歷山大的大帝國所擊破。現在文明的希臘人，要與敘利亞人、波斯人共立於一個大國之中，希臘人亦為被征服者，只好與人平等相處，乃漸漸有人類一家，四海之內皆兄弟的意識，過去忠於一個城邦的思想慢慢改變。同時亞歷山大的政策亦復如此，他以通婚的辦法，減少在統治上可能遭遇到的阻力，消泯種族隔膜，破除國家藩籬，他自己曾迎納兩個蠻族公主為妃，並鼓勵其部下與被征服地區女子結婚。再者此時有不少新城市建立，其中居民來自四方八處，希臘的文明科學固影響異族外邦，但異族外邦的習俗迷信，亦感染希臘，此乃促使世界主義 (Cosmopolitanism) 之萌芽，是斯多噶派世界主義的先期實行，到以後基督教力量形成時，便變成了基督王國的思想。

三、個人主義之誕生

由於城邦國家的解體，大帝國的產生，以往的國家觀念，公民精神逐漸消失，而新的大帝國忙於征戰，並未建立秩序及嚴密的組織，頗有鞭長莫及之勢，一般人也便有天高皇帝遠的感覺。人人只知道他是一個個人，只想去如何維持個人與個人之間的關係，趨樂避害謀求個人生活之安逸，而不再感到他是一個國家的公民，個人成了價值的中心，個人主義乃因此誕生，以往希臘的集團主義漸為時代所遺失。

第二節　伊壁鳩魯學派

希臘晚期迫於政治情勢之轉變，往昔人民依賴為生活支柱的社會、國家，均已喪失，國民之間的聯繫，也已鬆懈，為避免被時流所吞沒，各人不得不應付迫於目前的實踐問題，處世態度乃成為哲學中心，而皆以自我為主。此一時期所產生之主要哲學思想，有犬儒學派 (Cynics)，懷疑學派 (Sceptics)，伊壁鳩魯學派 (Epicureans) 及斯多噶學派 (Stoics)。其中犬儒學派思想為斯多噶學派所繼承而修增，而懷疑學派雖自皮羅（Pyrrho, 約 365 B.C.–275 B.C.）創始，後繼者尚有迪門（Timon, 約 320 B.C.–230 B.C.），阿色西勞斯（Arcesilaus, 約 315 B.C.–241 B.C.），卡爾尼德斯（Carneades, 約 214 B.C.–129 B.C.），但是他們既懷疑一切的存在，認識真相為不可能的事，一開始便放棄真理之探求，沒有任何有系統的理論，故此處專就伊壁鳩魯學派及斯多噶學派研討，亦可見出希臘晚期思想之一斑。

一、創始者伊壁鳩魯

伊壁鳩魯 (Epicurus, 342 B.C.–270 B.C.) 出生於薩摩斯 (Samos)，十四歲即開始研究哲學，十八歲至雅典，自紀元前三一一年起創辦學校，約在

紀元前三〇七年，在雅典購置一花園作施教之所，從此便與其門徒優遊此一庭園中，直到他逝世。他們過著一種清苦的團體生活，僅靠清水與麵包為生，卻能甘之如飴，每當他以此簞食瓢飲為餐時，身心會感到快樂的湧現，他說他所以唾棄奢侈的享樂，並非由於奢侈，而是由於事後的不適。他的學校，如同一個修道院，他稱讚這是他們的「聖潔團體」，隱逸安閒，與世無爭，完全是一種高尚無害的精神生活。

伊壁鳩魯學派雖亦被稱為快樂主義 (Hedonism)，事實上卻絕不同於以後只追求感官刺激的享樂派。他的校園中，接納各種人物，甚而有奴隸及藝妓，以致遭受別人的毀謗，但由此可見他是有教無類的。他為人誠摯，具有類乎宗教改革家的熱忱，同情人類的痛苦，希望別人接受他的哲學及生活方式，以獲致快樂。他的著作，據說有三百本，但均遺失，在他死後兩百年，一個崇拜他的羅馬詩人盧克里迪亞斯 (Lucretius, 96 B.C.–55 B.C.)，將他著作中的思想，以韻文表達出來。伊壁鳩魯可能是一個極嚴格的教條主義者，該派理論，在他手中完成後，便沒有變化，不像斯多噶學派有著長期的發展及演變。

二、快樂主義

伊壁鳩魯思想淵源有兩處，一為原子論者德謨克利圖斯（Democlitus, 約 460 B.C.–379 B.C.）❶，一為西倫奈學派 (Cyrenaics) 的創設人亞留斯蒂波斯（Aristippos, 約 435 B.C.–355 B.C.）❷。

---

❶ 德謨克利圖斯為原子論之始祖，但據亞里斯多德說另有魯色巴斯 (Leucippos) 者，係德謨克利圖斯之師，此人方為始祖，惟其事蹟不可考，故後人甚而懷疑是否有其人。

❷ 亞留斯蒂波斯，亦為蘇格拉底弟子，雖主快樂是善，不快樂是惡，但仍為精神之快樂。享受快樂而不為快樂所支配，把心靈從狹窄的偏見，及瑣屑的感情中解放，過一種有節制的生活。但至後期如黑格西亞斯（Hegesias, 約在紀元前三世紀）由於此種快樂不易得，竟認為人生無價值，不若自殺，快樂主義一變而為厭世主義。

　　德謨克利圖斯認為宇宙的一切，皆由原子組成，原子為不能再分割的細微物體，此無限多的原子在運動而致互相衝突發生關係，它們的聚合離散，就造成宇宙間的萬千事物，世界的形成，完全由於原子的機械運動，是無有目的的。伊壁鳩魯因襲其說，唯認為原子仍接受有規則之統制，並改為原子係由上而下接續降落。人亦由原子構成，人的心靈係由最精微圓滑的原子組合，故人之組成較他物困難，而分離流動卻較他物為易，也就是說人之生甚難，人之死卻易，因此人之生命短促，誠然可貴，一切客觀的物之可貴，皆因我人生命之可貴而貴，故我最為重要，此實為個人主義之前驅。

　　伊壁鳩魯的快樂主義，大都來自亞留斯蒂波斯。生命既可貴而短促，如果在數十寒暑中，復為痛苦憂患所困，有何意義？所以人生之目的，即應在尋求快樂，他認為快樂是幸福生活的開始與結局，人生至善的境界，就在於此。惟快樂有激動的快樂 (Dynamic Happiness) 與寧靜的快樂 (Static Happiness) 之分，前者是被動的，因慾望而產生，在慾望未滿足前是痛苦的，這種快樂必定是苦樂相參的，是有限制的，甚或樂極而生悲；後者之快樂，是主動的，是無欲的欣愉，沒有惡果與痛苦的相伴，其樂是無窮的。由此可知伊壁鳩魯之快樂，絕非後人所誤解的物質享受，感官快樂，而是精神的歡愉。要獲得這種快樂，必須保持內心的寧靜平衡，因此人要拋棄一切可能使感情劇烈波動的生活。寧靜固可致遠，但還要淡泊明志，政治生活當然不可參與，因為那無非是權力的角逐，別人的嫉恨仇視必不可免，即使表面上能一時避免他人攻擊的危險，但內心的平靜必將喪失，所以一個智者，只願寂寂無聞，無求於名利，不僅如此，甚而摒棄體力的活動及飲食的過度。這種快樂就生理觀點看，是否正確，是值得懷疑的，許多快樂是人之器官功能的反映，快樂亦隨人之體能、智力、年齡、環境而有所差異，這是一種「虛弱病患者的哲學」。❸要求伊壁鳩魯學派的信徒，具有

---

❸ 羅素 (B. Russell) 著《西方哲學史》(*History of Western Philosophy*) 一卷二十七章。

冒險犯難的精神，是絕無可能的，苦盡甘來的幸福，因奮鬥努力而獲得凱旋成功，他們都不會嘗試。

　　為保持內心的寧靜明澈，以獲取快樂幸福，固然要放棄名利情欲及一切激動，同時更要避免恐懼的騷擾，這是極為重要的。伊壁鳩魯認為人之所以恐懼，是由於宗教及怕死，這兩個原因又是互相關聯的，他不否認有神，但是他認為神是最理想的快樂主義者，彼等靜默默的存在，只追求自己的快樂，不干預人事，宗教與神祇並非人們痛苦的避難所，反而會徒然增加恐懼憂煩。人們所發生的一切，乃自然形成，並無因果報應，及神靈的獎賞與譴責。人們雖受自然力支配，但仍有自由意志，在有限度之中，還可以作自己命運的主宰，至於自然現象亦可以用科學解釋。（伊壁鳩魯之推重科學，乃用以破除迷信，並非真正重視自然界的科學知識。）死後的地獄，尤為欺人之談，純屬庸人自擾，致視死亡有無限恐怖，實則死並不足懼，因為人既由原子組成，人的靈魂亦由原子構合，而存在於身體之內，當所謂死亡到來，就是身體溶解，原子離散，原子雖繼續存在，但不復有感覺，靈魂與身體失去連繫，共同溶解而消滅。他認為凡是溶解的東西，是無感覺的，無感覺就是空虛無物，所以死算不得一回事，並無任何死後的世界，死不過是還至太虛。死固然不可避免，但應求了解其真相，不可為無知而困惑，能達觀洞悉一切事理，則不僅超然物外，也超然生死，逍遙優游，其樂無極。唯怕死是人類根深蒂固的本能，故其說終不能推廣，只不過供少數有修養的人參酌。伊壁鳩魯身處在一個令人感到厭倦的時代，他所發出的是精神疲憊的病弱的聲音，他無力負荷時代的重擔，只想要求身心的休息。

三、政治觀點

　　伊壁鳩魯一如以後的邊沁 (Bentham)，認為人的天性是自私的，每一個人都在追求自己的快樂，既然所有的人有此共同目的，則社會的習俗，

制度，除了能助人以尋求快樂外，別無意義，捨快樂外，無其他實質的道德。每個人所尋求者，固然為其個人的好生活，自我滿足的享樂，但每個人的好生活，都可能為他人同樣的自私行為所侵害，因此人類乃相互成立協議，不侵犯他人，亦不為他人所侵犯，維護自己的權益，進而亦尊重他人的權益，於是國家與法律逐漸形成，其作用無非是保障個人的安全，是使人們得以互相交往的一種利便的契約 (Contract of Expediency)，如果沒有這種契約，便沒有所謂正義公道其事，法律制度，政府組織，均因人們之互相安全而存在，其所以有效，是因為在其管制之下，使行為不合乎正義公道者，得不償失。

一般而言，人性是同樣的，則正義公道的觀念，亦應到處一樣，但是在運用上，常隨各地生活方式不同而有所差異，因此某種人認為某種行為是正確的，別種人卻可能認為是錯誤的。同樣的，某種法律，本來是正當合理的，是促進人們和平交往的，但亦可能因環境變遷，時代不同而變為荒謬不當的。所以不問在任何情形下，法律制度的衡量標準，純是權宜的，而非固定的。伊壁鳩魯學派雖不重視政府形式，但仍認為君主政體是較好的，因為安定為最主要目標，而君主政體下的政府，是最具強力而能維持安定的。

四、影　響

伊壁鳩魯學派對後世的影響，可於下列兩點見之：

㈠**開契約論之先河：**伊壁鳩魯學派認為個人惟樂是求，除此外沒有他種衝動，亦無社會性傾向。最早，人類係過著孤獨飄泊的生活，穴居野處，而後逐漸進化，人類文明，是在客觀的物質環境配合下，自然的發生前進，漸至國家形成，乃有賴於人們的相互尊重，相互的協議，而產生的利便契約，法律所以能表示出正義公道，是因為法律能使大家互不侵犯，法律就是人們為各自利便所訂的契約。由此可知法律之所以尊嚴，並非由於帝王

的欽命，立法家的威力，而是由於人們互相協議訂立，以得到利便安全的
生活，國家權威之由來，也不過因此種契約關係而產生。這個觀念，在當
時尚未發生影響，唯至希臘思想消失，羅馬帝國衰落之後，國家威權隨之
而逝，到了中古封建時期的各種政治關係，便都是帶有契約性質的了。到
了霍布斯 (Hobbes)、洛克 (Locke)、盧梭 (Rousseau) 的時候，契約說大為盛
行，而其淵源，則在於伊壁鳩魯學派倡之於前。

　　㈡**唱功利主義與個人主義之先聲**：生命由原子組成，組成難而分離易，
故我人之生命確實可貴，趨樂避害乃是人生目標。我之以外的事物，都因
我的需要而可貴，所謂「物之所貴，有我為貴」。個人是價值中心，個人以
外的家庭、社會、國家，如能助人以求樂，便是有功用有利益的，並不反
對。這種思想，當然是個人主義，功利主義的，對於後世同類思想大有影
響。不過要附帶說明的是伊壁鳩魯學派，與以後邊沁的功利思想，是有差
異的，雖然都主張追求快樂，但前者是精神的，快樂亦有質地高下之分，
而其所以追求快樂是為了避免痛苦，是消極的，出世的；後者則是偏於物
質的，快樂無質地之高下，只有量之多寡，同時是積極的，入世的。

第三節　斯多噶學派

　　斯多噶學派與伊壁鳩魯學派，產生在同一時代，但其發展的歷史較長，
前後有五百年之久，思想內容多少有些變化，惟與伊壁鳩魯學派思想，同
是屬於希臘晚期的。如果說伊壁鳩魯學派的思想，是以歡樂的態度，遺忘
失敗之痛苦；則斯多噶學派，乃是以冷漠的態度，接受覆亡之厄難。

一、齊諾及其後繼者

　　斯多噶學派創始人為齊諾 (Zeno, 約 336 B.C.–264 B.C.)，他是菲尼基人
(Phoenician)，因經商至雅典，而醉心哲學，曾受教於犬儒派的學者克拉臺

斯 (Crates)，犬儒派中精彩的意見，多為其所襲取。同時他對於赫拉克里泰斯 (Heraclitus, 約 533 B.C.–470 B.C.)❹的思想，亦多所採擇，對於蘇格拉底的精神，尤表崇敬，這可以說是他的思想淵源。但是他卻能成一家之言，創立學派，當時在雅典市場的迴廊 (Stoa) 上講學，受教者甚多，惟其著作，大多散佚，所餘者是一些殘篇斷簡。繼齊諾為此派領導者的是克里安塞斯（Cleanthes, 約 233 B.C. 絕食棄世）。其後有克里西柏斯（Chrysippus, 約 280 B.C.–207 B.C.）❺，他整理斯多噶派學說，使該派思想更為有力。再後有潘尼底亞斯 （Panaetius, 約 180 B.C.–110 B.C.） 及其門生普西多尼亞斯（Posidonius, 約 135 B.C.–50 B.C.），他們二人曾作了極大的修改，使斯多噶派漸採折衷傾向， 為羅馬人所接受， 羅馬最傑出的思想家西塞羅 (Cicero)，即深受其影響，藉以傳佈於羅馬人，所以到了羅馬帝國時期，斯多噶派學說已通俗化，流行於社會各階層，勢力甚大，其代表人物有辛尼嘉 （Seneca, 約 3 B.C.–A.D. 65） ❻，伊壁迪泰斯 （Epietetus, 約 A.D. 60–A.D. 138） ❼及皇帝馬嘉思‧奧勒流士 (Marcus Aurelius, A.D. 121–A.D. 180)❽。

---

❹ 赫拉克里泰斯認為世界一切非固定不變，而是流動不止的，即所謂「萬物流轉」(All Thing Flow) 思想，並認為造成宇宙的原質為火。

❺ 克里西柏斯據說著有七千多種書，他使斯多噶學派廣洽而有系統。

❻ 辛尼嘉為羅馬時期一大思想家，文學家，曾為暴君尼祿 (Nero) 老師，最後竟被尼祿賜死。其所著有《慈善論》(De Benefieüs)，《閒暇論》(De Otio)，《寬厚論》(De Olementia)，《天佑論》(De Providentia)，《論道書函集》(Epistulae Morales) 等。彼雖為斯多噶學派人士卻私蓄甚豐。

❼ 伊壁迪泰斯，希臘人，曾為奴隸，後脫籍，一度為尼祿大臣。

❽ 馬嘉思‧奧勒流士於紀元一六一年為羅馬皇帝，生活與心情頗為矛盾，雖身為皇帝，卻願退隱於鄉野，所著有《沈思集》(Meditations)。

二、思想之胚胎

斯多噶學派思想受犬儒學派影響最大，故對犬儒學派思想有加以簡述之必要。該派代表人物為安迪提尼斯（Antithenes, 約 445 B.C.–365 B.C.）與狄奧濟尼斯（Diogenes, 約 412 B.C.–323 B.C.）師生二人。安迪提尼斯亦為蘇格拉底弟子，較柏拉圖年長，他在青年時，曾度過繁華生活，至晚年，卻鄙夷雅典一切文明，一意追求道德，但他並不接納蘇格拉底獲求道德的方法，而重視道德的修行，從生活的實踐中，去悟解道德真義，除此以外，別無他求，一切身外事物，皆無關緊要。他與一般工人奴隸相處，務使言語人人了解，精深的哲學，是無價值的，唯有從最簡樸的生活中，去體會自然的道理，還樸即可歸真，所有亂人心性的欲望，皆有礙道德，他認為不應當有政府、私產、婚姻，亦不應有固定的宗教，及奴隸制度。他雖未主張禁欲，但卻有影響於以後的禁欲主義，因為他輕視奢侈文明，排斥追求感官的快樂，他只要得到內心的道德自由。

狄奧濟尼斯則更將犬儒派的精神表現出來，他本為錢莊老闆之子，本可過舒適生活，但是他卻決定去過一種最貧乏的「犬人」(Dog-man) 生活，樂於居住在狗竇中，以乞討為生。他要改變世界上現存的一切觀念，認為所謂君王、將軍、榮譽、財富，都不過是劣質金屬塗上一層光彩，作為騙人的標記而已。否認一切文明的習俗、禮儀、服飾、飲食、以及宗教與法律，熱烈的追求道德，此乃解決人生墮落的唯一途徑。對於社會及國家的義務與制度，抱蔑視態度，對身外的權勢財貨、榮辱、及友誼親屬均漠不關心，道德的獲得，有賴明智，這與貨財身份無關，唯擺脫人為的枷鎖，不為物所誘，不為情所惑，而後得到內心的解放，道德之自由，與自然相合。從自然而言，人是個體的，在追求明智的道德上，有平等的機會，故平等才是社會的真正形式，亦無需家庭或國家，制度或法律。明智之士，係以四海為家，以其本人的德性為法律，因此犬儒學派的思想中，已含有

了平等主義，世界主義。

　　狄奧濟尼斯雖與亞里斯多德生於同一時期，但就其思想性質言，是屬於希臘化時代的，即屬於希臘晚期思想一類型的，對現實世界，不抱有任何希冀，身外一切，都是虛偽的，只有內在的我所體驗的德行是穩妥的。這是對世事厭倦的思想，這種主張，對窮凶極惡的侵略者，僅能做到消極的反抗，明哲保身，自求多福，生活力求簡單節約，在極端虛無的主張下回到自然，當然談不到致治之道。斯多噶學派雖未贊成擯棄文明，但犬儒學派的精華，多為其所吸收。

三、思想內容

　　斯多噶派主要思想在於「自然法」(Natural Law)，所謂自然法，乃是一種物理上的必然。赫拉克里泰斯早已認為宇宙一切常在運動變化之中，而其原質即為「火」，一切事物由火演化而生。斯多噶學派亦相信宇宙最初只有火，繼之產生氣、水、土其他元素，造成大千世界，最後又勢將為火所焚燒，回復到最初狀態，然後再次的循環不息，這是一種宇宙的命定主義 (Cosmic Determinism)。所以他們認為宇宙間是有一定的自然規律，在此一法則之下，日月星辰順利的運行，春夏秋冬輪序的轉換，此乃宇宙全體的理性表現，也就是上帝的存在。假若違背了自然規律，則星辰運行錯亂，季節變換失常，那便是惡的結果，宇宙間一切現象的變化，看來似乎平常，但如果失去常規正軌，則不堪設想。所以整個宇宙，是一個理性活動的大實體，宇宙中所有的物都包容在此一實體之內，一切物便為這個單一體系的各部份。所謂理性，亦即是上帝，即是自然，因此可知的上帝是無所不在的，上帝即理性宇宙的別名，以固定不易的自然法統御萬有，一切都早經必然的決定，無任何的或然與偶然。

　　宇宙既為一理性活動的實體，人類亦為其中之一部份，當然也要符合自然規律，像其他各部份一樣，以配合實體運動的最高法則。但是此仍有

賴人的理智去發現，本來人既為宇宙之一部份，亦即為理性之一部份，上帝造人之時，已將理性賦予人類，不過理性之完美發展，可以洞悉自然法之奧祕，卻非人人皆能，必須不為物所累，不為世間之名利所圍，不致使心智有所蒙蔽，能保持完全平靜狀態，然後理性始能發達，皎潔如明月中天，而得到解脫。可是宇宙中一切事物早已安排就緒，早已命定，不會再有或然或偶然，則個人之作為，無非如何去和整個宇宙運動的節奏相合，也就是說如何皈依自然，順從自然本性而生活，這便是理性的生活，最高的道德生活。宇宙的一切表現，正是我人意志之所要求，能如此密切配合，則我人之意志無往而不滿足，人生便也無往而不幸福，此乃唯一之善，反之則為惡。

斯多噶學派人士，生當希臘末紀，他們看到世事變化無常，一般人在不幸與痛苦中呻吟，當然無法達到幸福境地，而所以致此者，是人與人之間無謂的衝突，與許多無須有的盲目慾望，於是他們要尋求這種配合自然律的德行，與自然合一的意志。不為塵俗所束縛，則人人皆可有完備的意志自由，以及幸福與快樂，這種幸福快樂，一如伊壁鳩魯學派，並非感官上的興奮與快感，而是一種精神上、意志上的自滿狀態。齊諾說：「廢除快樂，廢除恐懼；不要有希望，不要有悲傷。」伊壁迪泰斯說：「雅典是美麗的，但幸福更美麗——就是不激動，不驚擾，不靠別人。」無欲無情，無私無求，便可以獲得精神上的幸福，道德即在於其中，一旦獲得，則任何外在的力量，不能剝奪而去，即使身體上遭受到痛苦，但是亦可認為是屬於自然之事，正是意志之要求，正是與自然相契合的表示，縱使痛苦亦無所感了。這種意志之滿足，是一種高度的，嚴肅的理智生活，在此種情形下，不僅痛苦傷殘無所謂，甚而鼎鑊當前，斧鉞加身，亦無懼色，頭斷血流，而其內心之自由意志不可奪，不可變。他們以鎮靜安適的心情，承受一切，真是猛虎撲於前，泰山崩於後，而仍能「不動心」(Apathy)。渾忘一切，天人合一，沈溺於靜寂之中，怡然於自我陶醉的精神狀態裏，以至

於家人死亡，亦無須哭泣，這只是上帝的命定。人生在世，有如戲中演員，我人擔任何一角色，均由上帝安排派定，只要極其所能扮演好被分配的角色，這就是應盡的義務。於是斯多噶派人士，唯德行之追求外，萬事不關於心，他們的德行，並非是做好事，他們沒有拔刀相助的義烈舉動，甚至亦無有愛鄰如己的美行，他們是沒有愛欲，沒有愛的情緒的，但是卻主張愛的原則，並宣傳兼愛，同時亦有人類平等的精神，及世界主義的觀念，因為凡人均有同一理性，普天之下只有一個法則，人人順從同一的自然法，享有同一的權利，這便是表現出四海之內皆兄弟的世界國的理想。

　　斯多噶學派的這種宿命論，對於當時的希臘人曾是一種精神安慰，對於以後的政治思想及宗教思想均有所啟發，但是是有缺陷的，人生一切俱聽命於上帝，向惡為善皆可歸之上帝的安排，個人行為可不負責任，無責任則無德行。而他們那種不動心的冷靜，幾乎達於冷酷、冷血的地步，當時的懷疑主義者卡爾尼德斯就曾經給予尖刻的批評，認為是矯揉造作的非人行為。不過在其道德的實踐中，注重義務與克己之德，後經潘尼底亞斯等人修正，則富有人道主義色彩，同情仁愛，服務公益，合乎了羅馬人的性格。

四、影　響

　　在斯多噶學派的思想中，幾乎看不到政治的觀點和意見，但是他們對於以後的政治思想，卻有極大影響。羅馬時期中，羅馬的統治者大多信奉斯多噶主義，在政治上發生實際的作用，頗似吾國當戰國兵災，秦皇暴政及楚漢相爭之後的漢朝初年，崇尚道家思想，懲忿窒欲，歸真返樸，以及清靜無為的哲學，都曾經對主政者的決策有所啟示。茲將其對後世影響較大者，分為三點，述之於後：

　　㈠**自然法的傳佈：**上帝是萬能的，人們應當遵從上帝的律法，這是上帝給予人的責任與義務。人生如舞臺，個人如演員，個人之職責，即在盡

力扮演上帝要他扮演的角色，皈依自然，遵從上帝意旨的生活，就是理性生活，是普遍於世界每一角落的自然法則。這種宗教式的信念，產生一種超乎個人的正義，以及因對於宇宙之理性，德行之善的信賴，產生平靜的心境，而形成一個普遍的社會道德力量。

再者自然法，為以後政治思想發展中的一個主要理論，在十七、十八世紀之時，尤為盛行，但也因為時代環境之不同，自然法的觀念已多有變易。斯多噶學派之自然法是物理之必然，羅馬之自然法則為萬國皆然的原則，基督教便認為是理性之應然，至十七、十八世紀之學者，又認為是自古已然的道理，將自然法變為自然權利，成為革命思想。雖是自然法的觀念代有不同，但仍然是受斯多噶學派創立自然法學說的影響而生。

㈡**世界主義的宣揚：**世界上固然有許多國家及城邦存在，但是在任何國家城邦的每個國民，都是上帝的子民，羅馬皇帝馬嘉思‧奧勒流士在其《沈思集》(*Meditations*) 中說：「上帝是人類的父，我們都是兄弟，我們不應該說：『我是雅典人。』或『我是羅馬人。』而應該說：『我是宇宙的公民。』如果你是凱撒的族人，你覺得很安全了，如果你是上帝的血族，豈不是更覺得安全了嗎？」於是他又說：「愛人類吧！遵從上帝吧！只要記住『法』統治一切便是了。」

斯多噶學派的世界主義思想，對於以後世界主義及基督教的宗教帝國，固有其直接影響，同時這種在自然法觀念下所產生的世界主義思想，間接的也影響以後國際法產生，是為其一大貢獻。每個國家，固然各有其單獨的法律，或由於習俗不同而互有差異，但總必須合乎理性，而人類最重要的還是遵守有世界性的自然法，因為任何地區的正義原則，正當準則永遠不變，所有人類，無論治者被治者，應一律遵守，而且具有更大的權威，於是斯多噶學派創出一種普遍性的法律觀念，最初羅馬的萬民法得以產生，以後再演變而為國際法。

㈢**人類平等的提倡：**人類同為有理性的動物，同在上帝的自然法之下

生活，所以人無貴賤之分，彼此的權利與義務是相同的，凡人能順其理性生活，了解自然法，便可得到幸福快樂，斯多噶學派反對柏拉圖，亞里斯多德的人類不平等論，人雖有智愚之差，但愚者並非無理性，不過未曾啟發而已，因此斯多噶學派反對奴隸制度及階級觀念。辛尼嘉在其《慈善論》(*De Benefieüs*) 一書中表示：行為上之善，並非在於一個人所處之地位，而在其居心，一切人均有德行，一個奴隸亦可表現出公正，勇敢，寬大。況且人類同出一源，誰也不比誰更尊貴些，大家共同的祖先是自然，所以使人為奴，是人間最可痛恨的一種制度，奴隸如對其主人施予仁愛，更值得佩服。而且奴隸的地位僅是外表的，只關係到其身體，身體可供主人驅使，然其心靈是屬於自己的，是絕不能被奴役的。此即所謂意志是自由的，不會受任何外力的左右。他這種論調已充份流露了人道主義。奧勒流士在《沈思集》中也表示：在一個政治社會中，對於一切人，法律是一樣的，施政者應顧及到平等的權利，和平等的言論自由。這種思想雖然未能在羅馬帝國完全實現，但已影響了羅馬的立法精神，基督教以後接受這種思想，造成中古的長期統治，而在十七世紀之後，與專制鬥爭的時期中，更視為理論上的重要依據。

第六章　羅馬政治思想

一、羅馬概述

　　希臘自紀元前四世紀以後，漸次失勢，西方歷史舞臺的主要角色，漸轉向地中海中部，義大利半島上的一個城市——羅馬 (Rome)。義大利半島形如長靴，三面環海，北方有阿爾卑斯山 (The Alps) 為天然屏障，中部有阿平寧山脈 (Apennines)，雖然山地較多，但仍有適於農耕的平原，故天賦有適合陸上發展的特點。羅馬建於泰伯河 (Tiber) 之東岸，有舟楫交通之利便，海岸距離，尚稱適當，羅馬市復位於拉丁姆 (Latium) 平原之中，得以農業為其生活基礎，且因地理統一，易於建立單一政府，同時亦必產生驍勇之軍隊，以捍衛其疆域。

　　羅馬人與希臘人的性格頗有差異，羅馬人講求務實致用，其在文學藝術方面成就不大，羅馬黃金時代的詩人如味吉爾 (Vergil, 70 B.C.–19 B.C.)、賀瑞斯 (Horace, 65 B.C.–8 B.C.)、奧維德 (Ovid, 43 B.C.–A.D. 17) 等人，均承繼希臘遺風，多為模仿，甚少創造。在哲學上，亦少偉大思想家，他們用以辯論社會正義的時間少，用以創制優良法律者多。這個民族富於適應的能力，能與現實環境相妥協，制度亦不常變，從一座小城，變為一個大的殖民地國家，從君主政體變為民主政體，而後又變為專制政體，但是從未有理論之推動，只是因時因地之制宜，配合時代環境之需要而更易。當民主共和政體建立之時，並非即含有理想的熱忱，而是貴族與平民間衝突之下的產物，如何避免摩擦，達於安定和平，乃求之於政體改革，貴族開放政權，民主共和的政體便漸漸形成；至於以後所以變為專制帝國，由於殖民地的面積太大，必須有強力的統制，乃自然應時而生。

在羅馬古代歷史中，雖亦有少數思想家，但是與希臘相較，猶如小巫見大巫，而且亦如詩人之作風，力求模仿。所以羅馬在政治上的貢獻，不在成文的著作，高妙的理論，而在具體的制度，在其實事求是的民族性格及生活方式，他們的遺產，不是政治理論，而是政治制度，法律系統，以及交通與建築。他們建立了一個有秩序、有組織、保持和平的國家達數百年之久，許多至近代始成熟的觀念，在羅馬時代業已形成，如人類平等、自然法則、主權在民、政府制衡等，在當時已有相當的經驗與認識，尤其是羅馬法的精神，其影響迄今不衰，又如其殖民政策，亦曾供後世效法，但是這一切，均甚少有高深理論的發揮。

二、羅馬政治制度之演變

羅馬政治制度之演變，大體上說，可分為三個時期：

㈠**君主政體時期 (753 B.C.–500 B.C.)**：羅馬係以家為最小單位，聚家而為氏族，由是組成國家，最初全為平等之農民集合而成，其中並無得天獨厚之少數貴族或王室存在其間。後來由於羅馬繁榮發達，外方人士僑居者漸多，人民之中，乃有區分。如夫婦同為羅馬人，其所生之子便是羅馬市民，稱為「有父者」(Patricii)，此即後之貴族。市民與非市民結合所生之子是隸民，亦即平民 (Plebs)，所謂「充數者」。其他尚有一種「被保護民」(Clientes)，屬於其保護者 (Patronus) 之貴族，即為奴隸，權利享受各有不同。

君主時期，共經七王，其國王之產生，並非由某一家族世代相承，而是由選舉而來。羅馬史中所稱之「王」(Rex)，乃指導者之意，所以羅馬政治一開始，即無神權政治色彩，而含有民主成份。王係由「元老院」(Senate) 選舉，元老院係氏族中之長老 (Patres) 所組織。凡身心健全，達相當年齡之市民，在法律上，均有被選舉之資格。王乃終身職，待其死後再行改選，當選後即秉有大權，是政治、軍事及宗教各方面的最高指導者。

原則上國王權力無限，有如一個家長在家庭之中，但如濫用職權，壓迫同胞，市民可以將之驅逐。至於元老院之性質，雖為咨詢機關，實際上仍有極大權力，除選舉國王外，其主要職責為擁護羅馬之根本制度，審查市民會議對國王提案之決議，如有違法，可予阻止，當國王召開市民會議之前，先與元老院磋商，但元老院須得國王之命令，始能集會，是對於此一機構權力的限制。另外的「市民會議」(Comitia Curiata)，亦即貴族會議，凡一市民，到達兵役年齡時，就有出席此一會議的權利，國王每年定期或臨時召集開會，對於國王之提案，予以贊成或否決，但不得討論，更無提案權，實際上對國王之提案亦少否決，雖然如此，但已有國家主權存於市民團體的原則，每一市民均有平等的法律權利。

(二)**民主共和時期 (500 B.C.–27 B.C.)**：羅馬君主政體延續至第七個國王塔規紐斯‧蘇培伯斯 (Tarquinius Superbus) 時，因暴虐無道，往往不向元老院咨詢磋商，擅處死刑，沒收市民財產，酷役市民，而私蓄穀物，市民乃群起反抗，遂被放逐。自此之後，羅馬人厭惡王政，不再立王，共和時期於是從此開始。但事實上，此一階段，貴族與平民爭執不已，實權始終掌握在元老院的貴族手中，雖名曰民主共和，實係貴族政治，與近代民主政治是不盡相同的。

此時國家最高首長為執政官 (Consul)，乃自貴族中推選，任期一年，共為二人，以防大權集中一人，但事實上，二人不能分掌，故往往交互處理國政，但亦可干涉或否認對方之行為。任期一年之限制頗嚴，且不得連任，在其任期之內，即使有不法行為，亦不受法律拘束，不過至其任期屆滿，仍必受罰。執政官雖為最高長官，但於司法、財政等職務，另委有專人。彼等有一特權，係當其任期屆滿時，可以在市民預先選定之候補人選中，指定二人為其後任。

國家若遇有戰爭，二執政官在戰事緊急之時，常有軍令不能統一之弊，於是有獨裁官 (Dictator) 之產生，掌握軍事大權，其任期六月，由執政官任

命，但一旦任命之後，即可獨斷獨行，不受約束。最初此一制度，乃由於
羅馬受外敵侵擾所形成，後來貴族卻屢次利用此一威權以壓制平民。但也
有不少獨裁官，同情平民，助平民以爭取權益。

　　由三百人組成的元老院，在此時較之君主政體時期更握有實權。因為
推翻王政之時，平民曾協助貴族，平民數量亦大為增加，故元老院中亦有
少數平民，然實力仍在佔有多數的貴族手中。關於締結條約、國有土地之
處分等事，執政官必須得到元老院之同意，是元老院得以牽制執政官之處，
使之不能專意獨行。而執政官有每隔四年檢查元老院名簿之權，遇有不當
之元老院議員，可予以剔除，此又為執政官牽制元老院之處，惟往往執政
官利用此權以排斥平民議員，鞏固其貴族勢力。

　　君主政體時期之市民會議，即貴族會議，此時權力衰落，以後竟僅為
形式之存在而已，代之而起的是兵員會議，或稱之為百人級會議 (Comitia
Conturiata)❶，平民亦可參加，最初僅有關於宣戰之議決權，以後漸漸的
關於新法制之訂立，訴訟事件之裁判，以及執政官之選舉，均有權決定。
後來兵員會議又一變而為平民議會 (Comitia Tributa)，這是在平民與貴族不
斷的爭執衝突過程中，平民一再爭取而產生的。

　　在平民爭取權益的發展中，到了紀元前四九四年，設置了一種護民官
(Tribune)❷，最初為二人，由元老院之平民代表中選出，後來由平民議會
選出，並且由二人增為五人，以至十人。其職掌為監視官吏之行為，保護
平民權益，享有否決權 (Veto Power)，凡對於平民不利的法令政策，只要
他們表示不贊成，便不能成立。最初這僅是消極性的，之後權力愈增愈大，

---

❶ Comitia Conturiata 為兵員會議或稱百人級會議，時羅馬軍隊每百人為一團。

❷ 紀元前四九四年，獨裁官發利留斯 (Valerius) 同情平民，於戰勝凱歸時，率隊於羅
　馬三十里外一地，欲建一新城，以抗羅馬，元老院乃讓步，雙方協議，設置護民
　官以保護平民利益。

可與執政官相抗衡。護民官在法律上享有特別保障，官吏不得進入其住宅，但他們的大門常開，作為平民的避難所。

在紀元前四五〇年之時，由於平民方面的要求及迭次努力，羅馬制定了有名的「十二銅表法」(The Twelve Tables)，此後新的成文法亦逐漸增多。制度上時有改進，至紀元前三五六年時，有平民之獨裁官，至紀元前三五一年時，有平民之監察官 (Censors)，紀元前三三七年時，有平民之法務官 (Praetors)，在紀元前三六七年時，曾通過執政官二人中應有平民一人的規定，而在紀元前三四二年時，執政官二人，竟一度均為平民。但是儘管平民的官吏不斷增加，而實際上，一般平民在社會上仍未獲得平等地位，少數掌握政權的平民官吏，與貴族中有勢力者相結合，形成一種新的權貴，他們據有元老院，把持國政，而大多數平民，不但無利益可言，甚而較前更形困苦，貧富相差懸殊愈甚，小農破產，子女淪為奴隸。直到紀元前二八七年，「荷坦朱斯法」(Lex Hortensia) 成立，規定平民會議有立法權，該會議通過的法律有拘束全民的效力，平民之困厄，始漸解除，國內秩序得以安定，乃向外發揮其強有力之征服及支配。

㈢**專制帝國時期 (27 B.C.–A.D. 476)**：羅馬自紀元前二世紀時，即向外擴張，政治權力由於實際環境之變遷，漸形集中，在凱撒 (Caesar Julius, 100 B.C.–44 B.C.) 執政時，已形成獨裁政治，將執政官、獨裁官、護民官及監察官等職權，集於一身，同時也由於對外戰爭獲勝的原因，人民崇拜英雄，變成了偶像，是理所當然的權威，一切會議名存實亡，元老院雖尚存在，但亦落入軍人手中。至凱撒之甥屋大維 (Octavius, 63 B.C.–A.D. 14) 於紀元前二九年，戰勝安東尼 (Antonius)，取得埃及凱歸羅馬時，聲威之大，無與倫比，兩年之後，元老院贈予「奧古斯都」(Augustus) 之稱號，意即「尊嚴者」，在軍隊方面稱其為 Impetator，意為最高統帥，大將軍。但屋大維統御有道，頗為開明，仍尊重元老院，賦予若干權力，所以帝政初期，仍保存有共和形式，是一種帝制與共和相妥協的元首政治

(Principate)，文治武功，均有建樹，法律之改進編撰，尤足稱道。至紀元三世紀後，皇帝獨攬立法及一切大權，政治腐化，而羅馬之厄運，亦相隨而至。

第二節　波里比斯及西塞羅

羅馬在政治思想方面，足以稱述的有波里比斯 (Polybius, 204 B.C.–122 B.C.)、西塞羅 (Cicero, 106 B.C.–43 B.C.)，以及辛尼嘉、馬嘉思‧奧勒流士諸人，唯關於後二人的思想，已於前章斯多噶學派影響中言及，不再贅述，茲專就前二人思想內容，分別加以敘述。

一、波里比斯

波里比斯是將羅馬政治制度加以解釋及讚揚的第一個人，但他卻是希臘的阿加狄亞 (Aricadia) 人，本為希臘市府聯盟中主要份子，反抗羅馬，後失敗被送往羅馬為人質，做當時羅馬一位將軍西匹奧 (Scipio) 的被保護人，在羅馬居留十六年之久 (167 B.C.–151 B.C.)。他雖為俘虜身份，但頗受禮遇，結識朝野人士，與斯多噶學派修正者潘尼底亞斯友好，創西匹奧社團 (Scipionic Circle)，漸漸熟悉羅馬政治而感到驚奇與讚佩，其著作《羅馬史》(*History of Rome*)，即在闡揚羅馬政制，他認為羅馬之成功，在於其混合政體。茲將其思想要點，述之如下：

㈠**政體循環論：**波里比斯認為政治制度之臧否，可以決定國家命運，柏拉圖的政體退化論，亞里斯多德的混合政體對他影響甚深，同時亦感染有斯多噶學派色彩。這在他的思想中，可以發現。

他亦如柏拉圖及亞里斯多德，視國家支配權在一人之手，少數人之手，抑或多數人之手，分為君主政體、貴族政體、民主政體及暴君政體、寡頭政體、暴民政體。但是他有一套政體循環的理論，他認為國家是在人類自

然發展下產生，他根據傳說及推想，說人類在很早以前，曾因洪水癘疫及饑荒等天災人禍，使當時人數大減，而後復漸繁榮，人口倍增，家族及社會關係日深，由於本能的發展，亦漸有良善、公正等觀念，有領袖才幹者，乃順應此種心理，同時群眾恐懼暴力的迫害，權衡利害之下，便擁立這樣的領袖，成立君主政體 (Monarchy) 的國家。這種君主政制，是建立於道德及正義之上的，故受到人民的愛戴，但到後來的君主，濫用威權，縱慾嗜殺，反使人民妬恨，至此君主政體已變質為暴君政體 (Tyranny) 了。此時有一般急公好義的政治領袖，乃協力奮鬥，驅逐暴君，人民額手稱慶之餘，便擁護這般人士主政，是乃為貴族政體 (Aristocracy)。最初貴族們尚能以道義相標榜，相互之間，亦能協調一致，但行政效率並不見佳，德性亦不能持久，到了此輩貴族之後裔當政，他們在其先人卵翼之下養尊處優，不知艱苦，不能勉力，更不了解人民疾苦，只知貪婪縱慾，恣情享樂，他們的團體之內，亦漸分化破裂，少數有力貴族，排除異己，專權蠻橫，至此便已變為寡頭政體 (Oligarchy)，這是少數人統治的暴虐政治。時間稍久，人民不復能忍，只要有人振臂一呼，革命便一觸即發，驅逐豪門權貴，推翻此一政權，此時人民由於前時教訓，不敢再重蹈覆轍，只有信任自己，於是尊重自由平等的民主政體 (Democracy) 乃產生。本來在民主政體之下，人民尚有道德觀念，守法習慣，但年代稍久，自由平等真義漸失，群眾熱衷於絕對的自由平等，則變成沒有紀律與道理，大家各行其是，一人一義，千人千義，成了無數的暴君，這就是暴民政體 (Ochlocracy)。至此又回復到最初狀態，社會上只講強力，弱肉強食，勢必須又演變到君主政體的再次產生，而後各種政體必定像走馬燈似輪番循環重演。❸

　　這種週期性的政體循環，是不可避免的歷史事實，因為每一種政體，有優點，亦有缺點，其優點之所在，亦正是缺點產生的溫床，也就是說每

---

❸ 參閱《羅馬史》六卷，一至九節。

一種政體，均有其內在的矛盾。君主政體之優點是威權大，效力高，不受牽制，但缺點亦在於此，一人擅權武斷，只是剛愎自用的獨夫，成了革命對象的暴君。貴族政體固有德性，而行政鬆弛，團結而不可持久，一旦惡化，即為寡頭政體。民主政體重視自由平等，其優點缺點，均植根在此，缺點暴露，即是暴民政體之上演。事實上，他未免過份重視政治制度的決定性，他也曾分析影響政治的因素，除政治制度外，尚有政治人物，政治勢力，政治意見。柏拉圖、亞里斯多德探討如何獲致政治安定時，也曾注意到各種因素的作用，但是波里比斯則把重點完全置諸政治制度上，見解單純，有所偏失。

㈡**羅馬混合政體：**政體循環是每個國家不可逃脫的歷史命運，不過波里比斯卻認為羅馬可以不在其列。羅馬是偉大的，羅馬之所以能夠歷久而不衰，是由於採取了混合政體，集君主、貴族、民主各種政體之長，而無其缺點。

羅馬的執政官制度，顯然富有君主政體的色彩及優點，尤其在戰爭時期的獨裁官之設置，更為顯然。元老院則是貴族政體的說明，平民會議以及種種選舉制度，每人皆有權任執政官，或其他的官職，人人有權參予會議發言，又是民主政體的精神。而最重要的，是三者相互之間，能發揮牽制平衡 (Check and Balance) 作用，三方面在職務上有密切關係，而在權責上又彼此限制。例如執政官如不依從元老院通過之律令，則其所統率之軍隊，得不到給養；如不尊重人民的意見，則有關宣戰媾和等國家大事，無法獲得平民會議之通過。另一方面，元老院亦不能離開執政官及人民而獨立，元老院雖可以通過議案，但必須由執政官執行，而重要案件如死刑之執行等，必須經平民會議批准，始能生效，以保護平民為職責的護民官，更可使用否決權，以阻止其議案的通過。但是人民亦不能漠視執政官及元老院的權力。在法律上看來，人民似握有最後決定權，甚而可以決定執政官及元老院議員的去留，事實上因為每個國民，均有服兵役的義務，必須

參加軍旅，便要絕對服從執政官的命令，而關於公共建築，土地使用，這些對人民本身有密切關係的事，又須得元老院之批准。於是三方面各握有相助相剋之權力，其結果則為一個足以戰勝一切難關及危機的聯合，是一個無出其右的堅強政體，外患緊急，則迫其團結合作，承平年代，人民亦可享悠遊生活。三者互牽互倚，其中一部份，如有野心有越權情勢，必受其他兩部之限制與阻撓，因此可以長久的維持一個平衡的局勢，使羅馬不致腐化，這是個最良好的政治制度，是使羅馬所以長治久安，而又能日趨強大的原因。❹

以上是波里比斯混合政體及制衡原則的剖析，以後的孟德斯鳩與他頗為相似。波里比斯以一個希臘人，去讚揚羅馬的混合政體，孟德斯鳩則以一個法國人，去推崇英國的三權分立。而他們的觀察，也一樣的並非確實無誤，事實上，當波里比斯居留羅馬之時，大權實操於元老院手中，他所讚揚的制度內容，已成過去。

波里比斯之混合政體的理論，固受到亞里斯多德的影響，但是是有所不同的，亞里斯多德的混合政體是精神的，原則的，並無具體的制度或機構，分別表示出君主、貴族及民主。波里比斯則把機構刻畫出來，把制衡的作用說明出來，他是更為具體，亦更為機械，後來的英國，多少是受到一些影響，雖然實際上是似是而非的。

二、西塞羅

西塞羅是第一個產生自羅馬的思想家，他曾受教於希臘人，而受斯多噶學派思想影響最深。他將斯多噶學派自然法的觀念，廣為傳播，使之成為此後的一個普遍觀念，使自然法的觀念，和羅馬的實體法，及羅馬法的哲學系統相合，堪稱為羅馬思想的一個代表人物。他在當時，亦為羅馬最有文才和口才的人，曾於紀元前六三年任執政官，是一文人政治家，中產

❹ 參閱《羅馬史》六卷十八節。

階級的領袖，因與凱撒政見不合，被視為政敵，紀元前五八年被凱撒放逐。其主要著作有：《論共和國》(*On Republic*)，《論法律》(*On Law*)，《論官吏》(*On Official*)，書名及寫作方式，都襲取柏拉圖，但在內容上，有其獨見。

　　(一)**自然法的解釋：**西塞羅在其《論法律》中曾表示其同意斯多噶學派的見解，「皈依自然下生活，則一切盡美完善」。❺他堅信有自然法的存在。伊壁鳩魯學派及懷疑主義者，都不承認有自然法，他們認為法律乃起於大家生活的利便，所以法律也因地而不同，因此世間亦無正義。西塞祿卻認為宇宙間早已充滿法則，正義的觀念即由此而生，這種法則，是最基本的原理，非可以隨時隨地變化。

　　他在《論共和國》中，有一節詳盡的解說，認為世界上有一種真的法律，那就是正確的理性，這種法律是順從自然的，可施之全體人類，並且永久不變，如果立法者不顧及到這個法律的原理原則，便是不道德的。而事實上，他們亦不能阻止這種法律的作用，想要完全廢止這種法律，也是絕對不可能的。世界上只有這一種永久不變的法律，在任何時間，都能約束任何民族，並非一種法律在羅馬，一種法律在雅典，也並非今天一種法律，明天又另一種法律，人間永遠只有一個主人或統治者，那就是上帝，上帝是這種法律的創造者及解釋者，不服從這種法律的人，就是放棄了他較好的自我，也就是否認了他真正的天性，他縱然能逃脫人間的懲罰，將來仍然會受到苛嚴的處治。❻

　　自然法則是無所不在的，上帝的法律，到處皆同，人為的實在法，只應為這種法的表現與應用。君主、貴族或人民可訂立法律條文，但不能與自然法之基本精神相違背，否則不成為法，可見法之為法，不在於立法的手續及形式，而在於其理論根據，在於法理之當否。此一理論。對於羅馬法所發生的關係至大，但也造成與以後實在法派的爭執。

---

❺ 參閱《論法律》一卷二十一章。
❻ 參閱《論共和國》三卷二十二章。

㈡**人類平等的觀念**：自然法既如此重要，如此廣泛的存在，但是人何以能認識自然法？這就在於人有理性，人原始具有正義、公道、是非的觀念，所謂「是非之心，人皆有之」。此即義之開端。也就是因為人人皆有此理性，所以在永久的自然法之前，人類是平等的，這不是智識上、能力上或財產上的平等，而是理性的平等。人既皆有理性，皆能秉此理性以學習，知道善惡是非，人之智識、能力、財富固有差異，但是秉賦則相同。這一思想，將希臘人的優越感完全擊破，使亞里斯多德天生為主，天生為奴的看法，已立足不住。過去希臘人卑視羅馬人之粗野，今天羅馬已為征服者、統治者及主人，於是推翻了民族或個人有優劣高下之分的思想。奴隸也是人，亦有理性，亦能明善惡，辨是非，他們並非如亞里斯多德所說的只是生產的工具。但是西塞羅並未否認奴隸制度，只要求改善奴隸待遇，他解釋的理由，是認為有一部份人缺乏自治能力，因而被另一民族征服統治，淪為奴隸，正是阻止其縱慾無度的惡性發展。這種解說，當然是不健全的，實在說來，仍隱然有其羅馬人的優越感。但至少其人類平等觀念，與希臘思想有了區別，為近代政治理論，打下了一些基礎。

㈢**國家的性質**：關於國家起源的問題，伊壁鳩魯認為人皆自私孤獨，國家社會之所以起，由於大家結合起來以脫離危難，以謀公共安全及個人利便。而西塞羅之所論，是接受了亞里斯多德的意見，國家如同社會一樣，均出於自然，人是愛群居的社會動物，國家乃人類生活上自然發展的組織，其形成是自然而漸進的。國家並非一群人用某種方法結合，而後以期達到某一目的而已，其價值是高出一切的，而必須建立在法律與正義上，以謀全民之福利。他在《論共和國》中，曾作了明確的解釋，他說：「國家乃管理人民事務的，所謂一國人民，並非是用某種方法結合的一群人，而是在大家公認的法律及正義之下的一種人群，以謀全體的福利。」❼

---

❼ 參閱《論共和國》一卷二十五章。

　　國家的定義是如此，則國家必是一個道德團體，是一個具有倫理目的的社會，因此不論政府的形式如何變化，國家必須以正義公道為其屬性。國家的權力，人為的法律制度，須立於正義及公眾福利的原則，也就是說必出於人民的同意。政府官吏乃根據法律去管理人民，並非根據任何威權，政府官吏亦係在法律之下產生，而任何國家法律，又必須受到上帝的律法──自然法的節制，因為自然法的高度規範，必勝於人類的抉擇及一切制度。在這種理論之下的國家，武力只應為偶有的力量，僅能在為正義伸張的必須時，使用武力才算合法。西塞羅這些原則性的理論──國家權力來自人民，政府職權僅能在法律限度內行使，而必須立於正義公道之立場上等等，不久即為人所接受，為以後數世紀政治哲學的基本原則。

　　同時他的另一個進步的看法，也是他的一個貢獻，就是他將國家與政府的觀念，分別開來，這在政治理論上，是頗值得重視的。他的看法是：國家必須是共和的，亦即是說國家必須是人民所組織的，而政府的組織，卻不必一定，可為君主政體，可為貴族政體，亦可為民主政體。換言之，即國家主權是在全體人民的，國家為全體人民利益的要求而成立，故國家必須為共和，否則將必解體，國家不是一個軍旅或一個奴工營。但政府組織方式，不必一定，各種政體，都可以達到共和，主權的運用，儘管有各種方式，但最後主權所在，仍為全體人民。西塞羅所以有這種進步的看法，乃由於羅馬當時在民主共和時期，雖然元老院的地位很高，執政官的權力很大，但最後立法決定權，還是在人民手中。在這一方面，他的理論是對的，即使在事實的觀察上，容或有政府國家不易分辨的現象。

第三節　羅馬的法律

　　羅馬人最偉大的貢獻，具有最久遠之影響者，即為羅馬法，今日歐洲大陸各國法律，仍莫不以羅馬法為本。茲將其形成演進的情形，法律家的

理論，以及其影響貢獻，分述於後：

一、羅馬法的形成

　　任何地區的法律，最早之時，都產生自習慣、一些宗教性的禁忌、地域性的傳統等，而後漸漸變成有法律性的約束力。羅馬法之形成，也是如此逐漸發展的，大多是先有具體內容，而後產生解釋的理論，最後再彙編為成文法典。羅馬保存習慣法的時期甚長，最早的成文法，即成於紀元前四五〇年的十二銅表法，然而隨著時代的演進，社會愈形複雜，十二銅表法，顯然不敷應用，但是羅馬人是保守的，十二銅表法的原則，仍為後所採用，另外法官的判例、法學家的理論，都隨時給羅馬法增加新的內容，在守舊中仍不斷進步。羅馬法最發達的時期，是在紀元後二世紀至三世紀，此時亦即法學家人才輩出，討論熱烈，理論精彩的時候，當時羅馬法被實際運用的有兩種，一是市民法 (Jus Civile)，一為萬民法 (Jus Gentium)。市民法可說是羅馬的國內法，多為民法，對於親屬，物權方面規定較多，較為嚴厲，繁瑣而形式化。但是羅馬之強盛，與日俱增，交通及商務日形繁榮，異邦人民群集羅馬，羅馬已是一大帝國，於是羅馬人與異邦人民，或異邦人民之間的爭訟亦日多，如以市民法為裁判的根據，異邦人民不能信服，羅馬人亦不願以高壓手段，強迫異邦人民服從，於是特設法官以處理，往往斟酌情形，遷就調和，便宜行事，甚或逕引用外邦法律，這樣便漸漸產生了較市民法為寬大簡化，而切實際的萬民法。根據各地不同的法律，由不同之中，歸納出相同的原則，運用於外民裁判所。萬民法運用之後，便發現其優於市民法，於是羅馬法本身在內容及精神上，都起了重大的變化，由狹小、剛性、局部的，變為廣博、柔性、普遍的。萬民法實為近代國際法之前身，但其形成，乃事實環境需要所產生，非由於理論為前導之結果。

　　羅馬法律之編纂，最初由私人為之，直到紀元五二七年，《查士丁尼法

典》(*Justinian Code*) 完成，羅馬法遂確立不移，此時羅馬已分裂，而西羅馬業已滅亡。除此法典之外，精力充沛的查士丁尼皇帝還集合了他的法學家完成了《法律彙編》(*The Digest*) 一書，此乃將前時法律家的著述理論彙編而成，另外尚有《法學原理》(*Institutes*) 作為修習法律的教科書，這不但為當時法學上一大光彩，而且成為後世法學之基礎。

二、羅馬的法律家

　　羅馬法律之發達，一般法律學家為力甚多，羅馬社會及執政當局，頗能尊重法學家之意見，往往於實際裁判之時，法學家的意見，足以拘束裁判官，因此法學家自感其地位之重要，亦能力持正義，力謀法學之發展，法學家在社會上之地位乃得提高，人才有集中及發展的環境，大規模的法學研究，隨之而起，法律學校亦因是成立，而法律學者由於看法不同，也分出了派別。

　　羅馬法學最隆盛的時期，是在紀元二世紀至三世紀之時，前已言之。在此一段時期中，最早的著名法學者為裴利阿納斯 (Julianus)，他曾將法官的判例公告修正編纂，並經元老院之承認。此外尚有龐波尼厄斯 (Pomponius)，及裴利阿納斯的弟子阿弗利加斯 (Africanus)，開拓法學自由研究之途徑。而最有名之學者，則首推蓋阿斯 (Gaius)，他於紀元一六一年著《私法講義四卷》，將一般法律材料，加以整理及批判，使之系統整然。此後則有斯愷佛拉 (Scaevola) 及其弟子巴彼尼阿斯 (Papinianus)❽，另外有阿爾皮安 (Ulpianus)、包魯斯 (Paulus) 及富羅林丁納斯 (Florentinus) 等人。羅馬法律，經這些法學家的努力，燦然大備，成績輝煌。但自紀元三世紀

---

❽ 巴彼尼阿斯被後世推稱為羅馬法學之完成者，他能超越古來傳統之範圍，而為一經驗豐富之實際法學家，有《質疑錄》(*Questiones*)，《解答錄》(*Respousa*) 等著作。秉性剛正，不作有違正義之辯護，然卒因此遭殺身之禍。

之後，忽呈衰頹現象，因當時是軍人擁立皇帝的混亂時代，干戈擾攘，自無法學發展之餘地，三世紀中葉之莫代斯底奴斯 (Modestinus)，是為古典法學者中之最後一人。

這些法律家的思想及理論，大多是根據斯多噶學派及西塞羅的自然法觀念而來，惟漸漸的對於自然法的看法有了一些不同。斯多噶學派之自然法，是為物理之必然，它固與人類有關係，但並非必然，人類理性僅能發現自然法，卻不能創造自然法，物理之必然，乃客觀的存在，非主觀之能創造。後之羅馬法律家則認為自然法固為人為法的典型及理想，但自然法有待人的解釋，既涉及解釋，便多少有了主觀成份，於是對於萬民法與自然法的關係，就有了不同的看法。在二世紀時的法律家如蓋阿斯，認為萬民法與自然法是一致的，無所區分的，上帝賦予人的理性既然一樣，萬民法或自然法均為表現人類理性生活的規律，可以適用於世界一切人類，故萬民法與自然法實在是一而二，二而一的。到了三世紀之後，如阿爾皮安、富羅林丁納斯等人，便認為萬民法與自然法是有區別的，其顯著的不同，即在於奴隸制度之存在，依照自然法的原則，人類是自由平等的，根本無主奴之分，但是萬民法則承認有奴隸，所以萬民法是根據自然法演化出來的，並非就是自然法。自然法固認為人在自然狀態下，生而自由平等，但萬民法則因戰爭而產生俘虜，奴隸是現實社會上所存的制度，自然法是早經存在的，萬民法卻是應環境需要而產生。一般國內法與萬民法相較，可以看出國內法是有其特殊性與時代性的，萬民法則具有普遍性，永久性，但自然法則更具有普遍性與永久性，它是適用於宇宙間一切物的法律，而萬民法是人類之法。不過他們雖然在對萬民法與自然法有無區別的問題上，有了不同的看法，但是他們有一共同之點，就是都承認自然法的存在，它是理性的，神化的，普遍而不變的，確立了一些確定不移的原則，不問市民法或萬民法，都應當盡其可能的與之一致，因為它是最高的法理根源。

三、羅馬法的影響

羅馬法是在這種自然法的法理觀念支配下所形成的法律，其內容及精神，對以後的貢獻及影響甚大。羅馬法律家的大膽假設，更有助於法律的進步，女子地位的提高，及奴隸的保障，當時都在他們的理論下有了改進。他們認為法律是用以辨別公道的，此固受柏拉圖之影響，但其間是有差別的，柏拉圖將當得與不當得的公道辨別，完全交給政治家，成為一司法國家，有司法即國家，國家即司法的混淆。羅馬法律家則認為司法是國家工作之一部，公道的辨別，不是屬於政治的，而是屬於法律的，這是觀念上的一個進步。至於對以後政治思想上所發生的影響，可分兩點，述之於後：

㈠**人民權利的確立：**羅馬法關於私法方面的親屬關係，財產權利，規定的頗為詳盡，此即表示注重人民之權利，故有羅馬法實即羅馬權利書之稱。所以如此者，乃根據自然法的觀念演變而來。在自然法的觀念下，人人平等，人人各有其自然權利，那麼人為的實在法，也應當予人平等，所以法律之前，人人平等，人人亦各有應得之一份權利，此非國家法律所賦予，乃人民所固有，故國家不可壓迫人民，不可剝奪人民應享的權利，皇帝如侵犯了人民權利，人民便可以革命，推翻其政權。這種觀念，對以後英、法等國的革命，給予重要的理論根據，現在隨著時代的進步，人民權利亦愈增愈多。同時權利觀念亦是契約的先驅，必人人先有自由平等的權利，而後始能有契約，羅馬法即在這種權利觀念、契約思想下產生。

㈡**人民主權的承認：**當羅馬法律家議論風生之時，離開習慣法的時期尚不遠，法律既由習慣而來，是由大家生活所培養而成的，那麼所謂法律，乃為公共之承認，法律之所以為法律，所以具有拘束力，即在於此，這是不同於今日制定法的觀念的。羅馬早期的法律，是要經過平民會議的通過，這就是表示經過了公共承認，後來法律變為由元老院審議，再後則完全由皇帝個人發佈命令，其命令即視同法律，似無須公共承認，但是一般法律

家在討論皇帝的威權何由得來的問題時，意見大致相同，都認為是來自人民。阿爾皮安說：「皇帝的意志，具有法律的力量，因為由於會議的通過，人民將其所具有的一切權力，移轉給了皇帝。」❾這種理論，表面上看來，可作為皇帝享有絕對統治權的依據，對於以後霍布斯的君權民授說不無影響，但是透過此一意見，可知國家最高之權本在人民，這是主權在民的承認，不過卻並非是民主思想。

❾ 參閱《法律彙編》一卷四章。

第七章　中古教政之爭

一、中古的形成及其性質

　　中古時期，為時甚久，但始於何時，終於何年，所說不一，或謂始自西羅馬滅亡，終於宗教革命發生，前後綿延千餘年，年代固然長久，可是在政治思想上講，雖亦有其影響，但甚少精確理論及特殊貢獻。此一時期的思想中心，是宗教而非政治，偏重教會而忽略國家，持論者皆以聖經為根據，理論縱多，但務期與先有的結論相配合，思想在固定的範圍與約束之中，沈悶、重覆，殊少奪目的燦爛光輝。

　　構成中古特異的性質及氣氛的，可以說是宗教與封建，但此二者之產生，並非在同一時期，亦缺乏相互的關係，而是各自單獨存在的。在紀元四七六年西羅馬滅亡以前，耶穌 (Jesus) 早已出世，基督教亦業已產生，從基督教的教義言，並未曾對封建制度擁護，只是對統治者作消極的反抗，把希望寄託於將來的天堂，這是與封建無關的。但自四世紀時起，羅馬已遭遇北方的蠻族──日耳曼各族的侵襲，由於當時羅馬政治腐化，軍隊潰敗，以致戰爭失利，不堪一擊，在這種局面之下，政治制度、法律條文及社會秩序，都發生動搖，每個人都感到不安，羅馬皇帝已無力保障其領域之內的安全，封建社會乃應運產生。封建的意識是割據，造成各自獨立的政治單位，但此非由武力促成，而是在一種契約的關係下所產生。當時交通被破壞阻絕，羅馬帝國既不足恃，弱者必須依附強者以獲求保護，於是每個地方的強有力的貴族，組織本地人以捍衛家鄉，他們有義務及責任，保障大家的安全，大家亦情願接受其領導，奉之為領袖，以抵抗外來的侵害，因此羅馬帝國乃形成分崩離析的狀態，紛紛變為各自為政的封建勢力，

這種封建勢力不僅是各自獨立的政治單位及作戰單位，而且也是自給自足的經濟單位，封建社會形成的原因即在於此。之後每個封建諸侯都想鞏固其權勢，希望擴大其力量，以致諸侯之間亦難免衝突，在這些諸侯之中，後來亦不少是教會中的主教，僧正，於是宗教跟著也變為封建中的一份力量，但是封建的產生較宗教為晚，而在最初，亦缺乏相互的關係。

　　宗教的思想壟斷，封建的政治割據，以及最初日耳曼各蠻族的侵擾，破壞文明，綜合了許多因素，造成一個停滯不前的中世紀，歷史家稱之為黑暗時代 (Dark Age)，尤其是在紀元六○○年至一○○○年的一段期間。當時一般人民的生活，也是頗為悽慘的，沒有大的都市及繁榮的商業，農業是主要生產，但是每個農村卻在貧窮與恐怖之中，農民們過著最痛苦的生活，這種困苦的局面，所以能延續千年之久，未見改觀，封建的割據，固然是一個原因，而教會在思想上的統制，也是阻礙的力量。基督教在最初傳佈時，曾受到政府的壓迫與摧殘，因為他們不承認羅馬皇帝至高無上的威權，不過當時他們雖不十分尊敬皇帝，卻也未曾積極的革命反抗，只是消極的抗議，默默的任其宰割，然而即使如此，這種宗教意識，仍為朝廷所厭惡嫉恨，教徒們仍不能避免種種酷刑的迫害，往往數以千計的教徒被處死犧牲，於是不得不轉入地下，在墓道或荒野深山中祕密傳教。但是當基督教變為國教之後，其對於所謂異教徒 (Pagan) 的殘酷手段，也令人不寒而慄，造成思想上絕對的統一，絕對的專制，人民在這種情形之下，除了安命守份之外，再無其他奢望，也再無其他思想，所能見聞到的，只是教皇與帝王之間的爭執而已。不過反過來說，若無基督教教義及教會規範人們生活，無一般有德操有學識的教士堅持信仰及對文化的貢獻，一任中世紀在蠻族的蹂躪、封建的割裂及武力的壓制與鬥爭之下，尤將使此一長期的歷史，黯淡無光。

二、基督教的產生及發展

不論人們對於基督教的本質及耶穌的事蹟,有何議論,但沒有一個歷史家能否認耶穌及其創立的基督教,在人類史上佔有最重要的地位。他降生於猶太的拿撒勒 (Nazareth) 地方,猶太是古時巴勒斯坦的一部,這是一個遭遇悲慘的所在,曾先後被埃及、巴比倫、波斯、希臘和羅馬相繼征服過。耶穌在世之日,羅馬總督的統治,已使人民普遍的不滿,人們渴望著有一個真正的救主出現,於是他配合此一機會,創立了他的宗教,也可以說創立了一個倫理性質的社會,所用的方法是博愛,愛人如己是最高的義務,不分貴賤富貧,不分國籍種族,都應以兄弟視之。對於為富不仁,貪婪自私,或殘暴的權貴,卻極為輕視,這種人要進天堂,比駱駝穿過針孔還困難,天堂是一個最合理平等及喜樂的歸宿。這種教義使受壓迫的人聽來,極易入耳接受,但是卻不為猶太君主及羅馬帝國所容納,所以基督教在四世紀以前,不過是一民間的祕密宗教團體。耶穌出身貧寒,他的十二門徒亦多為漁人,故信仰者皆為下層社會的人,但是發展極為迅速驚人,教徒們雖屢受迫害,而愈挫愈奮,漸漸由下而上,經過了兩三世紀之後,竟然普遍的傳佈於文明大為高出猶太的羅馬帝國內,考其所以得以擴大的原因,有下列幾端:

㈠**教義與斯多噶學派思想相似**:紀元一二世紀之時,斯多噶學派的哲學思想已流行於羅馬社會,斯多噶派的皈依自然,人類平等及世界主義,均與基督教教義吻合,羅馬帝國的形成,無異是一個世界城邦,其統一與擴展,也幫助了使徒們遠遊四方,宣傳福音。不過斯多噶的思想是偏於抽象的,有智識及有修養的人,始能領悟,而基督教創立了一個較為具體的上帝及天堂,使一般人容易接受,於是兩個思想乃相結合,殊途而同歸。

㈡**蠻族入侵,人民生活痛苦**:羅馬邊疆的蠻族,時常侵擾,人們無法享有安定的生活,及保障自己的生命,同時社會上又有許多被壓迫的階級,

這些苦難大眾，既無力挽救時局，改變自己的生活環境，而生活中又難免有不幸、失望及無常的幻變，在現實充滿了荊棘與痛苦時，人們容易幻想，容易走上皈依宗教的路，基督教的博愛精神，美麗的天國，頗能給予精神上的依賴與寄託。

⇔**羅馬帝國衰落，人們轉而依附宗教：**匈奴人進攻日耳曼人的部落，日耳曼人被迫遷徙，大舉入寇羅馬，漸趨腐化的羅馬帝國無力防禦北方長達二千英里的邊疆，以致節節失利，帝國的權威與統治力，大為銳減。紀元四一〇年，西哥德人 (Visigoths) 在其酋長阿拉列 (Alaric) 率領之下，竟然攻佔了羅馬，洗劫三日，使這個久為地中海世界主人的名城，蒙塵失色，羅馬皇帝倉惶逃避孤島，幸得基督教教父的曉諭，人們尚能賴以苟安，基督教教堂及公共建築物，並未加損壞。紀元四五二年匈奴王阿提拉 (Attila) 進犯義大利，大肆劫掠燒殺，及抵羅馬，教皇利奧一世 (Leo I, 440–461)，出城為民請命，幸獲保全。羅馬帝國的政治威權已經衰落，不足以保障人民，人民乃轉向宗教，尋求庇護。

⇔**基督教本身的優點：**基督教有一本聖經，被認為是神所啟示的律法，又因為是信仰一神，得以集中人的信念。耶穌生動的事蹟，也較之其他宗教諸神的縹渺荒誕的傳說，易於使人相信感動，印象深刻。基督教並有較長的歷史記載以及預言，早期的使徒及教父，人格偉大，道德高尚，與羅馬官吏的腐敗，適巧相反，並且其組織嚴密，羅馬的政治社會崩潰後，教會隨即承擔統治的職責，此均為其本身優點，得以助長其發展者。

紀元三一三年，羅馬皇帝君士坦丁 (Constantine 306–337) 頒下「米蘭勒令」(The Edict of Milan)，不僅不再迫害基督教，並且加意維護，至紀元三三七年，他自己亦受洗為基督徒。到了狄奧多西 (Theodosius 379–395)時，更使基督教真正成為羅馬國教。基督教變成了唯一合法的宗教，勢力愈形擴張，乃有教會組織，最初教堂只不過在幾個大城市中才有，而後逐漸遍設於各地，並形成互相統屬的制度，其地位之高低，乃視其地區的大

小重要而定，於是羅馬後來便成為教皇的所在地❶，組織更加嚴密，仿照羅馬帝國行政區域的劃分，分成若干省區，主教區，和教區，在政治上也獲得了許多權利，但早期的教會，仍是附屬於皇帝的，後來漸漸爭取到獨立的地位，與皇帝相抗衡。查理曼大帝 (Charlemagne) 在紀元八〇〇年的聖誕節日登位，是教皇利奧三世 (Leo III) 予以加冕的。紀元九六二年，鄂圖大帝 (Otto) 也是在教皇約翰十二 (John XII) 的加冕之下，始成為神聖羅馬的皇帝。不經過教皇的承認與加冕的皇帝，是不合法的，因此教會地位，愈形崇高，它不僅是宗教的，也是政治的，相隨而至的，是教會財產及特權的增加，教會的財產無須納稅，並且還可以向教徒徵收「什一稅」(Tithes)，但富財與特權的增加，也就是教會自己腐化的因素，教會愈來愈世俗化，惡劣的貴族滲入教會，財富與權勢，更易招惹帝王們的嫉恨，衝突乃不可避免。

第二節　早期基督教的理論

一、耶穌及其門徒

耶穌的教義，本來只注重個人的精神生活，他要超越現世，重視未來，他只講愛神與愛人，此與羅馬時期西塞羅等人之尊重自然法，和人類平等的主張，仍然是相融合連貫的。對於現實的政治原無興趣，或有意的避開，他說：「我的國不屬於這個世界。」❷尤其是在當時政治的壓力之下，他對

❶ 羅馬主教所以被尊為教皇，原因是由於羅馬為政治及文化中心，向為人所景仰，君士坦丁遷都之後，羅馬主教之地位及權力增高，以及最初的使徒彼得，保羅曾在此地傳教，一般教會人士，又均相信羅馬主教即為彼得之繼承人，有管理一切信徒之權。

❷ 參閱新約約翰福音十八章三十六節。

於政府的態度只是消極的，原則上是妥協的，他表示：「凱撒的物當還給凱撒，上帝的物當還給上帝。」❸不過在這種妥協中，仍強韌的表明其立場。這一句話，是使以後教會能立於國家之外，有權管轄人類精神生活的最初根據，也是使政治二元化的先聲，對於歐洲政治史及政治思想的發展，都具有極大的影響。他有時更說：「順從上帝，不順從人，是應當的。」❹這仍可顯示出他有時不滿意當時政府，抱持著反對的意見。

　　但是當耶穌被釘上十字架之後，基督教的發展愈形擴大，而政府的迫害也是更加嚴厲與殘酷，於是彼得 (St. Peter) 與保羅 (St. Paul) 不得不更妥協，竭力主張服從政府，以維持其宗教的存在。彼得說：「你們為主的緣故，要順從人的一切制度，或是在上的君王，或是君王所派罰惡賞善的臣宰。」❺保羅尤其加以詳盡的說明：「在上有權柄的，人人當順服他，因為沒有權柄不是出於神的，凡掌權的都是神所命的。所以抗拒掌權的，就是抗拒神的命，抗拒的必自取刑罰。做官的原不是叫行善的懼怕，乃是叫作惡的懼怕。你願意不懼怕掌權的麼？你只要行善，就可得到他的稱讚，因為他是神的佣人，是與你們有益的，你若作惡，卻當懼怕，因為他不是空空的佩劍，他是神的佣人，是伸冤的，刑罰那作惡的，所以你們必須順服，不但是因為刑罰，也因為良心。你們納糧，也為這個緣故，因為他們是神的差役，常常特管這事，凡人所當得的，就給他，當得糧的，給他納糧，當得稅的，給他上稅，當懼怕的，懼怕他，當恭敬的，恭敬他。」❻他們所以諄諄告誡，當然是有原因的，他們怕反抗政府，而致發生紛擾，故以鋤奸助義，懲惡獎善為政府之目的，即使在位者隕越失職，殘民以逞，也自有上帝作最後的裁判，塵世間短暫的災難，不足為慮，這是新約中一致

---

❸ 參閱《新約》〈馬太福音〉二十二章二十一節。
❹ 參閱《新約》〈使徒行傳〉五章二十九節。
❺ 參閱《新約》〈彼得前書〉二章十三、十四節。
❻ 參閱《新約》〈羅馬人書〉十三章一至七節。

的見解，視政府有神聖性質，亦即為「君權神授說」(The Divine Right of Kings) 之淵源，是中世紀最重要的思想。

二、聖奧古斯汀及其他早期的教父

在基督教被承認為國教之後的兩個世紀中，最早在教會方面足以稱道的有三位學者，就是聖安波路斯 (St. Ambrose of Milan, 340–397)、聖濟羅明 (St. Jerome, 345–420)、聖奧古斯汀 (St. Augustine, 354–430)，及在後的第一個偉大的教皇聖格勒高里 (St. Gregory, 590–604 任教皇)。除聖濟羅明翻譯聖經為拉丁文是其特殊貢獻外，其餘三人都曾對於教權與政權的界分表示了意見，可以代表早期教會的言論，他們的思想，是以後基督教政治思想的重要理論根據。茲分別述說於後：

㈠**聖安波路斯**：聖安波路斯曾任米蘭主教，當時皇帝亦在米蘭，他曾與皇帝瓦倫廷尼亞 (Valentinia, 364–375)、狄奧多西多次爭執，他是在第四世紀中，最具影響力的主教，也是為教會爭取在精神方面有獨立權的第一個人。他認為在精神事務上，教會對所有的教徒，包括君王在內，皆有管轄權，因為君王一如其他教徒，同為上帝的兒女，他說：「皇帝是在教會之內的，並非在教會之上。」所以在他寫給瓦倫廷尼亞的信上表示，關於精神方面的事務，如信仰問題，是應當「主教評判皇帝，非由皇帝評判主教」。他又曾說：「皇宮屬於皇帝，教堂則屬於主教。」皇帝的威權，只能及於世俗的財產，因此教會的土地，固可由皇帝管轄，但教會的教堂，是用之於神聖事業的，皇帝不能管轄，舉凡一切神聖事物，是都不受皇帝權力統治的，不過教會對於其權利之維護，僅能採取精神方法，而不可運用反抗的手段。自從他抗言力爭之後，政教的範圍，漸有分劃，於是世上有了兩個統治機構。❼

---

❼ 本段引證語文，參閱 Dunning: *A History of Political Theories*, Vol. I, pp.155–160.

　　㈡**聖奧古斯汀**：聖奧古斯汀是早期教會中，最重要的思想家，他的著作「上帝之國」(The City of God)，是基督教中最早有完整思想體系的巨著，為基督教之寶典，影響至為深遠。他於紀元三八六年，由聖安波路斯施行洗禮為一基督徒，約在紀元三九六年，出任菲洲希普 (Hippo) 主教，直至其逝世為止。紀元四一○年，西哥德人攻陷羅馬，羅馬舊教人士，藉此追究戰禍之所由起，乃歸咎於放棄古代神祇之崇祀，而改信基督教，聖奧古斯汀便於紀元四一二年至四二七年間，著「上帝之國」以答辯，但此書內容甚廣，並非僅答辯此一事為足，而是可以作為代表基督教的理論喉舌。

　　聖奧古斯汀認為每一個人，是由肉體與精神兩方面構成的，因此每個人便也生活在兩種境域中，一為凡俗的世界，一為上帝的國度。支配人體活動的是撒旦 (Satan)，只以慾望為原動力，所以爭端時起，戰爭無可避免，勝利與失敗，征服與屈服，乃循環不已，最後必同歸於盡，羅馬與哥德人的戰爭，即係撒旦之爭，羅馬曾經勝利過，現在卻已失敗，哥德人現在勝利，將來亦必失敗，這是凡俗的世界，在這個世界中，沒有人能永遠勝利，最後都必將面臨世界的末日而毀滅。但另外，人在精神方面，則可以屬於上帝之國，人們只有在此一國度中，才能獲救，而上達天堂，在此一精神的國度中，無慾無爭，只有愛，關切及幸福，那是上帝光輝的照耀。

　　聖奧古斯汀又認為人是有「原罪」(Original Sin) 的，這是自亞當 (Adam)、夏娃 (Eve) 因誤用意志自由時，便開始了。聖奧古斯汀在另一本自傳性的書——《懺悔錄》(*Confessions*) 中，以他自己童年時的許多惡行為例，以證實此說，他甚而認為人即使在襁褓期中，也充滿罪惡，貪吃，妒忌及許多壞行為。人既具有罪惡本性的肉體，其與精神之間便經常在衝突之中，這種衝突，也就是善與惡的戰鬥，在個人是如此，在整個人類的歷史，亦是如此，但最後的勝利必屬於善，也就是屬於上帝之國，那裏是永久的和平。上帝之國與罪惡世間的爭鬥，將不斷的繼續到最後的審判日 (The Day of Tudgmeny)，凡順從基督，與上帝同行的人，必可進入天國，

受到祝福與榮光，而不順從，不知悔過者，則必永墜地獄。

　　人因具有原罪，所以在凡俗的世界中，有一般的國家之存在，國家實因人性之惡而產生，它的政府，只能管理人性中低級的活動，如慾望衝動，及財產關係等，而這種國家亦終必消滅，因為凡俗的事物，是變易不定的，常為戰爭與貪慾所支配。至於上帝之國乃為善人而存在，人們在此可得到精神的拯救與安息，它是由上帝統御，永久而祥和的。不過奧古斯汀所說的凡俗世界，並非指現存的國家社會，上帝之國亦非指現存的教會，通常的政府，亦非即為撒旦所統治，在現實的生活中，二者實混而為一，它們的分別，只在無形之中，只在人們一己的行為與感念之中，他說：「兩國之所起，是在於人的兩種愛好，凡俗之國起於愛一己而憎上帝；上帝之國，則起於愛上帝而憎一己。」❽真正的分野，是要到最後審判時，才能明確。但是人們肉體方面的行為，仍必受制於政府，政府有時甚而要用強制的武力，此為拯救人之罪惡之所必須，因此可見政府也是因上帝的旨意所設立，也含有神聖色彩。至於教會，雖然不就是上帝之國，但它是一種有組織的制度，是一切有信仰者的聯合，上帝可透過教會，施恩惠慈愛予人們，因此他認為教會的產生，是歷史發展中，一個重要的階程，為歷史開一新紀元，自此之後，人欲進入上帝之國，獲得拯救，必先納入教會，接受教會的洗禮與教誨。奧古斯汀曾評論西塞羅之國家定義，西塞羅認為公道正義乃為國家之要素，但是所謂公道正義，乃信奉上帝所得到的和諧平衡，西塞羅認為一般國家可以獲致公道，乃是不可能的事。在基督教未起之前，教會尚未組織時，不會有公道的國家，唯待教會產生之後，始可達到公道，所以教會組織，是人類社會發展中最高及最後的目的，一切信奉基督教者，應在教會的領導下聯合，那將是人類精神生活上最高發展的表現，也是歷史發展的最高目標，因此教會的利益，是高於一切的。奧古斯汀的這種理

---

❽ 參閱《上帝之國》十三卷二十八章。

論，是立於基督教的信仰之上，充滿空想的，但是所謂「基督國協」(Christian Commonwealth) 的觀念，便在這種理論下產生，同時這也就是他的歷史哲學，對於後世，有很大的影響。

至於教會與國家政府之間的關係，在上述理論中，亦可見出，教會的目的及利益既高於一切，因此他認為一個理想的國家，其政府應儘可能的與教會作最充份的合作，國家與教會，各有法律，互不從屬，但在執行時應彼此互助。每個人民，同時是國家及教會的一份子，一個基督教徒亦應服從政府的法令，只要那些法令沒有違背聖經，及教會的訓示，因為人類最高的法律，還是神的誡命。奧古斯汀的這些意見，在以後劇烈的教政相爭之日，教會方面都加以採取，作為教高於政的理論根據，但是政府一方，也可以用他的理論為藉口，認為自己亦負有神聖的使命。

㈢**聖格勒高里**：聖格勒高里是第一個被稱為偉大的教皇，他不僅在教會中受敬仰，是一宗教領袖，同時在他教皇任內，由於政治統治者的無能，使他有機會，實際統治了西歐及菲洲，表現他的政治才能，他使許多異教國家改信基督教，確立了教皇的地位，建立了許多的宗教傳統。❾但是他卻極力告誡人民，應當服從政治統治者，不管統治者是好是壞，好的統治者，是對人民善行的鼓勵，壞的統治者，正是上帝假以對人民罪行的懲罰。基督徒對任何統治者，不可怨恨反抗，因為統治者是上帝所派遣的，反抗他，就如同反抗上帝，除上帝外，國王的權是最高的，國王如違反教律，教會只能勸告曉諭，而不可採取任何硬性手段，上帝自有其應有的譴責，統治者只向上帝負責，不必向人民負責。他告誡他的主教們，不可批評統治者，僅須使統治者明白，如果他們不聽從教會勸導，則地獄之火，將焚及其身。格勒高里本人對於一般皇帝國王，都是很尊敬的，即使是由叛逆篡奪而獲得王位的人，他也是一樣敬重，雖然他之尊君，是敬君

---

❾ 聖格勒高里著有：*Book of Pastoral Rube*，用以指導主教們傳教的規則。

之位，非尊君之身，但是他繼彼得、保羅之後，使君權神授的觀念，更加明顯了。

　　基督教早期的政治理論，約如以上所述，這些理論，已開始埋下了以後教政相爭的種子，同時對於以後的政治多元論，也有很大影響。自此之後的思想，大致有一個相同的看法，就是國家不能包括及管轄人民的一切，國家極權是荒謬的事，不管教會與政府的雙方地位如何，但總之人在政治生活之外，還有更重要的屬於宗教的精神生活，此種思想，使以後的多元論有所依據，得到啟示。

第三節　教政之爭

　　自早期教父理論肇其端之後，終中古之世，教政間之爭執，時繼時續，錯綜複雜，迄未消滅，但教皇與皇帝之間，又須互相依存，帝王們得不到宗教方面的加冕，不為合法；可是另一方面，一些有力的帝王，又可任免教皇或主教，教皇們也需要政治權力的庇護。前已言之，基督初起時，是處於被壓迫的地位，對政治統治者，只有消極的反抗，四世紀之後變為國教，受到保護，漸漸與政治統治者地位平行，分庭抗禮。至七八世紀之後，君士坦丁堡的政權，逐漸衰弱，自顧不暇，東西羅馬實已分裂，西羅馬遂為日耳曼各族趁機盤據，建立新的王國，於是教皇與這些帝王間的衝突，愈形尖銳，尤其是在一些正直有魄力的教皇當任之時，爭執最為激烈，他們要將國家包括於教會之內，堅持教高於政，他們往往能佔上風，在理論上獲得勝利，尤其在十一、二世之時。但實際上一般教皇卻也常為政治權勢所控制，宗教既為世俗所干擾，其聖潔性大受污損，有許多教皇，並未受人尊敬，教皇之被綁架、監禁或毒害，是極可能的事，因此具有改革熱忱的教皇，更迫切的要爭取權力，整頓教會，樹立宗教威信。每當爭執之時，雙方都要引經據典，各欲自圓其說，教會方面，一方面引證聖經中掃

羅 (Saul) 與撒母耳 (Samuel) 的關係⑩，一方面濫引史乘，根據歷史上所謂
「君士坦丁的贈予」(Donation of Constantine)⑪，或自創理論，擬物作喻，
作有利於自己的辯解。茲將雙方爭執的事實及理論，述之於後：

一、二劍論的開端

自從安波路斯及奧古斯汀的理論倡導後，大家都承認世界上有兩個組
織，一為精神的，一為世俗的。教會的責任，是在為人謀求精神上的價值，
及永久得救；國家的職務，是維持社會的秩序及和平，一切人皆隸屬於這
兩個組織，各有其法律。由於這種事實之存在，到了五世紀時，便有一位
教皇格拉舍斯 (Pope Gelasius)，將這兩個組織作了明顯的劃分，他在致東
羅馬皇帝阿納斯塔休斯 (Anastatius, 491–518) 的信上說：「治理現在世界者，
有兩個系統，一為教士的神權，一為帝王的君權，當最後的裁判時，帝王
仍須教士代為向上帝負責報告，故教士的神權似較為重大。」這是說二者
之間，有所界分，不能混而為一，兩種權力，必須由兩個組織分掌，除上
帝外無人能掌有兩權，否則便是異教行徑。以後教會即持此一理論，作為
對抗皇帝的依據，同時尤著重於最後審判時，教士代皇帝向上帝報告一節，
此無異表示教高於政的地位。他又說：「為上帝服務者，不應為世俗所羈
絆。」⑫此即表示基督教的教士們，不應受世俗統治者的干擾，及其法律
的管轄，他是要使教會得以獨立於國家政府之外，進行其精神事業，但是
兩者仍須互相輔助，帝王們需要教士的幫助，以獲致永久之拯救；而教士
們也需要帝王的助力，以執行其工作。這便是教政分立的有力理論，並將

---

⑩ 參閱《舊約》〈撒母耳紀〉上。

⑪ 關於君士坦丁大帝贈予的論旨，係教會所造，至一四三九年華拉 (Lorenzo Valla) 曾
著書認其為偽。

⑫ Dunning: *Political Theories*, Vol. I, pp. 166–168.

新約路加福音中使徒們發現兩把刀劍的一節文字⑬加以附會，是為二劍論 (The Two Swords)。教政既經劃分，本不應有所爭執，但是所謂精神的事務與世俗的事務，實在很難加以界分，所以就難免不無糾紛，而兩個權力，孰高孰低，也是造成衝突的原因。

二、勝利的教皇們

㈠**尼古拉斯一世 (Nicolas I, 858–867)**：查理曼大帝死後，他所建立的帝國，亦隨之分裂，這是有利於教皇權力擴展的，所以尼古拉斯一世，當時與任何一位帝王發生爭執，無不獲得勝利。最大的一次爭端，是關於洛林之羅退耳二世 (King Lothaire II of Lorraine) 要求離婚，遭到他拒絕一事，當時其國內的一般主教均已贊成，尼古拉斯一世便將他們一律革職，羅退耳二世的兄弟路易二世 (Louis II) 曾以兵力威脅，亦為其所折。另外一事是東羅馬方面的教會監督，福臺斯 (Photius) 之被「咒逐」(Anathtematize)，福臺斯本為東羅馬朝廷所任命，但由於不合教規，終不為尼古拉斯一世所承認，當時他覆信給皇帝邁克爾三世 (Michall III) 說道：「王兼為僧侶 (King-Priest) 和帝兼為教主 (Emperor-Pcntiffs) 的日子，已屬過去，基督教已將這種職份分開。關於永生的事，基督教的皇帝，需要教皇，而教皇除關於塵世的事之外，並不需要皇帝。」⑭

㈡**格勒高里七世 (Gregory VII, 1073–1085)**：格勒高里七世是最有聲勢及權力的教皇之一，他正直誠摯，而且具有不屈不撓的意志，教會與政治統治者之真正短兵相接，尖銳劇烈，而獲得勝利，是在他的任內。當他繼任教皇之初，積極的要改革鬻賣聖職的弊端，他堅持要從帝王手中爭回授職 (Investitune) 的權力，不如此則教皇不能指揮教士，及維持教會的高尚

---

⑬ 參閱《新約》〈路加福音〉二十二章三十八節。

⑭ B. Rusell: *A History of Western Philosophy*, Vol. II, Chap. 7.

精神與道德標準。當時各國強烈反對，皇帝亨利四世 (Henry IV, 1056–1106) 尤不願遵從，格勒高里七世便毫不留情的予以「除籍」(Excommunication) 的處分相威脅，亨利四世不甘示弱，便在窩牧 (Worms) 召開一主教會議，到會主教遵從帝命，宣佈革退格勒高里七世為教皇，認為其當選為不合法，但格勒高里七世則一併將所有與會主教全部除籍。不久亨利四世國內人民反叛，使他大為恐慌，因為教皇將他除籍，無異推翻其君主的地位，人民可不再遵守誓約，對他效忠，境內的封臣，對其信仰亦動搖。結果於一〇七七年，迫使他不得不潛至當時教皇的居住地卡諾沙 (Canosa)，穿著表示悔罪的粗衣，在寒冷的雪日，赤足竚候三日夜，才得到教皇赦宥，恢復教籍，這是教皇的一大勝利。但是亨利四世這一幕戲劇性的演出，實為一騙局，致衝突復起，一〇八〇年，格勒高里七世另外幫助一皇族名魯道夫 (Rodolf) 者為皇帝，亨利四世也慫恿由他所支持的教士們，另選一教皇。後來在一〇八四年的戰亂中，格勒高里七世被迫離開羅馬，而於翌年去世。但在他死後不久，在一一二二年的窩牧協定 (Cencordat of Worms) 中❺，終於規定皇帝不再干涉教會官吏的任命，不再主持授權典禮。

　　格勒高里七世固然承認皇帝的權力，也來自上帝，但是對人民的統治是分為兩種的，他最初將教權與政權比作兩隻眼睛，以後又比喻為日與月。在道德上，教皇是至高無上的，皇帝如不道德時，教皇應有權革除他，而最不道德之事，莫過於反抗教皇，所以教皇當然有權廢黜皇帝。他說是教皇的命令，無人能夠去消，但教皇能去消任何人的命令，因為教廷從未有錯誤，而且永遠不會有錯誤，故教皇有權向人民宣告，對於一個暴君，不再有履行忠順誓言之義務。這些意見都極明顯的表示了教會高於政府，但格勒高里七世無意攫奪政權，統治塵世，他只是要求精神的統治權，獲求

---

❺繼格勒高里七世之後，接續著有三位教皇均為授職權力爭，至一一二二年教皇加力泰斯二世 (Calixtus II) 戰勝皇帝亨利五世，成立「窩牧協定」。

教會的獨立，可是他的措辭激烈，增加了精神威權高於世俗威權的爭論基礎與聲勢，使以後的教會人士，在權位的爭執上，得以鼓勇前進。

㈢**殷諾森三世 (Innocent III, 1198–1216)**：殷諾森三世是所有教皇中權勢最大的一個，他使教皇的權力達於極峰，贏得最大光榮，迫使帝王們屈居下風。他魄力雄偉，精明強悍，他實在是一個政治人才，而不像一個宗教領袖，缺乏神聖成份，在他將近二十年的教皇任期內，實際上是兼有教政兩權的統治者。他一生與帝王鬥法，他的對手無不就範雌伏，最出色的一次是在一二一三年，迫使英王約翰 (King John) 承認為其封臣，把英格蘭與愛爾蘭當作為由教皇所賜予的采地，每年繳納貢賦。一二○三年他發動第四次十字軍東征，佔領君士坦丁堡，建立拉丁帝國。在他逝世之前，他召開了第十二次的基督教大會，所有各地基督教首腦都來參加，並且連皇帝國王及許多封建諸侯，也都來到羅馬，靜聆他的訓示。

殷諾森三世認為在精神事務方面，不僅教皇是至尊至上的，而且直認為教皇即是教會，在世俗的事務上，公然引用君士坦丁的遺贈史例，認為亦享有主權。他繼格勒高里七世喻教政兩權為日月，但日大於月，而且月亮的光輝，係由日光而來，無論質與量，位與力，月均不及日，這就是說帝王的權力實得自教皇。殷諾森三世之一生，亦果如麗日中天，光芒萬丈，但教會盛極而衰的時刻，亦隨之到來。

三、教皇的擁護者

㈠**興克馬 (Himcmer, Archbishop of Rheims, 806?–882)**：興克馬是當尼古拉斯一世與羅退耳二世發生爭執時的一位主教。他亦承認君位神聖，人民應當服從，但是帝王與一般凡人無異，也應當尊敬教會，而且他認為「帝王之為帝王，在於其能服膺上帝意旨，作賢明之治理，使善者趨於正路，而使惡者亦能遷善改過，帝王能如是，則除上帝外，可以不受任何人之束縛。……但人主而自身姦淫，兇殺，暴戾，罪惡重重，則將由教士審

判，依照國家法及教會法治罪，教士乃上帝之代表」。❶這是將仁君與暴君作了一個分別，為以後誅暴君論的預告。

　　㈡**曼哥爾德 (Manegold of Lautenbach)**：曼哥爾德係與格勒高里七世同時代的人，他曾著述立說擁護教皇❶對抗亨利四世。他認為必須具有超越一般人的智慧與美德，始有為君主之氣度，這種君主與暴君，有其根本的差異，君主的尊嚴，不在其人，而在其職位，教皇有判決一個君主為賢君抑為暴君的權利，如為暴君，人民便無服從之義務。人民所以要擁戴一個君主，非由於其權勢，而是為自由求得保障，不受欺凌，是以君主若變為暴君，則喪失其尊嚴，人民當然不必再受其統治。由此可以發現，在他這種人民與政府間關係的意見中，已含有契約觀念，他認為沒有誰能自命為君主，君主乃由於人民共同擁戴所建立，依公道原則以統治，除惡獎善，一旦君主破壞此一協定，便解除了人民對他服從的義務。曼哥爾德的理論，無意中也說明了君權是來自人民，非來自教會，人民與政府之間的關係，是建立於契約之上，這是由於當時的封建制度，多產生於契約關係所使然，究其用心，仍在為格勒高里七世辯護，指責亨利四世，並不是在為人民尋求權利自由或革命的理由。

　　㈢**薩里斯堡之約翰 (John of Salisbury, 1115–1180)**：抨擊帝王的理論，至薩里斯堡之約翰已達激烈之高峰，因為他發出了誅暴君 (Tyrannicide) 的理論，他曾著《政治家書》(*Polycratcius*)，不僅認為教高於政，甚而主一權說。他固然也贊同二劍論，但卻認為二劍均屬教會，同時又認為君主必須受制於法律，否則失去為君主的意義，而且「一切法律如非以神聖法為準者，便全無效力，君主之一切命令，亦必以教會之意志為本，不然亦屬

---

❶ Carlyle: *A History of Medieval Political Theory in the West*, Vol. I, p. 231.

❶ 參閱曼哥爾德著：*Ad Gebehardum Liber*，約在一〇八〇年至一〇八五年間。

無用」。❶根據此意，可知君主的權力，乃得之於教會，教會不過假其手以執行神聖法。教會既能授權予一君主，亦能合法的收回，假如君主不能依神聖法去統治，則為暴君，不僅教會可收回其權柄，人民不必服從其統治，甚而可加以誅戮。

四、皇帝的辯白

帝王們因握有實際的統治權，在十一二世紀之前，對於主教的任命，教皇的選任，都有很大的影響力，所以多願維持現狀，在辯論上，便也居於防守而少攻擊。亨利四世對於二劍論，亦表示接受與維護，但堅持其權力，亦來自上帝，自有其神聖性，所以人君僅對上帝負責，受上帝制裁，人君之劍，也只有上帝可以收回，如果教皇越俎代庖，那便是對上帝的不敬，教皇鼓勵人民反抗皇帝，更是違背了上帝的意旨。亨利四世並且更進一步的認為所謂教皇實係羅馬主教，其所以具有優越之地位，並非上帝授予，乃羅馬皇帝所賦予，何況皇帝可以召集教會會議，而為主席，一個主教必經皇帝授予權戒及教杖，始為合法，所以一切主教應服從皇帝，教皇亦不能例外。

在亨利四世與格勒高里七世爭執之時，站在皇帝一方的主教亦不少，他們亦多發言抗論，但都是根據神學，論調雷同而空洞。另外有些法律學家，是擁護皇帝的，其中如克雷色斯 (Peter Crasus) 曾著《衛護皇帝亨利四世》(*Defensio Henrici IV Regis*)，能拋開神學，從法律觀點討論此一問題，為君權作辯護。他認為根據自然法或羅馬法，個人的私有財產是不可侵犯的，亨利四世的皇位，得自其先祖，猶如繼承其先祖之產業，對於世襲繼承的財產權，是一切法律所承認的，所以無論教皇或其他任何人，都無權干涉他的統治權。這種據法以爭的理論，到了十四世紀之後，更見發達及透澈有力。

---

❶ 參閱《政治家書》四卷二章。

第八章　聖湯瑪斯阿奎納

一、亞里斯多德與經院學派

　　十三世紀可以說是中世紀的光明年代，而經院學派 (Scholasticism) 的努力與成就，也在此一世紀達到高峰，支配此後學術思想將近三百年之久。聖湯瑪斯阿奎納 (St. Thomas Aquinas, 1225–1274) 便是一位集經院哲學大成的人，他是最有權威性的代表人物，是中世紀最主要的思想家。

　　基督教教義，經早期教父的闡釋，多已確定，經院學派的任務，即在加以說明並且論證，予以堅固的哲學基礎，加強對教會信仰。致力於此的經院哲學有兩大教派，即法蘭西斯教派 (Franciscans)，多明尼克教派 (Dominicans)❶，其他尚有巴黎 (Paris)、牛津 (Oxford) 等大學。經院學派的研究，頗注重方法或形式，儘量的使用邏輯，嚴密的規定概念，使其神學具有學問的形貌與深度，給予神學一個崇高的地位，他們的哲學並不是立於自由的立場，去發掘真理，固然亦訴諸理性作哲學的推論，務期駁倒反對的意見，但是結論是先預定好的。在中世紀神學乃是一切科學的女王 (The Queen of Sciences)，而哲學亦不過是作為神學的婢女而已。

　　亞里斯多德的著作再發現一事，對於經院學派有極其密切的關係，早期的教父們，如聖奧古斯丁在思想上是深受柏拉圖所影響的，但經院學派

---

❶ 法蘭西斯教派，係由阿栖濟之法蘭西斯 (Francis of Assisi, 1182–1226) 創始，多明尼克教派創立人為多明尼克 (Dominic, 1170–1221)。最早他們多為托缽僧，居無定所，以誓守貧苦、謙卑、貞潔為本，是早期的宗教改革者。後漸定居，有修道院，著名的經院派學者乃由修道士中產生。

則極端推崇亞里斯多德，尤其對於他的邏輯學的法則，更奉為圭臬，以滿足他們在辯論上的要求。在十二世紀之前，亞里斯多德的著作，由於年代久遠而散失，他幾乎完全被人所遺忘。可是在東羅馬方面，仍然受到敬重而加以研究了解，由希臘的基督教徒又傳給了阿拉伯的回教哲學家，❷當回教征服西班牙時，遺留下來希臘的古籍，亞里斯多德的作品，便被翻譯成拉丁文，十字軍東征之後，也帶回來許多，於是其作品，漸為人注意，並得以流傳。最初在十二世紀，當亞里斯多德的學說開始傳佈時，教會方面尚視為異端，其物理學、形上學等，為教會禁止，但不久，至十三世紀時，反對他的反成了異端，他的哲學變為無上的權威，在學術思想上，又支配數世紀之久。

但是經院學派與亞里斯多德的哲學思想的結合，是有其用意的，他們是要利用亞里斯多德的哲學，求其與教理一致，以增加基督的光榮。

二、聖湯瑪斯阿奎納的著作與思想性質

聖湯瑪斯阿奎納，由於學問淵博，當時的人即稱他為天使博士 (Angelic Doctor)，他不僅是集經院學派大成的人，最足以代表十三世紀的思想，而且他的理論，可以說是中世紀的結晶。他的著作，被教會視為寶典，直至今日，他的哲學體系，仍為所有基督教學校中，正統的哲學課程。至少他在宗教世界中，是繼奧古斯丁之後的一個不朽的偉大人物。

湯瑪斯是義大利的那不勒斯 (Naples) 人，其父為阿奎諾伯爵 (Count of Aquino)。他曾在那不勒斯大學肄業六年，此後加入多明尼克教派，並在巴

❷回教哲學家中，著名者如波斯人阿維生納 (Avicenna, 980–1037)，西班牙人阿衛羅斯 (Averrhoes, 1126–1198)，都傾全力研究亞里斯多德的著作，阿衛羅斯對亞氏尤表崇敬，畢生致力於亞氏著作之註釋，並認為上帝之存在，可以理性獲得證明，幾與聖湯瑪斯相同，他的著作，傳佈甚廣，對經院學派影響極大，甚而他在基督教中之地位，較之在回教中尤為重要。

黎及科侖 (Cologne) 等地研究，就教於當時亞里斯多德學派的領袖大阿爾伯泰斯 (Albert Magnus, 約 1206–1280)，獲得神學博士學位，一二五九年回義大利，自此以後，除一二六九年至一二七二年間，曾往巴黎講學外，未嘗他往，一二七四年客死於旅途中。他重要的有關政治思想的著作有：《君主之治道》 (*Rule of Princes*)❸、《亞里斯多德政治學評註》(*Commentaries on the Politics of Aristotle*)。前者有其獨自的見解，後者則多為敘述及解釋亞里斯多德的理論。在神學及哲學方面，尚有《神學大全》 (*Summa Theologica*) 及《反異教論》(*Summa Contra Gentiles*)。

　　不管經院學派對於亞里斯多德哲學的態度及用心如何，但亞里斯多德的再發現與獲得重視，總是可喜的，使沈悶的中古得到刺激，在理性上有了進展。湯瑪斯對於亞里斯多德，可以說有極深切透澈的了解，他學到了亞里斯多德的治學方法，他的著作充滿理智，系統完整，條理清晰，論證銳利。他對於亞里斯多德的理論，大致是同意的，但是他要將亞氏的學說，配合到基督教義中去，為了達到經院學派知信合一的宗旨，他的企圖是要將理性與信仰綜合統一，他認為此二者，並不互相矛盾，而可以互相調和，理性使信仰堅定，信仰堅定就是理性的實踐。這種企圖，也就是要把哲學與神學合而為一，以哲學的觀點及理論根據，去解釋聖經裏神的訓示，在他的著作中，每每在推論完畢之後，引證一段聖經，以求其理性的結論與神的話語相一致，他要把這種調和，成為一種最高學術，最高思想。但事實上矛盾衝突總不可免，他便不得不委曲哲學以遷就神學，所以其目的，仍然是神學為主，哲學為輔的。總之經文是不可推翻的，以哲學為工具以求證，只不過為神學加披一件哲學的外衣而已。當然這較之以往的宗教理論家，只是以經論經的武斷態度，已為開明進步。但是這僅是將舊酒裝入

---

❸ 《君主之治道》一書共四卷，但聖湯瑪斯僅寫前面部份，後三卷大半為其弟子盧卡之托勒密 (Ptolemy of Lucca) 所完成。

新瓶，墨守成規，還是很少創見，先有結論然後再尋找理論，務期與之相
合，任何研究，在這種方式之下，很難有所創新及進步的。

　　再者湯瑪斯哲學思想中的基本觀點，是認為宇宙乃一包容萬有的綜合
體，有一個完整而互相協調的體系，此即謂宇宙乃是一個整體的大和諧，
因為他相信上帝及自然的偉大，所以宇宙萬物自然會各得其所。至於研究
此一包容萬有的學問，則有科學、哲學與神學。科學是分門別類的研究個
別目標，在科學之上，則是以理性總其成的哲學，但在哲學之上，超乎理
智有賴所謂天啟 (Revelation)，而能概括所有系統者，則為神學。哲學可以
依靠人類理性，論證一切事物以求真理，但神學必靠天啟以獲得真理，非
人類理性所能發見。不過神學雖超乎理性，卻也並非與理性相違背，它並
非是不可知性的 (Unintelligible)，只是非人之悟性所能窺探而已。這樣他把
所有思想學術，歸納到一個大調和的系統中，而使神學成為科學的女王，
智識的塔尖。

第二節　國家論

一、國家的成立與目的

　　由以上聖湯瑪斯的思想性質所述，可以知道他所有的理論，無不朝向
一個目標，即建立神的信仰及教會崇高的地位，樹立神學的權威，但在論
證的過程中，亦有其理性的推斷，甚而亦含有唯實精神。

　　關於國家的所以成立，反映出他十分受到亞里斯多德的影響。他亦認
為國家乃自然產生，係根據人類合群互助的本性，人如可獨居，則無今日
國家產生之可能。人類雖無一般禽獸之堅甲利爪、及飛騰跳躍之能力，但
自然賦予人言語及理性，使人們容易互相接近了解而互助。人既無禽獸之
鋸牙鉤爪，故亦必須結合互助以維持生存，於是人為自衛生存而互助群居，

則漸形成一個社會團體，有了團體，就必須有規律以維持秩序，同時也必須有統治者來執行，要統治者的執行發生效力，就應當賦予統治者威權，所以在一個政治社會中，有上級支配指導下級，下級遵從聽命上級的情形發生，這一切完全由於人的天性，自然演進而來。聖湯瑪斯的這種理論，乃一反教會理論家的一貫看法，武斷的認為國家源於罪惡，這不得不歸功於亞里斯多德給他開拓了思想路徑。不過亞里斯多德由於希臘環境所限，他的國家僅止於城邦的範圍，聖湯瑪斯則認為城邦式國家不足以自供自足，而應當如一省 (Province) 之區域大小為適當，風俗習慣無大差異，亦能足以自給與自衛。此時民族王國的形態已漸具雛形，他的理論亦與其現實環境相合。

　　至於國家的目的，他亦多承襲了亞里斯多德的意見，乃是使大家達到更美好良善的生活，所以國家之中有政府、有法律，維持社會秩序的安定，並且使大家互助交換勞務，謀求福利的增加，但是除此之外，統治者還要有一種道德目的，他應當給予人有德性的幸福生活。不過他較之亞里斯多德更進一步，認為道德的生活固為國家目的，但這並不就是人的最後目的，人的最後目的，是在於進入上帝的天國，此一任務實已超出世俗的統治者能力所及，所以統治者之外，尚有教士，國家之後，尚有教會的存在。他的用意是要將亞里斯多德的道德生活，及教會的精神生活合而為一，人們一方面在國家中，獲得理性的實踐，一方面在教會中，獲得精神的信仰。

二、政治統治者及政體

　　國家既由自然而產生，統治者的威權，亦出於自然之要求，亦即由於上帝的神聖命令，故所有基督國家的人民，都應當服從威權者的統治，不服從便是罪惡。即使非基督教國家或者統治者不是基督徒，亦應服從，否則社會秩序混亂，國不成國。但是統治者的地位係一種職份，由於大家群居的天性，及達到安寧美好生活的自然要求所產生，而為社會全體所委託。

統治者實負有一種道德責任，他本人必須是理性的、道德的，立足於公道之上，才能獲得人民的信任，才有合法的地位，因此統治者固然有其威權，但卻受到限制，受到其自身職務性質的限制。聖湯瑪斯對於統治者的要求，幾乎如同柏拉圖完人型的哲君，同樣的是由倫理道德的觀點，解決政治問題。一個統治者如果反其道而行，則為暴君，人民便無服從的義務。對於暴君，雖然他並不積極的贊成約翰·薩里斯堡的誅暴君論，但是他認為推翻暴君，並非叛逆，只要推翻暴君時社會所受到的損害，小於暴君虐政的殘害便可以。不過原則上是如此，在方法上仍應有所研究，如果一個國家的統治者，係由人民所產生，則應由代表人民的公共權力機關行之，不然則應訴諸較其統治者更高級的權力機關，予以廢黜，如兩者都不可行，也只有祈禱上帝一途了。總之不可演為以暴易暴，宮廷暗殺，或群眾的叛亂，以助長暴亂野心者的兇焰，以致仁君亦不能安於其位。

　　暴君固應廢黜，但與其等到暴君殘民以逞，使國家蒙受損害後，再去設法推翻，則不若能防止暴君產生於前。他認為防止暴君的途徑有二： 1.在決定一個統治者時，應先了解其性格，是否具有為仁君的道德條件。 2.對於統治者的權力，應有所限制，不致變到專權蠻橫。但是這並非任何國家所能辦到的，要做到對於統治者人選的決定，能夠控制，對於統治者的權力，又有所限制，便必須設計一種良好的政體。

　　聖湯瑪斯亦曾將政體加以分類，大致是與亞里斯多德相同。而不同於一般的宗教家如聖伯納德 (St. Bernad, 1091–1153)，約翰·薩里斯堡等人，他們均保持狹隘的觀念，只認為有君主政體一種。但不問是君主、貴族、或民主政體，都必須是合法的，為公眾福利著想，而不可為統治者自己謀利，否則必將惡化。不過聖湯瑪斯仍然是偏重於君主政體的，因為當時各國已呈現紛亂現象，各種權力間的紛爭也很嚴重，所以他認為一個國家最需要的是統一與和平，而君主政體在達到此一任務上最為理想。他又認為一切事物以順應自然為最好，而在一切自然的統治中，都是定於一的，他

說：「在宇宙中，由一個創造一切、統治一切的上帝所支配，非常合理和諧。」所以「人類的社會歸一人統治，必定是最好的」。❹一般人認為君主政體的危險，是可能變為暴君政體，但是聖湯瑪斯卻認為暴君政體是常常產生於民主政體之後。因為民主政體最易造成混亂的社會，只要自由的觀念一旦轉變，秩序便不易維持，自由與秩序能不相違背，而後才能產生正常的社會，可是往往是自由不易固守其範圍，致發生混亂，便需要武力的壓制，於是暴君趁機產生。在一般正常的情形下，暴君是不致產生的，大家無所衝突，就不需要武力，暴君便也無產生的機會。他這種看法是帶有保守意味的，其用心在維持當時的君主制度，但是他的分析，仍然是值得參考。

聖湯瑪斯雖是傾向君主政體，但他所設計的君主政體是一種立憲的君主政體，而且採取了亞里斯多德混合政體的精神。他認為一個良好的政體應注意到兩大原則：

㈠**全體人民應皆享受有參政權**：上帝是一切權力的來源，上帝授權人群社會全體以管理全體的事務，社會全體復另行委託人選以統治，則此種人選之產生，固應由全體人民參予選舉以決定，如此則對於暴君的產生，自能防止於前。同時在這種意見中，似乎他已經能把政權與治權作了區分，並且有主權在民的含意。

㈡**統治者必應以道德為其職位的依據**：每個人以及國家的目的，都在於實現道德的生活，則作為統治者的君主，必因其本身道德的高尚，始能贏得人民的信服，接受其統治。統治者不應憑其職位以謀求財富或私人快樂，統治者真正的快樂，不在現實的享受，而在將來的酬報。

至於為統治者所設立的政府，其職掌為何，他認為重要的是在於公平的賞罰，所以司法機構的工作最為重要。其次是保衛國家，安定社會。卹

---

❹《君主之治道》一卷二章。

貧救濟亦為政府職掌之一，其他如道路之敷設、度量衡之制定，都是政府業務。

三、教政關係

國家的威權固然也是來自上帝，但世俗的政府，充其極不過能給予人有理性的道德生活。此並非人最後目的，人的最後目的，也就是最高的精神要求，在於能達到天堂，與上帝同在享受永久的幸福與喜樂。人雖具有此最高的欲求，但是人們自己的能力不足，因此有賴神聖的政府——教會做領導。他在《君主之治道》中表示：為使精神事務離開世俗的事務起見，精神事務不應歸之君主管轄，而歸於教士司掌，尤其是羅馬教皇，因為神聖政府的事務，最初由耶穌基督所司掌，而後是由彼得的繼承者——教皇所代理。一切君主均應服從教皇，猶如服從耶穌基督一樣。聖湯瑪斯亦然隨著教權的伸張，保持教高於政的成見，不過君主在世俗的事務上，還是最高的威權，但君主如為基督徒，而有叛教行為，教皇當然可以革除其教籍，停止人民對其服從的義務。格里高勒七世開始以來的理論，至此更加強固。

第三節　法律論

一、法律的定義

聖湯瑪斯關於法律的理論，尤為詳盡，是其哲學的重要部份。他融合了希臘思想、斯多噶主義、羅馬法律及教會的理論，為法律下了一個定義：「法律乃理性之命令，藉以謀求公共福利，由負責統治社會者所制定頒佈。」❺

這個定義與以往有所不同者，是在於加上了統治者制定及頒佈的形式。

在形式上，國家法或社會法，必經過一位皇帝或教皇公佈的手續，始成為有效的法律，此雖為形式，但其中包含有統治者的意志在內，所以他認為法律的內容與形式同樣重要。以往希臘人是只注重內容的，只注重其是否合乎理性，羅馬人雖言內容與形式皆為法律的要素，但有其一即可。聖湯瑪斯卻認為兩者必須兼具，既要有合乎理性的內容，亦必須由具有威權的統治者制定頒佈，表示其意志。因為法律的執行，必須有其預期的效力，它不只是規範個人行為道德教條，所以必須發自一個威權者，予人以強制的約束。他這種注重內容與形式，兼有理性及意志兩要素的定義，使法律的涵義明確，為一大進步與貢獻。

二、法律的分類

法律的定義，固如前說，但就廣義而言，法律實分為四類：即永久法 (Eternal Law)、自然法 (Natural Law)、神聖法 (Divine Law)、人類法 (Human Law)。茲將其涵義分述於後：

㈠**永久法**：永久法是管理宇宙全體的永久性法律，是上帝永恆的計劃，整個宇宙的萬千事物，被上帝的最高理智所管轄，這是人類所不能了解的。故所謂永久法，亦即是上帝的本身，祂是制定者，頒佈者及執行者。

㈡**自然法**：自然法乃永久法的一部份，應用於有理性的人類。本來宇宙萬物包括人類在內，俱受永久法的管理，但永久法是人類所不能了解的，而自然法是存在於每個有理性的人類的心靈之中，它並無有形的文字規定，只是人類以其理性，去體會上帝的意旨。這是在人類的大社會中，應當具有的無形的規律，以調和國與國之間，人與人之間的關係，及如何使人辨認善惡，以求適合理性的完美生活之實現。

---

❺ 參閱《神學大全》二卷。

㈢**神聖法**：神聖法是自然法的增益，亦即上帝在聖經的新舊約中所啟示的法律。凡人類因理智的缺陷，無法體會者，如人類最後命運的事，是人所不可解的，則依靠神聖法的輔助，又因為人為理智所限，不能作確定的判斷，人類亦不能懲罰一切罪惡，均需要神聖法的啟示。神聖法並非與自然法相衝突，它會增益人的理智，而不會損毀人的理智。

㈣**人類法**：永久法非人所能了解，自然法與神聖法，雖然可能為人所了解而適用，作為行為的準則，但其對象並非僅對人類，故又有人類法。人類法是經人類的理智考慮，將自然法的原則，適用於各個不同的特殊環境，故人類法又分為萬民法 (Jus Gentium) 及市民法 (Jus Civile) 兩種。人類法既為自然法原則的應用，當然不能與自然法相違背。

聖湯瑪斯在哲學思想上，認為宇宙是一整體的和諧，則宇宙中任何一個小部份，都是宇宙全體的縮小，全體宇宙亦即任一個小部份的放大，所以法律雖分為四類，內容與形式有所不同，應用的範圍有廣有狹，但在性質上，是一以貫之的，都是基於理性，如永久法雖非人之理性能了解，但亦不會與理性相抵觸。

法律不僅皆基於理性，而且其目的，都在實現公道 (Justice)，聖湯瑪斯認為法律即公道。至於何謂公道，他採取了羅馬法律家的意見，謂「公道是一種經常而永久的意志，給每個人應得的東西」。此為羅馬法律的權利觀念，給予每個人應當享有的一份，也就是分配與交換的公道。這種在公道的法律原則之下，所發生的權利，有根據自然法而來的自然權利，有根據人類所產生的實在權利，一個是較為理論的，一個是實際的，但後者不得與前者相違，否則便不是權利，也不是公道。

三、法律的演化

聖湯瑪斯對於法律，尚有一個頗為進步的觀點，就是法律可以演進變化的。隨著各地環境的不同，與時代的進展，人類為適應其變遷，求生活

之利便，法律是可以相隨以進步改變的。此一觀點當僅就人類法而言，或亦可能涉及自然法，但仍似乎與其法律定義中所言，有所矛盾。法律既出之理性，是非之辨，已經確立，似不應再有所變易，但是他認為是非觀念，也是可能隨著環境及時代的不同有所差異的，昨日之是，可能成為今日之非，法律必待修正，已屬必然。這種觀念，自達爾文 (Darwin) 的進化論盛行之後，已被公認，不算新鮮，但是在中世紀的當時，認為上帝決定一切，永久法為上帝最高的表現，自然法乃永久法之一部，人類法也是根據自然法演繹而制定，所有法律均具有神聖性，在那個時候，能有此一觀點，應該說是進步的。

不過聖湯瑪斯所以有此一說，是由於兩點原因：

㈠**私有財產制度：**在自然法的觀念下，是沒有私產的，自然社會是一個公有公用的社會，但在當時人類的實在法，卻存在著私有財產制度，豈非與自然法相違背？但聖湯瑪斯認為私有財產制度，係應人類新的環境需要，新的利便與發展而產生，乃至於有新的法律以求適應，此不僅在時代的變遷中有此可能，即在同一時代的不同地區，因環境不一，法律亦各有別。他舉例說過去日耳曼人在野蠻時期，認為掠奪並非犯罪，但在羅馬法之下，便是觸犯刑章。因此按照自然法，財產固屬公有，但為配合人類生活之改變，亦不妨承認財產私有的制度，此雖非自然法所有，但亦係順應自然的發展趨勢，與自然法亦無所衝突。但如果人類法承認可以無限制的佔據財產，竟使人佔據過多而不加使用，另外，有的人卻毫無產業，不得溫飽，這便是與自然法相衝突，便是不公道。

㈡**奴隸制度：**按照自然法，人人是平等的，沒有主奴之分，但當時卻有奴隸制度，看來這又是與自然法相矛盾的。為奴隸制度之存在而辯護，在以前有亞里斯多德，認為係出自然天賦，聖奧古斯丁則認為是懲罰人的罪惡，為奴隸者藉此得有贖罪的機會，始可進入天堂，聖湯瑪斯更加進一步的解釋，認為人有勤惰之分，智愚之別，如何使既惰且愚之人不致因無

業而生活無著，乃有奴隸制度，讓這般人從事勞力工作，得以自存。另外因戰爭結果而致有奴隸者，用意在激勵人之勇氣，勿戰敗降服。於是他認為奴隸制度亦如私有制度一樣，雖非自然法所有，但亦不抵觸，乃為人類理性之增益，以適應環境需要者。

　以上聖湯瑪斯的理論，實為現實制度作辯護，有保守傾向，但就其法律可以演化觀念的本身而言，仍是進步而有所貢獻的。

第九章　中古末期之君權伸張

一、民族王國誕生的因素

　　在這一章裏所要涉及到的，是第十四、十五世紀中政治情勢的演變，以及其影響到的政治思想的內容。以前當教會勢力剛開始發展時，二元說甚為盛行，以後隨著教會權勢的擴張，便逐漸傾向一元論，認為教政二者之中，必須有一個最高者，可以支配另外一個。由於精神高於肉體之故，所以教會方面堅持政權應在教權之下，這種理論至殷諾森三世，薩里斯堡之約翰及聖湯瑪斯時，已無可再發揮，但是當此理論剛剛完成，一進入十四世紀，實際上卻走上相反的路，教會反處於附屬的地位，中世紀的另一支柱——封建制度也漸趨消滅。教會及封建都曾在中世紀發生過安定的力量，有其貢獻，教會對每個中古的人，不論其貴賤富貧，都給予永生的希望，精神的安慰；封建制度也給予人現世的基本安全。但是現在情勢已有更張，一種新的發展，給歷史帶來了另一面貌，使中古進入終站，那就是民族王國 (National Kingdom) 的誕生，這是西方歷史途程中的一個重要關鍵，影響於此後政治思想的發展甚大，下面即將民族王國產生的因素，加以分析。

　　㈠**封建的崩潰：**封建制度導源於黑暗時代的初期，由於蠻族的入侵，歐洲被割裂，戰亂不止，人民痛苦不堪，乃依附強者以求保衛家園，封建制度因此產生。其產生之目的，在使地方安定，人民有所保障，其在初期固有績效，但愈到後來，愈與最初的目的相違，反使人民蒙受痛苦更深，變成進步的障礙。因為封建並不是一個有系統的組織，維持每一個封建單位政治關係的契約，各有其內容，彼此歧異而且又常常在變動中，造成成

千累百的不同政治區域。一般封建諸侯，各具野心，當其勢力漸大，便不安於狹小的範圍，以種種藉口，啟開戰端，於是攻城掠地，叛亂瓜分，糾紛衝突，政治性的締婚，局部性的戰爭，如此沈悶重覆的充滿中古封建的史頁。封建勢力的分裂，也妨礙了交通，阻止通商及農工業的發展，人民要求和平及統一的願望，乃日愈增強，封建制度自然必須予以淘汰，以符合時代的需要。

　　㈡**教會的衰敗：**教會權勢與財產的增加，是促使其自身腐化的原因。教會曾經盡力對於愚昧好鬥的封建諸侯予以開導及協調，但也因此而過於關心政治，世俗的野心趁機而入，財富的龐大，復引起王侯們的覬覦，或以武力攫奪，或以賄賂鬻職，世俗的貴族權要滲入教會，奪利爭權，污損了教會的聖潔，減少其威信，十世紀時，便已有宗教的改革運動，以謀救正。幾次十字軍的戰爭，對於教會也產生了不幸的結果，在十二世紀時，人民愛戴十字軍的熱忱及十字軍本身的功績，都達到最高點，教會的威勢也因此而增至最高峰，但是至十三世紀以後，十字軍戰爭節節失敗，而以後的十字軍，又多變質，不復是攻擊回教徒爭奪聖地的聖戰，而是用以爭奪政權，甚而殺戮基督徒。又因為要支持戰爭的費用，不得不濫徵捐稅，什一稅的徵收，並未因十字軍戰爭結束而停止，任何人都可以輸納定額的金錢以贖罪，教皇常常將若干教區主教的職位空懸，俾便將其所轄教區的收入供教廷浩大的開支，教廷亦任用私人，賄賂公行，虛浮倖進者常獲高職，劣跡昭彰，貪求無饜，教會威信既失，人民轉向擁戴君主。

　　㈢**十字軍的戰爭：**十字軍的東征，加速封建制度的潰滅，因為在這種大規模的戰爭中，一般封土狹小的諸侯，必須受到大國君主的節制，戰爭的接續進行，使大家的注意力轉向外方，君主們得以趁機打擊封建勢力，剷除其國內統一的障礙。慘烈的戰爭，也使許多封建諸侯戰死沙場，殘餘的諸侯們亦多向東方遷移或放棄田莊，改業經商，而前後四次，歷時兩個世紀的十字軍戰爭❶，在東方得到大量財富，濱海地區造成許多大城市，

商業繁盛，產生了一批擁有貨財的中產階級，他們最恐懼戰亂，怕財富喪失，所以對於和平安定抱有殷切的希望，他們既多財亦多智，乃與君主相結合，以消滅經常私戰的封建割據，幫助統一的民族王國之長成。

　　(四)**民族意識的產生：**許多判然不同的語言發展，造成了民族性互異的國民，彼此分離，激起一種民族感情，民族文化運動，亦隨之興起，以各地方文字翻譯聖經，傳教士們也用方言講解佈道，以使人民增加虔誠的信仰，方言文學不再被視為低俗，傳佈甚快，民族意識乃愈形覺醒。教會雖主張基督教的統一普遍，但也承認民族性的原理，更由於反對封建制度造成的無秩序的混亂，及惟恐神聖羅馬皇帝的威權增加，乃進而幫助民族王國的統一。每當民族王國與羅馬帝國或封建諸侯發生衝突時，教會必予以精神及物質的援助，逐漸的助長君主們的威權。君主的威權愈增，人民對之敬仰亦愈增，以表示其愛國的熱忱，民族的競爭日盛，並演變為民族戰爭。第二次十字軍東征的失敗，可以說是由於德法的不合作，第四次十字軍東征可說是拉丁人與希臘人之戰，又如英法的百年戰爭 (1337–1458) 等，皆促使同一民族的人，堅強的團結於一民族王國之中。

　　統一、和平與安定，是這個時代的普遍願望，以上的這些因素，也就是這個時代背景的縮影，並且互相之間是交相影響的，共同的孕育了民族王國的誕生與長成。與民族王國同時並生的便是獨裁專制的政治，十字軍的東征，使君主們學習了東方的專制政治，封建制度契約式的政治關係，深為君主們所厭棄，而羅馬法的復活，則為君主們所喜悅，雄才大略的君主，亦應時勢而產生，民族王國在他們領導下，猶如日之初升。教會最初曾予以支援，但等到他們的羽翼豐滿，便轉而對抗教會，劇烈的教政之爭

---

❶第一次十字軍戰爭是一○九六至一○九九年。第二次是一一四七年至一一四九年。第三次是一一八九年至一一九二年。第四次是一二○三年至一二○四年。但第四次東征建立拉丁帝國後，仍復有數次十字軍戰爭，直到一二九一年。

又起，此時教會由於威信喪失，反擊無力，只得屈膝於君權之下。

二、腓力四世的勝利

　　十四世紀初，教政之爭的雙方主角是教皇龐尼非斯八世 (Boniface VIII, 1294–1303) 與法王腓力四世 (Philip IV, 1255–1314)，王權方面反守為攻，不僅理論強而有力，並且繼之以武力為後盾。腓力四世是一個機智而肆無忌憚的國王，他與教皇的爭端，是由於在一二九六年未得到教皇的同意，向教士徵稅，教皇乃下一教詔，以表抗議，命令各地教士不得向任何政權，繳納任何名目的捐稅，腓力四世抗不從命，並下令停止向教皇輸納金錢、珠寶、食品、軍需等貢賦。腓力四世並於一三〇二年召開了包括教士、貴族、平民的三級會議 (Estates General)，以爭取國內同情，由於一種民族感情的激盪，一致擁護國王，宣告教皇的邪說謬行，應受制裁。龐尼非斯八世本是一個慣於任用私人、貪求無饜的教皇，在宗教信仰上，亦染有異端色彩，他仍想運用以往教皇的慣技，擬將腓力四世除籍，但是法王卻先發制人，在一三〇三年，派遣軍隊至阿南尼 (Anagni) 將他捕獲，擬帶回法國，受宗教大會的審判。年老的龐尼非斯八世，終為其鄉人所救出，但不久即為受屈辱而氣憤，死於羅馬。

　　此後於一三〇五年，紅衣主教們選舉一個法籍主教為教皇，是為克里門五世 (Clement V)，他是腓力四世的朋友，他的加冕禮在里昂 (Lyons) 舉行，並駐節於阿威農 (Avignon)，完全為法王所操縱，他曾於一三〇七年協助腓力四世解散法國的神廟武士團，並沒收他們的財產。此後七十年中，教皇的政府由羅馬移至阿威農，變為法王的傀儡。

三、腓力四世的擁護者

　　當此次教政相爭之時，龐尼非斯八世仍侈言教高於政，措辭固然強硬，但無非是舊調重彈。在法王方面，卻能不抄襲聖經，另外開闢新徑，從歷

史及法律的觀點去抗辯。在腓力四世回覆教皇的信函中，曾謂世間尚無教士之日，早已有法王存在，而且法王也早已具有立法權。當時全國輿論也一致支持他們的國王，其中的一些宣傳文字，表示法人祖先從未受治於羅馬，所以除對自己的君主服從外，不必聽命於任何人，即使在古時有受治於羅馬的事實，但根據法律中久佔喪失的原則，法人既已獨立，亦無受治之義務。

其他一般法律學家的精彩理論，對於腓力四世的獲得勝利，尤有助力，巴黎之約翰 (John of Paris)❷及杜博皮耳 (Pierre Dubois)❸為其中最重要的人物。彼二人為腓力四世法律顧問，他們的理論不僅採取攻勢，甚而跳越中古領域。他們認為君主之權遠來自上帝，近來自人民，與教會無涉，政權與教權均有神聖性，所以國家不僅以塵俗事務為其目的，亦兼有促進道德之使命。教皇則僅負責精神任務，不能兼有政權，如教皇不盡職，君主可予以警告，必要時並可以武力革除教皇，教皇並非無上尊嚴，教皇非即為教會，即使在教會中，亦不應大權獨攬，而應由教會會議掌其職權。他們相信由人民參政之君主立憲政體為最優制度，故教會亦應如此。

此次政教衝突，在於法王有無權力向教士徵稅，他們的辯論是認為財產乃屬於教會全體，教皇不過一管理人員，即使屬於教皇或主教，君主亦有收稅之權。他們認為財產的所有權及管轄權是兩回事，教士、貴族或一般人民，固可享有財產的所有權，但管轄權則歸君主，教士固然可以在其土地上收地租，但不可再徵其他賦稅。這是與封建時期的觀念不同的，封建時期領主的財產權，是兼有所有權及管轄權的，但是他們為了擁護君權，而持此一理論，他們似乎已預見到將來君主主權的發揮。

---

❷ 參閱巴黎之約翰著作為《君主與教皇之權力》(De Potestate Regia et Papal)。

❸ 杜博皮耳著作有《聖地之收復》(De Recuperatione Terre Sancte)，《教皇權力問題》(Questione de Potesate Papali)。

他們另外一個重要的理論，是由於站在民族國家立場，因反對主張大一統的羅馬教皇，而反對世界帝國。他們認為羅馬以武力統治的大帝國時期，已成過去，這種大帝國已不可能再存在，充其極亦不過表現於宗教上。在凡俗的世界中，絕不能只有一個統一的威權，因為世界各地人民的生活習俗不一，相互的關係不能一致，若強制於一個權力之下，必有許多障礙，所以應由不同的國王，統治不同的地方，此一論調，可以說是開地方自治之先河。他們並且認為所謂政治，完全是一威權問題，和平與安定不只是一理論，而是一實際問題，如威權不足，則無力建立秩序，當然也不可能有和平與安定。教皇只不過使人在信仰上一致，但教皇沒有武力，也不應當有武力，擔任教皇之職者，多為年老力衰者，不能有統治的威權，唯國王擁有武力，有實際的威權，足以擔負維持治安的責任。總之他們的理論，處處否認教皇權力至上之說，當時的實際情形亦復如此，國王權力已能充份的統治其國家，理論與事實，都在說明民族王國之產生，乃必然的趨勢。

四、但　丁

但丁 (Dant Alighiere, 1265–1321) 是義大利的福羅棱斯 (Florence) 人，他在文學史上，尤享有盛譽，他是義大利文學的始祖與宗師，不朽的名詩「神曲」(Divine Comedy)，是中世紀最可貴的遺產。作為一個詩人，理想是高遠的，所以他的政治思想與前二人不同，他主張建立世界帝國，不過從他的理論內容看，卻也是一種民族意識的表現，並且對於教權亦抱持反感，仍然是民族王國誕生時代的反映。在政治上，他屬於擁帝派，他的主要著作為《論君政》(*De Monarchia: On Monarchy*)，此書約寫於一三一○年至一三一三年間。

身為義大利人的但丁，在當時是處於一個自慚形穢，日趨沒落的時代，神聖羅馬帝國已名存實亡，在民族王國初起之際，英法西各國，逐漸統一，國勢日盛，而義大利不但不能再居於領導地位，反而四分五裂，黨派互爭，

屈居人下，回憶昔日的光榮，與今日的衰微相對應，使他痛心疾首，滿腔悲憤，他想恢復昔日的榮耀，希望羅馬仍能統一天下，匡正割據紛亂的局面，以實現其理想中的和平與安定。

但丁所要討論和解決的問題有三個：第一、在世界上是否應當有一個統治一切的帝國？第二、羅馬人是否有統治世界的資格？第三、世界帝國君主的權力，是由上帝直接賦予，抑由其代表賦予？亦即是來自上帝，抑取自教皇？❹

就第一個問題而言，他認為人類有要求和平的天性，此為人類生活第一目標，也是人類所以組織國家的原因。有和平，始有快樂、自由及公正的生活，欲實現此一目標，則必須有一政治組織，必須有一最高的權威，由他公平的判斷及決定一切，然後才有普遍的和平，也就是說必須建立一個世界帝國。根據人情及經驗證明，一個人不僅要保有其原有的地產，還求能夠擴張，國家亦復如此，故國與國之間必發生爭端與戰爭，難保和平，並且增加人民負擔，喪失快樂自由的生活，國家相互之間是平等的，誰也不會接受誰的裁判，所以必須有一世界帝國，一個政府，一個皇帝統治，以調和約束各國，各安其份。整個宇宙為一個上帝統治，整個世界亦應如此，讓天下定於一尊，賦予他最高的超人地位，及最高的權力，抱最公正的態度以統御萬方。一般為君主者所以不公，由於私慾作祟，佔有慾過份強烈，如天下屬於一人，則無所求，亦無所爭，所有國與國之間的戰爭，亦可停止，和平乃得實現，全世界的人民互親互愛，享受最快樂、自由與公正的生活。世界帝國固由皇帝一人統御，但一般國家之國王，仍可存在，以處理其地方性事宜，各國語言文字亦不必相同。同時世界帝國的皇帝，雖然有最高的權力，但並非為專制政體，皇帝固可立法，但必須本乎上帝的意旨，符合人民的要求，皇帝之權，非所自有，必得之於人民的擁戴。

---

❹ 參閱 Dunning: *Political Theories*, Vol. I, Chap. 9, p.231.

一切君主實為人民而存在，人民非為君主而存在，以統治權而言，君主固為人民之主宰，以其職務言，則君主乃為人民之僕役，世界帝國的皇帝，則為一切人類之僕役。

至於羅馬人有無統治世界之資格？他認為在一般國家爭取統治世界之中，羅馬人可獨佔優勝，此係上帝判斷的結果，神聖羅馬帝國即羅馬帝國的繼承者，羅馬帝國是羅馬人由戰爭的勝利中建立起來的，是上帝的意志表現，既公正又合法。同時他的第三個問題，也得到了答案，皇帝的權力乃直接得自上帝，非來自教會，上帝將統治精神及塵世的權，分屬於教會與帝國，教會既未曾得有塵世的統治權，則亦不能無中生有的授予別人。教政各有其範圍，政治統治權必須獨立，不容教會干涉，故凡塵世的政治事務，必須以皇帝為至尊。他這種教政關係的論調，並無新穎，不過是能夠運用亞里斯多德式的邏輯以推理，亦頗有力。

但丁的世界帝國思想，可以說是完全回顧過去，想使義大利恢復凱撒時代的光榮，在民族王國作為時代主流的當時，與巴黎之約翰及杜博皮耳相較，是落伍的，但卻仍然是受到時代潮流沖激下的民族思想之發揮。再者這種世界國的思想對當時來說，或可視為落伍，但是到了現在卻又配合了時代，可見政治思想的價值，常常是相對的，時間往往能改變評判的準則。

第二節　馬栖略及其同道

馬栖略 (Marsiglio of Padua, 1270–1342) 是義大利東北的巴雕亞 (Padua) 人，曾受教於巴黎，並任教於巴黎大學，他是中古末期最重要的政治思想家，他與其在巴黎大學結識的知友奧鏗 (William of Ockam, 1290–1349?)❺均為法蘭西斯教派的人，他們的安貧主義，受到教皇約翰二十二世 (John XXII) 的歧視與迫害，指為異端，於一三二八年被判除籍。同時在

一三三二年，約翰二十二世因為選舉皇帝事，與德皇路易士 (Lewis) 發生歧見，竟亦悍然將路易士除籍，為又一次的教政之爭。馬栖略與奧鏗乃同往德之巴伐利亞 (Bavaria)，托庇於路易士之朝廷，於是他們的筆與路易士的劍結合起來，協力攻擊教皇，不過他們的理論，固為當時教皇在思想上的最大敵人，但並非僅為路易士之喉舌，而卻是民主的先聲，近代思想的橋樑。

一、馬栖略的國家論

馬栖略的主要著作為《和平的護衛者》(*Defender of Peace*)❻，關於國家方面的理論，大多承繼亞里斯多德的思想。他亦認為國家的起源是由於人類生活上的需要，係出於自然。因為人不能索居孤獨以得到滿足，必須群居而分工合作，於是由家庭而村莊，漸漸擴大而為國家。但是另一方面，人又有利己損人及殘暴的天性，實有害於合作，不僅不能維持和平，甚而使社會無法組合，幸而人有理性，足以辨別何種行為有害於人群，何種行為有利於合作，增進福利，因此有了是非善惡的道德及正義觀念，有了許多行為上的普遍規律，但如無強制執行的力量，合作的目的仍無以實現，和平的秩序不得維持，所以還必須產生有強制性的政府，如此則國家始告成立。馬栖略此一以功利觀點作為國家起源的說明，完全擺脫了宗教傳統理論的範疇。

至於國家的目的，不僅是消極的維持社會安寧，並且還要積極的組合人民，以求分工合作的圓滿績效，使人民無所消耗，亦無所紛爭，趨於一

---

❺ 關於奧鏗之生卒時代，所傳不一，或謂其生於一二八○年者，其卒年尤不確定，或稱在一三四七年、一三五○年，時正當歐洲中世紀第三次黑死病盛行之期，死人甚眾，不得查考。黑死病之盛行，亦為基督教聲勢低落的一個原因。

❻ 《和平的護衛者》一書，約寫於一三二四年，後人謂係馬栖略與其友人 John of Jandun 合著。

種道德的幸福生活。他引證亞里斯多德的《政治學》說：「依亞里斯多德在《政治學》的第一編第一章中所說：『國家乃一完全的社會，包含有一切自足的因素，其目的不僅在求生活，乃在求好的生活。』此後一句話，即指出國家的最後目的。」❼ 人類非為禽獸，生活的意義非僅為果腹。馬栖略為了國家生活之必須分工合作，他將人民分為六種，即農人、工人、兵士、商人、僧侶及官吏。農人生產食糧，工人製作服用居室，兵士安內攘外，商人供給資本，僧侶教人崇拜上帝，官吏主持分配管理。由此可見所謂僧侶教士，乃國家六種人中之一種，同於其他五種人一樣，是為國家的人民，是在國家之內的，而非在國家之外，既在國家之內，當然亦如同其他各種人民，同樣的要服從國家的法令，接受國家的管轄。

二、馬栖略人民主權的觀念

馬栖略所以為中古末期最重要的政治思想家，其思想可作近代橋樑者，由於他的理論中，包含有人民主權 (Popular Soverignty) 的觀念。人類由於群居合作的自然需要以成立國家，有國家則必須有政府，但政府必依法律以統治，以法律達到社會公共的需求，法律決定公道及公共福利，故立法為一國最重要之事，至於何人為立法者，他說：「立法者，或法律之原始的、正當的、有效的原由，乃係人民或公民全體，或其重要優越的部份，他們在公民大會中，表明其選擇與意旨，以決定何者當行，何者當予禁止，並附以對違背不從者處罰的規定。」❽ 至於所謂「重要優越的部份」，他又解釋說：「是就一社會中受治於法的人民之數量與品質 (Number and Quality) 而言。公民全體或其重要優越的部份，如欲立法，可直接親自出席，或託付一人或多人為之，但受託付者就嚴格意義言，並非立法者，只

---

❼ 參閱《和平的護衛者》一卷四章。

❽ 參閱《和平的護衛者》一卷十二章。

是對每次所委託事件的臨事立法，所以仍須聽命於原始立法者。」❾由此可見，立法權是屬於人民全體，即使所謂重要優越部份，亦非指某一階級或特定的貴族，而是人民的多數。他亦如亞里斯多德的意見一樣，認為人民有集體判斷的能力，唯有人民自己最了解自己的需要，人民自己立法，自能趨利避害，與公共福利相一致。否則如立法權入於一人或少數人之手，即為專制獨裁，而法亦非法，因為法律的成立與有效，並非由於政府的命令，乃由於人民的服從，社會的承認。唯人民自己立法，法律既由自己所制定，亦必樂於服從，即使法律是假代表之手議決，而最後的決定力量，仍在人民，所以立法權屬於社會全體，人民必然是法律的創制者，是最後與最高的權力。

在馬栖略的理論中，尚有一重要的觀點，即立法與行政的劃分，立法權固屬人民或由一個代表人民的機關職掌，但執行法律的行政權，則可屬於政府、君主統治者，但其執行必依據法律，此即謂立法高於行政，人民重於政府，統治者必須基於被統治者的同意。這些意見都表示了人民主權的觀念，對於洛克、盧梭等近代思想家，極有影響。

三、馬栖略的教會論

馬栖略《和平的護衛者》中的第二部，是針對當時的教會而攻擊的。他認為在一國之中，唯有政府具有最高的強制權，教會對於信徒只能判決，而不能執行懲罰，否則國家必陷於紛亂。教會所管轄的是精神事務，精神的犯罪，不在國家法律範圍之內，只有在死後受最後的審判及處罰，如教會加以懲處，勢必與國家發生衝突。教士的職務正如同醫生，只能勸導，使人虔誠信仰上帝，引昇天堂，而不能強力制裁。教士在一國之中，亦應如一般人民一樣，不能超越政府管轄，當時的教士被列為特權階級，不受

❾同❽。

政府管轄，不負法律職務，實在是破壞政府法律的效力及統一，違背聖經
的訓示。教士亦如俗人，亦會犯罪，何能超越政府法律管轄之外，故政府
必在教會之上，以維持秩序之安寧。政府既有權管轄教會教士，對於其財
產也當然在管轄範圍之內，教士無權免繳賦稅，亦無權徵收什一稅。事實
上教士就不應當有財產，其職業是做完人，負有崇高的神聖使命，不是做
地主與財閥，他引證聖經「馬可福音」中的話語：「去賣去你們所有的，分
給窮人，就必有財寶在天上。」故教士不必有財產，他們的生活，可由施
主與信徒全體供養。

　　更重要的是馬栖略將他的政治理論應用到教會上來，以抨擊教會及教
皇。國家既屬人民全體，非屬於國王，人民享有最後最高的全權，則教會
亦理應屬於教徒全體，教皇或主教不能代表全體教徒，亦不能代表教會。
至於教會的組織，亦應與國家相同，由全體信徒，根據一區域教徒人數多
寡，選舉代表，成立一個總議會 (General Council) 為最高權力機關，任何
人不能自命為教會，教皇亦不過是主教之一，僅為一名義上的領袖，地位
固屬尊榮，卻不應當操有任何大權，凡有關教會及信仰的一切事宜，均應
取決於議會，如教皇人選的決定及其職責、教吏的任命、聖經的疑問解釋、
教籍之革除，以及禮拜的儀式等等。此一議會中不僅包括教士，亦有俗人，
教皇僅為一形式上的主席，議會可不待教皇召集而自行集會。

　　馬栖略對於國家及教會所主張的這種代議制度，是頗有貢獻及影響的，
在當時尤給予教會及教皇嚴重的打擊，故當其著作問世之後，即被教皇除
籍，不過他只是反對當時的教會及教皇，並不反對教義，他仍想維持基督
教的統一，而是採用民主的方式，不是教皇的獨斷。但是在國家的實際政
治中，他的理論並未被當世接納，不然民主政治將可提早開始。政治的進
展是曲折的，他的理論固可令人鼓舞，結果只促使教權的低落，而使其對
方的君權擴大，當然事實上馬栖略並不擁護君主專制，但那是民族王國初
生以結束封建割據紛亂的時代，人民亟待送別黑暗悲慘的光陰，寄希望於

強有力的君主，以實現統一與和平，因此他的思想固然是接近近代的，但他所渴望的和平護衛者，仍不得不由專制的君主來充任。

四、奧　鏗

奧鏗是晚期經院學派中最卓越的一位思想家，他在哲學史中的地位尤為重要，他在政治方面的思想，大多受到馬栖略的影響。他的著作是採取對話討論的方式⓾，正反雙方的意見都加以分析，常使人不知道他自己的結論到底如何。奧鏗頗為尊重自然法與萬民法，給予以後格老秀斯(Grotius) 國際法的學說很多啟示。他認為無論君主或教皇，他們所頒佈的國家法或教會法，均不能與自然法、萬民法相比，因為人為的法律制度不能有絕對性、最後性。君權固不容許教權干涉，但君主亦必受制於正義，及予人民便利的自然法之原則，同時一個皇帝亦應尊重所有各國共同奉行的法律，並非絕對至上。他生於英國，受教育於法國，沒有義大利人世界帝國一統的感染，所以他建議不妨有幾個教皇，及幾個政治統治者同時並存⓫。至於教皇，其可貴之處在於服務，不在於爭權，教皇更不能剝奪任何人的自由與財產，否則信教反不如不信教，故教士亦僅能對人勸告而不可強制，只能評判不能執行。在政治組織上，他也如同馬栖略一樣，受到希臘思想影響，他認為人民如不直接行使其權力，則可委託他人行使，於是在教會組織方面，他也是認為宗教總議會是最高權力機關。關於總議會的產生，他提供了更具體更仔細的計劃，主張採用間接選舉制，由各省市村鎮依照教徒的數量與品質推選代表，以成若干區域之選舉團，再由此選舉團選舉代表參加總議會，如此不僅無須教皇召集，亦無須教皇參加。

⓾ 奧鏗的主要著作，有《關於教皇權威的八個問題》(*Super Potestate Summi Pontificis Octo Questionum Decisiones*)，《對話》(*Dialogus*) 等。

⓫ 參閱 Gettell: *History of Political Thought*, Chap. 8, p.129.

　　奧鏗與馬栖略的理論，在以後的宗教世界中，曾引起激烈爭辯，尤其在宗教議會運動期中，他們的思想為以後的法律家所融合，對於實際的教會法及國家法都有所影響。他們理論中所包含的自由平等，限制君權，代議制度，人民主權的觀念，對以後政治思想更發生莫大作用。

五、威克里夫

　　英人威克里夫 (Wycliffe, 1320–1384) 也是民族王國誕生時期的重要思想家，深受馬栖略與奧鏗的影響。他是牛津大學的教授，他的理論深為教會及一般教士所厭惡，曾被召至宗教法庭受審，但卻為英王、王后、牛津大學及英國群眾所保護❷，大約於一三七六年他在牛津大學發表《論統治權》(On Civil Dominion) 一文，表示國家中的統治者與被統治者，就是為人服務及受人服務者，此亦即為政府與人民之間的關係，惟國家統治者係上帝代表，故主教亦應服從君主，教會如有弊病，君主可施用強力以糾正。教皇不可擁有政權，君士坦丁遺贈的理論，使得以後的教皇越過他們的職權範圍，成了違反基督的叛教者。最高的統治者乃為上帝，上帝的能力是無所不及的，可以完全直接的統治每一個人，無須教士為中間媒介，他這種不尊重教會及教士地位的意見，已超越中古，對以後宗教革命時所抱持的個人主義，頗有引導作用。他另外一點頗有影響的意見，是關於財產方面的，他認為土地財產之取得，必須合乎義理正道，否則便是罪惡的結果，教士的財產應予沒收，耶穌與使徒都是沒有財產的，教會更不可以開除教籍為武器，強迫人民納稅輸捐。威克里夫在這一方面的理論，已含有共產的主張，一三八一年英國的農民革命，曾以他的理論為依據。他個人是苦行者，後來放棄教職，以一個俗世的貧窮僧侶 (poor priests) 身份旅行各地，

---

❷ 威克里夫曾以英語翻譯聖經，且當時英王剛愎之約翰 (John Gaunt) 為司法問題正與教皇之間發生爭執，故對威克里夫加意保護。

向窮人傳道，他的門徒波亞米亞 (Bohemia) 人胡斯 (Huss, 1369–1415)，繼承其遺志，深受教會迫害，終被處死。

第三節 宗教議會運動

一、大分裂與宗教議會之召開

巴黎之約翰及其以後馬栖略、奧鏗等人，均曾力主宗教議會之說，這種理論至十五世紀前期，由於事實上的需要，竟得以具體實現，解決當時宗教大分裂 (Great Schism) 的問題。

自從教皇駐節阿威農之後，教皇變為法王的工具，完全失去其國際性的威信，英法之戰，法國屢次敗北，教皇如欲重振聲威，必須回到有傳統性的羅馬去，以免依靠法國，此為極顯明之事。至一三七七年教皇格勒高里十一世決心返回羅馬，但在他死後，紅衣主教團中的羅馬派與法國派，裂痕愈深，積不相讓，於是分別於羅馬及阿威農選出兩位教皇，造成四十年之久的大分裂 (1378–1417)，羅馬的教皇是烏爾班六世 (Urban VI, 1378–1389)，擁護他的有義大利、德國、英國、波蘭、匈牙利，斯干的那維亞諸邦。阿威農的教皇是克力門七世 (Clement VII, 1378–1394)，聲援他的又有法國、西班牙、蘇格蘭、薩伏衣諸國。這個分裂更使得教會威嚴掃地，受盡恥辱，各方面人士都感到不便，乃設法消弭分裂，恢復統一，但是雙方俱認為自己合法，相持不下，要解決此一問題，必須產生一個超越雙方的權力，於是宗教議會運動 (Conciliar Movement) 應時發起，擔負此一使命，這種宗教總議會前後分三次舉行過，茲將其經過分述於後：

(一)**第一次比薩議會 (Council of Pisa, 1409)**：一四〇九年由巴黎大學所發起的議會，於義大利的比薩召開，但是此次會議是失敗的，雖然最初議會選出了一個教皇亞歷山大五世，但不久即死去，另外又選一繼承者為約

翰二十三世，此人竟為一海盜出身，而羅馬與阿威農的教皇並不遵行總議會的命令去職，依然在位，結果反變成三個教皇，情形更為混亂。

㈡**第二次君士坦丁議會 (Council of Constance, 1414–1418)：**此次會議由東羅馬方面的竭力斡旋，於君士坦丁舉行，畢竟有了成效，結束分裂，完成統一。羅馬的教皇自動辭職，比薩的盜匪被逼下臺，阿威農的教皇因與法王意見不合，已被擯棄，於是議會於一四一七年選出教皇馬丁五世 (Martin V, 1417–1431)，分裂乃告終結。此一議會並有許多重要決定，此後議會應每隔七年召開一次，不必須有待教皇之召集，教皇不得解散議會，並規定教皇所在地等許多事項。故一四二四年又召開過一次新議會，但此後新的問題又產生，擁護議會與擁護教皇的分為兩派，議會與教皇的權力孰高孰低，為爭執的焦點。這一次會議大致說來，是較為令人滿意的，但胡斯之被誘至君士坦丁而遭譴責，施以火刑燒死，威克里夫的遺骸竟亦被發掘焚毀，思想之陳腐，亦可得見。

㈢**第三次巴塞爾議會 (Council of Basel, 1431–1443)：**一四三一年議會又在巴塞爾召開，時馬丁五世去世，繼任教皇為尤金尼斯四世 (Eugenius IV)，與議會間衝突頗為劇烈，他兩度解散議會，議會曾於一四三九年另選一教皇，但此人旋即辭職，議會不獲各方同情，尤金尼斯四世反而爭取到各方面的支援，教皇的權力又得到死灰復燃的機會，議會改革運動乃告停頓，但是這種反動的勝利，亦不過是曇花一現而已。

前後三次的議會，成就並不太大，但是以議會代替教皇掌握全權的改革，是極富有革命性的，以後發生於各國的立憲運動，議會制度，以及主權在民的觀念，民主政治的思想，都受到此次運動的影響。

二、議會運動的理論家

在宗教議會運動期間的主要理論家有基爾遜 (John Gerson, 1363–1429)❸，庫薩訥 (Nicolaus Cusanus, 1401–1464)❹，賽爾維斯 (Aeneas

Sylvius, 1405–1464)⑮等人。基爾遜為巴黎大學校長，學問淵博，富有辯才，是此一運動的中心人物，尤其在君士坦丁議會期間更為一領導者。他固有改革熱忱，但亦有保守色彩，所以他採取了馬栖略理論的一部份，而拒絕其積極的民主觀念，對於威克里夫的激烈思想，便大有反感。他的思想是含有功利主義成份的，他以政治觀點去看教會，所主張的是一種有限制的君主及貴族民主混合的政體⑯，為了分裂狀態的必須統一，事實上宗教議會勢不得不舉行。教會為信仰者的一個完整組織，其最後的決定權應屬於議會，議會是高於教皇的。由於議會不是永久經常的集會，故仍需要有教皇，但教皇不過是一受委託的管理人，如教皇不盡職守，違背上帝法或自然法，君主可以召集議會，予以革除。基督教徒由於信仰上之需要，或在不可抗拒的環境壓力之下，為維護其權利及責任，是可以反對教皇的，當然同樣的理論亦可用之於國家，如為大眾福利之需要，亦可反對君主。

　　紅衣主教庫薩訥，是巴塞爾議會期中的重要理論家，他的思想較為積極。他認為宇宙為一整體的諧和的組合，教會或國家亦如同宇宙，是由各種機構共同組織的一團體，猶如一個有機體，其中的各部門，皆有其作用。他的討論使他發現了政治權威的來源，他指出不問在教會抑或在國家，議會都是一個中心組織，因為人生而自由平等，能力相若，所有的法律，應根據其同意，故作為立法機關的議會，應由教徒或人民所組織，教皇或君主應由選舉產生，以負管理之責，他們如一般人一樣，是屬於整體的一部份，與整體合作，而且一如一般人一樣，要受治於法律。

---

⑬ 基爾遜著有：*De Potestate Ecclessiae et Origine Iuris et Legum*。

⑭ 庫薩訥著有：*De Concordantia Catholica*。

⑮ 賽爾維斯曾任教皇為庇護二世 (Pius II) 著有：*De Ortu et Autoritate Imperii Romani*。

⑯ Gettell: *History of Political Thought*, Chap. 9, p. 139.

　　賽爾維斯的思想，尤富契約色彩，他認為原始的人類，生活如一般動物，自被逐出天國樂園之後，便發現了聯合的作用與價值，乃自然的創造了團體與政治，當個人的權利受到強者的壓迫侵害，人們為生活安全計，乃同意將其權利讓渡給他人，以制止迫害之事，獲有保障，君主的產生及其權力，即由此而來，但君主如變為暴君，擁他而出的人民，亦可逐他而去，此一理論，同樣的可用之於教皇。

　　這幾位理論家的意見，都能擺脫神學教條，以議會制度攻擊教皇的專權，他們破壞了一個舊的時代，而為新時代的到來，預先鋪設了道路。他們確立了一個原則，即治者必基於被治者的同意，這是立憲政體及代議制度的精神，是近乎民主主義的。同時在他們的思想中所表現的自然社會，自然權利，社會契約等，到了十七、十八世紀，都成了極為熟知的觀念，他們是繼馬栖略等人之後，喚醒人們，去叩啟近代的門扉。

第十章　文藝復興時期的馬基維里

第一節　馬基維里的時代及著作特性

　　在歐洲政治思想的發展途程上，馬基維里 (Niccolo Machiavelli, 1469–1527) 真是一個特立的人物，他一方面推翻了冗長的中世紀的思想內容，一方面又開創了一個新紀元。他能言人之所未言，發人之所未發，或許由於他過於赤裸裸的揭露了實際政治的面貌，使人掩面不忍卒睹，不敢正視，因此感到此人之可惡，幾個世紀以來，「馬基維里」一名，便變成為陰謀欺詐、強權霸道的代詞。但是他的思想真是代表他那個時代的，更重要的是，他繼亞里斯多德之後，使政治學更具有獨立性，而且更加開拓了政治學研究的新園地，將政治思想的發展，帶入了近代的起點。本節是將他的時代背景及思想特性，先作一說明。

一、馬基維里的時代背景

　　任何人的思想，都難免不了受其時空的影響或限制，馬基維里的思想，尤與其時代及環境有密切關係。他是處於中古即將閉幕，近代隨即開始的時代，此一階段，又正是文藝復興運動 (Renaissance) 蓬勃發揚的時期，此一運動與接踵而來的宗教改革，將要以其興奮激昂的樂章，結束漫長而沈悶的中世紀。文藝復興運動乃是掀起了對古希臘羅馬崇拜與欣賞的熱潮，最初僅為少數高級智識份子所提倡，至十五世紀之時，❶已普及於一般社會，其用意雖在復古，但卻影響到人文主義 (Humanism) 之產生，因為對

---

❶ 十五世紀中葉土耳其壓迫東羅馬帝國，希臘的學者和教師，渡過亞得里亞海棲居於義大利者甚多，其中有名者如克立索羅拉 (Chrysoloras) 開創學校於福羅棱斯。至一四五三年，君士坦丁堡陷落，避難來義者尤多，更加助長文藝復興運動的發展。

於古人的尊敬，代替了尊敬教會，古希臘人是重理性的，思想又是各有不同，並非如教會的箴言，千篇一律，定於一尊，一個人決定服膺何種意見，需要個人的判斷，這樣使人們掙脫了宗教的束縛，由沈鬱幽閉的神堂走出，面對人的世界，思想境界開拓，眼光及胸襟擴大，同時亦使理性重新恢復其尊嚴，個人地位及價值提高，個性亦得自由獨立的發展。此一事實，在以後數個世紀之中，愈見其影響力之深遠，自由主義、個人主義是由此一運動為發展基礎的。馬基維里的故鄉，義大利的福羅棱斯 (Florence)，正是文藝復興運動的中心，因此他在思想上，能表現其特立獨行的風格，是不無原因的。

再從政治背景上看，由前章所述，可知當時歐洲正是民族王國日益興盛的時期，君主的專制獨裁，是這個時代的政治特寫，英、法、西各國，都已建立了鞏固的基礎，國富民強，令人刮目相看。有名一時的霸主，亦應時而生，如英王亨利五世 (Henry V, 1413–1422)、亨利七世 (Henry VII, 1485–1509)、法王查理七世 (Charles VII, 1422–1461)、路易十一 (Louis XI, 1461–1483)、路易十二 (LouisXII, 1498–1515) 及西班牙聯治時期的斐迪南 (Ferdinand, 1479–1516) 與伊薩白拉一世 (Isabella I, 1479–1504) 等人，其中固不乏雄才大略的開明專制之君主，但更多的是翻雲覆雨的能手，如查理七世之忘恩負義，路易十一之毒狠狡詐，是世人皆知，品格極為卑劣下流，但仍不失為有成就的君王，在當時強烈的民族意識之下，他們能以鐵腕作風，統一國家，仍贏得其國人的擁戴。可是義大利卻還是在悲慘的歲月中，當時的義大利實在僅不過為一地理名辭，政治上陷於四分五裂的狀態，南部有那不勒斯王國 (The Kingdom of Naples)、西北是米蘭公國 (The Duchy of Milan)、東北又有威尼斯共和國 (The Republic of Venice)、中部則為福羅棱斯共和國 (The Republic of Florence) 及羅馬教廷 (The Territory of the Roman Church)。各國既不免遭受異族蹂躪，而相互之間不僅不能合作團結，尚且是明槍暗箭，勾心鬥角，極盡陰謀詭詐之能事，絲毫談不到信義

與操守，沒有是非，無分善惡，統治者以欺詐技倆取得地位，以殘酷手段鞏固其權勢，甚而勾結外國力量，殘殺自己同胞，羅馬帝國的光榮，已成為遙遠的追憶，誰也無力統一義大利，而社會風氣之敗壞，人品道德之衰落，已使義大利成為罪惡淵藪。

　　馬基維里即生於這樣的一個時代，這樣的一個環境，所以他的心境，一如詩人但丁，有滿腔悲憤，亦有熱切的企盼，迫切的想要謀求義大利的統一與強大，更由於現實政治的刺激，使他不得不尋求一劑以毒攻毒的猛藥。他看到英、法、西各國，一個個在專制的鐵腕之下，振興昌盛，他們的手段是殘酷的，不人道的，但他們是成功的，因此他也渴望義大利能出現一位民族英雄，以拯救其危亡的祖國，他說：「讓意大利出現一位救主的機會，是千載一時千萬不可錯過的，在備受外族蹂躪與操縱的一切地區，其人民對此救主將何等的熱誠擁戴，堅決信仰，何等的竭力效忠及感激涕零，對於外族又是何等的渴望報復，此實非我言辭所能形容於萬一。」❷顯然的，他為一種愛國的熱情所激動，是一種民族意識的強烈湧現。

二、馬基維里著作的特性

　　一般政治思想家，大多未曾接觸過實際政治，只是在書頁中從事研究工作。馬基維里卻有長期的從政經驗，其著作時間並不如從政時間久，他自一四九八年至一五一二年之間，當福羅棱斯在法國的勢力之下，是一共和國時，他曾歷任要職，出使法、德，屢屢參予軍事外交的機密，當然有豐富的閱歷，洞悉實際政治上所玩弄的戲法，政治舞臺上的表演技巧，更是瞭若指掌，　同時以一個弱國小邦，周旋於列強之間，亦必受盡屈辱，也因此他的著作更趨於現實，沒有一般思想家偏重理想的色彩。

　　在他以前的思想家，凡是討論到政治的課題時，不是為倫理觀念所支

---

❷ 參閱《君王論》二十六章。

配，便是為宗教思想所驅使，他們注重的是善惡是非的辨認，於是政治與倫理合一，甚而與宗教混淆，馬基維里則第一個把政治真正的獨立開來。他認為政治、倫理或宗教各有其範圍，不可混淆，政治乃是一門自有其單獨園地的科學，與倫理宗教的性質有根本的差異，一些在政治上所採取的手段，如以倫理道德或宗教教義的觀點視之，常常是謬誤的。像戰爭一事，從倫理立場看，是殘酷不人道的，從宗教立場看，則是違背上帝意旨的，但是若從政治立場看，卻可能是必須的，是對的。因此他被人抨擊為不重道德、宣揚殘忍，政治無道德的說法，亦不脛而走。事實上他並非不重道德修養，不過是認為政治上的原則與倫理宗教的原則不一樣，也就是說政治的道德與倫理宗教的道德不是一而二的，不是政治無道德，而是政治中另有道德。

　　他也不像一般思想家去研究國家的觀念，他所注意的只是實際政治，乃開所謂現實主義之先河。以往的思想家們，如亞里斯多德等人的研究，多以國家為對象，探討國家的起源、目的及性質，是為國家論，但是馬基維里的目標，只是在造成一個統一強大的義大利，他所致力的並非國家的理論，亦非制度的設計，而僅僅是統治術 (Art of Ruling)、只注重在君主個人權術技巧的運用，他的目光只看中政治中人的因素，於是他把歷史上的資料，以及他目擊的真相，實際的經驗，歸納起來，作了一系統的寫述，具體的說明，他只在揭露事實真相，而不涉入空論幻想，他只問實際上應當如何，而不問理想上應當如何。他說：「我們實際生活如何，與理想生活應當如何，相去如天壤，如不顧實際的去追求理想，則是放棄其生存，更易於招致毀滅。」❸他認為在滿佈荊棘的惡劣環境中，還空談理想，求完美求至善，只有加速敗亡。

　　一五一二年福羅棱斯的米狄西 (Medici) 貴族，以西班牙、瑞士等國為外援，驅逐了法國人的勢力，得以復辟，馬基維里乃被捕繫獄，不久獲釋，

---

❸ 參閱《君王論》十五章。

但從此結束了政治生涯，致力著述，一五一三年完成他最著名的《君王論》
(*The Prince*)，或有人譏諷他持此書以呈獻米狄西新王勞倫梭二世 (Lorenzo
the Second)，以邀寵結歡，事實上這種譏諷是浮淺的。他除此書之外，尚
有 《李維氏羅馬史之研究》 (*Discourses on the First Decade of Titus Livius*,
1517) 對於羅馬的共和政體，多所稱讚。其他尚有《戰術》(*The Art of War*,
1520) 及《福羅棱斯史》(*History of Florence*, 1525) 二書。

第二節　霸術論

一、人性說與馭民術

　　馬基維里的政治理論，是以人性本惡的觀點為基礎的。以往的思想家
常認為人性是兩面的，可以為惡，亦可以向善，但是他從歷史的研究，及
對當時社會的觀察，認定人性為惡。他發現自私是人類普遍的根性，此一
種子既深植於人心，則所產生者皆為惡果，於是殘忍侵奪，貪婪無恥，及
忘恩負義，卑鄙膽怯，是必然的表現，凡是有利於自己的，便不顧一切的
佔為己有，有害於己者，則避之唯恐不及，尤其對於財產及權勢，更是見
利忘義，貪求不足。如一任人類自私的劣根性發展，將成為無政府的混亂
狀態，殘殺爭奪，永無寧日，因此必須有一個強有力的政府及統治者，以
維持秩序的安寧。

　　至於一個君王統治者，面對惡性深重的子民，要採取何種對策呢？應
當仁慈使人民愛戴，還是應當嚴威使人民懼怕？他認為如兩者不可得兼，
只有採取後者才較為安全。用仁慈的方法常常是無往而不失敗的，因為仁
慈的結果並不是必然的，人民虛偽多變，反覆無常，不見得會以德報德。
他說：「人們常不顧忌干犯其所愛戴的人，而不敢干犯其所畏懼的人。因為
愛戴的關係，只是為義務觀念所維持，而人皆自私，若此種因愛戴所生之

關係與其自私相衝突時，則此種愛戴關係立刻破裂，畏懼則被懲罰的恐怖所控制，這是決不會失敗的。」❹而且人們的愛戴心是出於其自己的意志，畏懼心則出於統治者的意志，以慈惠待人民，是否獲得擁護，完全決定於人民。所以聰明的統治者唯有用嚴厲的法律與武力的強制，威脅人民，使人民畏懼，則芸芸眾生盡入我彀中，人民亦將絕對服從，不敢有絲毫干犯。但是君王固然要使人民怕，但卻不可使人民恨，最為人民所忌恨的是侵犯了他們的財產與妻室，他說：「對於他人之財產，最不應侵佔，因為人民們容易忘記其父親的死亡，而難忘其財產之喪失。」❺財產的擁有是人類普遍的慾望，每每視之如生命，至於妻室與其名譽有關，如予霸佔，最易招嫉，此二者能夠避免，便不致使人民憎恨而反叛。

　　君王固然要借重嚴密的法律與精壯的軍隊以壓制人民，但其權力的鞏固，還有賴公意輿論的支持，這便需要宣傳。一個統治者在人民心目中，必須是一位德威兼具，智勇雙全，公正、仁慈的君王，因此即使他實際上是以陰狠毒辣為能，但是他的「一言一語務須謹慎，在人民耳目所及之前，外貌上要故示仁慈、信義、公正及對宗教的虔誠。」❻藉以獲取人民的信仰，有時亦可採行輕賦薄稅政策，以收攬人心，使人民各安其業。在各種慶祝及社交的場合中，舉止莊嚴而有禮貌，表現其王者風度，所以一個成功君王，必須先要學習成功為一奸猾的騙子。一般人民是俗庸的，眼光短視，智識淺陋，他們只能看到表面，容易得到滿足，在騙局偽裝之下，仍然可以樹立威信，獲得擁戴，即或有少數才智之士，能夠覺察到，而揭穿了君王的偽裝陰謀，但也不至於動搖人民的信心，同時這般人大都是分散而孤立的，容易各個擊破，縱使其真相有洩露之虞，尚可轉嫁於部屬臣下，代為犧牲。他認為當時的教皇亞歷山大六世，及其子凡林丁諾公爵 (Duke

---

❹ 同❸。

❺ 參閱《君王論》十七章。

❻ 參閱《君王論》十八章。

Valentino) 波基亞西沙 (Caesar Borgia) 在這一方面最為成功。君王如欲增高其聲譽，鞏固其統治基礎，使人們常常樂於稱道讚揚，必有偉大的事功表現，開創一些驚人的不尋常的事例，在有了充份的準備之後，發動必操勝算的戰爭，戰爭會使人民產生恐懼而又必須忠於其君王，並且全力對外，無暇顧及內部的改革，人民將在滿懷不安與驚奇的心情下，期待其君王的成功或凱旋。馬基維里之所以欽佩西班牙王斐迪南，即在於此。

二、如獅似狐的君王

馬基維里的霸術，自認為最適宜用於立國之初或國家喪亂的時期，因此他特別注意研究開國之君的統治技巧，對於新君再三叮嚀。他認為一個新君得國之後，首先要仔細觀察那些人是必要殺害的，既經決定，便要一鼓作氣，在一次之中予以殺戮完盡，如舊日君王的家族死黨，則必須極迅速的趕盡殺絕，斬草除根，澈底肅清以免死灰復燃，遺有後患。如不迅速處置，或斷斷續續的化整為零的懲治，則民心惶亂，人人自危，尚未穩固的基礎，便要動搖，激起民怨，發生叛亂。能迅速處決，人心雖一時震恐驚懼，但不久便可恢復。對於以往在舊政府之下生活滿足的人士，常常是容易應付而可加以利用的，因為他們常自認為是新君的敵人，避禍唯恐不及，如能稍假辭色，便會效犬馬之勞，反之凡不滿意舊日政府，或曾在鼎革之際有所助力者，卻不易結納，不易滿足他們的願望，亦應利用時機，加以剷除。總之殘暴的殺戮手段，要看使用得得當不得當，為了權位安全鞏固的必需，是可以採用的，但僅可一次，以後除非為民除害便不再使用。至於施恩惠予人的原則，剛好相反，他說：「嚴厲的殺戮，應在同一時間立即為之，因其為時短暫，故人之駭懼亦較少；而恩澤之施予，則宜逐漸微少，使恩惠的誘力歷久而不衰。」❼

---

❼ 參閱《君王論》八章。

　　至於對付一般政敵，及有競爭可能性的貴族，一個君王更需要向獸類學習，他說：「君王既勢必須善用獸性，則應效法獅與狐。」❽他認為大凡建立豐功偉業的君王都是輕視信義，而以狡猾取勝。因為政權的角逐，不外二種方式，一為法律，一為武力，前者適用於人，後者適用於獸。但是前者常感到不足以應付，每每不得不兼採後者，所以君王必當兼具人獸的技能。而所以特選獅與狐者，是要為君王者既兇猛又狡猾，缺一則不可，僅有獅子的兇猛，不足以防禦四周的陷阱；但僅有狐狸的狡猾，又不能抵抗來襲的
強狼。

　　政治上常難免有派系之爭，君主要善加利用，不宜模稜兩可，騎牆自危。一個君王若出於貴族的助力得位，常較之出於人民擁立者不易維持，因為貴族們自感與君王之地位相埒，每不能隨心所欲的加以統治，而且貴族的希望在享有特權，志在壓迫別人，不易獲得滿足。而人民只不過要求不受壓迫而已，容易滿足，何況人民的數量是眾多的，所以一個君王無論在何種情況之下，都應當爭取人民的好感，不可與之為敵。設若有貴族平民兩種黨派，君王必然的要站在平民一方，如果貴族們肯為君王的利益而團結，本身又一無所求，固然應當受到尊敬與扶持，但是如果不能團結又缺乏勇氣，則君王對於善意的貴族，仍可予以利用，而對於私心甚重的貴族，必須提高警覺，預防他們的陰謀，他們不會與君王共患難，甚而要在患難中，尋找機會，毀滅王朝。

　　君王對於臣下官吏的選擇，是件極重要的事，人們常從君王的左右人員中去認識他的才能，他必須能知人善任。至於鑑別臣下的方法，最可靠的是看他是否常為自己的利益設想，總想在他所經手的事務上圖謀私利，而不顧及君王，這種人永不可與之推心置腹。為使臣下免於卑污，君王應

---

❽ 參閱《君王論》十八章。

加以了解與禮遇，養以厚祿，寵以殊榮，並表示與其同甘苦，共安危，但同時要讓他明白，他的高爵厚奉是君王賜予的，他並沒有獨立的能力，造成一種使他們感覺到必依靠君王始能存在的情勢，這樣他們必忠順無二。再者人們常常是自滿的，歡喜聽到恭維諂諛的話語，為君王者亦不例外，故朝廷之中難免不無諂佞之臣，君王為免被其愚弄，便要表示寬宏謙和，接納雅言從善如流，不因人直諫而發怒，但若使得每個人都直言無忌，則君王的尊嚴又將喪失，聰明的君王應選用一些具有高度智慧的人於左右，以備咨詢，他們僅能陳述個人的意見作為建議，最後的結論仍屬於君王自己，而既經決定，便不輕易示人，更不輕易更張，堅持到底，俾不致為人所輕視。所以君王必有堅強的自信心，他不能完全信賴官吏去行使統治權，否則人民將入於他們的掌握，在變亂的時期，他們便變成了爭奪政權的強敵。

三、拓殖政策

政治的推行，政權的鞏固，固需要法律的嚴密及軍隊的武力為工具，惟就前文所述，軍事武力尤為重要，法律之能有效執行，尚賴武力為後盾。馬基維里說：「一切國家其主要基礎為優良法律與精壯軍隊，但若有武備而不精，則絕無優良之法律可言，惟有精良武備而後始有優良法律。」❾軍事力量不僅可以安內，更重要的是可用以向外擴張。

馬基維里認為拓殖事業，應當是一個國家的首要政策，一切法律，甚而憲法都要與此一政策配合。國家猶如一個人，人在年輕時期，精力充沛，最宜於求發展，一個國家如欲保持年輕強大，便要向外求發展，否則不惟不能滿足君王及臣民的欲望，而且也容易衰老危亡。擴張既屬必要，戰爭便是一個國家不可避免的事，因而他反對當時僱傭兵制度，或借用外國軍

---

❾ 參閱《君王論》十二章。

隊作戰。僱傭兵只願為付價最高者賣命，對任何人皆不能忠實，其危險性大於敵人。借用外國軍隊，後果尤堪憂慮，因為此無異引狼入室。他首先主張國民兵制，凡十七歲至四十歲壯健的男子，均應接受軍事訓練以服兵役。聰明的君王寧願用自己的部隊而打敗仗，不願用傭兵或借用外籍部隊而獲勝，因為不是建築在自己力量上的名譽與權力，是最不穩固，最不安全的。一個君王亦必須了解軍事，精於戰略戰術，以便於指揮，否則其部屬將不尊敬他，他也不敢信賴其部將兵士，他應當在平時就將軍隊組織訓練好，經常出外狩獵，鍛鍊自己吃苦耐勞，研究古來名將的作戰事蹟，作為參考借鑑。

對於用軍事力量而取得新領土的統治，也是一件值得研究的事。這在初期，常常是頗為棘手的工作，堅強的武力，固然是一重要條件，但如何贏得當地人民的好感，尤為重要。羅馬帝國的拓殖策略，是有些可供採取的。如被征服之地的風俗語言，與本國相同或相差不多，便只要消滅當地的王室，對於原有的法律稅則，不妄加修改，俾使當地人民生活不致有太大更改，沒有太大的痛苦與轉變的感受，這樣便不會有過激的反抗，不久將可與本國結為一體。反之如當地習俗語言與本國差異甚大，則較為費力，君王本人必須駐守其地，遇有事變，能立即敉平，另外要遷徙本國人民居住於重要地區，以監視及同化當地人民，其所需要房屋土地，可取自當地富有者。對於當地勢力較弱的領袖人物，可保持友好關係，但不再增強其實力，對於勢力強大的集團，則應毫不猶豫的盡力壓服。

四、宗教——政治之工具

政治的另一助手是宗教，這是一種精神上的武備，奉祀神祇，信仰宗教，是使國家偉大的原因之一，相反的如褻神瀆教，則是國家破滅之兆。因此他認為凡是創立宗教者，皆為善人，破壞宗教者，都是惡徒，故宗教在一國之中，應有其特殊地位。不過他之所以如此推崇宗教，並非由於宗

教之真，而因為宗教乃社會之黏土，可藉以團結糾合人心。他心目中之宗教，亦非指當時之基督教而言，而是凡能使人民服從國家法令，恪遵道德教訓，發生團結人心作用的宗教，都可受重視與信奉，此即表示宗教是為政治之工具與助手，當然必須接受國家的指導。他對於當時羅馬的天主教廷，不僅無絲毫好感，而且是深惡痛絕的，他所憤慨攻擊的有二點：一則由於教會的腐化惡劣，破壞了人民的宗教信仰，使人愈接近羅馬教會，反而愈喪失宗教性及道德心。再者由於教皇過份的干涉世俗的事務，阻止了義大利的統一，陷於長期的分裂之中，教皇既無統一的力量，又橫加掣肘，不讓其他力量去完成統一任務，結果使義大利變為別人的俎上之肉。❿

五、手段與目的

以上所述，都是所謂霸術的手法，用以謀求國家的獨立強大與安全。由此可見，馬基維里認為只要達到政治上的目的，是不問任何方法手段，都可擇取的。只問成功與否，而不必計較方法之好壞，用正當的方法可獲致成功，用不正當的方法亦可達到目標，往往是不正當的手段，卻常常是獲致成功的捷徑，較之正當方法尤為有效，那麼為了達到目的，對任何方法技巧，都應加以深切的研究。既然只問目的而不擇手段的原則確定，於是政治中便沒有道德可言了，目的是一回事，手段又是一回事，馬基維里一心一意想要謀求義大利的統一強大，這是他的目的，至於為使目的實現，應採取如何手段，這兩回事在他看來，是可以並行不悖的，也就是說為了達到一個正大的目的，在方法手段上，是可以無所不用其極的。所以他把政治與道德分離，政治與道德是二回事，不必有不可分的密切關係，為了促使政治目的的實現，不必顧及道德原則與人道精神，亦不必顧及自然法或上帝法。

---

❿ *Discourses*, I. 12.

他是把君王統治者的行為標準，與私人的行為標準分別為二，不過他並未忽視一般人民的道德生活，如果人民喪失道德，那麼一個良好的國家與政府，便無由建立。但是君王的道德是不同於一般人民的，絕不可以用規範一般人民的道德尺度，去衡量一個君王，衡量君王道德，只有以能否保持及擴充其個人與國家的權勢為準則。質言之，即政治中實另有道德，君王為達到政治上之目的，不僅可以不遵守一般道德，殘忍、欺詐、背信、偽善均無不可，甚而可以不守法律的約束，他可以建立法制，用法律規劃道德範疇，讓人民去遵行，他自己卻是超越法律的，他的權力並無限制，他可以毀棄舊有國家的體制，另建新的國度，改變政府的形式，法律的內容。這樣一個立於一切道德與法律之上的君王統治者，當然是極權專制及獨裁的。

馬基維里認為這種使用霸術的絕對專制主義，是挽救義大利危亡的猛藥，但是他亦認為此一劑猛藥，只能在國家初創或改造國家腐敗的時候，才能使用，如國家一旦進入正軌，是另當別論的。不過他即使在《李維氏羅馬史之研究》中，也還是強調的說：「當國家安全已至生死關頭，則不必問公正或不公正，仁慈抑或殘暴，值得頌揚或值得咒罵，此時只有摒除一切顧慮，毅然的採取任何可能維持國家安全與自由之有效途徑，斷然行之。」❶羅馬的獨裁制度，的確也給予他很深的印象，所以他認為非常時期的獨裁措施，乃屬當然之事。

第三節　政體論

從上節內容看來，馬基維里似乎只推崇專制的君主政體，其實卻不然，相反的他在《李維氏羅馬史之研究》一書中，對於羅馬共和時期的政府組

---

❶ *Discourses*, III. 41.

織，亦表示相當讚佩。對於民主共和政體優點的分析，亦有其獨見。

一、盛衰循環說

　　馬基維里也將政體分為君主、貴族、共和三種，但是他頗附和波里比斯的政體循環說。他的意思是認為這三種政體都會腐化，沒有那種政體可以永久常存，他說：「大致說來，國家之政制變更，是先由秩序而至紛亂，再由紛亂而復秩序，蓋人事界之固定，乃自然所不許。」⑫每每是當一個國家發達完成至不能再上進時，即開始腐化下降，但當降至無復再低之時，又復上升。總是由貧弱而富強，復由富強而貧弱的如是循環。因為當國家貧弱之際，國民反能勇毅奮發，多難興邦，一旦國家步入安定和平，國民隨之怠惰，而致紛亂，以至於危亡，然後必再由危亡中奮起振作，但仍不免再次的循環。因此馬基維里常有輕文重武的思想，國家必須有勇敢精良的軍隊，始能維持和平，而促使軍隊腐化，及生活淫佚的原因就是文學。

　　任何國家既必經喪亂而振興，復由振興而喪亂，故每至喪亂時期，必應採取專制的君主政體，或是適用於建國之初的擾攘不安，民主共和政體則宜用於守國。至於貴族政體，馬基維里對之最無好感，他認為一般士大夫階級，只知爭權奪利，彼此互不相讓，誰也不願屈服，小組織、小黨派最為活躍，也最足以擾亂政局的安定。貴族只是依其財富為生，其竊據官位，並不是憑其個人的服務，同時貴族階級，不管在任何環境中，皆為平民的大敵。在他看來，貴族政體不過是由君主政體至民主共和政體之間的一個過渡。

二、共和政體的優點

　　馬基維里亦認政府穩定的基本條件，在於有法律的規定，以防非法的

---

⑫ *History of Florence*, Vol. V, p. 183.

暴亂，及官吏的越權，君主的極權專制只可用於非常時期，不可用於文明正常的社會，在他看來當時的瑞士及德國的一些地方，因有文明的生活，人民有良好的道德及宗教信仰，可以採取共和政體，義大利則無此奢望。在他的分析中，也曾發現共和政體有不少優點：

㈠**官吏人選公允：**在共和政體之下，官吏由人民選舉，較之君主個人的任命是公允的。一般說來人民較君王尤為聰明堅貞，他說：「人民較之君王，智慮更深，意志更堅定，判斷更精密，故『人民之聲即上帝之聲』一說，並非沒有理由。」❸人民選舉官吏，不僅是公允的，而且是一種榮譽的給予。君王任命官吏，常常是以個人的好惡作決定，人民的抉擇則靠輿論，不是單靠個人的意見，輿論是權力的來源，他甚而主張最高統治者的產生，也應當以選舉代繼承。

㈡**基礎強固、不易摧毀：**君主政體與民主共和政體相較，前者是容易被摧毀的，只要將君王及其家屬殺害處決，其王朝即被推翻，這在歷史上有不少事例證明，所以開創一個君主政體的國家容易，而其摧毀亦容易。但共和政體的建立和摧毀，都較為困難，共和政體中的政治領袖，必須等待輿論的逐漸成熟，始能產生，決不是一朝一夕之間的事。要摧毀一個共和政體尤為不易，必得使一般人都已忘記了以往的光榮與自由，否則仍將爆發革命。

㈢**人民享有自由：**馬基維里認為自由是可貴的，這是自羅馬帝國之後，很少談到的問題，不過他對自由的看法，卻有特出之處。他認為一般人民愛好安定，猶過於愛好自由，但是如果能得到安定的生活，自由便也在其中了，共和政體，往往是可以使國家得到安定和平，因此也最易獲致自由，人民享有自由，則可維持其國家的獨立與強大。人民在民主的國家裏，可有自由發表言論的機會，正足以培養其自強反抗的能力，鼓舞其戰鬥的精

---

❸ *Discourses*, I, 58.

神，能如此則國家自可強大，安定和平亦隨之俱來。

　　㈣**容易配合時代環境的變遷：**一個正常的國家，必須要有憲法，以揭示其立國的基本原則，同時亦必須有法律，根據憲法的原則演繹制訂，以維持秩序。馬基維里在此有一個進步的觀點，他認為兩者的適應力是不同的，法律的適應力較強，憲法因為是基本法，便常常形成為不變的，法律則是隨著時代環境的變遷而改變，當變異之初，或可能引起糾紛，卻比較容易解決，所以法律常與風俗相依賴，新的時俗可影響法律的修訂，新的法律亦可影響舊風俗的革除。但是作為立國之基的憲法，是不易改變的，因此便很可能與法律及時代環境脫節，這是一種危險的現象，如此則憲法的基本原則，反而成為時代進步的障礙，甚或激起革命，或不得不以暴力變更憲法，要避免這種不幸，便是使憲法亦具有適應環境的效能。於是在這一點上，他發現共和政體是優於君主政體的，在君主政體之下，君主個人決定一切，君主是否能作適應時代環境的更張改進，完全在於其個人性格，如其人溫和寬容，維新進取，尚易於接受新環境作修改憲法的措施；如其人頑固守舊，剛愎跋扈，便勢難改進。憲法的適應力小，政治的危機便要加大。而在共和政體之下，一切取決於人民的公意輿論，正是時代環境的反映，法律與憲法皆可配合人民的需求，以適應時代環境的變遷，避免革命與暴亂。

　　馬基維里對於共和之稱讚，多從羅馬史的研究中獲致，上述四種優點的分析，皆由與君主政體之比較而得知。除此之外，他對於羅馬政治中的制衡主張，亦頗為推崇，同時他又認為萊喀古士所制訂的斯巴達憲法，頗能合乎平衡原則，而梭倫為雅典所制者，則過於民主。

第四節　馬基維里思想之討論

一、理論與實際

　　馬基維里《君王論》的霸術思想，數百年來備受責難與誤會，由於他的思想過份暴露，使人目睹到政治的廬山真面目，是如此的猙獰可怕。但我們檢討他的思想，應了解他的時代背景及動機和目的，他所處的那個時代的歐洲，尤其是義大利，的確是一個最惡劣的時代與環境，他主張君王運用霸道權術，一方面是現實的反映，一方面乃欲求速效，以解救其國家之厄運，愛之深、憂之切，乃至於產生了不擇手段的統治術。一般人的批評，認為他的思想，可能使暴君型的統治者，得到了祕訣，愈增加其殘害臣民的手段，發生了助紂為虐的不良後果，馬基維里之所以被視為罪惡不道德者，亦在於此。這種評批固不無是處，但是他的理論乃有見於歷史事實，及當時的現實政治之後，作一系統的描述，霸術權詐之種種，並非他首創發明，他不過是在揭發事實，在他著作之前，早有霸術之存在，在他之後的許多霸主，亦並非由於他的著作問世，以致多如過江之鯽，事實上即使沒有他的《君王論》，專制獨裁的統治者，仍然會因時勢而產生。當然馬基維里亦不能辭其咎，至少他使暴君型的統治者，在施行暴政之際，仍可有所藉口。

　　馬基維里的理論，亦極有可能產生了意外的作用，那就是他有力的幫助人們洞悉統治者的技倆姦謀，不致使人民被暴君永遠的蒙在鼓裏，《君王論》一書猶如一面照妖鏡，使獅子的尊容，狐狸的尾巴，都無可掩飾的展現在人們眼前。勞倫梭二世接受此書後，即深藏不宣，所以受此書之惠，深表慶幸的，不見得就是霸主，相反的也可能是人民，故馬基維里的專制獨裁思想，未逾百年至霍布斯時，即告結束，繼之洛克、孟德斯鳩、盧梭等人，便領導時代邁向民主的前程了。因此我們如欲檢討馬基維里的思想，

不必一定在事實上所產生的惡果中去估計，而應就其理論內容去評斷是非。

二、理論的檢討

　　㈠**歷史觀及人性論的探討**：首先就他的研究方法言，因為他很重視歷史，所以他很自然採取了歷史方法，以歷史的實例作證明，這種方法本來應該是很客觀的，但由於他對現狀不滿，常常流露出思古之幽情，乃有了厚古薄今之偏見，又由於認為人性本惡而不變，因此歷史便也不變，如此則不免成見太深，失之主觀武斷，一切觀點便就有所歪曲了。他對羅馬史的研讀甚有心得，因此亦感染了流行於羅馬時代的斯多噶學派之命定主義色彩，波里比斯的政體循環論，更對他有所啟示，所以他認為每當一個惡劣的時代到來，統治者便必須採取陰謀權詐的手段，以對付人性之惡。他的霸術論，就是根據此一基礎而發出的。這個觀點，就其當時時代環境而言，可以說是分析得很真確、精細及客觀的，但是他仍只不過做到了表面的觀察，印象的描述，並未能深入探問自私的動機及根源何在，沒有仔細研究人性之惡，到底是由於天性使然，抑或由於環境所造成？如果人在任何時代，任何環境中所表現的都是一樣，那麼人性之惡確係由於天性使然，設若人在良好的環境中表現者有所不同，則人之惡顯然並非由於天生。他自己認為在當時義大利的惡劣狀況下，是不能採取共和政體的，可是卻又認為在德國及瑞士的一些地方，宜於推行民主政體，因為當地有善良的社會生活及道德，這實在充份表現了他的自相矛盾。人性之中誠然有自私的成份，但互助的群性亦非無有，惻隱、是非、辭讓、羞惡之心，亦是人性的自然表現，人類若果真絕對利己排他，則社會根本無法組織起來。人類行為是多變的，常隨其行為動機而有所不同。固然他對醜陋一面的人性，刻畫得入木三分，但人性畢竟是極複雜的，不能單單以本惡或本善，就可以一語道盡的，人性之中固然有自私利己成份，但何嘗沒有無私利他的高尚行為？賣國求榮的奸佞，固然是歷史上的事實，但殉國的忠烈也昭昭記

載在史冊，社會上固然有見利忘義的小人，但也有見義勇為的君子。馬氏雖然重視事實，能就事論事，這是一種科學態度，甚而因此他被推崇為現代政治學之父，但是他只注視到醜陋陰暗一面的事實，而忽略了另一面，抹煞了另一半的事實，因此其推論及結論的正確性，便也不能不令人懷疑了。馬基維里的注意力，完全集中於當時人心陷溺的義大利，乃至由點而面，以偏概全。

㈡**霸術論的弊害：**再就霸術的內容而論，他認為一個統治者的道德，是不同於一般社會道德的，不應以普通的道德去衡量他的行為。但所謂道德，乃藉以規範人與人之間的倫理關係，在任何的社會組織中，如家庭、學校，人與人相互之間都有一道德律的存在，父與子、師與生之間的相處，都有一行為準則，以求互利，國家亦為人類社會之一種，何以統治者與其臣民之間，便毫不顧及到此一原則，一個君王雖名為國家謀福利，實係鞏固自己的權勢，一切官吏及人民只成了工具，成了犧牲品。

同時這種只問目的，不擇手段的霸術，果然能成功嗎？英王亨利八世，法王路易十四均深信其說，但他們最後得到的是人民的痛恨，他們即使能稱雄一時，作曇花之一現，但敗亡之禍卻也隱藏在他們的背後。他們用恐怖政策對待其臣民，自己也必將陷身於四面楚歌之中，這般如獅似狐的君王，常常招致眾叛親離，不得善終，「紂之失天下也，失其民也」。失去民心，亦將失去權位。

馬基維里在強烈民族感情下，其唯一追求者，在於義大利的統一強大，此係目的，君王之霸術，實為手段，他既然認為政治與道德是兩回事，故視手段與目的，也各自獨立，並行不悖，用不正當的方法手段，仍然可以達到正當的目的。但是事實上，方法手段之本身，可能發生影響，並非完全依附於目的之下，目的不當，固可造成不良後果，方法手段不當，更會造成惡劣的結局，甚而妨害目的之實現，改變目的之初衷。以霸術為手段，以求國家強大，只怕國家未見強大，或即使強大，但也同時預伏下覆亡的

種子。他過份強調重視君王個人權術之運用，而忽略了國家社會為一整個的休戚相關的團體，君王統治者，固有影響於國家，但其影響到底是有限的。而且由於過份尊君之位，一變而為尊君其人，則必混國家與君王為一體，方法手段與目的混淆不清，甚而方法手段竟佔據了目的的主位。同時他未曾注意到政治威權最易使人腐化，掌權愈大，野心與慾望愈高，何況依照他自己所說，人性惡劣，君王既握有無上權威，如無任何約束，其危險及後果之嚴重，是不言而喻的。馬基維里這種但求目的實現，不問方法好壞的觀念，的確種下了不少禍根，造成許多悲劇。

　　㈢**拓殖政策的錯誤：**最後從其拓殖政策上看來，直認為侵略他國，是理所當然之事，此即「強權即公理」的思想，這是由於當時民族王國的產生與強大，大都由兼併而得來，馬基維里的思想，受時代環境影響，作了一個反映。但是此一思想，是必須加以檢討的，凡是有擴張拓殖思想者，莫不以自己的國家為中心，只認為自己是一個主權國，只看見自己國家的權益，而毫不顧及其他國家。在一個社會中，每個人固有其應享的權利，但也需要尊重別人的權利，各有其範圍，國家之所以有法律，其效用及意義即在於此。那麼國家與國家之間，何嘗不是一樣？你的國家用武力向外擴張，使領土加大，便要使別的國家領土縮小，因此戰爭無可避免，戰爭並非就能解決問題，如何能有良好結果？可是國家既以拓殖為固定政策，則攻戰是為常事，這樣的國家實在已變成一個強盜集團。專持武力為能，也並非能永遠勝利，從歷史上看，凱撒的羅馬帝國，待其死後即分崩離析；從理論上看，壓力總產生反壓力，反抗的力量因壓力愈大，而愈團結加強，則征服實為不可能之事，至少也是極不容易的事。

三、貢獻與影響

　　馬基維里的思想，很容易使吾人聯想到我國以君勢為體，以法術為用的韓非。每當國家喪亂衰微之際，人們在悲歎絕望之餘，不是產生消極的

出世思想，便是把一線希望，寄託於握有政治權力者的身上，只求速效，而無暇顧及後果，無論東西，如出一轍。馬基維里由於所處時代及環境的特殊，使他產生了令人駭異的偏激理論，吾人固不可因其處境及用心之苦，而曲加體諒，仍然要對他的思想予以檢討批評，但是他整個的思想特質，以及其中的精華，對後世亦不無影響及貢獻。

首先在政治與倫理的分別上，使他有了意外的收穫，雖然一般人批評他是不道德的，但其實他是將公德與私德分了開來。在他之前的政治理論，總是將政治與倫理混為一談，公德與私德不分，事實上，公德與私德可以相同，卻並非盡同，總之不是一而二，二而一的，是兩回事，並非一回事。馬基維里的理論產生後，已使公德觀念有了一個進步的觀點，公德和私德的分別，已趨於明顯。

他的另一個重大影響，是開拓了以後政治學的研究範圍，他真是歐洲近代政治思想的前鋒。以往思想家所研究者，全係理論政治，絕少觸及實際政治問題，只在理論中討論一個國家應當如何，一個統治者應當如何，這種研究至亞里斯多德，已發展至一高峰，以後的思想家，無非在前人所發現的路徑上徘徊而已。而馬基維里卻播下了新的種子，給予新的刺激，雖然他在短時間內，尚少影響，遭受到一般唯理主義者的批評，但漸漸的有了響應，尤其是自孔德 (Comte) 之後，大家的目光，漸漸集中到實際問題上。今日政治學研究的範圍，已大為擴增，舉凡國家及政府一切相互關係，都包容在內，如行政學、市政學，都是很複雜的實際問題，由於逐漸的受到注意，成為專門的學問。又如政黨、選舉等事，都是現代政治學中主要篇章。這不能不說是由於注重實際問題，所得到的惠賜。

馬基維里在其他方面，如對於共和政體優點的分析，憲法與法律的區分，非常時期獨裁制度的設施，政黨問題的剖解，以及制衡原則的傳遞闡揚，都有其獨見，也都有其貢獻，只是他的霸術論，吸引了人們的目光，遭遇到嚴厲的責難，卻忽視了他現實主義的影響，這實在是他的悲哀。

第十一章　宗教革命時期政治思想

第一節　路德及喀爾文

一、宗教革命的因素

時序進入十六世紀的起站時，羅馬教會的車輪，已陷入泥淖愈深，潔麗的車身亦遍體塵垢泥污。教政之爭的連續發展，宗教議會的迭次召開，使羅馬教會的權威與其教義，在多數人心中已大生疑問，而教會本身卻又無以振衰起弊，出身於義大利米狄西族的教會權要，以及各級教會的僧侶，其惡習穢德，人所盡知，鬻官賣職，任用私人之事，已司空見慣。尤以贖罪券 (Indulgence) 出售一事，深為各方所詬病與痛恨，因為此無異是教會斂財之一種技倆，乃教會之最大污點，有心者認為羅馬教廷實為一切罪惡之根源，因其未加以必要之補救，反而助長其惡風。在前數個世紀中，早已有不少正直熱心的人士，發出抨擊，有改革的要求，至此，已如箭在弦上，勢在必發，只要有星星的火種，便可造成燎原之勢，故宗教革命 (Reformation) 已是時勢潮流所趨，一旦爆發即不可遏止，而在各方面，都產生了極深刻的影響。

另外在政治及經濟方面，亦有助成宗教革命產生的原因，並且使此一革命運動的性質愈形複雜，甚而成為一長期性及繼續不斷的災害。就政治上言，新興的民族國家逐漸強盛，封建制度已形瓦解，世俗的統治者野心日增，民族意識增強，國家自尊心亦增高，造成人民的愛國觀念，統治者及人民都要求國家有完全的自主權，則必令教會受國家之管轄，且深知其最大障礙，在於教皇為元首之基督國協的存在，故必須擺脫其掌握，以求得獨立與自主。所以從政治上看，宗教改革乃為一種民族主義的運動，因為民族感情與教會的世界觀念，是難以相容的。再就經濟上看，教會財富

的殷實，為多方人士所垂涎，尤為統治者所覬覦，擁有貨產及權勢的教會
人士，與世俗貴族並無不同，他們在各國都佔據廣大的領土，地位優越，
生活豪奢，故一般王侯一遇機會，即乘機吞沒教會財富，據為己有。另一
方面，一般平民深為教會徵稅之煩苛所苦，教會濫用經費，平民負擔加重，
而且感到付出雖多，卻未獲得任何代價。平民將辛苦所得，奉獻給當地教
士，謂為教士祿 (Benefice)，教士們又用以向教皇繳納歲貢 (Annate)，於是
羅馬教廷與各級教會，無異是一歛財自肥的機關，在教會中位居要津者，
又多為義大利人，因此各國大宗金錢流入義大利，此種情形在德意志各邦
中尤為顯著，貧苦的人民以其血汗積蓄，供彼傷風敗俗的義大利人揮霍，
實為不堪忍受之事。因此在一些邦國之中，全體上下莫不聯合一致，以反
抗享有權威的教皇，及其腐敗的教會。

二、馬丁路德

在十六世紀初，荷蘭著名的人文主義者伊拉斯莫斯 (Erasmus, 1466–
1536)，曾在馬丁路德 (Martin Luther, 1483–1546) 之先，對教會發出抨擊，
他著《愚之讚美》(*The Praise of Folly*) 一書，譏諷教會之濫用權威，忽略
其高尚的精神，嘲笑一般析理過細的經院派神學家，尤痛恨只注重形式的
教士及他們的權勢與惡習，斥之為喪心病狂的蠢人。對於一般愚民之僅知
朝謁聖地，籲告聖徒，及崇拜遺物等事為信仰宗教之表現，亦加以責備，
他希望基督教能恢復以往的精神，但是他的態度仍是溫和的，不過是要求
教會能及時的自我糾正，他並未想到另立門戶，取代羅馬教會，所以宗教
革命尚有待感情激越的路德，在備受義大利剝削的德國引燃火種而爆發。

路德出生於德國之愛斯勒本 (Eisleben)，家貧，但自幼即勇敢執著，有
才具，善論辯。一五○五年入僧院，屬奧古斯丁教派，一五○八年至威丁
堡 (Wittenberg) 襄助薩克森尼 (Saxony) 選侯創設大學，後復在此大學中任
神學教授，頗孚眾望，根據保羅與奧古斯丁的著作，抱持因信仰而獲救之

說，不贊同教會再加上履行善行以獲赦的信條。一五一一年曾至羅馬，朝謁聖廷，至一五一七年因教皇派遣代辦達澤耳 (Tetzel) 至德國之美茲 (Mainz) 主教區售賣贖罪券，大為憤慨，乃於是年十月三十一日，著九十五條「論文」(Theses)❶，公佈於威丁堡教堂門上，以表示抗議。此文原係用拉丁文所寫，不久譯為德文，風行全國各階層，引起各邦熱烈討論，產生燎原之勢。一五一九年教皇利奧十世 (Leo X, 1513–1522) 派遣能言善辯的愛克 (Eck) 至來比錫 (Leipzig)，與路德作公開之辯論，路德不為所屈，不承認羅馬教會與教皇有神聖權威，並且認為宗教議會及教皇皆可能有錯誤。一五二一年教皇乃判決路德所提論者係異端邪說，並將其除籍革逐，但路德毫不介意，將教皇之諭告當眾焚毀。他由於薩克森尼選侯腓特烈之庇護，仍得安居於瓦特堡 (Wartburg) 翻譯聖經為德文。此後數年他的教義在德國北部與中部各邦大為得勢，並且宗教革命運動由此開始蔓延於歐洲各國。

　　路德的思想並不新穎，而且前後頗不一貫，在改革宗教的理論上他承襲了威克里夫，胡司的思想，在政治上他卻和前期宗教理論相一致。他最具革命性的見解，是認為人人可與上帝交通，無需要教會及教士的居中傳達，聖經是唯一的信仰指針，是人人可讀可解的，無需乎教皇的獨斷。宗教信仰乃是每個人內在的感應，只要當人們於自己之努力感到絕望，轉而信託上帝時，即可自覺其處於上帝的撫愛之下，此與教會教士及種種外表的形式無關，武力的強制是絕不可能增加宗教信仰。他說：「無論教皇，主

---

❶ 除九十五條論文外，路德當時尚有幾種宣傳小冊發行，如《致德意志民族信教貴族書》(An Address to the Nobility of German Nation)，用以說明教會神父並非神聖不可侵犯，教士不應享有特權，並鼓勵德意志各邦君王應擺脫國外之支配，且可將教會之財富及權力據為己有，又如《論上帝教會之巴比侖被虜》(On the Babylonian Captivity of the Church of God)，攻擊教皇的權位及教會的儀節。其他尚有《論基督教徒之自由》(On the Freedom of a Christian Man)，持信仰獲救之說，為其新神學之精華。

教，或其他任何人，對於一位基督教徒，絕不能未得其自己之同意而強令信從，即一言一字亦不得強制之，否則即為暴政。」❷他對於贖罪券的發售，尤猛烈攻擊，他認為凡基督徒之真有悔過心而具有信仰者，即已從上帝獲得赦免，完全與贖罪券無關，上帝是偉大的，其偉大非在於能贖罪，而在於能改革每個人，上帝既無所不能，故能直達於每個人的心靈，使之純潔高尚，不必須有贖罪券，並不在於一些無謂的儀式。路德這種宗教的個人主義之主張，完全否認了教皇、教會及教士的存在價值，一切教會制度，成為多餘的贅瘤。

　　路德在精神信仰上所主張的個人主義，與文藝復興時所啟發之世俗的個人主義，是很容易得到呼應，相輔而行，走上同一的方向，即在其當時便產生了顯著的影響。個人主義的極端發展，便是放任，而至於無信仰，表面上看來，是人人可通上帝，結果是失去了共同的信仰，於是每個人有每個人的上帝。不久德國出現了「再洗禮派」(Anabaptists)，而且隨即走出了宗教的範籌，邁向政治革命的途徑，造成德國中部與南部的農民暴動(1524–1525)，其領袖分子即為路德教派之傳教師。基督教徒既不應屈服於教皇權力之下，則人民亦不應屈服於君王之下，他們甚而有共產共妻的主張。路德乃大為震驚，對此革命痛加責斥，他必須與君主貴族們聯結一致，予以鎮壓及消滅，他深知失去君王的支持庇護，他的新教便無以發展，何況他之發動宗教革命，本具有民族主義的精神，故君王們亦願與之合作，以達到政治與經濟的目的。所以至此路德的思想反趨於守舊，亦認為人民必須服從統治者，絕不可以叛亂，宗教與政治權力不能分離，因為教會實有賴統治者的助力，對於異教徒應予壓制，故武力的使用亦所必須。可是當皇帝查理五世欲以武力消滅其新教時，他又表示抗拒的意見。路德是一個宣傳家、革命家，而不是一個哲學家或政治思想家，其門人米蘭克吞

---

❷〈論上帝教會之巴比侖被虜〉，參閱 Murray: *Political Consequences*, p. 58.

(Melanchthon, 1497–1560) 的理論，則較為深刻，路德教之信條及教會，乃賴其努力以確立。

三、喀爾文

喀爾文 (John Calvin, 1509–1564) 係在路德之後的另一位新教領袖，其所創教派影響之大，甚或超過路德所為者。他是法國人，出生於比加底 (Picardy) 省之諾昂 (Noyon)，但是他的宗教事業，及其革命的根據地卻是瑞士的日內瓦 (Geneva)。瑞士為首先響應德國宗教革命的國家，在喀爾文之前，即有司文黎 (Ulrich Zwingli, 1484–1531) 的倡導，他較路德更為堅決的力主聖經是最高權威，更為澈底的唾棄教會之傳習，其目的不僅在改革神學，並欲改革教會條例及政治制度。他有一種理想國家的構想，主張以民主方式支配政治及宗教的一切活動，因此他和路德不同的是能信任人民，司文黎之革命實際的積極進行，是在一五二三年，時瑞士山區居民仍信仰羅馬教會，一五三一年他鼓勵瑞士的新教信徒，以武力爭取山區五州，結果發生內戰，而他竟至以身殉。

瑞士的新教發展，因司文黎戰死而暫告停頓，待喀爾文於一五三六年，為避法王佛蘭西斯一世 (Francis I, 1515–1547) 之撲滅所謂異教份子來瑞士，再度展開，且大獲成功。他並於是年，發表其最重要的著作——《基督教之制度》 (*The Institutes of the Christian Religion*)，此書實為新教之寶典，影響極大。當其初抵日內瓦時，適逢當地發生政治及宗教的革命，市民欲推翻擁護羅馬教會的封建宗主，喀爾文參予其事，革命成功後被推舉為教長，彼終身居此職位❸，不僅為一宗教領袖，抑且為一最高政治統治者，實際上他是將上帝之二劍，皆操於掌握中。他使日內瓦成為一個新教的聖城，各地來朝謁及來接受其教育者，絡繹於途。他澈底的推行了神權

---

❸ 喀爾文於一五三八年，曾遭日內瓦放逐，至一五四一年後召回，即終身留此。

政治，人民日常生活均受到嚴格的管制，嚴肅簡樸，而對於異端亦加以酷刑❹，他在政治及宗教上，所表現的完全是一種專制主義，並未曾主張人民權利及代議政治，但是卻產生了意外的影響，他的理論與實際實多有不相符處。

　　理智冷靜及嚴守邏輯的喀爾文，與感情激動的路德是有頗多不同的，雖然他也表示信仰不能強制，但是他的教派卻處處表現出道德的強制，及教條的規律化。對於統治者，更強調人民有絕對服從的義務，君主的權利乃上帝所賦予，他認為：「精神上之自由，與政治上之束縛，可以完全並行而不悖。」❺世俗的政府乃為使人類得救的外在力量，其對於人民之功用，有如日光、空氣、飲水及麵包，不僅可使社會秩序安定，財產有所保障，並且可使人不致褻瀆上帝，違犯宗教，使誠實謙讓的美德得以培植滋長。所以政治統治者，自有其合法與光榮的地位，並具有神聖性質，人民之應當絕對服從統治者，正猶如服從上帝本身。他甚而說：「不承認統治者之權力者，即稱之為瘋人，亦不為過。」❻因此極力反對政治革命，即使統治者為一暴君，人民亦不能反抗，此正係上帝派來懲罰人之罪惡，縱然其殘暴不仁，人民亦只能忍受，自有上帝予以處罰，在他看來暴君主政，亦勝於無君的暴亂。至於教會，乃上帝所設立之精神政府，宣傳真理，人人亦均應順從，不容有任何抗爭。其與世俗政府，並非如同水火，而是如同左右雙目與兩臂，乃相聯互助，缺其一則不克完成其上帝之使命。他這種君權神授及教政關係的辯說，仍然與以往的宗教理論家一脈相承。

　　喀爾文雖力主人民必須服從統治者，但仍有一點足以刺激其信徒而加

---

❹ 一五五三年，將西班牙的宗教改革者塞爾維達斯 (Sevetus) 處以焚刑，因其所持三位一體意見，與喀爾文相左。

❺ 參閱《基督教之制度》四卷二十章。

❻ 同❺。

以強調，藉以反抗君王者，他認為君王們有其應負的責任，為免於濫用職權，橫暴凌虐，可設置監督官吏，為護衛人民而限制君主，人民私人不得反抗，而此官吏則係受命上帝，有反抗的權利。同時他又認為人民亦有其反抗君王的例外，即是在君王的命令與上帝的意旨有所抵觸時，上帝乃萬王之王，「順從上帝不順從人，是應當的」。以上的意見，足以使以後反抗君王者有所憑藉，雖然喀爾文所言之反抗，係立於宗教立場，並非由於政治原因。另外他雖主張世俗政府及精神政府之分立，實際上他所施行的卻是政教合一的教士極權，但是其組織係由教士及士紳的構合，是一種貴族政體，亦含有代議政治的形式。

因此受喀爾文影響，在各國所發展組成的各種新教派，各由於在政治環境中所受到的壓力，多富有反抗精神。蘇格蘭之宗教改革家諾克思 (John Knox, 約 1515–1572) 對於其女王瑪麗 (Mary Tudor, 1561–1567) 之攻擊，尤為激烈。諾克思初亦主張人民應本諸天良服從其君王，唯信仰舊教之瑪麗，以血腥的手段迫害新教徒，乃一反前論。他發現一般君王實為罪惡之源，亟應糾正，否則善人引退，將任由暴君干犯上帝之神聖。人民對於不敬奉上帝之命令，無服從之義務，若因此而反抗君王，乃係一種宗教責任，由此可見，他仍然是據宗教立場以抗言，非為人民權利。不過他又假定君王的權力係得自人民，故應對人民負責，人民甚而有處罰罪惡統治者的權力。

四、宗教革命的後果

由於新教的改革運動，在各地如火如荼的進行，尤其當一五二〇年至一五七〇年之間，發展至為迅速，羅馬舊教觸目驚心之餘，為挽回頹勢，乃有反改革之運動，惟就其本身言，亦為改正舊習，以求革新。自教皇保羅三世 (Paul III, 1534–1549) 之後，逐漸推行新的政策，革除以往之陋規惡習。而西班牙人羅耀拉 (Lgnatius Loyola, 1491–1556) 於一五三四年所創立

之耶穌會 (Society of Jesus)，對舊教之復興及穩定，尤有助力。其組織類乎軍隊，其嚴格教育之成功，為世所稱道，除堅守貧窮，貞潔及服從外，並特別忠於教皇，他們的毅力及勇敢，在傳教方面，收到很大的效果。

　　羅馬舊教的努力，終不能使基督教如中世紀一樣的再度統一，宗教分裂自此已成定局。當十六世紀末葉，羅馬舊教的勢力，僅保有義大利、西班牙、葡萄牙、法國之大部份、及瑞士山區、奧大利、波蘭、愛爾蘭、匈牙利亦尚有大部份教徒。路德教派則擁有德國北部諸邦，及斯坎地納維亞之丹麥、挪威、瑞典諸國。喀爾文教分成許多派別，傳佈於瑞士、荷蘭、蘇格蘭、另外德國、法國、英格蘭、波蘭、匈牙利亦有甚多教徒。而英格蘭復有其單獨的國教。因此自宗教改革後，在各方面都發生了重大的影響。

　　新教之所以能夠發展成功，實由於民族主義的推動，舊教之尚能保留一部份國家，亦出於民族的理由。而其在政治上之直接影響，是使各國君王的權勢愈形增強。新教國家的君王，藉沒收教會的土地，及取得支配教士之權力，財富亦因此大增。新教之確立，有賴君王之扶持，舊教之得以殘存，亦賴君王之支援，所有宗教不僅再不能阻遏政治權力之擴張，反而莫不仰政治統治者之鼻息，因此各國政治必然的更趨於專制，君主們為達到政治與宗教之統一，以利其王權之鞏固，於是各在其國內，採取殘酷的手段以排除異己。信仰新教者，對於舊教及其他新派宗教便加以迫害，崇奉舊教者，則又恢復恐怖的宗教裁判所，同時擁護君權與反抗君權的理論，相併產生，反抗的呼聲，最初雖甚微弱，但在長期的思想發展中，自有其貢獻。

　　宗教革命之後，由於宗教信仰不同，各國之內，固然政治統治者因排除異己，致發生戰亂，而各國之間，更經常發生所謂宗教戰爭 (Religious Wars)，事實上每次戰爭，皆有其政治與經濟的因素。發生於德國的三十年戰爭 (1618–1648)，前後計分四期進行，幾使所有歐洲國家均捲入此一漩

渦。戰爭既頻仍不斷，而且又極為酷烈❼，有志之士，莫不痛心疾首，思謀以改善，國際法之研究，乃由此而起。但就整個的學術思想之發展言，實已受到阻礙。固然有些宗教人士，在神學及道德上進行研究與實踐，以提高其宗教地位，而一般優異的智識份子，則厭惡戰爭，亦厭棄神學，將其注意力集中於科學、數學，亦頗有成就，唯就哲學言，十六世紀是一荒漠時代，必待至十七世紀到來而大放異彩，政治思想的進展，當然亦與此有關。

此外，宗教革命後，各國貴族之財富亦大為膨脹，尤其在一般新教國家，因彼等或直接攫奪舊教會之財富，或助君王以沒收舊教會之產業，分享其利。但亦因此，君王們莫不嚴防彼等爭取政治上之權力，於是君王們乃連絡中產階級為奧援，此一階級便逐漸取得地位，形成一重要的政治勢力，他們曾在所有新教改革中發揮其力量，但在以後的反抗暴君專制中，亦表現其智能。至於一般平民，尤其是一般農民，宗教革命對他們的生活並未改善，反而增其不幸，他們雖因教會之課稅減輕而稍蒙其利，惟專制政治之發達，以及貴族的苛求剝削，使他們仍然是被壓迫者，生活之痛苦，較前尤甚。

第二節　布　丹

一、布丹的時代及治學態度

布丹 (Jean Bodin, 1530–1596) 身處十六世紀之中葉及末期，他的思想足以為此一時代之代表，他雖未能創造時代，但他順應時代，反映出十六世紀

---

❼ 一六三一年五月，德國路德派之馬德堡 (Magdeburg) 陷落，所有城內守軍及居民，均遭屠殺，死二萬人，而屠殺之後，復繼之以劫掠焚毀。

宗教革命後的時代精神。他重要的思想是關於主權的理論，雖然其中缺漏甚多，但經其開端之後，已為以後思想家所注重之課題，以至於成為國家觀念及憲法理論的一部份，而且他能從神學及神權的束縛中脫身出來，使宗教的陰影漸形遠去。不過他究竟是一個新舊交替之間的人物，他一方面自歷史事實作科學的研究，一方面又相信星相學，表露出玄學的神祕色彩。

十六世紀的法國，政治局勢頗為不安，信奉喀爾文的新教者為數不少，多為富有及聰慧之中產階級，他們已形成一種政治勢力，但屢屢遭受到迫害，一五七二年八月廿四日，聖巴托絡繆節 (St. Bartholonew's Day) 的宗教大屠殺，就是出自政治陰謀，僅以巴黎一地而言，一日之間新教徒被殺害者，竟至數千甚或達萬人之多。波旁 (Burnbone) 與介斯 (Guisse) 兩個貴族，前者維護新教，後者堅持舊教，更增加政治鬥爭的慘烈，亨利三世 (1574–1589)、亨利四世 (1589–1610)，均係遭暗殺而死，為爭奪王位而引起的內戰，經常進行。時布丹為政治派 (Politiques) 中人物，此派雖為依附羅馬教會之集團，但其態度溫和，對於宗教，抱寬容之主張，其政治性實重於宗教。布丹與王室頗為接近，精習法律，參與實際政治，他目睹法國政局之動盪，極欲建立君主權威，以謀統一與安定。他最主要之著作是《論共和國六卷》(*Six Books on Republic*, 1576)，發揮其主權論。另有《易知歷史之方法》(*A Method for the Easy Understanding of History*, 1566) 一書，表現其治學精神及歷史觀。

布丹是一個能以理智剖析問題的人，不致為當時政治及宗教的糾紛所蔽而意氣用事，他不僅以法律的眼光去看問題，並且以歷史的知識去研判，樹立其客觀科學的精神，開歷史派之先聲。他所用的歷史方法，是不同於在他之前的經院學派人士，經院學派不僅先具有成見，而且割裂歷史，以一鱗一爪之片斷，作為理論根據。布丹則不然，他是從整個歷史中去看發展的趨向，因此他的歷史觀亦與前人不同，在他之前的一般思想家，多認為歷史是退化的，他則認為人類的歷史是進步的，如以當時亨利三世治下

之法國與羅馬相較，表面上視之是混亂不寧，但實際上不論在科學藝術等各方面，均有極大的變革改進。同時他用比較方法，從歷史的研究中，使他知道地理環境，如地形，氣候等因素，對於社會的進化快慢，及政治的變動，有極密切的關係，由牧畜時代之擇水草茂盛處所而居，部落之據山谷險要為屏，以至於變為幅員廣大的國家，都顯示人類在進步之中，故政治亦如科學，均在向前發展。既然一切都是進化的，法律亦無例外，僅只背誦羅馬法典是無濟於事的，法律的歷史固應研究，但要比較歸納出合理的法律，便不只是默守成規可以勝任的。

二、國家的成立

　　布丹關於國家結合的理論，有些是採自亞里斯多德，如認為國家係由家庭所組合，並非由個人所構成。但論及國家所以產生的原因，則有其與前人不同的見解，他認為國家乃產生於武力。家庭及一般社會是出於自然的結合，國家則是力的結合。在沒有戰爭以前，是無國家的，有了戰爭，才產生領袖指揮統率，有了領袖，便也產生群眾絕對服從的心理，不如此戰爭便無以致勝，於是由村落而城市，再擴大而為省，而為省與省聯合的大國。武力衝突，造成武力領導，領袖與群眾之間，即是武力與服從，國家乃是一個主權者以武力及理智所統治之團體，武力是為國家產生的原因及特徵。如人類一直是和平快樂的生活，則不致有國家的產生，同時以此理論視之，國家之產生，在人民方面，多少總必喪失了若干自由。

　　但布丹之武力為國家產生的原因及特徵一說，實與其歷史進化的觀點有所扞格，國家在初創時，容或以武力為要素，但國家隨歷史進步的結果，其武力的特性，是否能繼續存在，統治者與被統治者的關係，不再是征服者與被征服者，一個進步的國家，要以法律去管理一切，政府是一服務機關，法律非依憑武力，服務更不應涉及武力。布丹所處時代，正當法王欲以武力兼併諸侯，統一國家的時候，致有此說，但彼一時之現象，並不能

代表所有之時代。

　　布丹因認為國家係由家庭組合，故頗重視家庭在國家中之地位，但與其主權論卻甚少關聯。家庭為共同的防衛及利益相結合，而賴主權者之武力以成國家，然家庭雖為結合國家之單位，每一家庭之家長，即為國家之一公民，但主權並非來自家庭，另一方面每一家庭仍屬私人之結合，與國家之公共結合不同，故財產仍屬家庭所有，國家享有主權，卻無財產權，主權與私有財產權非為一事，所以國王無權割讓土地，此實為對主權者之一極大限制。

　　至於國家的目的何在，布丹未能有明確的表示，以致以後討論到主權時，發生許多問題。他對於柏拉圖之認為國家目的在實現公道正義，似無所措意，因為此並非實際目的，但他亦不認為國家僅負有消極任務，保障和平及財產的安全。他雖處處強調國家的重要，但未能明白指出為何要有國家，似乎國家之存在，只是一種利便權宜之計，國家目的模糊，則國民何以要服從主權者，便也難以解說。

三、主權的性質

　　主權論是布丹政治思想的中心，能對此一問題剖析後，始可對其國家性質，有進一步之認識，對於國家源於武力，及武力為國家特徵之說，有所了解。

　　布丹曾為國家作一界說，他認為「國家是運用主權力量對每個家族及其共同事務之正當管理」。❽國家必須有一至高無上的權力發號施令，使所有人民從屬於此一權力之下，此即是主權。他說：「主權者乃是一國中絕對與永久的權力」。❾它是「不受法律限制，而得以管制其臣民的最高權

---

❽ 參閱《論共和國》一卷八章。

❾ 同❽。

力」。❿國家之與一般社會及民族不同者在此，國家有此命令一切，而其本身卻不受一切約束的無上威權，始能完成一政治聯繫，始能成為一個國家，故主權實為國家之要素及特徵。

國家有賴主權的力量，以維持社會良好秩序，因此立法實為主權之特性，主權者的命令，也就是一國之法律，藉以統制其臣民，而不必須獲任何方面的同意，因為它是絕對的。主權者以立法約束其國人，但是他自己卻不受立法之約束，亦無須受習慣法的約束，習慣不能變更法律，而法律卻可取消習慣。除立法之外，其他關於宣戰、媾和、任官、審判、赦免、鑄幣、課稅，均為主權者之權力。這些權力都是絕對的，亦即是完整不可分割轉讓的，同時又是永久的，其與一時的授權不同，它不會受到任何時效的限制。

四、主權的限制

布丹雖給予主權如此尊嚴，享有絕對的威權，但是另一方面，他卻又認為主權者仍要受到上帝法，自然法及根本法的限制，這實在是一大矛盾。如言絕對，則必無所條件，無所顧忌的擁有唯我獨尊的權力，一旦有了絲毫之限制，絕對性便不能保持。他說：「至於上帝法及自然法，則世上一切人主，皆受其束縛……人主無破壞上帝法及自然法之權利。」⓫主權者之法令，不得與順乎理性之上帝法自然法相抵觸，因其為永久性的正義表示，如守信一事，便是自然法中的一個基本義務，即使握有主權的君主，亦應遵行，亦應對其自己允諾的立法信守奉行，這雖然是屬於道德上的責任，但已使主權的絕對性大為減損。

至於根本法，亦對主權者有限制的力量，這是表示布丹尊重法國有歷

---

❿ 參閱《論共和國》一卷五章。

⓫ 參閱《論共和國》一卷八章。

史傳統性的大法，如王位繼承法 (Salio Law) 中規定不准女子繼承王位，此一原則任何君主不得變更，又如君主不得割讓土地，這又使主權之絕對性打了很大的折扣。

再者如前論及國家與家庭之關係時，已知主權者亦不得侵犯人民之私有財產，因為私產之尊重，亦為自然法中基本原則，主權者雖有課稅之權，但須得議會代表之同意，如此則財產權較之主權尤為基本而絕對。

布丹一方面想賦予主權者至高無上的權力，藉以謀求統一與安定，但另一方面又唯恐主權者濫用權力，形成暴君專制，故又諸加限制，乃使其主權論陷入混淆與矛盾。亦即是他一方面以武力為後盾，建立其主權的政治威權，一方面又要給予主權者倫理的基礎，以致枝節橫生，考其所以陷入此一進退維谷之境者，是由於他將主權給予特定的人，而不是在國家人民全體，因此之故他主權的另一特性——永久性，便也不能維持。如君主個人操有主權，雖其為終身職，然當其駕崩之時，豈非主權中斷之日，繼位者不可能毫無間隔的遽登王位。

五、國體與政體

布丹雖中意於君主主權，但在他的歷史研究中，亦見出因主權所在之不同而有不同的國體。如主權在於一人，是為君主國體，在少數人為貴族國體，在多數人則為民主國體。唯國體與政體不同，識別國體，要看主權之所在，主權屬於何者之手，識別政體則視主權之運用為何人。由於主權之不可分割，他不同意亞里斯多德所說之混合國家，因為國家的最高最後權不能同時存在於二個部門之中。不過因為主權所在與主權運用是兩回事，則在君主國體中，君主固可運用主權，但亦可能交付少數貴族，或交由平民團體，因此在君主國體之下，可以有君主政體，亦可以產生貴族政體或民主政體。同樣的在貴族國體，民主國體中，便也可能由於運用主權之不同，而有各種不同政體。然此種看法，在法理與邏輯上，容或尚能圓通，

唯揆諸實際，似有所不可，主權之所在與主權之運用，實不易劃分，亦即所謂政權與治權，在實際的表現中，很難有一明朗的分際，因此在國體與政體不同的國家中，所謂主權之不可分割，便有了問題。

總之主權論自布丹一開始，即是含混模糊及頗多破綻的。從上述文字中，可以見出布丹最為後人所批評者，是將主權給予人，及其所言者並非主權，實為統治權。惟由於時代的需要，他要使法國的封建貴族，宗教流派，及一切人民產生對法王的向心力，定於一尊，以謀和平統一之實現，他的理論符合了時代要求，故能獲得當時的推贊，對於現實政治亦發生很大影響。每一個歷史階段各有其特殊使命，凡能完成其特殊使命，皆為偉大的貢獻者，基於此，則布丹在政治思想發展的歷史中，自有其地位。

六、革命論

布丹的革命論，頗多承自亞里斯多德，惟有談及星相，氣數處，語涉玄虛。亞里斯多德之討論革命問題，是在想如何避免革命，布丹卻認為革命常是無可避免的，他將所以產生革命的原因分為三種：即天命、自然、及人為。天命者是超乎人之想像及能力之外的，所謂「國之將亡，必有妖孽」。當此之時，國家一切呈現失常的現象，是上帝暗示此一國家壽命已盡，數已將完，非人力所能挽回，即使有仁君在位，亦無能為力。第二種自然的原因，是由於自然力所造成的災害，繼之以饑荒癘疫，民不聊生，亦會激起變亂革命，再或者是受國家物質環境之影響而造成。至於人為，是由於各國不同的人性偏失，或國內政治力量的相衝突，也常能影響革命的發生。

布丹既悲觀的認為革命無可避免，但他仍要討論此一問題者，是想要如何縮短革命的混亂，減少革命的犧牲。他認為革命有兩種形式：一為改革 (Alteration)，一為革命 (Revolution)。前者是法律更易而國體不變，後者則是主權轉移，國體政體均隨之更變。就表面視之革命較之改革變動性要

大，但就實質而言，改革常較革命尤多變易，法律內容的革新，更切實際
變更了政治中人的因素，但較革命的犧牲要小，所以執政者的任務，在於
如何適應不可避免的情勢，將革命易為改革，主動的維新變法，以避免暴
烈革命的損失。

　　布丹分析革命的因素，發現一國之物質環境如地理、氣候、物產等，
與政治有很大關係，因為人民之思想、心理、體形、生活及文化皆受其影
響。他認為北歐之人身強體壯，工作勤勞，而思想保守，不易變法。南歐
人體質較弱，感情豐富，思想活潑，愛好新奇，易激發革命。唯中歐人兼
有雙方長處，能建立安定良好之國家。他的看法雖非十分正確，但地理與
政治之關係密切，為一大創見，對於後人頗多啟示。

第三節　阿爾雪修斯及格老秀斯

一、阿爾雪修斯

　　宗教革命之後，造成信仰的分歧，又由於各地政治背景不同，便產生
立論互異的學說，布丹以主權論維護君主的統一，固足以代表時代，但當
時的法國，在聖巴托羅繆節日大屠殺後，反抗君主專制的言論，亦極盛行。
和忒曼 (Francois Hotman, 1523–1590) 之 《法蘭科高力亞》 (*Franco-Gallia*,
1573) 特就歷史觀點，注重憲法，倡主權在民，限制君權以維自由。同時
一些匿名小冊亦流傳社會，其中最著者為 《反抗暴君之依據》 (*Vindiciae
Contra Tyrannos*, 1579)，⑫提出四大問題以抗暴君。其他如蘇格蘭之布卡
南 (George Buchana, 1506–1582) 著《論蘇格蘭統治權力》(*Jure Regni apud*

---

⑫ 《反抗暴君之依據》作者所署筆名為 Junius Brutus，但實際其人是 Hubert Languet
　 (1518–1581)，抑為 Philippe du Plessis Mornay (1549–1623)，亦無以辨知。

Scotos, 1579)❸，西班牙之馬利亞納 (*Juan de Mariana*, 1536–1624) 著 《論君王與君權之制定》(*De Rege et Regis Institutione*, 1599)❹，均有暴君可誅的激烈言辭。但彼等之論述，不足以構成完整體系，唯德國法學家阿爾雪修斯 (Johannes Althusius, 1557–1638) 之《系統政治學》(*Systematic Politics*, 1603)，為博大之著作，引證歷史，以客觀科學態度研討問題，不為神學所囿，理論最為清晰而有系統。

阿爾雪修斯曾受教育於日內瓦，故受到喀爾文教派的薰陶，他曾在荷蘭的邊陲安登 (Emden) ，任大法官三十四年 (1604–1638) 荷蘭信仰新教者多，卻在以保護舊教自居的西班牙控制之下，他非常同情荷蘭在政治及宗教上的獨立要求，乃極力鼓吹。他在「系統政治學」中所發揮的理論特點有四：㈠解釋在社會及政治組織中，契約之應用，並作澈底的分析。㈡對主權問題，作明細而精確之闡釋。㈢主權必在人民，及不可移讓的理論。㈣聯邦主義之見解。❺茲綜合以上諸點，略述其思想內容於後。

阿爾雪修斯的政治學說，係建立於其契約觀念上。他認為人類社會的各種組織，自家庭、一切社團，及城市、省區至國家，皆由於契約的自由組合而產生，此乃為自然法之原則。所以在一個國家中，大體言之，有兩種契約，一為社會契約，一為政治契約。前者是說明每一社團在國家中之關係；後者說明人民與政府的關係。由社會契約之性質可以見出國家乃是由一連串的社團，漸次組成的大聯合，並非以個人為單位所組成。契約的目的在說明結合宗旨，在於增進共同的利益，此亦即國家之目的，故知國家雖有權力，但不能超越其本身目的之外，國家僅在目的範圍之內，具有

---

❸ 布卡南著《論蘇格蘭統治權力》，用以說明女王瑪麗之被廢，為合法合理之事。

❹ 馬利亞納《論君王與君權之制定》一書共分三卷，其第一卷討論王位設立之制度，第二卷討論君王之教育，第三卷討論君王之責任。

❺ Dunuing: *Political Theories*, Vol. II, pp. 61–62.

最高權力，而並非具有包容一切的最高權力。所以國家固然有主權，卻不
是絕對的至高無上，而組成國家的各社團，亦復享有其範圍之內的主權，
不因國家存在而喪失。這是不同於布丹的，也與在他之後十七、十八世紀
的主權論者觀點不同，但對於現代的多元論者，甚有影響。阿爾雪修斯的
理論，在為荷蘭爭取獨立，並且有意造成一個聯邦國家，荷蘭獨立戰爭的
領袖威廉一世 (William I, 1533–1584)，即是得之各地方的擁護，他之為王，
顯然是經由各省契約的同意。

國家主權在於人民，也是阿爾雪修斯反對君主專制的重要理論，因為
契約的最大原則在於同意，統治者的產生及其權力，必基於此。但契約的
訂立，非由於個人，而由於各社團，國家主權是在於人民全體，並不是在
每個個人，主權在每個個人，在理論及事實上，均為不可能，但國家之主
權必源自人民，主權在民不僅是必然的，而且絕不可移讓。由此可知政府
並無主權，政府官吏依照法律的規定，可賦予若干權責，俾使國家目的以
實現，但人民亦可以收回其權責，所以一切統治者，實為踐履契約的工具，
如其遵行契約，可尊之為王，否則為暴君，變為人民公敵。但處治暴君的
權利，不能屬於每個人民，並不是人人可得而誅之，而是經由代表人民之
監察官來行使，監察官員可由各地議會，地方長官及大法官所充任，負責
考核及監督統治者的行為，是人民權利的監護人，他們的權力，顯然是超
乎統治者之上的。

阿爾雪修斯的學說，使一切社會及政治組織，均基於契約，較以往思
想家將主權在民的觀念，作了最明顯的剖解，並且發展了主權多元與聯邦
國家的理論。他的思想是有中古封建制度為背景的，對於以後產生了影響
力，但在民族國家盛行，要求封建制度淘汰之當時，並未發生很大影響。

二、格老秀斯

荷蘭法學家格老秀斯 (Hugo Grotius, 1583–1645) 在國際法學說方面的

創見，乃極為後世所推崇者，他以純粹理智接受自然法，作為研究法律及其他問題的法則，對十七世紀政治思想亦發生極大助力。他幼有神童之稱，長而博學多識，享譽於世，卒業於荷蘭萊頓 (Leyden) 大學，獲博士學位，於鹿特丹 (Rotterdam) 執律師業。一六一九年荷蘭政變，被捕繫獄，後脫身赴法，仕於路易十三王朝，備受優遇，之後復仕於瑞典，任駐法公使，由於他的學養及政治經歷，使他兼顧理論與實際，而富中庸色彩，這可以在他的思想中見出，最足以代表他思想的著作為《戰爭法與和平法》(*The Law of War and Peace*, 1625)❶❻。現將其所論要點，分敘於後。

㈠**法律之基礎：**自然法的觀念，是格老秀斯理論的重要依據，以理性了解與自然法則相融合，為其所提供的主要意見。他認為法律乃源於自然，自然是為人性之母，他同意亞里斯多德之人有合群的社會性。人類希望生活於和平及有組織有秩序的社會中，因為此乃合乎人性之生活，亦即是理性生活。他說：「在人類所特有的屬性中，有一強烈欲求─欲求社會生活，且所求者並非任何社會生活，而是和平的，有組織的，以合於人之理智程度為準。」❶❼

許多抨擊自然法者，常認為自然法是抽象的，實不過是一種空話。但是格老秀斯認為不是如此，自然法乃人性之體驗，基於道德，是正當理智所授予，指出何者當行，何者有違理性而必制止，以見出道德的高尚卑劣，此自為上帝所允諾或禁止。❶❽這乃是一種不變的道理，人但有良知，便極易發現，毫無置疑。這種自然法固為上帝所承認及主宰，但其絕對、必然，即上帝本身亦不能變更。他說：「即上帝亦不能使二乘二不等於四，故上帝

---

❶❻格老秀斯另外重要著作尚有《公海》(*Mare Liberum*) 及《荷蘭法學》(*Inleiding tot de Hollandshe*) 等。

❶❼參閱《戰爭法與和平法》序論 (*Prolegomena*)，六節。

❶❽參閱《戰爭法與和平法》一卷一章五節。

亦不能使原為罪惡者，不為罪惡。」❶他甚而認為即使無上帝，亦必如此。
此時科學已漸發達，幾何學被廣為應用，而當時之思想家又多認為宇宙是
調和的，其完整對稱，有如幾何圖案，無論有無上帝，此圖案必不可增，
亦不可減，自然如此，社會倫理亦應如此，所以人為之法律，實乃源於自
然法律，用以達到維持社會和平秩序之自然的人性傾向。

　　㈡**國家與主權：**格老秀斯亦認為國家的結合是含有契約性，自然社會
中生活簡單，無組織國家之必要，但由於文明日進，生活日愈複雜，乃經
由一種明示或默認的契約，以結合為國家。「國家乃許多自由人為享有權
利，及其共同利益所聯合而成的一個完全的社會。」❷因此國家之目的必
為公正，否則國家之結合便毫無意義。不過國家之成立固來自契約，但卻
並不必用作為限制政府權力的論據，或作為反抗的辯護。後來的霍布斯用
契約說以推演其絕對權力的產生，洛克則用為限制政治權力的原始依據，
格老秀斯只強調訂約者必受其自我約束，此亦為自然法之原則，是理性之
必然現象，統治者與人民俱有道德之限制，俾使政府與法律，均非為強力
的表現，而含有倫理的評價。

　　關於主權的問題，格老秀斯不若阿爾雪修斯之清晰明朗，他認為主權
固然「是一種不受另外力量法律上支配的權力，其一切行為，不因他人意
志干涉而至無效」。❸但此種權力之主體，可在國家，亦可在於特定的一人
或數人所支配之政府，不必在於人民。人民可將統治權交付君主及其政府，
而不復可收回。根據自然法，一切人固然均有因自衛而反抗的權利，以避
免損害，但國家既已設立，為維持公共秩序之安寧計，亦當然可以限制人
民一般之反抗，以及處理人民之所有，不然國家將不能達其目的，惟當主

---

❶ 同❸。

❷ 參閱《戰爭法與和平法》一卷一章一節。

❸ 參閱《戰爭法與和平法》一卷三章一節。

權者違背自然法時，人民便可以不必服從奉行。由上所述，可見格老秀斯所言之主權，究係何屬，其性質如何，甚為含混，所以在其理論之下的主權，不是絕對的，永久的，而是可以割讓轉移及分裂限制的。

　　㈢**國際法的創見：**格老秀斯在國際法方面的創始，是最為後世所稱道者，雖然他仍沿用萬民法 (Jus Gentium) 一詞，但係指國家與國家間以自然法為本的法而言，而非如羅馬時代之萬民法所指為各國相同之法。他認為這種國際間的法，是各國所普遍接受用以保持人類社會者，既然結合人群於一國之內，需要法律以維持社會秩序，則結合全人類之國際社會，亦必須有法律。而且他確認這種國際間的法律，是真實存在的，此猶如各國國內之不成文法一樣，見之於繼續不斷的習慣及熟習之事例中，是時間與習慣所創造。至於國際法究否如一般法律一樣具有效力？他則認為良心與輿論是足使各國君王所俯首的法庭。他說：「即使無有制裁，法亦並非絕無效力，因為公正則可得到良心之安寧，不公正則引起內心苦痛；公正會受到讚揚，不公正便受到懲徵，最重要者是上帝為公正之護衛者，而為不公正之仇敵。」❷❷因此必當承認國際法之效力。再者就實際上看，各國亦必須服從，因為一個國家不能孤立於國際間，世界上無任何一國能永遠強盛而不須他國之援助，常常為迫於事實之需要，要與他國通商聯盟，其間必賴有法之連繫，否則一切事物飄忽無定，一切關係均無由成立。

　　格老秀斯所以致力國際法之研究者，實由於當時國家間關係極為混亂，戰爭頻仍，每當戰爭之時，放縱恣肆，漫無節制，一切罪惡都可以在戰爭中發現，卻又不負任何責任，人類所表現之殘忍野蠻，甚而即禽獸亦所不為。如此之戰爭，當然使人類所蒙受之損失與痛苦太大，但是他承認戰爭又非可避免，他所希求的是戰爭亦應有法，而應以和平為目的。據他分析合乎公道的戰爭有三種：即自衛的戰爭，恢復國家的戰爭，及懲罰的戰爭。

---

❷❷ 參閱《戰爭法與和平法》序論，二十節。

這是由個人的自然權利觀念演繹而來，是合乎自然法，亦即是合乎理性的，即所謂有如二乘二等於四之無須置疑。戰爭固因此有時不可避免，但最好能以和平途徑解決問題，來預防戰爭。格老秀斯認為防止戰爭的方法也有三種，第一是以會議方式解決糾紛，如仍不可能，其次則請約定之第三國仲裁，最後的方法是抽籤。

格老秀斯國際法的理論，也是以合乎正確理性的自然法為基礎，但理性仍是主觀的，於是國際法之存在及效力，便會在不同的立場上，各執一辭。以戰爭而論，時至今日引起戰爭者均有所藉口，師出有名，可是自衛防禦與侵略，有時卻不易分際，而懲罰之戰爭，常常被野心政客據為口實，進行不公道的戰爭。再者懲罰或恢復之戰爭，其目的在得到和平，在於使肇禍者及侵略者有其應當償付的代價，因其罪有應得，但原受害者若為弱國，雖欲發動公道戰爭亦不可能，則戰爭之發動及獲勝，只為大國之專利。至於防止戰爭之方法，其最後一途出於抽籤，完全是日耳曼式的決鬥方法。所以他的意見，並未見周密，這一點他自己亦知道，但是他認為他已樹立了基礎，至一六四八年三十年戰爭之後的威斯特發里亞條約 (Westphalia Treaty) 終於其若干原則，為所採用。

第十二章　霍布斯及斯賓諾沙

第一節　霍布斯的時代背景

一、烏托邦作者的反抗呼聲

　　宗教革命之後，民族王國已經成熟，而新興國家間的衝突糾紛亦隨之日多，故格老秀斯國際法的觀念，得以推廣，同時在另一方面，大多依附於民族王國的新教改革者，如路德的論說，布丹的理論，亦得到實現的機會，即造成一般國家君主的專制獨裁，使人民大感痛苦。當中古之時，人民之大患是生活不安定，至此又變為生活受壓迫，民族王國愈鞏固，則人民所受壓迫愈甚，反抗的吼聲終必發出，此一政治現象，當然刺激到一些感覺敏銳的思想家，或消極的有出世的思想，或積極的有理想政制的設計，以及發出民主自由的先聲，而所謂烏托邦思想，亦頗為盛行。

　　這種承自柏拉圖理想主義的烏托邦思想，最足以代表和最早的，即為英人謨爾 (Thomas More, 1478–1535) 之《烏托邦》(*Utopia*, 1516)❶，在他所描繪的美麗樂土上，廢除私產及貨幣，自由擇取職業，取用所需物品。之後義大利的康帕內拉 (Thomassa Campanella, 1598–1639) 著《太陽之都》(*The City of Sun*, 1623)❷，不僅主張共產，甚而主張共妻，人民每日工作僅

---

❶ 謨爾之《烏托邦》分上下兩卷，上卷是暴露及指責當時英國政治的腐敗，及社會的罪惡。下卷則描寫其假想的島國，包括五十四個市鎮的烏托邦。其幅員形態，有類希臘之城邦國家，政府是採取代議的民主制，人民作息定時，僅需工作六小時，因無有私產，故治安良好，夜不閉戶，但仍保有奴隸，而且規定繁瑣，甚而服裝之樣式及穿著之時令，亦有一致之規定。後謨爾因反對英王亨利八世之離婚再娶，及一五三四年英王宣佈為英教會之最高領袖，致被判為叛逆罪而處死。

❷ 康帕內拉《太陽之都》一書，係於獄中所寫，他因為反抗西班牙，被囚禁二十七年，書中並頌揚科學，國家應予以獎勵。

需四小時。至於英國的哈林頓 (James Harrington, 1611–1677) 所著之《海洋國》(*The Commonwealth of the Ocean*, 1656)❸形式上雖假託為烏托邦，實際上是對英國共和時期之當時，作具體的建議，草擬了一部民治及法治的憲法。除上述數人之外，英國大詩人密爾頓 (John Milton, 1608–1674)❹，在一六四四年為了反對專制的英王查理一世 (Charles I, 1625–1649) 設立出版檢查制度，向議會發表的一篇講辭——Areopagitica，是為論述思想自由的最早文獻，他堅稱「自由超過一切」(Above All Thing Liberty)，因為一個完美的人，在能得到齊一的諧和，思想與行為必應融調，用外在的壓力來統一國民，只能做到表面的死板的劃一，故必須給予人以自由，尤其是思想言論的自由最為基本。他認為封鎖言論，為禍之烈，尤勝於封鎖海岸港口，因其阻止真理之產生，撕毀一篇佳作，與殺死一人無異。同時他更認為人是生而自由的，人之出生在於出令，非在受命，所以國家權力本在人民，君王實如僕役必受法律之限制，暴君人人可誅，乃屬當然之事。

　　以上這些人的作品，都表現了反抗專制政治的呼聲，烏托邦的作者們，以其寓言的方式，表達了對現實的憎恨，及所憧憬的政治理想。在所有的烏托邦之中，大都是既無國王，更無專制，沒有階級，沒有貧窮與飢餓，人民立於最公平合理的基礎上，雖然他們的描述，近乎幻想，但不失為思想史中燦爛的一頁，尤其是密爾頓以其詩人的熱情，論辯思想自由的重要，為以後自由主義發展的前導。但是他們的思想在整個的大潮流中，所發生

---

❸哈林頓《海洋國》中所言，皆為切實具體的意見，如祕密投票，間接選舉，官職輪流，兩院議會及宗教寬容等，中肯而開明，但卻不為克林威爾所喜，尤為復辟後之查理二世所惡，卒繫身囹圄，他對於財產與政治的關係，亦有其獨見。

❹密爾頓最偉大的詩篇是「失樂園」(Paradise Lost)。他是一清教徒，當英國清教革命之前後，他曾撰述多種政治論文。一六四九年查理一世被殺，他著《論國王與官吏之世襲》(*On the Tenure of Kings and Magistrates*)，為共和鼓吹，一六五二年所寫《自由之法律》(*The Law of Freedom*)，均可為共和時期之思想代表。

的影響並不大，真正作為十七世紀的代表，而影響最大的，還是霍布斯與洛克。

二、霍布斯其人及其時代

十七世紀是一個充滿理性的時代，在經過了文藝復興及宗教改革的一段培育之後，人們對宗教及古代學問，皆持有理性的眼光去觀察批評，不再是無疑的接受，於是對宇宙間的各種事物，也都重新研究探討。自哥白尼 (Copernicus, 1473–1543) 所著 《天體旋轉論》 (*On the Revolutions of the Celestial Bodies*) 發表後，至十七世紀克普勒 (Kepler, 1571–1630) 及加利略 (Galileo, 1564–1642) 繼續發揚光大，天文學的觀念，有了革命性的轉變，之後波以爾 (Boyle, 1627–1691) 及牛頓 (Newton, 1643–1727)，在化學及物理方面奠定基礎，開拓領域，人類的科學智識，乃與日俱進。尤其是法蘭西斯・培根 (Francis Bacon, 1561–1626) 之 《新機關》 (*Novun Organum*, 1620) 一書，提倡新的研究方法，鼓舞實驗的研究精神，是為後來英國科學發達的奠基者。 另外笛卡兒 (Descartes, 1596–1660) 所著 《方法論》 (*Discourse on Method*, 1637) 也開創了近代科學與哲學新風氣，他的「我思故我在」之哲學名言，對經驗主義與唯心主義，均有莫大影響。至此，近代的新面目乃極為鮮明， 霍布斯 (Thomas Hobbes, 1588–1679) 是此一理性世紀中，為近代政治思想中的第一人，以英國而言，他是第一個在政治思想方面，完成有系統的理論之偉大作者，雖然他的思想與烏托邦主義者的反抗呼聲不同，而是擁護專制政治，在今日視之，容或有不當之處，但是他的思想足以反映及代表他所屬的那個時代。

霍布斯之父為一牧師，因去職而遠離，霍布斯乃由其叔父撫養，十五歲時肄業於牛津大學， 一六〇一年為得文郡伯爵 (Earl of Devonshire) 之祕書及家庭教師，後伯爵死，復為其子之教師，伴遊歐洲大陸各國，曾結識加利略、培根、笛卡兒諸人，對其思想大有影響。當其留居巴黎期間，對

幾何學有濃厚研究興趣，所以他的論著，多以數學的方法加以組織。在一六四六年至一六四八年之間，他在巴黎曾為查理二世 (Charles II, 1660–1685) 之數學教師，一六五一年發表了他最著名的一本書——《巨靈篇》(*Leviathan*)。

　　當時英國國內政治局勢頗為動盪，固然英國較之歐洲大陸各國的社會生活要安定，少有戰亂，幫助其在自然科學方面的發展，但專制政治的盛行，愈是在安定生活中，愈感到不能忍受。當詹姆斯一世 (James I, 1603–1625) 之時，堅持君權神授說，後以濫用經費，要求國會通過其繁苛的課稅項目，藉以斂財，均深為社會所不滿。一六二一年下議院將反對國王干涉議員討論之自由權的「大抗議書」(Great Protestation)，載入議事錄中，詹姆斯一世大怒，即將此抗議書自議事錄中撕去，並解散此一國會。再者由於他的身世及教育的影響，實有傾向羅馬天主教之意圖，而對於以中產階級為主，崇尚生活嚴肅的清教徒 (Puritans) 極為敵視。至其子查理一世 (Charles I, 1625–1649) 繼位，仍復剛愎自用，醉心神權政治說，一如其父，彼自信惟對上帝及自己良心負責，不必對國會負責，乃愈形獨裁，與國會交惡尤深，同時他又要統一教會之儀式及組織，強迫蘇格蘭採取其教會政策，對清教徒迫害愈烈，結果乃爆發清教革命，克林威爾 (Oliver Cromwell) 所領導的「新模範軍」獲得勝利，並得操縱國會，查理一世即於一六四九年一月三十日被判決死刑，王政結束，實行所謂共和政治。

　　清教革命造成英國政治上空前的風暴，時霍布斯避居巴黎，又適為查理二世之數學教師，故與流亡之保皇份子過從頗密，但自其《巨靈篇》發表後，雖其旨意亦在擁護專制政體，然而他的理性主義卻觸怒了亡命的貴族，他的無神論又開罪了法國的教會及政府，乃潛返英倫，依附於克林威爾統治之下。此時英國雖名為共和，實際上是克林威爾個人的獨裁，以其紀律森嚴，行為殘酷的軍隊，對內使得人民敬畏，對外則戰勝西班牙，但至其逝世（一六五八年），遂致軍隊無首腦，國家無政府。其子利加德·克

林威爾 (Richard Cromwell) 庸碌，不足以領導駕御，故復辟運動乃得進行，一般民眾在長久的嚴肅刻苦生活之下，已感不耐，而查理二世允以不行專制，尊重國會，不干涉國會之宗教政策，及不課非法之賦稅，取悅國人，乃於一六六〇年在歡迎之下，回國即王位。查理二世榮歸之後，對於霍布斯尚能予以恩寵優遇，惟至一六六五年及一六六六年，倫敦連續發生一次大瘟疫及一次大火災，教會及國會均歸罪於無神論者，對霍布斯加以責難，他於倉惶中將文稿焚燒，幸免於難，此後之著作，竟不得在其國內發表。霍布斯之為人膽怯而拘謹，處身於這樣一個動盪的時期，為當時的戰亂，屠殺所震恐，不由緬懷昔日的和平，乃欲藉專制政治，以安定國家。

第二節　霍布斯理論下的人性及自然社會

一、人性說

霍布斯既處於一個科學萌芽的時期，而他個人對於數學及物理的興趣，當然也十分影響到他的思想。他是一個唯物論者，他認為整個宇宙是一個機械的結構，所有自然現象，不過是表現其運動過程，這一切都可用幾何的方法，由簡而繁，分析演繹而為一系統的知識，人及人類社會的一切現象，亦復如此，所以他乃能以科學的眼光分析政治問題。將政治學納入機械科學中一部份，霍布斯是為第一人。

他的政治理論，是以心理學為基點，以分析人性而入手的。他認為人類的行為表現，如感覺、感情、慾求等，亦皆如自然現象一樣，乃是一種運動的表現，如心理狀態中最簡單的感覺，是對於外物運動所得到的刺激，在感官上所產生之反應，而後構成其個體的生命的運動。但在一切感官反應中，有為人所喜而慾求者，有為人所惡而避忌者，人類一切複雜的感情、慾望，無不因此而起，所以人確為一充滿情及慾的動物。人既有情慾，則

必將與社會中客觀的事物發生關係，然後情或慾始可得到滿足，如能深獲我心，便會喜愛，快樂，否則便要憎恨，悲哀，與恐懼。於是人為求情慾之滿足，以得到喜樂與安全，便須發展權勢 (Power)，人之所以汲汲企求財富、地位、榮譽、智識，無非是增加其權勢的範圍，以求其情慾的滿足，一己的幸福。從另一方面而言，既得的權勢又恐懼其失去，唯繼續求其增加，確保其既得者，以便能「自我保存」(Self-preservation)，因為權勢擴展，則生活舒適，無往不利；如權勢喪失，則生活痛苦，了無樂趣，於是人便如此的在患得患失之中。他說：「我認為一切人類的普遍傾向，都是在永無休止的追求權勢的增加，這種欲求只有至死而後已。其原因並不是一個人追求更大的權勢為更多的快樂，亦非他不滿意其已得權勢，而是因為假使他不獲求更大的權勢時，他將不敢保證他現有的權勢，是否可以保障其美滿的生活。」❺

霍布斯這樣來分析人類生活的一切動機，人人追求權勢，唯恐他人侵犯，故人與人乃互相猜忌，不能相容。他舉例言，人在旅行之中，常武裝戒備，或結伴同行，夜間睡眠，必緊閉其門戶，即使在家中，亦必將箱櫃嚴鎖，此時雖明知有法律，有軍警可資保護，但仍必嚴防以求心安。❻他的這些理論，即是在說明人性的自私，馬基維里也是以人性自私為其理論基礎的，但是霍布斯更進一步的說出自私的動機，說出所以然的原因，當然較之前者，更為深刻。

二、自然社會

權勢的擴增，是人的心理因素所造成，亦即人性自私的表現，其目的在於自我保存，但權勢擴增的結果，必造成人與人的權勢衝突，於是霍布

---

❺ 參閱《巨靈篇》一卷十一章。

❻ 參閱《巨靈篇》一卷十三章。

斯進而作邏輯的推論。認為自私自利，唯權勢是求的人類，在沒有法律、沒有政府的自然狀態中，其生活之情狀，無異是一人間地獄，是一個「人互為戰」(War of Every Man Against Every Man) 的戰場。環繞於人類的是孤獨、貧窮、殘忍及卑鄙，生活艱困，而生命短促。死亡的恐怖，緊緊的追隨，要維持自己的生存，便必須殺開一條血路，此時的人類，實如同豺狼禽獸。在這種狀態之下，當然任何文明之事不能產生，農業、工業、交通、建築、警衛及文學等一切文化表現，更無由發展。同時在這個自然社會中，並無所謂是與非，正義或不正義，因為沒有公共的權力，亦無有法律，強力和欺騙是最基本的表現，用體力與智力以較高低、增權勢、擊敗敵手，求得生存。霍布斯是認為人生而平等的，如果人在體力與智力上相差懸殊，便會是弱肉強食，無所爭端，他說：「自然所造成之人們，在體力與智力上是如此之平等，雖有人或身體較強，或思想靈敏，但就一般言之，人之差別不大，……即以體力而論，最弱者亦有充份的力量致最強者於死命，不論是出於詭計或聯合他人合力擊殺。」❼

　　由於自我保存的本能，人在自然狀態中，可以做他一切能力所及，有利他生存的事情，這乃是人的自然權利。霍布斯認為：「自然權利就是每個人有使用其力量的自由，藉以保存其一己的生命，所以一個人有權力作任何事，只要依其判斷與理智，認為有利其生存者。」❽但是他亦承認有自然法的存在，所謂「自然法是人類理智上所發現的一種普遍的規律或原理，禁止各人作有害於他自己生命之事，及放棄其維持生命之物，並命令他去作認為最能保障其生命安全之事。」❾他這種自然法的解釋，仍然是站在人類自私自利的觀點上，為其自然權利說作一引申，不過自然法的論據，

---

❼ 同❻。

❽ 參閱《巨靈篇》一卷十四章。

❾ 同❽。

在霍布斯的政治哲學中，仍然是佔有重要地位，因為如無此一論據，則無
由推演出後面契約說的理論。他認為自然法中最重要的有三條：㈠企求和
平：每個人應竭力企求和平，如和平不可得時，只有尋求及利用戰爭手段，
以自利自存。㈡放棄權利：如人人都能自願放棄，自己亦應放棄以獲致和
平。㈢信守契約：人人能履行信約，人人始能自保。❿惟當人類仍沈淪於
自然社會的苦海之中時，只有自然權利為人們所熟知。

　　霍布斯這種自然社會的描繪，不是歷史的紀實，而是論理分析，是否
合乎歷史事實，在他看來並不重要，他認為此事不必有，但此理不能無，
此種由人性自私而發展至人互為戰的情形，不一定從歷史上去尋找，而每
當國家喪亂，政治組織瓦解，法律失卻效用的時候，便可能會重演自然狀
態的血腥陰森與悽慘，此時生存競爭最為激烈，故人與人之間不講信義，
只有猜忌，殘忍相害是必然的結果。總之自然社會在霍布斯的筆下，不是
失去的樂園，而是現實的悲劇。

第三節　霍布斯的契約說與主權論

一、契約說

　　自然狀態就是戰爭狀態，自然社會也就是一個殘酷的戰場，人們無時
不在提防敵人的來襲，在死亡的恐怖中，惶惶不可終日，這種生活實在是
不堪忍受的，它必然是一種暫時性的，過渡性的。雖然此時的人們，都享
有絕對的自然權利，卻並非可貴，必焦思苦慮的謀求權勢的擴增，又無分
時地的懷著戒懼的心情，防備權勢被人侵奪，費盡心力以求自存，但常常
是徒然的，仍不能避免悲慘的命運。此種恐怖狀態，務必結束，否則將同

---

❿ 參閱《巨靈篇》一卷十四章。

歸於盡。於是自然法發生了效力，自然法是要人如何選擇最好的自存之道，人是有理智的，足以曉悟和平相處，共同合作較之暴力的角逐競爭，對自存更有助益，至於如何使野蠻爭戰的社會，一變而為文明和平的社會？他的意思是：必要建立一個公共權力，對外能防禦敵人之侵略，對內能制止互相的侵害，而其唯一方法，即是將一切的權力賦予一人，或一個集團，使其能化眾人無數意志，以成為一個人的意志。換言之，即指定一人或一個集團以代表眾人，則眾人均必須放棄其自衛、報復與其他一切權力及意志，此人之意志即為大眾之意志，此人之行為即為大眾之行為，大眾應完全服從其權威的命令，俾全體在一個力量之下，得到真正的和平統一。但此種情形的造成，乃為眾人互相訂立契約而成，眾人同意將其權利賦予一人，自此之後，由此一聯合而構成為國家，所謂「巨靈」者，乃得產生❶。

　　這種契約產生之後，便從無組織而達於有組織，並且在產生了一個最高威權之後，就可以用強制之力，使人們立於相等的地位，結束普遍的爭戰，得以安居樂業。但為促使這個最高權力的產生，必須每個參予訂約的人，放棄他所有的自然權利，否則便是一種反社會性的行為，因為自然權利是無限的，只知犧牲他人以自肥，所以必須要無條件的完全放棄，一個政治社會才能組成，最高權才能建立。然而自然權利之放棄，乃是訂約者相互之間的事，放棄以後交付一個人，或一個集團，俾使其可享有最高的絕對權力，惟其因為非為訂約的任一方，乃不受契約的任何約束，這從法律或論理上講，都是應當如此的。但參予訂約的一般眾人，則當契約一經訂立，一方面由於所有權利皆已放棄，一方面由於有履行信約的限制，便只有絕對的服從。亦即是一旦契約訂立，政府對象確定，一般人民除政府為其便利計應給予之權利外，一切權利均被沒收而去，人民沒有反叛的權利，只有聽從命令，政府卻得以任意行事，不受約束。至於人們究為何必

---

❶ 參閱《巨靈篇》二卷十七章。

須如此以成立政府社會，何以不能自動自發的和睦共處，而必有賴於強制力量？霍布斯的看法是一群蜜蜂在蜂巢之中，可以分工合作不相競爭，因為牠們沒有榮譽與權勢的欲求，牠們亦不會批評蜂王，但人類與蜜蜂不同，在人類中，沒有刀劍的盟約，便猶如空言。

二、主權論

霍布斯的契約說，與以往格老秀斯及阿爾雪修斯不同，與以後之洛克、盧梭亦有差異，他的契約說是一元的，他是要用契約說以闡明其主權的理論。所謂由契約而產生的最高權力，就是主權 (Sovereignty)，有此一物，國家乃得誕生，而後有公正、有法律、有私產，國家主權是一切權力中最大者，可以代表此一政治社會，行使最高權力。主權可在一人之手，或少數人之手，或多數人之手，此亦即是國家為君主抑為貴族或民主國體之區別，但不論主權操於何者之手，它總是絕對的、無限的、永久的，故不受任何拘束。它的任何行動，都不至破壞到契約，因為它根本不是訂約的任一方，便無有受拘束的義務，無有守信的限制，因此也根本無所謂背信違法、公道與不公道，即使在其命令之下，沒收人民財產，甚而犧牲人民性命，亦無不可。霍布斯的意見完全與中古的一般觀念不同，在中古封建時期，諸侯與子民乃是訂約的雙方，權利與義務是雙方相對的，他卻予以否認。

主權之所以具此無上之威權者，他認為仍然是由於人類之自私，絕對服從主權者，各人可得到和平安定的生活，獲益較多，否則便重返自然社會，置身於戰場殺戮之中。他說：「主權者具有如此無限的權力，雖然可以想像到會產生種種不良結果，但若無此威權時，那種人人敵對的戰爭狀態，豈非更壞？」❶❷擺在人民面前的只有兩條路，不是重返恐怖的自然社會，

---

❶❷ 參閱《巨靈篇》二卷二十章。

便是絕對服從主權者的命令，兩相權衡，仍是後者較佳。主權者既操有至大的權力，則易於形成專制，似為意料中事，霍布斯雖亦承認此點，但是他仍認為專制政府亦較無政府為好，所以人民不論在任何情形下，不得反叛政府，不可推翻主權者，更不得予以處罰或置之於死地，顯然的他對於查理一世之被處死，是深為歡惋的，因為這開了惡例。前人「誅暴君」之說，實屬不當，這是人民不信守契約，是人民的不公道。在霍布斯的意見中，君主根本無仁暴之分，因為他的行為不受任何約束，無所謂公道與否，便亦無所謂仁暴，所以他不贊成以往亞里斯多德等人的政體分類中，有所謂暴君政體 (Tyranny)，及君主政體 (Monarchy) 的區別。

訂立契約而後產生主權，參予訂約之眾人固然應當服從主權者之命令，即使有少數未參予者，亦必須強制其服從，不然可採取任何手段，予以制裁，因為彼等既未簽約，則視彼等仍生存於自然狀態之中，當可用自然社會的原始方法，將之處置、驅逐、監禁，甚而誅殺，均無不可。再者契約的效力，不僅約束訂約的當事人，並且亦約束到他們的下一代，因為他們的子女既屬他們所有，主權者的命令當然可及於他們的一切。

主權者的權力在一國之中既然是至上的，則為了維護權力及安定秩序，有幾項權力是絕對而固定的：㈠思想的審查與取締；㈡有關財產及其他一切法律的制定；㈢人民訴訟的判決；㈣宣戰媾和的決定；㈤官吏的任命，及榮譽爵位的頒贈。❸上述幾項權力，都是不受任何限制的，其中尤以第一、第二兩項最為重要。霍布斯認為凡屬一切新奇的社會思想，主權者都可加以取締，他對於密爾頓高唱思想自由的理論，極力反駁，在他看來思想自由是極危險、極不合理的事，社會秩序不安定的原因，常常是由於思想分歧。在一切法律的制定方面，更顯示出霍布斯主權之絕對及不可分割轉讓的性質，他將布丹所加於主權的限制解除，而更加系統化。在布丹的

❸ 參閱《巨靈篇》二卷十八章。

理論中，主權固可立法，但仍要受到上帝法、自然法以及傳襲已久的根本法之限制。霍布斯認為這是矛盾的，他的意見是一切法律必待主權者的意志表示而後定，上帝法、自然法以及習慣法之能夠發生效用，需要主權者的解釋及承認，否則均屬無效，所以所謂法律者，即是主權者的命令，這是唯實的看法，有影響於以後的實在法派。或云以往法律家或道德家的理論，亦可以成為法律，他亦認為這是荒誕的，因為除主權者之外，再無有另外的人能產生法律，使法律有效。當然由於主權者必享有規定法律的專權，他也反對英國國會的分割此項權力。

從上述主權理論看來，霍布斯是樂意君主專制的，將主權交予君主一人。他舉出許多理由，說明君主政府的優點，唯君主政府最能配合其主權的完整絕對。國家是由無數人所組成的，既是無數人，便不可能有共同的意志，共同的行為，不能發生作用，要使國家發揮其真實的效用，必須將主權交給一個人，俾使其意志而為國家全體的共同意志，如主權交給議會或其他集體的民主政府，都不能發揮主權的效力。他亦承認君主的私人利益，在可能與大眾的利益相衝突時，將捨公而為私，惟大多時候均能配合。他並且認為即使在民主政府之下，也會發生公私的衝突，何況君主可在暗中聽取他人的意見，作為糾正，相反的在民主方式之下，一切公開討論，意見相左，則容易使內部分裂，甚而引起內戰。

第四節　霍布斯思想的討論

一、關於人性說與契約說的檢討

霍布斯以其心理學的觀點分析人性，作為其討論政治問題的基礎，認為人性是惡的，是澈底自私自利的，惟求權勢之擴增，以求其既得權勢之保持，及情慾之滿足。他在這一方面的理論，當然也是頗有見地的，遠超

過和他同一看法的馬基維里，因為他道出了人性自私的所以然的原因。在他之後的馬克思，亦遠不如他思想之深入，馬克思認為人與人之間，經濟衝突是為一切問題的最大癥結，如果能將經濟衝突化為烏有，則一切問題便可迎刃而解。殊不知人之欲望，不僅限於經濟利益，政治權力尤為重要，至少亦應與經濟因素有同等份量，因此只有經濟平等，而沒有政治平等的民主制度，問題仍不能解決，克里姆林宮因權位之爭造成的醜劇，是最明顯的表露。在民主制度之下，則可以使一個人的權力，有時間的限度，所以霍布斯的看法，是不無道理的。

　　但是霍布斯之當時心理學的智識，尚屬簡陋，固執於自我保存之私，而不見其他心理狀態。自私固為人性之一種表現，但亦有無私的理性表現，人類對是非善惡的辨識，並非一無所知。但是他一方面肯定人性自私，充滿增加權勢的慾望，卻又認為人亦有明瞭自然法的理智，以及建立國家的社會性，雖然這種建立國家的社會性，其動機仍為自我保存，但是仍不免有所矛盾。假若人完全是自私孤獨和野蠻殘忍的，則社會根本無由產生，更毋論國家政府之建立；假使人既有理智訂立契約以建立國家政府，則自然社會便絕非如其所描繪之陰森悲慘。

　　霍布斯先確定其自私的人性論之後，接著展露了血跡斑斑的自然社會，又由於自然法的啟示，乃由離立的個人訂立契約，以成國家。這種演進的過程及結果，在他看來雖非歷史事實，卻也是理所當然的。但是即使在最遠古的自然社會中，個人亦非單獨離立的，家庭應已先國家而存在，至少個人有與他人聯合，互相依存的體認。同時契約的觀念，必須待有社會關係之後，始能領會，但霍布斯卻一味強調自然人之野蠻孤獨，毫無社會性，果若如此，則契約無由產生，更不可能在旦夕之間，一向野蠻孤獨成性的人，會忽然全體一致的對自然法豁然貫通，了解和平合作的重要，甘願放棄所有自然權利，放下屠刀，訂立契約，這在心理上是根本不可能的。況且霍布斯認為法律之有效，有賴強制的權力，自然法僅為一種理念，非為

實體的存在，更無強制的權力，自然社會的人如何會能遵守？既不能遵守，
則契約之訂立，亦非可能。

二、關於主權論的檢討

霍布斯契約說的假設，其目的完全在於產生絕對至上的主權權力，但
無可置疑的，此將造成極權國家及專制政治。人民在霍布斯設計的「巨靈」
之下，當然是毫無自由的，因為一切自然權利，都已經交給了國家主權者，
只有國家自由，不再有人民自由。在人民是無條件的絕對服從，以及主權
者不受任何約束，又不負任何責任的情形下，只有縱容主權者更加惡劣，
濫用權力。掌握權力的人，必設法鞏固其權勢，使人民大眾蒙受犧牲與損
失，凡不利其權力的思想與行為，均將盡力壓制。霍布斯既自認為人性是
自私惡劣，追求權勢以滿足情慾，掌握主權者仍然是人，而不是超人，亦
具有人類普遍的劣根性，則掌權愈大，為惡愈甚，其為禍之烈，是可以想
見的。在他看來，人民即使生活於暴虐的政府之下，亦勝於無政府的自然
社會，但事實上，在若干國家黑暗的歷史中，人民深受暴政之苦，寧願無
有國家與政府，不然革命如何會發生？所謂「苛政猛於虎」。所謂「時日何
喪，吾與汝偕亡」，是說明人民不堪其苦，寧願返回自然，或揭竿而起，同
歸於盡。

人民為訂立契約建造國家，必須放棄一切權利，但至少生命應未交給
主權者，否則失去建造國家的目的。可是即使如此，主權者亦可運用其權
力，發佈命令，使生命亦不可保。自然社會固然是一座戰場，但是這個人
工製造的國家，亦無異一座死牢，人民何愚昧至此，由刀山走下而蹈往火
海？事實上，人民的反抗也是常發生的，當主權者不能保護其人民安全
時，人民便也不再信守誓約及絕對服從，當反抗成功時，主權者便也喪失
其運用主權的權利，人民恢復原有的自衛狀態，或服從能保障其安全的新
主權者，所以霍布斯自己亦曾由巴黎出走，而屈從於克林威爾之下，因此

乃開罪王室及保皇黨。此即說出人民生活於國家之中，有時其痛苦亦是不堪忍受的，甚而超過了自然社會，同時人民既然可以為自保而反抗主權者，則與絕對服從主權的契約內容，以及主權的絕對性、永久性，便大有出入。

三、霍布斯思想的影響

霍布斯關於契約及主權的理論，固然可予以檢討，但是他仍足以代表他的時代，不失為近代一大思想家。他的思想縝密，邏輯強固，就其政治理論的全部言，層次清晰，逐步推理，透闢貫澈，幾不能發見縫隙，這種科學萌芽時期的思想方法，有很大的良好影響。最重要的是，他代表了宗教革命後的一代傾向，當時實際的政治表現，是重集團而趨向專制的，他是綜合了在他之前以及當時的思想，予以整理而系統化，將以往所有擁護專制的理論，作了一個總結，可是他絕無迷信成份，固然將無限權力賦予國君，但不再是君權神授，而是君權民授了。他的思想是反映和代表了那個時代，但也結束了那個時代。

霍布斯的理論，固然重視國家集團，擁護專制，但其出發點，是由於人類的自私，自我保存是為最初動機，乃至經過人為的契約，造成機械的國家，所以他仍然有著個人主義的色彩以及功利思想，此對於以後的功利主義亦不無影響。在他契約說的內容之中，所表示的自然法與自然權利的觀念，以及主權產生的原因，都有助於民主思想的發展，主權者雖然至高無上，但其權力仍為人民所授予，他享有權利，亦負有職責，國家權力及法律威嚴之所以合理，是因為對於個人安全有利，人民服從及尊敬主權者，也是因為對他們有利，否則便無須服從尊敬。表面看來，主權者握有無限權力，但追究其來源，翻開契約的內層，一切權力本來是屬於人民自己的。由此可知霍布斯之不為查理二世及保皇黨所喜而見逐，是有其原因的。然而霍布斯的理論，畢竟產生了使國家威權增加的影響，以往以及今日的一

般極權國家之所表現，正如他之理論所說。但時至今日，集團主義為世所
注重，所有國家的職權，皆有勢所必增之趨勢。

第五節 斯賓諾沙

斯賓諾沙 (Baruch Spinoza, 1632–1677) 是一生長於荷蘭的猶太人，他
與霍布斯處於同一世紀，他的政治思想，大體上是接近霍布斯的，惟二人
之氣質頗不相同，斯賓諾莎在哲學園地中，有卓越的成就及深遠的影響，
他個人在短促的一生中，所表現之高潔的人格，無畏的精神，❹實為人所
欽敬，此遠非霍布斯所能企及。他的思想尤為冷冽與深邃，發射出理性的
清輝，而仍有其溫厚的蘊藉。他的主要著作有：《神學政治論》(*Tractatus
Theologico Politicus*, 1670)，《倫理學》 (*Ethica*, 1677)，及 《政治論》
(*Tractatus Politicus*, 1677)❺。

一、人性的了解

斯賓諾沙的宇宙觀及倫理學的理論，許多與斯多噶學派相接近。他認
為整個宇宙的全體，可稱之為一「實體」(Substance)，或名之為「自然」
(Nature)，亦可又名為「上帝」(God)。三者實而為一，在此一實體中的一
切存在，均屬自然，均為上帝所造。自然中有若干事物，自我人視之，形
可笑，事可鄙，但皆為必然之表現，亦皆屬合理，我人之不能了解，乃由

---

❹ 斯賓諾沙因堅持其個人哲學上的見地，在一六五六年為其族人加以除名的處罰，
驅逐於猶太教會之外。他孤獨隱遁，為人嫉恨，甚而有人要暗殺他，但是他並不
改變自己理性的信念，仍勉人以愛來消除恨。他為謀生，做勞苦的磨鏡工作，得
以自由的思想及生活，竟放棄一六七三年海德堡大學聘為哲學講座的高職，並且
也曾婉拒許多富豪權貴的餽贈。

❺《政治論》係一未完稿的著作，於死後發表，《倫理學》亦係於死後發表。

於對整個宇宙，缺乏正確認識，所以人不可去消滅任何自認為不合理的事，只可以去了解它❶❻。

　　因此他所做的，是要用冷靜的態度，去觀察世界，對於人性的表現，政治的問題，他抱持絕對的客觀，不存有絲毫成見，及個人的喜怒好惡。他批評一般思想家研究到政治、人性等問題，常易於滲入個人的感情，流於冷嘲熱諷，譏笑歎息，甚而苛斥痛恨。彼等常自認為其行為純潔，便百般頌揚一種事實上不可能存在的人性，而極力唾罵實際上確係如此之人性，以彼等之設想，自負為智慧的花果。實在彼等所設想者，並非實際的人，而是願望中的人，於是彼等之政治哲學，亦全屬冥想中的烏托邦，與實際政治一無是處，乃至理論政治與實際政治，成為截然無關之二事❶❼。

　　所以當他自己面對問題時，他是「抱持審慎的態度，對於人類行為，不加訕笑謂歎，不作要求希冀，但求了解。」❶❽換言之，他所努力者，不是追求應為之事，而是能為之事，人類實非理想所能完全支配，如果設想一種理想制度，去要執政者接受，那完全是詩人的夢想。於是他便像研究數學上的直線，平面與立體一樣的去分析人性，他把人類的種種情緒，如愛惡喜怒、嫉恨、憐憫等等，並不當作惡德或美德看待，只是認為人的自然屬性，正如天氣的變化，有晴雨冷熱，風雨雷電一樣，一切都不能分為壞現象或好現象，而是自然現象。人性之任何表現，亦無所謂好壞，亦皆為自然現象，我人之目的，即在於如何以理性了解我人之情緒、慾望、及一切感情衝動，如能了解，便不致受到情緒慾望的盲目操縱，為激情(Passions)的衝突所困，這種了解愈深，則對上帝之愛亦愈深。

---

❶❻ 參閱《神學政治學》二十章。

❶❼ 參閱《政治論》一章一三節。

❶❽ 參閱《政治論》一章四節。

二、國家的產生

　　斯賓諾沙認為一切政治哲學，必須要從辨明有組織的社會，及無組織的社會之間的相異之處著手。在他看來，「在自然狀態的社會中，根本無通常所謂之善與惡，亦無是與非，因為當時的人，只有和自己商量，根據自己的想像決定取捨，他只對自己負責。」⑲在這個時期，能順應上帝的命令，自然的法律去生活，這就是個人的自然權利，他說：「例如魚天生會游於水，大者吞噬小者，為自然所決定，是以魚之游水，大之吞小，皆為依自然法而生活的自然權利。」⑳每個人視其能力所及為所欲為，以求其生存自保，即為其自然權利，為其個人的主權，這種權利本是無限的，但實際上卻要受其自身力量之所限，仍屬有限的，不過除了他本身力量的限制之外，是不受其他任何限制。因為上帝有一切權利，祂的權利就是祂的力量，其力量是絕對自由的，所以宇宙萬物亦皆有其權利，正如其有生存及活動的力量。由此可知，無論何人可依其天生秉賦，採取任何手段以維持生存，他有多少能力，便有多少權利。㉑

　　斯賓諾沙的此一理論，便產生了「強權即是公理」的現象。人們為自我保存，亦必互為仇敵，人實在是自私自利的，人之行為無非是在趨利避害。但是人雖有理智去計劃獲得利益，避免災害，然仍不免受盲目的慾望及激情所支配，實際上不見得就能獲有豐厚的利益，而且每個孤立的個人，力量終究有限，個人縱有無限的自然權利，卻不見得能夠享受。因此人的理智告訴人，若想獲得大量利益，必有賴大家團結互助，團結的人愈多，力量愈大，生活便愈有保障。他認為沒有人能在孤立無援中保衛自

---

⑲ 參閱《政治論》二章。

⑳ 參閱《神學政治學》十六章。

㉑ 參閱《政治論》二章三至四節。

己，取得生活必需品，所以人都怕孤獨，基於此故，人類是亦具有傾向社會組織的本能。他說：「若無大家的互助，人類不易維持他們的生活，亦不易發展他們的心靈，故人類雖有自然權利，但若無大家共同的承認，聯合起來以保衛其田產，生命，反抗暴力的侵犯，以及服從共同的判斷時，則那些自然權利，根本不能享受。」❷因此人類乃必由自然權利的狀態，進入道德權利的狀態，由自然社會進入有組織的社會，大家同意組織國家社會，以維持生活之安定，享受無虞的權利，此一論述，亦即流入一般之契約說。

斯賓諾沙固然認為人有傾向社會組織的本能，但乃是為生活所迫而表現，並非如亞里斯多德所謂，互助合作的社會性是人類的天性使然。他認為社會的本能，較之個人的本能是後起而脆弱，不過社會組織的逐漸嚴密，也可以將此種本能滋長加強。他表示人雖非為公民權而生，但卻必須適合於公民權，人並非要組織國家，但一旦國家組織之後，卻必須服從國家，為維持國家之存在，避免自然狀態的互相爭奪仇視，必須要加強社會性，個人的權利，便不得不在團體的權力下讓步。所以大家把自己的權利讓渡給一位主權者，使他能代表全體的權力，以限制個人的權利，使個人在不妨害他人平等自由的範圍內，行使權力，享受權利。一國之人民所以必須放棄若干權力而交付主權者，是為了避免他人以權力侵害你，例如你必須放棄憤怒狂暴，施虐於人，即在於避免他人以此加害於你。於是主權者用完善的法律，以維持人與人之間的關係，正猶如以完善的理性，對付衝動的感情一樣，所以要增加全體的力量，調和相互間的衝突，避免同盡於毀滅。故在國家之中，人民必得絕對服從主權者的法律命令，人民已失去自主，必依賴國家而為生。他不贊成任何的反叛行為，即使對惡劣之主權者，亦應服從。

---

❷ 參閱《政治論》二章。

　　從以上的理論看來，斯賓諾沙與霍布斯幾無甚差異，自人性的分析，自然社會的狀態，以及國家經契約而產生之後的主權權力，均大致相近，唯在對於契約及主權的解釋上，仍有所不同。在契約方面，霍布斯所言者，如同一份賣身契約，一經簽訂，便毫無毀約的權利與可能，必須永遠遵守。但斯賓諾沙認為人既是自私自利，則所以要遵守契約，服從主權者之命令，亦無非因此而來，但設若遵守契約所產生的痛苦較大時，人自然有權利違背或毀棄契約，人為自我保存，當然要選擇對自己最有利益與最少損害的。

　　再者在主權論上，霍布斯認為主權是絕對、無限及永久的，斯賓諾沙卻認為是有限的。因為一切權力都要受到其自身力量的限制，權力是與力量相等的，故主權者亦必受到其本身所具有能力的限制，而且也只有在有力執行其意志時，才能享有權利，表現其權力。同時主權者又必須受到國家所以產生及所以存在的目的之限制，國家之產生及目的，是為了大眾生活便利，如果主權者不能顧及到此一目的，則其權力勢必減弱，人民有感於主權者違背初衷，勢必起而覓求報復，團結力量以抗主權，則主權者行使權力的範圍亦隨之縮小，由此可知國家的力量，最後仍然是存在於全體人民。

三、自由的重視

　　要說到斯賓諾沙與霍布斯思想最不同的一點，便是斯賓諾沙堅持主張國家應當給予人民自由，尤其是思想言論的自由。他說：「國家的最終目的，並不是統治人民，亦非用恐怖來壓制他們，相反的是使人民免於恐怖，使他們的生活行動充滿安全感，使每個人以及其鄰人免於傷害的憂慮。故國家的目的並非將有理性的人變成野獸或機械，乃在於使人民的身心安全上發生作用，要用自由的理性來領導人民生活，訓練他們，使他們不至在仇恨、憤怒和奸宄上消耗自己的精力，使他們不至互相敵對，因此國家真

正的目的是自由。」❷所以他認為凡是違反言論自由的法律，是最容易被毀滅的，因為人民不會長久的遵行而不批評。他說：「一切政府愈努力剝奪言論自由，將愈遭到頑強的反抗，反抗者並不是貪婪無知的人，而是一些受過良好教育，及由健全的道德中習知自由意義的人士。人的心理是相近的，最使他們不堪忍受的，莫過於把他們視為理所當然的事情，認為是違反法律，如此，他們不但憎恨法律和反對政府，並且認為這樣不僅不可恥，反而是光榮的。」❷他又認為如果政府勢必要控制言論及思想，結果將使人民口是心非，陽奉陰違，破壞了忠實誠懇的美德，獎勵欺詐與諂諛，人民目睹政府措施不當，卻敢怒不敢言，必積怨愈深。事實上人天生是其思想的主人，任何權威皆無法強迫人民依照同一的思想去思想，政府絕不應強制人去做所不願為的事情，對於人民心靈的控制愈少，則可使人民與國家兩蒙其利。他不贊成一個政府享有絕對的權力，權力愈大，其腐蝕性亦愈大，政府的權威如果從人的身體行動，擴展到人的思想靈魂，不僅阻礙其團體的生長，甚而促其死亡，因此他亦不贊成政府統治教育。不過斯賓諾沙雖一再強調思想言論的自由，然而行動的自由仍必受到限制，否則社會秩序將無法維持。

另外他認為只要政府應當遵守的原則確定，只要能輕私利而重公益，則其形式是無關緊要的，但由於他極重視思想言論自由，所以他還是比較歡喜溫和的民主政體，對於君主政體的批評則較苛。君主政體的效力可能是高的，但是「將整個權力賦予一個人，所增加的並非和平，而卻是奴役」。❷他認為在君主政體之下，將不免壓迫人民，窮兵黷武，一般君主常自認為是為了國家利益而採取祕密的陰謀，實際是渴求絕對權力的藉口，

---

❷ 參閱《政治論》二十章。

❷ 參閱《政治論》十章。

❷ 參閱《政治論》六章。

他們愈是用公共福利作為掩飾不良企圖的假面具，則所造成的奴役愈不堪忍受，將國家置於權威之下，祕密的處理一切政務，正如同在戰爭時期計劃攻擊其敵人一樣，在和平時期則用來欺詐人民。㉖民主政體固然亦不能使大家的意見完全一致，但多數人的意見，便有法律的力量，法律可隨環境及大家的意見而變更，每一個人在行動上服從法律的權威，但在思想判斷上，仍可保有自由。民主政體的缺點是政府中常不能避免庸才，同時群眾的性格，非理性所能統御，而受情緒的操縱，所以民主政體常常變為暴民政體，有識之士，恥與為伍，結果少數強者要反抗這種制度，故民主政體亦常變為貴族政體，再又變為君主政體，甚而人民寧願選擇暴君，亦不願忍受暴亂無主的局面。權利平等本不是一種穩定的狀態，人在本性上並非平等，強欲在不平等中獲致平等，結果便造成荒謬與暴亂。所以一個民主政府的重要工作是如何產生人才，使人民能在受過訓練的專門人才中，去選擇適當的領袖。

斯賓諾沙的這些理論，均有其獨到的見解，即在今日，仍可供我人藉以透視一般極權國家。不幸此一哲人以壯年死於肺疾，否則必將有更大貢獻。雖然他的一些冷峻的理性分析，在其生前及死後百年中，都曾受到很大誤解，但是他於以後的唯心主義、功利主義，仍然具有不可排拒的影響力。

㉖ 參閱《政治論》七章。

第十三章　洛克——光榮革命的代言人

一、光榮革命的成功

　　發生於一六八八年的英國光榮革命 (Glorious Revolution)，是一個最溫和最成功的不流血革命，英國經此革命之後，實現民主政治的基石業已奠定，故迄於今日，再無革命發生。此一革命不僅造福英國，即對於世界民主憲政的推動，亦大有助力。洛克 (John Locke, 1632–1704) 乃為此一幸運革命中之幸運的大思想家，他做了光榮革命的代言人，他的思想吻合了時代要求，使他開創了一個新時代，並且發生領導時代的作用。

　　一六六〇年查理二世復辟以後，表面上尚能尊重國會權力，流亡生活已使他深知王位之不可失，故遇事常願退讓，手段頗為狡黠圓滑，惟其深心中仍嚮往神權及專制，而其耽於享樂，宮廷過於浪費，乃不擇手段以歛財，因此與法王路易十四有所勾結，俾得其資助❶，於是國會漸對其外交政策，及傾向羅馬教會的態度，表示不滿。一六七九年遂提出「拒絕法案」(Exclusion Bill)，因其弟詹姆斯改宗羅馬天主教，故拒絕其繼任英王。此一事件，竟演變為兩大政黨之形成，即維新黨 (Whig) 與保守黨 (Tory)，前者贊成「拒絕法案」，後者則因懼於內亂，擁護王權，此案雖在平民院通過，但卒為貴族院所反對，之後許多維新黨人士遭放逐排斥，國會停頓，詹姆斯以後亦終於繼承王位。但於此次政爭中尚且通過了「人身保護狀法案」(Habeas Corpus Act)，將國王任意拘捕之權剝除。

---

❶ 一六七〇年查理二世與路易十四密訂多維爾條約，依照該約，路易十四得每年助款二十萬鎊，但查理乃復加入羅馬教會，並助路易之對西班牙及荷蘭之戰爭。

詹姆斯二世 (James II, 1685–1688) 即位後，僅三年卒激起各方面之反抗。他昧於時勢潮流所趨，仍懷有專制思想，一如其父其祖，但卻無乃兄之圓滑手腕，褊狹固執，堅信神權說，置國會地位於王權之下，完全蔑視國會之立法權，謂其有權赦免違反國會所通過法律的任何人，並且更夢想重建天主教權威，以致他遭遇強烈的反感，眾叛親離，無人不欲脫離其統治。但是清教革命的慘劇，記憶猶新，富調和及遷就現實的英國人，不願再發生內戰，重走克林威爾的舊路，不得不暫作忍耐，以待詹姆斯二世死去情勢可以改觀，因其所生二女瑪麗及安妮 (Anne) 皆信新教。但不料其信奉羅馬天主教之繼后於一六八八年六月又舉一男，於是維新黨與保守黨人士知事已山窮水盡❷，乃共同邀請瑪麗及其夫婿荷蘭王威廉 (William of Orange) 自荷蘭率師直趨倫敦，竟長驅直入，未經流血戰爭❸，因詹姆斯已為國人所唾棄，只有出奔法國，國會將王位授予威廉與瑪麗，革命乃告成功。

當光榮革命告成，國會將王位授予威廉及瑪麗之時，曾頒佈一「權利宣言」(Declaration of Rights)，此後即根據此一宣言，於一六八九年十二月制定「權利法案」(Bill of Rights)，規定英王必須隸屬於英格蘭教會，即為國教徒，並且不得中止法律之效力，非經國會同意不得課稅及設常備軍，國王亦不得干涉議員之言論自由，不能因政治行為而任意拘捕，人民有請願權利，並設立公平之陪審制。在宗教方面亦頒佈「寬容法案」(Act of Toleration)。經此變革，國會權力大增，不僅代議制度得漸漸確立，而政黨政治及內閣制的精神，也有了開始。

---

❷ 詹姆斯二世堅稱君權神授，否認國會有變更君位繼承之權，彼既有子，當必父死子繼，而此子長成必如其父為一天主教徒，並為一專制主義者，故所有反對詹姆斯二世者皆大為恐慌。

❸ 光榮革命在英格蘭本土上是無戰爭，但在愛爾蘭及蘇格蘭尚有贊助詹姆斯二世的力量，惟均經不費力的平定，一六九〇年七月，在愛爾蘭之波依拿 (Boyne) 是為最後之決戰。

二、光榮革命中的洛克

洛克的父親是一律師，並為一清教徒，當共和時期，洛克尚肄業於牛津大學❹，本習醫學，後來也曾做醫生。在政治上他是屬於維新黨，他擔任沙福斯特堡勳爵 (Lord Shaftesbury) 祕書甚久，此人為維新黨之創始人，並曾為上議院議長，對於洛克的政治生活及思想均有很大影響。一六八三年勳爵為查理二世所逐，出奔荷蘭，洛克亦相偕離國，至一六八九年光榮革命後始返國。威廉擬派任為駐德國布蘭頓堡 (Brandenburg) 公使，以性情不投及健康原因辭卻，僅曾任職於商務部，晚年生活平靜，以全副精力，用以著述。

洛克是一個有多方面才華的人，他不僅是一偉大的政治思想家，在哲學上他的認識論，是為經驗派哲學的始祖，但亦可作自由主義的創建者。他的主要著作有 《人類悟性論》 (*Essay Concerning Human Understanding*, 1690)，《論容忍書信》(*Letters on Toleration*, 1685)，以及最足以代表他政治思想的《政府論兩篇》(*Two Treatises of Government*, 1690)。

洛克在求學時期曾對經院學派哲學，發生懷疑與不滿，即由於先驗論的理論，不能為他所信服。先驗論者認為人人心靈中皆具有某些先天之觀念，人人可以同一的樣式發見，也就是說人皆有良知，宗教的或倫理道德的觀念，乃先天具有，可辨是非，明善惡。洛克反對這種理論，而且認為這種理論有礙民主政治之發展。他乃主倡經驗論，認為一切認識的觀念是由經驗而來，人之心靈如同白紙 (Blank Paper)，思想與知識之所由來，得之感覺與知覺促成的經驗，多一點經驗，便增加一點知識，經驗的纍積，造成豐富的知識。洛克的經驗主義無形中說明了人是平等的，人要服從，

---

❹ 洛克係肄業於牛津之基督教會學院 (Christ Church College)，學習科學，哲學及醫學，但對該校中古經院哲學甚為反感，而對笛卡兒哲學則感興趣。

是服從經驗最多的人，而經驗必賴具體的事實根據，抽象者既非實在，則君王的神權可不攻自破。同時他的經驗主義，與自由哲學也產生了密切的關係，一切問題，既須由個人經驗中尋求答案，因此使思想的權威變為不可能。此一理論對於宗教寬容，代議民主，以及以後的放任思想，都有所助益。洛克是最初倡說經驗論的人，他的理論仍極粗疏，有其缺點，因為事實上有許多事情，是不待有經驗亦可知曉。但是洛克以其豐富的常識，支持了他的理論，他的政治思想，亦有賴他基本的哲學觀點為基礎。

　　代表洛克政治思想的《政府論兩篇》中之第一篇，其論辯是有所指的。有一經由查理一世授予爵位的菲爾默 (Robert Filmer) 其人，曾著〈Patriarcha〉一文，倡君權神授說❺，熱心擁護君主專制。他的立論是極為陳腐荒誕的，他認為政治權力不是來自任何契約，或公眾福利的關切，而完全是父親對子女的威權，君權之所來，就是因為子女應當屈從父親。《創世紀》中的族長 Patriarcha 即是國王，國王乃是亞當的後嗣，最初上帝以王權給亞當，由亞當再傳其後嗣，所以國王為亞當的繼承者，國王之權自然如同父權。這種思想本粗淺不堪一擊，惟洛克認為如此種思想仍然存在，便是民主與文明的絆腳石，所以他仍然要給予批駁，他認為如果父權即為君權，何以母權便無此威力？即使說實際的國王是為亞當的繼承者，但至少亞當最初有一嗣子，而此人為誰，若果真能追索到此人，豈非所有國王均要脫下其王冠？何況真正的繼嗣只能有一人，其他將皆為篡竊，何能要求人民服從其命令？洛克只依照菲爾默的論說而推理駁斥，便已經使菲爾默語塞。

　　《政府論兩篇》的第二篇，才是洛克發揮其主要思想的作品，為光榮革命建立理論根據，茲擬分兩節予以敘述，並另有一節討論。

---

❺ *"Patriarcha"* 可譯為《君父論》又名為 *"The Natural Power of Kings"* 寫於一六五三年之前，但至一六八〇年始刊行。

第二節　自然社會及契約論

一、自然社會

　　洛克承認政治的權力，是用以制定法律，規範人民生活的，為達此一目的，常可使用強制的力量，故國家有政治權力，則必對人民自由有所限制，但由於過去經驗所得知，政治權力者的表現，惡劣者居多，和平常為所破壞，許多糾紛及戰爭導源於此，然而政治權力存於國家是事實，因此不必問應否有此權力，或其性質如何，及其來自何處，而要問此權力究應掌握於何人手中❻。以當時之情形言，政治權力無疑的是掌握於帝王手中，於是他捨此而不論，從無國家之前的自然社會著手探討。

　　洛克既從自然社會著手，乃與霍布斯立於同一起點，而且也是用邏輯推理的方法去研究，尋求國家產生的原因，但是所見不同，結論亦大有差異。同時在討論過程中，洛克有許多意見，雖未提名，但顯然是針對霍布斯所作的駁斥。因此在他筆下的自然狀態，便絕非如霍布斯所說的那樣恐怖悲慘，而是另一種世界。

　　洛克認為在自然狀態的初民社會中，人們係依靠理性而相處生活，並沒有共同的長上威權來裁判彼此間的糾紛，那是一種完全自由的狀態，人們可視其所宜，安排個人的行事作為，但也並非是一種放縱狀態，因為有自然法來維持這個社會的秩序與系統。他說：「在自然狀態中有自然法的管治，人人必受其約束，而理性──亦即自然法，其所教誨予人者，是人類彼此平等獨立，任何人不應損害他人的生命、健康、自由和所有之物。」❼人類乃理性動物，具有發現自然法的本能，故雖無國家組織，無有政府及

---

❻ 參閱《政府論》第一篇九章。

❼ 參閱《政府論》第二篇二章六節。

法律，但大家仍能在一種和平、善意、互助共存的狀態下生活。他極不滿意霍布斯將自然狀態與戰爭狀態混為一談，因為和平、善意、互助共存的狀態，顯然與仇恨、惡意、暴虐互毀的狀態不同。於是在洛克筆下的自然社會，幾乎是人類的黃金時代，是有道德的無政府主義者所結合的和睦團體。但是他並非認為自然社會中無有紛爭，人們常由於理智的不完全而感情用事，致有爭端，此即使在政治社會中依然會發生，如果一般人均能處於正常狀態之下，以理智駕御感情，遵行自然法，我願人如何待我，我亦如何待人，則生活於自然社會，未始不能保持井然的秩序，與快樂幸福的生活。

人在自然社會中，依照自然生活，可隨意的處理他們自己的財物及身體，而不必需求他人的意志，得到他人的允准。洛克認為人實在是生而自由平等及獨立的，因此人人亦均有其應享有的自然權利，所謂自然權利其具體的項目有三：即生命權、自由權、及財產權，這也就是自然法的主要內容。他對生命、自由、財產三者，尤其重視財產，此乃生命及自由的基礎，生命、自由均賴財產作為保障，故自然權利分別言之，是為生命、自由、財產，然統而言之實即為財產。財產的構成，依洛克看來乃勞動的結果，他認為自然狀態中，財產本為共同的，個人有權在自然界中各取所需，但由於加上了個人的勞力，乃可歸諸個人所有，故所謂財產即是自然物加勞力所得到的收穫與權利。他肯定的說：「就原始論，勞動即財產權產生的根據。」❽洛克之所以有此財產觀念及特別重視財產者，實由於當時的清教徒思想而來，清教徒們認為財產乃上帝對勤勞者的獎勵，他們多為技術工人，皆以勤奮節儉起家，但他們在北歐以及英國，都受到政治的壓力，故重視財產，求生活之安定。再者當時仍在手工業時代，以機器代人力的工業革命尚未到來，所以還可以強調勞動價值。以馬克思視之，洛克的財

---

❽ 參閱《政府論》第二篇五章。

產觀念是商業資本社會的產物，但可笑的是他的勞動價值說卻是源於洛克，惟洛克因勞動價值而承認私有財產，他甚而認為保持私有財產，是為組織國家之始因，他說：「人們所以結合而組成國家，置身於政府之下，其重大與主要目的，是在於保存其財產。」❾馬克思則加以否定。不過時至今日這種勞動價值的財產觀念，已不可能言之成理。

前已言之，人在自然社會中並非毫無紛爭，事實上紛爭還是常常不可避免的，自然法固可約束人之行為，但仍然是有缺陷的。其缺陷在於：㈠缺少一種明確而周知的法律，由共同的同意而承認為是非的準則，作為裁定一切紛爭的尺度。㈡缺少公正無私的法官，依據確定的法律以解決紛爭的威權。㈢缺少共同擁護的裁判，及使之能夠執行的權力。❿自然法是抽象的，在自然社會中乃由各人自我解釋，但各人的年齡、智慧、地位、及利害關係不同，便造成一人一義，十人十義，人愈眾而義愈多，解釋既互有不同，乃致是非莫辨、黑白難分。又由於缺少法官的裁判及執行的權力，使人有冤亦無處申訴，這樣雖非人各為戰，而人各自為是，已足以造成不方便，由小而積大，紛爭衝突無可避免，於是洛克亦步霍布斯之後塵，要以契約結束自然社會的紛擾。由是觀之兩人自然社會的情狀，實相去無幾，惟因手法有異，在洛克輕描淡寫之下，成為另一面貌，致使人產生與霍布斯不同的印象。

二、契約論

洛克既認為自然社會中有諸多不便，則訂立契約以結束自然社會而成立政治社會，進入國家境界，建立文明政府乃理所當然。至於自然社會的不便，約而言之，即是人人都有對自然法的解釋執行權，以致造成許多糾

❾ 參閱《政府論》第二篇九章一二四節。
❿ 參閱《政府論》九章一二六節。

紛，現在所要做的是要每個人放棄此種權利，將之交給社會全體，然後產生政治的權力，以便立法與執行，同時又可捍衛其國家，不受外力的侵害，而謀增進公益 (Public Good)。他說：「無論何時，任何數目的人們，只要組成一個社會，而每人能放棄他關於自然法的執行權利，以交付公眾，則此一處所即為一政治的社會或公民的社會。」⓫又說：「任何人放棄其個人的自然自由，而接受政治社會約束的唯一途徑，是與其他人相約，聯合組成一個社會團體，以謀大家彼此舒適安定及和平相處，使大家得到財產的保障與享受，並防禦損害，得到較大的護衛。」⓬這表示說人們訂立契約，並非僅產生了一個社會組合，實際上在自然狀態下，早已形成社會的條件，乃是藉契約訂立而產生一個政治的或公民的社會。亦即是說人們所要求的不是一個社會，而是組成國家建立一個政府。同時由此亦可見出洛克的契約是為雙重的，第一步是組成國家，繼之建立政府。

國家產生，政府建立，使人們生活於政治的公民的社會，亦即是文明的社會。其與自然社會之不同，是在於文明社會中，社會全體的力量是解決人與人之間糾紛的裁判及執行者，使人的冤屈有處可申訴，得到公正的裁決。故文明社會與自然社會之區分，並不在於君主或政治權力之有無，如果君主所行者為專制政治，即使有政府，但是當人民與君主有所衝突時，人民依然是有冤無處可訴，其處境仍無異於自然社會。所以自洛克視之，政治權力必握於社會全體之手，並根據此一原則以建立受人民委託的政府。政府中有立法機關，作統一的解釋，有行政機關行使執行的權力，但執行必依據解釋的內容，故立法權實高於行政權。以當時之英國言之，意即國會高於國王，此乃洛克為光榮革命辯護的邏輯，理論的根據。

依照契約，人民所放棄的僅是解釋執行權，將之委託於政府，至於其

⓫ 參閱《政府論》七章八十九節。
⓬ 參閱《政府論》八章九十五節。

他的自然權利──生命、自由、財產等並未放棄，其享有一如自然社會一樣。再者人民所放棄之解釋執行權，乃是對自然法的解釋執行，今日轉讓政府，亦無非是讓政府對自然法作統一的解釋，及依據統一解釋作公正的執行。換言之即政府之一切法律法令，必以自然法為基礎，如與自然法相衝突，便不成為法。洛克的這個意見，實不過將中世紀阿奎納的法律觀加以重述而已。既然如此，人民則依然擁有生命、自由、財產等自然權利如故，政治權力不僅不能加以侵犯，並且要加以保護，否則便是違背自然法，違背契約的精神，人民對這種不合理的政府，可以推翻，將讓出的權利收回來，另訂契約，另組政府。因此可見革命的權利亦為人民所有，此雖不是自然權利，但根據契約的權利義務觀念，應為其所享有。於是洛克的契約與霍布斯者乃有了根本的差異，霍布斯的契約產生了絕對無上的主權，但只發號施令，卻不負任何責任，不受任何約束，人民手執契約無異一份賣身同意書。而洛克的契約，使政府亦為訂約的一方，亦有守約的義務，讓人民獲得一份民權的保護狀。因為洛克認為一個文明政府，必是一個受限制的政府，而後人民的權利始得有保障，以上的理論就在支持這一點。這自邏輯言之，似為合理，惟自實際而言，卻非易事。這個理論無形中也包含了人民主權的觀念，洛克的著述中，並未曾直接討論主權的問題，然就以上理論看來，是主權在民的。立法權固高於行政權，似為一國中最高威權，但其權力乃係受人民委託而來，委託其保障生命自由財產等權利，如其違背此一委託目的，人民自可解除其立法權力，可知國家的最高最後決定權在於人民，❸其為人民主權之意，已極顯明。

　　洛克的契約論中，尚有兩點重要的理論，影響以後民主政治的發展甚大，即為「同意原則」及「多數決定原則」。同意與服從有著極密切的關係，政治社會必擁有權力，以謀公共利益及社會的和平安全，人民如何能

---

❸ 參閱《政府論》第二篇十一章一四九節。

在權力之下仍能享有自然權利而不致衝突矛盾，則有賴同意與服從的公式調和。他認為契約的訂立，須經人民之同意，如不同意者可退出此一政治社會，同時所謂同意，並非如霍布斯所言是父可代子的，後代的子孫，當其成年時，亦有其表示同意的權利及機會。但假若訂約之初有少數人不同意，或是一代一代的子孫相繼不斷的表示意見，或同意或不同意，乃致川流不息的參加國家或退出國家，事亦至煩，於是他又創出多數決定原則。少數必須服從多數，如少數不同意者並無退出國家之行動，則表示業已「默認」(Tacitly Consent)，願意服從多數的決議，後代子孫自然有權對其前輩所簽訂的契約表示意見，設若其未離開國家，亦即是表示默認同意，則前一代的契約，同樣對他有約束力，他同樣的可享權利盡義務。洛克認為在一個政治社會中，無時無刻不是在徵求人民的同意，一條法律頒佈之後，便可看到人民的反應如何，多數人同意，自可服從，此一法律便可無礙的實施，若為多數人所反對，甚而可釀成革命，則表示是多數人不同意。這兩個原則，使民主政治所遭遇的難題，有了解決的途徑，因為沒有同意原則，民主政治的理論無由建立，沒有多數決定原則，民主政治的推行便無由發動。

第三節　政府分權及政府解體

一、政府分權論

洛克關於政府分權的理論，雖不如其契約論精彩，但也是他的一大貢獻，並且也產生實際的影響。他認為當一個政治社會組成之後，不論採取何種政體，總必須有一政府，其所擔負之職務，應無所差異，其權力之範圍，同樣的均應有所限制，而就其本身言，亦均應採取分工原則，將權力劃分，以免集中而專制，或濫用權力。於是他按照職務性質之不同，分為

立法權 (Legislative Power)，行政權 (Executive Power)，外交權 (Federative Power) 三種，分別由三個機關掌握。

　　三者之中，是以立法權最高，最重要。因為在一個政治社會中，任何人皆不能免除法律之支配，但是它並非是主權，其權力仍有所限制，不得侵犯人民的生命自由財產，而且須在多數人之同意下始能生效，俾使人民自由不因法律而喪失，反而更有保障。他說：「法律的目的，不是剷除或削減自由，而是保存與擴大自由。」❶❹立法權的另一限制，是不能任意將其權力交付其他機關，否則破壞分權的精神。他之所以如此主張者，是因為立法機關係受人民委託而行使立法權，凡受委託的權力不能委託出去。此一原則，至今仍為美國最高法院所引用，認為國會負立法專責，不可委託立法，所以加上許多限制，否則是為違憲。但是洛克亦知道立法機關工作時間通常較其他機關為短，而且是具有間歇性的，其工作性質與其他機關多有不同，宜乎分立為一單獨機構，然以現在情形看來，立法機構在其有限的會期中，實在不可能詳細的制定出一切法律，因此當其制定政策性的法律時，必須留下若干活動餘地予行政機關，否則行政機關便無法應付許多實際的複雜情況，此為洛克所始料不及者。他的分權理論在十八世紀尚屬正確，惟至今日的發展，已不能盡與其理論相配合。

　　掌握行政權的行政機關，在於執行各種法律，其工作繁重，項目複雜，故其機構亦必龐大而經常存在。洛克因司法機關也是做執行法律的工作，乃並置於行政權之內，這是不同於孟德斯鳩之後以及迄於今日之三權分立的觀念。事實上在光榮革命之時，英國要求司法獨立的論辯已甚熱烈，因為司法權一向為國王的一種特權，國王賴以維護其權益，任意斥退公正的法官，代以親信寵倖，並且可用以迫害政敵，排除異己，於是司法權成了國王的統治工具，致引起大家反感。在法國，當革命之後，由於類乎此種

---

❶❹ 參閱《政府論》第二篇六章五十七節。

的反感及仇視行政權的心理，甚而特別將審判官吏的部份，從普通法院中取出，成立行政法院以專司。英國當光榮革命之後，便已規定法官為終身職，非經國會之決議不得罷免，是可見司法權附屬於行政機關弊端甚多，故司法漸有獨立的趨向。洛克竟未有見於此，或當其著述之時，有關於此的爭端尚未激烈到引起他的注意。

　　所謂外交權，是包括結盟締約及軍事的權力，用以維持國家的獨立與繁榮，因其有特殊的性質及工作技巧，故依分工原則，亦應為一單獨機構。他有鑒於查理二世常為保持自己的權位，作私人的祕密外交，與法國締結軍事同盟，甚或出賣國土，影響國家者甚大，乃不主張將此權力置放於行政權內。但以現代眼光視之，外交也是一種行政職務，對外政策必須與對內政策相配合，外交政策必審察國內情勢而後定，故今日一般國家，外交權並非獨立於行政之外。

二、政府解體與社會解體

　　在霍布斯的契約中，認為人民必須絕對服從於政府主權之下，如政府瓦解，人民苦難即跟隨而來，那不僅是一種無政府狀態，而且社會隨之解體，人民生活又重返自然狀態人各為戰的殺伐。洛克則極力否認這一點，在他看來政府解體與社會解體是不同的❶❺。政府的解體是由內而起的，或由於立法機關之變更，或由於一般政府之違背民意，人民不再依從其法令；社會解體則由外而生。洛克認為政府機關係受人民委託而行使權力，設若其違背委託原意，施行暴政，不以法律管理，而以私意統治，不能保護人民之財產，反而但求滿足私慾，貪得無饜，表現種種惡劣的情慾，是完全背棄設立政府之旨意，人民處此暴政之下，便無服從之義務，因為此時政府與人民乃處於敵對狀態，人民有權起而革命，變更政府機關，而迫使政

❶❺參閱《政府論》第二篇十九章二一一節。

府解體。❶❻但政府解體並不至波及到社會亦隨之解體，政府解體之後，社會仍可保持其固有之組織，社會關係仍然存在，人民彼此間仍有社會的道德律以維繫生活。

　　洛克用革命的權利以說明人民為最後的決定者，否認霍布斯之所言，人民將隨政府之解體而同歸於盡，致使人民必得忍受任何暴政而毫無反抗自救的餘地。但人民固有權革命，卻並非率爾發動，視顛覆政府為常事，以表現其權力之優越。事實上從歷史看來，人民的思想是保守的，行動是遲緩的，不會因政府的偶一錯誤而觸發革命，常常是忍之再忍，被逼迫至山窮水盡時才發動革命。他說：「統治者有了許多很大的錯誤，制定許多謬誤而無益的法律，並且犯了人類的一切疏忽，但是人民仍然忍受著而無怨言，亦無暴亂，設若統治者繼續的濫用職權，倒行逆施，陰謀詭詐，使人民看穿了他的計劃，知曉其所處地位的危殆，以及將來結局的悲慘，那就無怪要群起走險，以維護其初立社會時的目的，因為他們的處境，將較之從前自然狀態或無政府狀態尤為惡劣。」❶❼所以「人民拋棄舊日政府於不顧，並非如人們想像的容易」。❶❽這顯然是以光榮革命為例而言。但忍至何種程度，才是革命的時機，這只有靠人民的直覺及當時的情勢而定，而一旦革命爆發，人民勢將拋頭顱灑熱血而不顧。

　　社會解體與政府解體完全是兩回事，社會解體是由外來的侵入而造成，國家為人所侵佔征服，征服者以暴力摧毀社會的一切習俗，破壞文化，人民不得自由結合，使人人自危，喪失了社會的依憑，一切社會組織及關係被剷除，各人只以自己的方法和力量謀一己之生存，這是整個社會解體，政府當然亦隨之而解體。

---

❶❻ 參閱《政府論》第二篇十八章一九九節、二〇二節，十九章二四三節。

❶❼ 參閱《政府論》第二篇十九章二二五節。

❶❽ 參閱《政府論》二二三節。

第四節 洛克思想的討論

一、洛克的幸運

洛克的思想，事實上並無特殊的創見，他的許多重要理論，乃承前人之餘緒，作一綜合的說明。如關於自然法的觀念，與羅馬的思想家及中世紀的教父們，在實質上是一樣的。他的契約說以及民主立憲政府的許多理論與原則，皆多所因襲，馬栖略，格老秀斯，斯賓諾沙，及普芬道夫 (Pufendorf, 1632–1694)⑲，都供給他很多素材。即在英國，許多先輩更給予他直接的影響，十六世紀的霍克爾 (Richard Hooker, 1554–1600)⑳，早已主張君主立憲政體，他認為無有政府不足成為政治社會，無有法律更不能構成政府，而法律必基於公眾之同意，他亦言及自然社會及訂立契約以成立國家。清教革命前為反抗詹姆斯一世的議會領袖科克 (Sir Edward Coke, 1552–1634)㉑，即認定法律位於國王之上，處處根據法律限制國王，以法治精神增高國會權威。和洛克同時的席德尼 (Algernon Sydney, 1622–1683)㉒，曾先著述立說反駁菲爾默，並發表其契約、立憲、自由等理論，竟因思想之激烈，被視為叛逆遭殺身之禍，不得見光榮革命之勝利，與洛克同享盛名。不過雖然如此，惟由於洛克融會貫串以成其全部思想，及其穩健實際，故仍為十七世紀第一大思想家，發生極深刻的影響。尤其由於他生逢一偉大的革命年代，他的理論與光榮革命的成就，乃相得益彰，以

---

⑲普芬道夫，德國思想家，所著有：*De Jure Naturae et Gentium* 1672; *De Officio Hominis et Civic* 1673。

⑳霍克爾所著有《教會政體法》(*The Law of Ecclesiastical Polity*) 計八卷。

㉑科克著有《記事錄》(*The Reports*)，《法律原理》(*Institutes*) 等。

㉒席德尼所著有《政府論叢》(*Discourses Concerning Government*) 一書，以代表其思想。

此而論，他實在是一個最幸運的思想家。光榮革命的勝利成功，有如水到渠成，瓜熟蒂落，因為自一二一五年英王約翰 (King John, 1199–1216) 簽訂「大憲章」(Great Charter) 後，議會政治運動即在不斷進行。光榮革命之真正光榮之處，乃在於所表現的政治智慧，雖廢棄君主專制而未廢棄君主政體，國會逐漸掌握了無上的權力而並非依恃獨裁政治，斯圖亞 (Sturart) 王族的王位雖被取消，但人民主權的學說亦未特別強調，然而自此之後，王權接續衰落，直到後來國王僅變成一種國家象徵，不再是政治的權威。所以此一革命是最溫和而最成功的，具有劃時代的意義，奠定了重法治重自由的立憲政府基礎，創立了一個新的制度，新的時代。而洛克的得享盛名，即在於與此革命密切配合，供給理論的依據，亦步亦趨的完成時代使命，因此他的思想，不僅成為英國立國之基本精神，同時亦影響到美法等國的革命，美國的獨立宣言，幾乎完全以他的思想為藍本，在法國，他的重視自由的政治主張，得福爾泰 (Voltaire) 之介紹鼓吹，亦形成極大的勢力。

　　洛克的思想不僅受到前述多人的影響，即其素所反對的霍布斯對他亦影響甚大。他亦如霍布斯一樣用自然社會及契約為前提，發展其理論，皆是運用邏輯推理的方法，不過是結論各有不同。此兩大思想家雖同處於十七世紀，但霍布斯躬逢戰亂的清教革命，查理一世之頭斷血流，足使他惴惴不安，他不由的回顧過去，尋覓和平安定的原則，但是破壞的強烈色彩，使他觸目驚心，他只看到威脅安定的不合理的表面，而不深入的探問原因，不再懷有新的希冀，他是悲觀的，於是在他灰暗的筆調下結束了一個舊的時代。洛克身處光榮革命的年代，以往腐化的專制政治已令人失望到不可再信賴，如何獲致合理的政治途徑，不是回顧過去，而是配合時代前進的步伐，向將來的光明大道瞻望，於是他以樂觀興奮的心情，領導並創造了一個新的時代。

二、契約論的探討

洛克與霍布斯同樣以契約說，表明國家的產生，但這在達爾文的進化論創出之後，已知契約說全屬虛構。國家的產生，固然每個人都有貢獻，但不會是在一天之中，或一個時期中由某一群人所能有意創造的。洛克尚認為此是歷史上可能有的事，他是哲學上經驗論的創始者，但在討論到此一重大問題時，竟毫未顧及史實經驗。一六二〇年一批英國清教徒，乘坐五月花號船 (May-flower) 至美洲，曾於未抵達目的地前，商訂一份組織新社會的規約，或謂此即為契約說之史實證明，但是這一批人並非來自自然的荒原，而是來自有政治組織及政治社會經驗的英國。霍布斯尚認為此事不必有，此理不能無，關於此點，已於前章中就心理因素分析，知其謬誤，而彼一論說，用以批評洛克亦可採用。洛克又增加了多數同意原則，但這種多數同意的原則，在生活於自然狀態毫無政治社會經驗的人，也是不可能有此認識及心理因素的。

對於契約說儘管可作如是之批評，但是洛克也如同霍布斯一樣是不過以契約為一理論據點，進而推演出胸有成竹的結論。霍布斯的用意在說明絕對主權的性質，洛克則用以說明政府權力是有限制的，政府不是以武力為基礎，而是以人民同意為基礎，其作用在於保障人民的權利，將自然社會變為一個文明社會，因此使國家的存在，政府的構合，有一較為合理的意義，此在十七、十八世紀予人的印象是極為深刻的，於是人民服從政府的法令，便有了心安理得的解釋。人在自然社會中，是靠理性所了解的自然法相處共存，所謂自然法，亦即是人類的道德律，國家政府建立之後，所制定的法律，也必須以自然法為基準，故政治社會的法律，不過是將符合道德律的自然法，加以具體化而有強制力，因此人民遵守法律，及履行許多政治義務，實亦為踐履一種道德義務，何況法律須有人民的同意，政府亦應有其應盡的義務，人人既是自由平等的，則無天生的統治者或天生

的被統治者之區分，政府實不過是訂立契約的另一方，亦必遵守信約，如不能主持公道，維護公眾的安全及謀求公眾的利益，反而為害人民，人民便有革命的權利。

　　以上的論述，是說明了契約論的績效，但因此契約論也造成了「國家機械論」或「國家工具論」(Instrumentalism) 的思想。國家是經由人的理智所製造，是人意志下的產物，其功用或在維護安全，或在增進公益，猶如經人之思考及手工所造作的為人所利用的工具。此後社會主義的職務說 (Function)，亦同此傾向，一般自由主義的思想中亦含有此種意念。霍布斯之所以不能見諒於查理二世，與此關係甚大，雖然他表面上是提倡極權專制，但國家是公眾經契約所創造，國家是一工具，主權者的權力縱然是至高無上，但也還是有條件的，必應發揮維持安定之工具的效能。洛克的國家，是要保障自然權利，增進公益，依然是造成機械論，工具觀。中世紀的教父如奧古斯汀，阿奎納等人的理論，亦多視國家為工具，但是他們的工具是為上帝所造以拯救罪惡的，與近代的關係甚為疏淡，對近代思想殊少影響，惟洛克等人的契約觀念，在近代發生影響甚大。但由於契約論本身的不夠圓滿，終不能道出國家的真相，因為由契約論而產生的工具觀，其錯誤在於未能認清歷史，國家是經常存在的，但在歷史中看來，許多國家在腐化時，並不能維持安定，更不能增進公益，反而造成禍害，摧殘人民權利，其工具之效能何在？故契約論不能給國家予客觀的解釋，不能將國家的性質清晰的描繪出來，這是其缺點，但是亦有其優點及貢獻，便是至少明白的解釋了國家的功用。

三、自然法與自然權利

　　自然法的觀念由來已久，淵源於最早的希臘哲學，古代自然法是由人性出發，重視人類本為一體的觀念，後來由於時代環境不同，解釋上稍有出入，但此一基本觀點，迄中世紀之結束未少變。可是自十八世紀起，卻有了

大的改變，古代的道德含意以及中世紀的宗教信念，漸為人所遺忘，自然法變為個人主義及唯物主義的自然權利，自然法的真正意義乃被淹沒，所以致此者，洛克的學說是深具影響力的。他從自然社會的狀態以推想自然法的內容，由自然法的內容敘述自然權利的種類，認為生命自由財產三者，皆為個人所不能捨棄的自然權利，而尤以財產為最重要。根據此一假定，故由此種個人所組織的國家，必須為保障生命自由財產的工具，並且更加強調財產的不可侵犯，國家存在目的即在於此。這一理論使得人人是他自己的上帝主宰，人人有支配其財產的絕對權利，個人主義與資本主義均由此而生並遺有流毒。人既有理性，則應為道德的動物，如終日斤斤於財利，道德便已墮落，由此種墮落而享有絕對權利的個人所組成之國家，是不可能獲有真正的人權。故洛克的理論，在尊重個人權利及破除君權神授方面頗為有力，但卻不足以建立新的公平社會。在另一方面洛克的理論卻亦有社會主義的端緒，而且使唯物論者不免受其啟示。勞動價值說使得在資本主義的社會產生之後，如欲阻止勞工之被剝削，乃要求財產權之放棄，以社會主義的原則去組織生產與分配，這一思想乃又發展為另一反動的極端。

當然洛克的用意，本來是要用自然權利以限制政府的職權，而維護人權。因為政府機關固然可以制定法律，但不得與自然法相違背，也就不得危及人民之自然權利，因此他為民主政治樹立了精神及原則。但是法律如必合於自然法，而所謂自然法乃理性之必然，如此豈非法律是先驗的，乃與洛克自己所創經驗的知識論相刺謬。事實上自然法是抽象的，則不可能有客觀標準，故以自然法限制立法權是沒有意義而徒增滋擾的，美國獨立之後，乃有成文憲法之制定，或即為補救此種缺點。再者人民若堅持自然權利的神聖不可侵犯，則將使民主政府陷於癱瘓，固然根據契約，人民放棄解釋執行權，而未放棄生命自由財產權，所以政府不得侵犯，此就邏輯言之，似為合理，但實際上卻不可能。因為政府所有的解釋執行權，在在都與人民生命自由財產有關，所謂解釋執行，就是將自然法作統一解釋，

而後據以作公正的執行，而自然法又實為自然權利的別名，於是一涉及解釋，便涉及到自然權利，也就是說任何立法與行政，都可能侵及人民的生命自由財產權，如關於遺產稅、所得稅的徵收問題，人民若堅稱財產為天賦權利不可侵犯，則政府如何解釋執行，政府豈不是要一無作為，或是動輒得咎？更何況人民又有革命的權利以更換政府。政府權力要受限制是必須的，但不是因為自然權利的神聖，而是說政府對人民自然權利勢必侵犯時，應具有正當理由，美國聯邦法院認為國家只有在為公共利益下，始可以妨礙個人生命自由財產。洛克未曾想到如絲毫不能觸及自然權利，則國家如何達成其任務？因此可知近代民主政治的一切優點是產生於他，而一切缺點亦產生於他，同樣的他對於近代思想所發生的影響，亦類於此。

四、民主政治施行的原則

洛克在契約論中所說的同意、多數決定以及默認的原則，並不足以構成其契約成立的充足理由，這是不合乎歷史事實的，因為自然社會的人無有政治經驗，不會有這些觀念。但是這種原則卻是民主政治之鑰，以解開民主政治實際執行時所遭遇的難題，貢獻甚大。當然這並不是最妥善的方法，甚而尚存有弊端，事實上多數決定如不立於平等的基礎上，可能成為多數專制，變成眾暴寡的不公平。且果如洛克所說，個人自然權利不可侵犯，即使多數決定，亦屬違背自然法則，使他自己陷入矛盾。但是捨此外似亦再無其他良策，否則所謂社會全體的意見何處可得？國家行動如何表現？每個人都是自由的，相互間又是平等的，沒有人是絕對的統治者，可用武力強迫他人，個人同意與否無人能作強制，法律的制定與執行，是經公眾討論而由多數決定，服從多數亦即服從公意，總較之少數決定，一人專制為好。國家乃是人人的國家，國家的事最後的決定是在於全體人民，這也是人民主權的最好說明。

從上述四點中，亦可以看出洛克的貢獻及影響。

第十四章　開明時代的孟德斯鳩

一、十八世紀法國的專制政治

　　當英國光榮革命獲得勝利，建立議會制度的穩固基礎，正向民主政治的前程行進時，而在歐洲大陸依然盛行絕對的君主專制主義，法國的路易十四 (Louis XIV, 1643–1715) 在這一方面，可謂達於極峰。當法王路易十三 (Louis XIII, 1610–1643) 之時，其首相黎塞留 (Cardinal Richelieu, 1585–1642)❶，即致力於行政權的集中，鞏固君主至高無上的權位，他摧毀新教勢力，打擊貴族黨派，拆除封建堡壘，消滅等級議會。在地方政府方面，國王派任監督 (Intendant) 以集權中央，壓制各省長官，並建立王軍，使其絕對聽命於朝廷，用以阻遏國內的反對力量，及推行強硬的外交政策。他在實現這些政略時所用的手段，大致是遵照了馬基維里之理論而行的，陰謀權詐，復盛行於世。他的繼承者馬撒朗 (Cardinal Mazarin, 1602–1661)❷，輔佐以幼年即王位的路易十四，亦能蕭規曹隨，完全遵循極權專

---

❶ 黎塞留實為法國專制政治的創造者，彼雖為羅馬教會之紅衣主教，然其為人，與其謂為僧侶與宗教家，毋寧謂為政客與政治家。專橫刻薄，冷淡寡情，但剛毅果斷，又長於權術，對於宮廷陰謀，常依違取巧，手段嚴厲殘酷，然始終自信其品性堅貞，忠君愛國。

❷ 馬撒朗雖為義大利人，但為黎塞留所賞識，亦為紅衣主教，改入法籍，並繼黎塞留之後，掌握法國政權，及遵循其前輩之強硬政策，亦長於玩權弄術。佛倫德黨 (Fronde) 事件，即在他手上造成。因高等法院以登錄國王敕令之權利，嘗藉口新法令與舊有的法令牴觸而拒絕登錄，予以推翻，形成對抗國王的一種權力，是為法國大革命前反抗專制的一大運動。最初高等法院因有巴黎民眾之同情擁護，又因

制的路向。路易十四得此賜予，乃能行其霸道，跋扈剛愎，為一專制獨裁的「大王」(Grand Monarch)，侈言「朕即國家」，及所謂「王意所在，即法意所在」。當其時擁護君主專制的理論家，無非是以神權的舊說為根據，路易十四御用的主教包修耶 (Bossuet, 1627–1704)❸可為代表，然其陳腐一如英國之菲爾默。自表面視之，路易十四一朝，文治武功的表現，似均可稱為盛世，但是他虛榮心重，奢靡浪費，又好大喜功，連年戰爭，而戰爭的起因，多由於王族的私仇，與國家人民無關，然而人民卻因此受重稅之負擔而呻吟，或殺伐於沙場而死傷，已大有民不聊生之概，尤其在一六八〇年之後，他又對新教徒重加迫害，故反抗的聲音，終被迫而發出，如當時的學者惹赫略 (Jurieu, 1637–1713)、費尼隆 (Fenelon, 1651–1715) 等人，均有所抗言論辯，甚而認為法國之一切不幸，就在於王權無限，因為國王代表了一切，國家已不存在，他們多主張恢復貴族政治，以抑制王權。

　　路易十四雖終其一生，王位迄未動搖，然至晚年威信大減，亦深悔悟，當其死後，遺骸送葬路經街路，國人喧嘩咒罵，舉杯狂飲以示慶祝，足見人民痛恨之心情，他已經遺留下災禍給其波旁 (Bourbon) 王朝的後世子孫，以及他的國家。路易十五 (Louis X V, 1715–1774) 亦以幼年登位，在不正當的教養下長成，豪奢極慾，唯知與其情婦們調笑於華麗的凡爾賽宮，以致負債纍纍，國庫如洗，經濟之紊亂困窘，已至山窮水盡，更加政治黑暗腐敗，賦稅苛重，一般人民掙扎饑餓線上，沒有自由的保障，沒有安全的維護，甚而無生存的餘地。這實在是一個陰霾悲慘的時期，令人憤懣而沮喪，

王軍時尚在德意志諸邦作戰，馬撒朗不得不暫為屈服，但不數月後，當其軍力準備充足，卒能鎮壓巴黎收回成命，反使王權更加增大。

❸ 包修耶主張神權政治及君主專制的著作為 "La Politique Tiree des Propres Parole de L'Ecriture Sainte" 一書。彼謂政府乃神意所設立，使人類滿足群居生活之本能。君主政體在上帝鑒臨之下，為一切政體中最普遍最悠久者，故最合於自然，而且亦為一切政體中最健全最有效能者，故為最良好之政體。

然而十八世紀的人們，由於經過前一世紀的理性洗禮，掙脫了宗教的束縛，地理上的新發現，科學上的新知識，均與日俱增，胸襟拓展而開朗，乃使此一世紀充滿了自信與希望，因此即使在最陰暗的境域，仍然會有光明的火花，在滿佈荊棘的園地中，依舊能開放出美麗的奇葩。這正是歷史進展中的所謂開明時代 (Enlightenment)，法國智識界確曾在打破舊成見，追求新知識方面具有領導作用。在政治思想方面，尤其當洛克維護自然權利的觀念，渡海而來，使思想家們愈是在黑暗專制的政治壓抑之下，愈敏感到不堪忍受，所以當法國大革命的風暴來臨之前，便產生了許多大思想家，最著名者如福爾泰 (Voltaire, 1694–1778) ❹，狄德羅 (Diderot, 1713–1784)❺，以及盧梭等人，他們不僅是革命的導師，並且是民主政治的先鋒，而孟德斯鳩 (Baron de Montesquien, 1689–1755) 實為彼等之前驅，他們的卓識讜論，以及震撼世界的大革命所產生的深遠影響，使法國成為十八世紀政治思想的中心。

二、開明時代與孟德斯鳩

十八世紀開明時代的精神，固然亦重理性，但與十七世紀有異。十七

---

❹ 福爾泰為十八世紀開明時代的智識界中最負盛名的人物，因常撰文吟詩譏刺朝政，屢繫於獄，或被放逐，浪遊歐亞各國，曾僑居英國三年，受彼邦思想家影響甚大，洛克思想得以傳播法國，彼實有力。彼著作甚富，《論英國人書》(Letters on the English) 一書，表現其哲學，及對教會與社會之批評。其《民俗誌》(Essay on Manners) 一書，則為其歷史哲學，主張研究全人類成功與失敗的歷史，不拘於一朝一姓的興亡，則所見必當為深遠。

❺ 狄德羅之偉大事業，在於刊行《百科全書》(Encyclopedia, 1765)，而為「百科全書派」之領袖。此書凡十七卷，將當時各種學術上之新發現，搜羅無遺。其使命亦如福爾泰，在於廣佈知識，破除成見，對於當時之宗教、社會、政治以及科學上盛行之觀念，肆意批評，促使人們追求新的理想。

世紀的理性，是指不變的法則，亦可謂人類智識中最高最完全的部份，故理性為永恆的，是人類探求的對象；十八世紀則認為理性是人類的一種能力，賴此以發掘萬事萬物的奧祕，知識可得以日漸進步，生活亦可日漸改善。因此十七世紀的理性注重邏輯法則，完整的觀念，從事於一貫體系的建立；十八世紀則重分析，整理與排列，以追求事實的真相，在空間與時間的綜合中求完整。因此在此一世紀，不僅是一自然科學的狂熱時代，而且也開始注意到歷史哲學的探討。福爾泰認為要研究全人類成功失敗的歷史，以追求前進的軌跡，故歷史與人類猶如自然科學之與宇宙。狄德羅則認為研究一個思想家的學說，必先了解其時代背景。十七世紀的思想家們很少談及歷史，十八世紀便有了顯著的不同，義大利思想家韋寇 (Giambattista Vico 1668–1744) 曾先孟德斯鳩以歷史方法研究政治，❻並且有許多獨創的新穎見地，可為一先驅。

　　孟德斯鳩亦重視歷史的學問，他亦並非為歷史而歷史，而是想從歷史中尋找出政治及法律的資料。他相信政治的根基，實深植於歷史因素及各種客觀環境中，只從表面觀察政治制度，不能夠得到制度的精神，須從歷史中找根據，他在一七三四年所寫的《羅馬人盛衰之原因》(*Considerations sur Les Couses de la Grandeur des Romains et de Leur Decadance: The Greatness and Decline of the Romans*)，即以歷史方法研究政治，以歷史上所得到的結論，作為解決當前政治問題的借鑑。他好讀書亦好旅行，足跡遍及歐洲，見聞甚多，因此使他了解客觀環境的重要，所以他的思想中，有唯實色彩，使得在馬基維里之後，又有了現實主義的趨向。孟德斯鳩為法國之貴族，一七三四年他放棄一市議會主席的職位，出國遊歷，考察各國

---

❻ 韋寇主要的著作有 *De Constantia Jurisprudentis*, 1721 及 *Principii d'una Scienza Nnuova*, 1725。他以歷史眼光，去討論國家的起源，並認為人類可在政治及法律的進展中求進步，但法律制度卻無絕對優劣，須視一國之時代環境而定。

政治，曾居留倫敦兩年，時英國正當光榮革命之後，政治革新，令人刮目相視，他悉心研究其政治制度，對於英國的立憲政體極為傾慕，乃於一七四八年完成其影響最大享譽最隆的一書——《法意》(*De l'Esprit, des Lois: The Spirit of Laws*)，此書經十四年始寫成，三權分立的理論，即在其內。孟德斯鳩的文字優美，他早年的著作《波斯通訊》(*Letters Persanes*, 1721)，雖對政治宗教多所批評，仍可視為一文學作品。但由於他有實事求是的態度，他的著作是具有客觀科學的精神，內容充實，理論清晰而堅強，注重實際的需要，不作唯理的遐想，然因此亦不免染有保守色彩。

第二節　法律論

一、法律的解釋

《法意》一書為孟德斯鳩政治思想之結晶，所涉範圍甚廣，但無非為法國謀解決政治問題的指標。法國政治之弊在於專制制度，及陷人民於桎梏而不得自由，所以他所研究的，即是自由之保障，以及專制之廢除。如何使自由擴大而又可以得到保障，這個問題自宗教革命之後，即被一般思想家所重視，但常常是空泛而不切實際的。洛克的自然權利說，固然有很大影響，卻也造成了以後許多糾紛。孟德斯鳩則能不作幻想，而就歷史找借鑑，或引證別國政治以攻錯，他要切實的在制度上發揮自由保障的效用，在法律的含意中尋求自由的實質。

他首先認為保障人民自由的最重要基礎，在於法治，人治之下自由必受到侵害，統治者的野心與慾望，是有增無減的，沒有法治就沒有任何客觀標準，事之當行與否，只視其對統治者有無利害關係，被治者的利害便很少在考慮之內。法治在表面上看來，是武斷的，約束的，但法律是一客觀的統治，每人有其應得的一份，行動亦便有一可靠的準則。孟德斯鳩既

如此重視法治，便必須給法律有一明確的定義，否則惡法亦法，自由仍無
保障，於是他以一個政治學者的立場，為法律作一界說。他在《法意》開
始的第一章就說：「法者，乃事物之本性，所發生之必然關係。」❼此一解
釋，在當時即曾受到福爾泰、盧梭等人的評譏，謂其掉弄玄學的虛妙。但
在孟德斯鳩看來，宇宙間充滿了法則，宇宙中所存在的無非是人、事、物，
雖千種萬類，然皆有其自然之理，非屬偶然。而各種人事物又各具有其本
性，若相互間發生關係，則定有一必然的因果產生，此在物理界，物物間
的相遇相會所產生的必然關係，可稱之為定理、定律，如見之於人事的社
會國家，便是法律，為人類行為的準則。人類行為既有必然的客觀的準則，
理應遵守，惟人之智力終屬有限，故仍不免有謬誤，復由於意志之自由，
行事作為一任個己之好惡，不能悉合道理。❽致不能達到盡美完善的境界，
惟法律是為確定不易的客觀存在，應無疑義。

　　孟德斯鳩不同意霍布斯之契約學說，亦反對其實在法的觀念。❾實在
法派只承認權威者的命令為法律，是乃不知法律實係客觀的存在，早在權
威者的命令之前，即有一正義的標準。他對於自然法派，所謂法律乃理性
之命令，亦不贊同，因理性的命令終屬主觀，何能必然無異。但事實上，
他的理論也是由自然法的觀念而產生，與自然法派的觀點仍然接近。

二、法律與環境

　　孟德斯鳩以上所對法律的解釋，乃係指法之「意」，亦即所謂法律之精
神，法律之原則原理，而非即為實體法。❿他曾將人事社會中運用的法律，

---

❼ 參閱《法意》一卷一章。
❽ 同❼。
❾ 參閱《法意》一卷二章。
❿ 參閱《法意》一卷三章。

分為國際法、政治法 (Political Law)、民法 (Civil Law) 三種。國際法為國家與國家之間的法律，以維持國與國之間的交往而免衝突。政治法為治者與被治者間的法律。民法則為人民之間的法律。⓫言及國際法，他認為：「國際法者，其義乃本諸人類之理性，以促使國家間的交往，當和平之時，宜盡所能謀人類之幸福與繁榮，即不幸而至於戰爭，亦應盡所能使禍害減輕，不致過份慘烈，損失過重。」⓬故國際法之原則及內容當為各國所一致遵守者。至於政治法與民法，在每一國家之中，必與其國家的自然環境相配合，與歷史傳統、社會生活相適應，因此各國法律固然同一原則原理，但內容上卻因客觀環境不同而互異。故孟德斯鳩並未要建立一種永存的一統的法律，法律實必須隨客觀環境之變遷而因時因地有所更易。

孟德斯鳩對於法律與環境的關係，特別加以強調，尤其是氣候及土壤，最有影響力。他認為「一個國家氣候的寒暖，土壤的肥瘠，幅員之大小，地理之形勢，以及人民的職業是農耕、漁獵抑或游牧，均與法律有關。法律所允予人民自由之程度，係依一國之政治制度而訂。法律與宗教信仰亦有關係，另外人民趨向、國民財富、人口、貿易、風俗、習慣等，均與法律相關。而且政治法與民法之間的相互關係，法律之源由，及立法者之用意，立法時社會組織與秩序，皆與法律有關係，是必須皆應考慮周詳者」。⓭其中所以尤以氣候土壤最為重要者，因為此二者可影響到國民性格、社會經濟、宗教文化及風俗習慣。此種客觀環境的適應性，實即為「法意」之所在。

⓫ 同⓾。

⓬ 同⓾。

⓭ 同⓾。

三、法律與自由

　　自由的問題雖為十八世紀所熱烈討論者，惟一般人對自由並無明確的認識，孟德斯鳩則能從法律的基礎上，去尋獲自由的真義。一個國家必待法治建立，然後人民雖群居於國家之內而仍享有自由，有權利去做他自己願做之事，無人可相強迫，但此種自由必須是在法律之內的，自由並非無治之謂。他說：「自由就是有權利去作法律所允許的事情，假若有人有權利去做法律所禁止的事情，而其他的人亦同樣有此相同的權利，則自由立將喪失。」❶❹

　　一國法律有政治法及民法兩種，前者在於樹立國家政治制度、政府組織，及國家政府與人民之關係；後者則確定人民相互之關係，藉以各安其居，各樂其業，勿相侵奪。因此政治法實為政治權利，亦乃政治自由用以維護國家制度，保障社會全體的自由。民法則為人民個人權利之保障，維護人身之自由，在這一方面，他痛斥許多司法上的弊端，力求司法上的改進，以維護人權，表現了他悲天憫人的人道主義精神。由是觀之，孟德斯鳩所重視的是實際的自由，此不同於當時歐洲大陸的一般觀念，所追求的哲學上的絕對自由。他追求的是實際生活中各種具體的規範，雖是一點一滴，但卻是具體可見的，不是抽象的，從每一法律對自由的解釋看來，是自由的保障，也是自由的限制，但一一訂之於法，便可享有法治的真正自由。哲學上的自由，只是抽象的概念，好高騖遠而不切實際，自由平等博愛的口號雖然美麗，卻常被曲解，法國革命自一七八九年至一八七一年，幾經波折，歷盡悲慘之創傷，原因似在於此，而孟德斯鳩早有重視實際自由的觀念和理論，的確有他獨到之處，似較之其分權論尤為精彩，但竟為其國人所忽略，誠為一大遺憾。

---

❶❹ 參閱《法意》十一卷三章。

　　孟德斯鳩由於重視自由而富人道主義思想，所以極力反對奴隸制度，奴隸制度不僅有害於為奴者本身，妨害其健全自我的發展，並且亦有害於作主人者，養成為主者殘暴不仁，縱慾敗德之性格。奴隸制度在專制國家尤為盛行，其君主與臣民之間，亦無異主奴，以致一國皆奴，則視為奴乃常事，不以為怪，不以為恥，使主奴關係，儼然為倫理之一端。❺他頗為憤慨的抨擊維護奴隸制度的許多說法，其一謂奴隸係由於戰敗降俘而來，他認為這是一種鄙劣的思想，戰敗而予以殺戮，固為不仁，以俘虜為奴，亦非人道，戰勝者如想要有效的統治戰敗者，必須予以平等的權利，「己所不欲，勿施予人」。否則便不能長治久安。或有謂奴隸係由於自甘賣身而來，這是更為荒謬的，買賣交易是雙方面均有所獲利的行為，如自賣為奴，於己毫無所獲，卻使對方得到一切。至於認為奴隸之子女仍得為奴隸之說，尤為無理。❻孟德斯鳩的思想受亞里斯多德影響甚大，但對於其主奴之分，係出於天生的看法，卻大為不滿，因為人是天生平等的，奴隸制度之存在，完全違背了天理人道，即有法律，亦不足為恃。

第三節　政體論

一、政體的分類

　　孟德斯鳩根據歷史及對當時各國政治之觀察結果，將政體分為三種，即共和政體、君主政體、專制政體。而共和政體又有貴族的共和政體，民主的共和政體兩種。其不同在於統治權握於少數人之手，抑為多數人之手，但在根本性質上是相同的。

---

❺ 參閱《法意》十五卷一章、六章。
❻ 參閱《法意》十五卷二章。

他說：「政治制度之弊端，必自其精神開始。」❶⑦故每種政體之得以維持，都各有其基本精神，特別性質。共和政體之精神是建築於道德之上的，故非任何國家所皆能採取，尤其是注重愛平等及愛國家的道德，否則是很危險的，如果在這種性質方面，不能有適度的表現，均可招致禍害。他對於民主共和的批評，與以往的學者頗多類似，他認為這種政體常常是最易動搖，最少效力的。因為多數人決定政策，遲緩而無力，故必賴有高度的道德，一般人民必須具有愛國觀念，一旦國家發生危機，能挺身而出為國家犧牲，以挽救危亡，他以希臘時代之克里特為例加以說明，其國之人，皆具有強烈愛國心，故其國家間或有不善的法律，亦尚不致敗亡而能維持久長。⑱至於愛平等，固亦為民主共和的精神，但常不易有正確的發展，過與不及都會造成許多弊端，因愛平等而致有誤解平等的含義。人固生而平等，但在一個人群社會中，平等並非是使人人一律相同，若認為平等乃使人人均為統治者，則人人再無服務之義務，以致雖有經選舉而產生的官吏，但又嫉妒其職位，不願受命，結果國群破散，社會秩序紊亂，人民暴虐放蕩，乃至野心者蠱惑及操縱民眾，以往所享受的平等與自由，便要喪失，而其國家覆亡的災禍，亦跟蹤而來。故良好的民主，是在於人人能做平等的國民，不是做平等的君主，共同遵守法律，愛其國家。⑲

貴族政治亦為一種共和政體，亦應以重道德為其精神，並且還要具有兼愛及中庸的特質，不應為特殊階級造福，亦不應過份偏重貧苦階級，須以中產階級為重心。而此種政體之弊竇，常產生於貴族之專斷，不守法度，則無異為少數人專制。其最為惡劣者，是將其權位以世襲制度傳之於後代，勢必行酷烈之政治，以束縛人民，鞏固其權位。如貴族集團之人數多，又

---

⑰ 參閱《法意》八卷一章。

⑱ 參閱《法意》八卷十一章。

⑲ 參閱《法意》八卷二章、三章。

必將相互傾軋，爭權奪利，雖然尚或可以維持一個粗安的局面，但國家仍將無可避免的衰萎不振。如人數少，則權必愈重而勢亦愈危，便不再可能長治久安。故貴族政治必尊重民意，勿貪戀權勢，而能敬其職守，存惕厲奮發的精神，則其地位可以保持，國家亦得以安定。❷⓿

　　君主政體的精神在於榮譽，以君主個人的威望尊嚴，造成向心的力量，以維繫全國人心，即使是假的，也是必須的。使人民敬重其君主，忠貞的臣屬立於朝廷，將士用命於疆場。君主政體下可不必顧及平等原則，反而可強調特權，因為單憑君主個人治理國家，實非易事，必須利用貴族的效忠輔佐，以安定國家，所以對於他們應明顯的給予尊榮與特權，使他們深感知遇之恩而效力。但所謂貴族，不應是世襲的，而是屬於智識才能的優秀者。最忌者是將爵位給予甘言諂諛、專事挑撥攻訐的小人，如君主周圍為此輩奴顏婢膝者所包圍，則將使君主輕慢其臣下，視如奴僕，而愈自尊自大，濫施權力，所以君主政體最易腐化而變為專制者在此。故君主政體亦須立憲，必使君主嚴守法度，權力有所限制，並且不得侵及地方應有之權，才能為一良好政體。❷①

　　專制政體的基本精神則在於恐懼，其統治者係為暴君，以暴力嚴威，懾服人民，使人民顫慄於恐怖之中，他具有鐵腕作風，亦具有鐵石心腸，說到做到，生殺予奪，取決於他一人。此不僅使人民生畏而屈從，並且使其臣下唯命是從，甚而邊陲藩鎮亦不敢違抗，因為專制之國大多是民眾而地廣，亦因此須賴大的威權以統治。專制政體之下，是沒有法律的，完全以統治者一人的好惡決定一切，隨心所欲，時有更張，人民毫無保障，所以專制政體乃是一種最惡劣的政體，只應存在於一個過渡時期，或是在一些落後地區，有時由於地理環境或宗教的人為的力量，使此種政體尚能維

---

❷⓿ 參閱《法意》八卷五章。
❷① 參閱《法意》八卷六、七、八章。

持一時的秩序，但人民畢竟是勉強服從的，是不可長久的。㉒

二、政體的適應

　　上述各種政體，除專制政體最為惡劣外，其他的政體並無絕對的優劣，完全視空間時間而定，亦即是以能否適應其特殊的客觀環境而決定。因此他又認為一國之氣候、土壤、面積、地形、人口、風俗、習慣、以及人民之職業狀況，宗教信仰，貧富差野，這一些固然與一國法律有密切關係，而對於採取何種政體為適宜，亦有極大的影響。他認為寒帶或山岳、島嶼及土地瘠薄的地區，人民多能吃苦耐勞，精力充沛，奮發圖強，且愛好自由，易於產生共和政體。而熱帶或大陸平原及土地肥沃的地區，人民多怠惰懶散，貪生怕死，故常便利君主政體或專制政體的發展。就面積而言，他曾認為：「小國之治宜於共和政體，中國之治宜於君主政體，而大國之治則為專制政體。」㉓疆域大的國家，因其人民眾多，社會複雜，需要大的威力以鎮壓。君主政體不宜過大，過大則容易造成分裂。小國人少地狹，一切都較為單純，公益易見，愛國心強，宜乎實行共和政體，惟疆域大小，又不免為大國所覬覦兼併，故如欲對內保持其自由共和的制度，對外又能堅強以禦敵，則可採取聯邦組織，合若干小國為一大的合眾聯邦的國家，便能內外兼顧。㉔孟德斯鳩的這些意見，深獲以後盧梭之同意，但事實上是不夠正確的，不過客觀環境之重要性，經他再度發現，亦不失為一大貢獻。

　　總之孟德斯鳩認為一個國家應採取何種政體，其政治之優良抑或窳敗，不是一個單純的問題，人、事、物的各方面的關係，均有互相影響，是一

㉒ 參閱《法意》八卷十章、十九章。
㉓ 參閱《法意》八卷二十章。
㉔ 參閱《法意》九卷一章。

種有連帶性的整體問題。故一國之政制法律，必須適合其整個的國情，絕不是單憑理想家設想的烏托邦所可改造或匡正的，亦不能抄襲他國制度以削足適履。因此他亦不主張革命，如不顧社會實情，只要求劇烈的改頭換面，便會有更大犧牲與痛苦。即使對於一個暴君，他亦認為可廢而不可殺，即有暴亂發生，其身可亡，而其法統不可斷㉕。他甚而不輕言改革，他在《羅馬人盛衰之原因》一書中曾說：「當一國之政體已經建立很久，並且政治已定型之後，為謹慎計最好不要去改變，因為此種政體之所以存在的理由，常常是很複雜而不可知的，它既讓此種政體存在，便必能按照政治原理，改變那些已觀察清楚的錯誤，至於其他的錯誤，只有實行時才能發現出來。」㉖其維持現實的保守色彩，於此可見，惟竟未能影響到自己的國家。以後的英國思想家弗格森 (Adam Ferguson, 1723–1816) 卻在這方面受其感染甚大。

第四節　分權論

一、分權與制衡

前已言之，孟德斯鳩的政治理論，是以法國為對象，尋求解決其政治問題的途徑，而是以自由的保障為基點，並著重於專制之廢除。他在將法律作了一番詮釋，以及將各種政體作一分析之後，更觸及實際的問題。在政府制度方面，主張立法、行政、司法三權分立，與彼此間互相制衡的原則，這是他最為世所稱道及影響最大者。他在《法意》的第十一卷，討論如何建立政治法以保障自由，有詳盡的論述。雖然他在法律的解釋方面，

㉕ 參閱《法意》八卷二十章。
㉖ 參閱《羅馬人之盛衰》十七章。

已使法律的涵義明確，但此並不足以保障自由，執法的統治者，仍不能使人信任，「由歷史上之經驗所推知，凡人有權，很少能不倒行逆施者，必盡其權力之所能而為所欲為」。㉗因為權力是最容易令人腐化的，權力愈大，野心與慾望亦愈大，以致濫用職權。統治者養尊處優，居高臨下，有其過度的優越感，只知尊重自己而抹煞別人，對人民的生命、財產與自由常常忽視，雖有客觀的法律，但統治者仍會曲解法律，在執法時亦會有所偏私，作不公的處裁。所以還必須有良好的制度，保證不至於濫用職權，造成專制武斷與獨裁。那麼一國之政治法，亦即所謂憲法，便必須規定政府權力的限制，對於政府運用權力的種類、範圍、及使用方式，均應有明確嚴格的約束。再者最要注意的，是擁有權力的政府，同時亦擁有武力，國家武力如被一個人或一個機關所控制，便往往能用武力衝破憲法的藩籬，仍可為所欲為，因此要想使憲法有效，不致使任何權力機關濫權越權，就必須將權力機關劃分，而以權制權，制立一種「制衡原則」(The Principle of Check and Balance)，使彼此之間一方互相平衡，一方面互相牽制，維持一種均勢。於是他將政府權力機關分為立法、行政、司法三種。而任何一方在分立與制衡之下，不得濫權、越權，造成專制獨裁的局面，俾使人民自由得到保障。

　　他認為如將立法權與行政權合併為一，人民自由將必喪失，因為掌此權者未必賢明，將立繁苛之法令，而又以威力執行。若立法權與司法權不分，則處理爭訟以斷曲直者，亦即為議立法令者，如是將無從定是非，辨黑白，人民之生命財產不可保。若司法權與行政權相合，則執行法令者，亦即審判是非者，人民必為所鍛鍊羅織，亦無自由之可言。倘使三權集於一人，或一個機關，則必為專制之治，人民勢將苦不堪言，更何自由之有？㉘故必須使三個機關分立而制衡，互相監督，使任何一方面不可存有

㉗參閱《法意》十一卷四章。

野心，過份專權，能如此憲法的尊嚴始能保持，人民的自由始有確實的保障。

孟德斯鳩的三權分立，在理論上是曾受到洛克分權論的影響，但二人是有所不同的。洛克是分為立法、行政、外交三權，而立法權是駕乎行政外交之上，並無制衡原則。再者孟德斯鳩對於當時貴族制度及其地位，似仍欲維持，因此對英國之上下兩院的議會制度，亦頗多稱讚，而行政權留置於君主之手，亦似事屬當然，此又足見其思想富有保守色彩者。❷⁹

二、制衡理論的借鏡

孟德斯鳩分權制衡的理論，是以英國政治制度為借鏡，得到的啟示最多，同時由於他熟知羅馬史，所以波里比斯亦給他很深影響。波里比斯以一個希臘人去讚美羅馬，但事實上他所讚美的制衡精神，當其在羅馬之時，已成過去。孟德斯鳩以一個法國人讚美英國制度，但同樣的，英國不論在當時、在後日，都未曾有過三權分立與制衡的事實，只是表面的神似，實際上卻另有精神。由於洛克、哈林頓等思想家的學說鼓吹，使他無形中受其影響，而接受了流行於當時的一種觀念。

當時的英國，司法權固然由於時勢及輿論的力量，漸漸的由國王的行政權中分了開來，但是尚無獨立的地位，國王的行政權仍然時常侵犯其職掌，以權勢脅迫法官，司法機關亦並無能力，發揮牽制的功效，立法權最初亦由行政權中分出，但即使在光榮革命之後，國家預算固由議會決定，大體上已能獨立，但是英王仍有左右政局的權力。威廉與瑪麗在位時，仍能以其特權否決議會通過的法案，喬治三世 (George III, 1760–1820) 雖智力不逮，昧於世事，然而其個人在政治上，具有超乎一切之勢力，達數十年

---

❷⁸ 參閱《法意》十一卷六章。

❷⁹ 同❷⁸。

之久。另外在自由黨領袖瓦爾波爾 (Robert Walpole) 當政之時 (1721–1742)，內閣制及政黨政治之體態，業已漸具雛型。實際上此一階段所表現的，仍是一種寡頭政治，議會中的議員，幾乎一半以上係私人所授予，大城市的代表，亦由少數富商推選，政權為上層階級所把持，仍不免腐敗與壓制，一般人民尚無政治權利，更無政治自由，一般自由之保障，亦未臻理想。時至今日，英國在世所共知的內閣制之下，立法與行政同屬一多數黨，兩者發生連鎖作用，貌離而神合，是一而二，二而一的，更無分立制衡之實，但此後英國的政治學者如布拉克斯頓 (Blackstone, 1723–1780)、柏克 (Burke, 1729–1797) 均服膺孟德斯鳩之言，拱之若璧。

　　雖然英國政治制度，並非完全如孟德斯鳩所觀察者，但當歐洲其他各國，神權政治仍然陰魂未散，君主專制之勢尚未稍減之時，已足供各國傾慕和借鑑，他的研究當然是有其深意的，至少他利用了英國的政治資料，創立了制衡的政治原則，以求改革專制政治，他的著作為當時人所樂於研讀。不久之後，美國獨立，便採納了他的意見，使他的理論，獲得具體實現的機會，而凡是仿傚美國採總統制的國家亦莫不遵循分權制衡原則，為憲法之要義，為組織政府之圭臬，其影響之深，不言而喻。

三、制衡理論的後果

　　美國的制度，確實表現了三權分立及制衡的精神，立法機關的國會，是有其獨立地位的，在一般國家，行政機關大都有一種解散議會權，則議會的生命，多少要受到行政機關的控制，減少了獨立性。但是在美國，議員在其任期以內有絕對的保障，不但不受解散之威脅，而且其意見是行政機關無法左右的。再以美國行政機關而言，也不受一般內閣制國家立法機關之彈劾權的控制，總統與其僚屬性質的內閣，在任期之內，立法機關不能強迫其辭職。而聯邦法院在司法上，亦維持了獨立地位，尤其是握有解釋憲法權，更表示出其尊嚴及獨立性。

　　美國的總統制，可以說很符合了孟德斯鳩的原意，但是不幸結果卻發生了流弊，最顯而易見的，是使行政機關缺少效能，行政效能低，施政上所發生的缺點便不可免。例如財政方面，便有許多腐化現象，此一職權，究應屬於立法工作，抑或行政範圍？或謂預算的編制是立法工作，預算的執行屬行政機關。但實際上，一般議員在財政方面的經驗認識均少，如何能制定合理的預算編制，同樣的對於軍事、外交、教育等各方面，所了解的實際情形亦不多，但行政機關卻不得過問，遂使立法機關閉門造車，甚或發生分贓的惡果，由各地方產生的議員代表，只知為其本地爭取權益，卻昧於整個國家的真正需要，行政機關亦執行困難，少有績效，以致行政與立法之間，常有不同的意見，於是總統便利用覆議權以牽制對抗議會，議會則用最後的同意權以牽制抵制總統，一方面分工，一方面又牽制，扞格齟齬乃時有所見，結果變成了僵局，影響國家一切工作的推進。可是美國幸而有了政黨政治，政黨可居中調和矛盾，每當分道揚鑣，無法前進的時候，政黨便從中斡旋連繫，減少衝突。由此可見美國雖採取了孟德斯鳩的理論，如果沒有此一理論之外的政黨產生，便造成政治上的癱瘓，這是孟德斯鳩始料所不及的，「智者千慮，必有一失」。而且制衡的理論，一旦與政黨政治的實際運用相遇，便會產生必然的結果，如立法機關與行政機關為同一政黨，二者之間的衝突，容易解決，但制衡的原則精神便全然改變破壞；如非同一政黨，則行政機關的行動，又勢必更處處受到掣肘，陷入僵局。

四、結　論

　　美國實施孟德斯鳩理論的結果，雖然如上所述，有所缺失，但是他的功績仍然是偉大的，用三權分立與制衡的原則，以防專制，以保自由的用心是至善的。他發現立法、行政、司法中任何兩個機關不加劃分，必傾向專制，人民不能享有自由，如三者統屬一方，其後果更不堪設想。

此一警告，已在歷史上獲得不少證明，所以他的理論對民主政治的演進，曾予以很大的助力，尤其對於十八、十九世紀，有極大貢獻，當時民權剛剛伸張，放任的思想瀰漫，自由主義及個人主義，正是這個時代的寵兒，因此限制政府權能，俾使人民獲得充份自由的設計，最能順應時代要求。當時認為最少管理，便是最好政府，政府正不必有所表現，分權制衡的原則，正好幫助達到此一目的，符合其心理願望，於是孟德斯鳩的學說乃大受歡迎，極有價值。但是一到了二十世紀，時變境遷，隨著科學工業的發達，社會愈形複雜，有賴政府管理的事端，日愈繁多，於是發出了與前時相反的要求，最大管理才是最好政府，可是回頭看政府機關，卻在分立制衡之下，窒礙難行，欲動不得，行政效力無所施展，乃對此一原則嘖有煩言，不得不另覓途徑。故時至今日，美國的總統制，實已大有更張，總統的權力，隨著時勢的要求，已愈加擴大，尤其每逢非常時期，所謂「護憲的獨裁」(Constitutional Dictatorship) 已是不可避免。早在林肯 (Abraham Lincoln, 1861–1865) 身處南北戰爭的時代，便已見端倪。❸之後一次大戰時的威爾遜 (Woodrow Wilson, 1913–1921)❶，面臨經濟危機而推行所謂百日新政，及歷經二次大戰的羅斯福 (Franklin Roosevelt, 1933–1945)❷，無不表現行政領導立法的事實。至今日二十一

---

❸ 林肯於一八六一年七月四日在致國會之咨文中曾言：「一個政府是否應當在必要時過於堅強，甚而足以侵害人民自由，抑或過於軟弱，以致不能維持其本身之生存呢？」因而他推行軍事政治與立法協調的政策，以增強其政府之權力與效能，乃能制服南部諸州的叛亂，而保全整個國家。

❶ 威爾遜曾表示，「一個政治家的才能，在於使政府各機關，作有效的合作，以達成共同目的。」當一次世界大戰時，他在國會的授權法案下，亦能儘量運用其個人的才能德望，循憲法途徑，以領導立法。政論家羅傑士 (Linsay Rogers) 曾對他描繪為將國王、首相、三軍統帥、政黨領袖、經濟獨裁者、國務卿、和政務總督導人，集七項大權於一身。

世紀的局勢險惡複雜，並未稍減，時刻處在戰爭的邊緣，而科學的武器，能在瞬息之間，毀人國家，為應付危難與繁劇，更不得不增加行政首長的權力，固然其主旨仍是保護國家獨立，維護憲政，保障人民權利，不過這至少已說明今日總統制，已逐漸擺脫了分立制衡的原則。

　　事實上立法與行政，實在是一件工作的兩個步驟，而並非涇渭分明，截然不同的兩件工作，所以在政治上尚有一個重要的原則，是必須有一個「綜合權」，先有整個的方案計劃，然後再分割出若干工作，如無統一完整的計劃，則雖然分工，卻不能收合作之效，人民納稅，只不過為議會分贓，自由又存於何處？腐化的結局，又無法控制，豈非形成議會專制？分立與制衡，在理論上看來，似乎很調和理順，但一旦付諸實施，則大有問題。事實上兩者之間，是難能互相為用，反而是有所矛盾的。因為制衡是仍含有互相依賴的關係，而分立便就是造成孤立，故分立之後，即不易制衡；有了制衡，便不是真正的分立，孟德斯鳩理論的缺口，似即在於此。

---

❷ 羅斯福於一九三三年即位總統時，經濟危機達於高峰，乃要求國會授予大權，以應付艱困，於是他使行政部門主動，行政領導立法，簡化立法程序，及國會制訂授權法案，擴展施政機構。並通過「國家復興法案」(National Recovery Act)，得以挽救危難。二次大戰期間，國會所賦予他的應變大權，尤超過了林肯與威爾遜。

第十五章　盧　梭

第一節　盧梭其人

一、盧梭的生平及為人

　　盧梭 (Jean Jacques Rousseau, 1712–1778) 在政治思想的發展史上，無可否認的是最重要的人物之一，他在十八世紀的開明時代，更是一個最偉大及最奇特的思想家。他曾發射出奪目的光芒，而其餘輝仍能燭照於今日。他有多方面的興趣與成就，但他從未專心致力於某一項學問，而一生亦未曾正式進入追求智識的學校，他可以說是一個具有天才資質的人。

　　盧梭之政治思想影響鉅大深遠，是不易估計的，拿破崙謂無有盧梭，即無有法國大革命。此雖不免過甚其詞，然而法國大革命期間的一般革命家，的確是將他的《社約論》，視之若聖經。可是他的思想卻是複雜而難解，甚或是有所矛盾的，一如其生活及為人，誠如羅素所言，他是一個典型的浪漫主義 (Romanticism) 人物，是十九世紀浪漫主義之父。❶所謂浪漫主義，乃是一種重感情而輕理智的多方面的態度表示，自十八世紀末葉之後，無論文學、藝術、或哲學、政治，都莫不受其影響。浪漫主義者不能忍受一切傳統及禮俗的約束，崇拜小我，歌讚自然，乃至唾棄社會，放浪形骸，我行我素。視規矩文明，道德法律為枷鎖鐐銬，為欺騙愚人的圈套，他們並非無道德觀念而是另有範疇，以致造成憤世嫉俗，怪僻孤立，作幽祕及荒誕之玄想，或熱烈的追求刺激與興奮，不肯客觀的面對現實，而一任感情之騁馳，以自我為中心，主觀專斷，人人欲縱其天人之資，做自己的上帝。此一結果，容易造成無政府的混亂，或為獨裁政治敷設道路，羅

---

❶ Bertrand Russell: *A History of Western Philosophy*, Vol. III, Chap. 18.

素認為盧梭在這一方面，的確是開風氣之先的人。

盧梭之一生，飽嘗憂患，但也是複雜而充滿矛盾的。他出生於瑞士之日內瓦 (Geneva)，出生不久，母親即死去，父親是一鐘錶匠及舞師，貧窮無力照顧，將他送給姑母撫養，幼年時雖曾受過短期教育，但至十二歲即輟學，入鐘錶店為學徒，因不堪其苦而出走，從此之後便是長期的流浪生活，沒有固定的職業與住所，青年時更做過一些卑微的工作，為貴婦的侍童。他在日內瓦本為喀爾文教派信徒，但在十六歲時為了飢餓，改信天主教欲做教士，而終於逃離寺院，此後他曾做過律師的書記，家庭音樂教師，使館祕書，亦曾寫詩、製曲、編劇、寫小說。他甚而有過偷竊及臨危而拋棄友人的行為，這在他自己的傳記——《懺悔錄》(Confessions) 中，有坦白詳盡的寫述。他說他是生活於高尚與卑鄙之間，既有道德的情操，又有欲望的衝動。他曾與許多女性同居，發生風流韻事，但卻無真正愛情，最奇怪的是他於一七四五年，在巴黎結識一旅館女侍，其人低能下愚，不辨月份甚而不識數目，而竟與之同居三十年之久，生子女五人。他主張回到自然，崇尚質樸，但是他的文章卻充滿華麗的辭藻。他提倡自然發展個性的教育，卻將自己的子女送入育幼院。

由於他生活的動蕩不安，歷經顛沛流離之苦，受盡生活的折磨艱辛，及社會的白眼冷遇，再加上幼年時期缺乏母愛撫育，與正常的教養環境，所以使他早就具有反抗的精神，對周遭的一切要肆意攻擊，並且形成他傲慢怪僻的個性。直到一七四九年，他的第一篇論文——〈論科學藝術進步與風化之關係〉 (Si les Progres des Sciences et des Arts a Contribuéà Corrompre ou à Epurer les Moeurs: Discourse on the Progress of the Sciences and Arts) 參加地龍學院 (The Academy of Dijon) 之徵文比賽，獲得第一名，聲名大噪，生活漸形好轉，成為一知名之士，日內瓦人亦引以為榮，仰慕甚殷，乃在其國人敦請之下，衣錦榮歸。但是到了一七六二年他的最著名的政治論著《社約論》(Du Contrat Social: Social Contract) 及另一關於教育

理論的《愛彌兒》(*Emile*) 兩書發表後，卻給他帶來了厄運，他的思想不能見容當時的君王及社會，其著作列為禁書而被焚毀，他被迫逃出法國，日內瓦竟亦排拒他，使他有鄉歸不得，天地之大直無容身之所，故其晚景頗為悽慘，居無定所，行蹤詭祕，而性情尤為乖張孤僻，近乎神經質。他曾在英國居留數年，並結識柏克及休謨 (Hume)，結果都是不歡而散，他甚而懷疑休謨要謀害他，最後他又潛返巴黎，更加潦倒，貧病孤獨，而死於顛狂狀態中，人或疑其係自殺而死。休謨在其離去時，曾對他的為人作一批評說：「盧梭其人，終其一生只有感情，就此而言，他的敏感性 (Sensibility) 常升至最高度，據我所見，無有與之倫比者，但這只能給予他極端的痛苦，而未給予他快樂。他是這樣的人，他不單是衣服要剝光了，而連皮也都要剝光了，在這種情況下，惟有粗野與喧鬧，去與暴風雨相搏鬥。」❷

二、盧梭的時代及著作

盧梭之生平及為人如此，所以他的思想與開明時代的一般思想家如孟德斯鳩等人不同，孟德斯鳩注重歷史及事實，應用比較的方法，百科全書派是以理性去推廣科學的智識，他們雖然對現實亦不滿意，但是態度仍是溫和的，只要求在現狀中去改進。此均非盧梭所能同意，他所希求的是豐富的感情生活，純真的人性，他一任其激情的發洩，要澈底的推陳出新。同時他所處的時代，已臨近法國大革命的前夕，是山雨欲來風滿樓的階段，人們已不耐於在專制政治下強調安全與秩序的低氣壓，而需要興奮與刺激，當時無論在政治、經濟及社會各方面，都使人民到了似乎忍無可忍的時候。政治方面，君主昏庸專斷，朝臣之進退生死，全憑一人之喜怒，人民生活更無保障可言，等級會議自一六一四年即未再召開。而為王者如路易十五

---

❷ Ibid., Vol. III, Chap. 19.

之表現，荒淫失德，令人不齒，但是他卻要說：「最高權力存於朕躬……國民權利與國民之利益，必須與朕之權利利益相連，而操之者惟朕一人。」在經濟方面，他為支持豪華的生活享受，及對外戰爭，乃橫徵暴歛，賦稅繁重，諸如土地稅、人頭稅 (Capitation)、所得稅、鹽稅、教稅等，已使國家民貧財盡，但是他還厚顏無恥的說：「終朕之世，尚可無憂，朕之繼承者宜好自為之。」❸ 在社會方面，仍有嚴格的階級劃分，而所享權利及所盡義務頗為懸殊，是封建餘毒仍在作祟為害，如賦稅及勞役之負擔，俱為一般收入微薄，不得溫飽的平民，貴族及教士卻享有特權，收入最豐，反坐擁鉅貲，不負納稅義務。所以當路易十六一即位之後便陷入泥淖，何況他庸弱無能，優柔寡斷，而仍然執迷不悟的說：「只要是我願意的事情，都是合法的。」無怪乎他要不幸的扮演歷史悲劇人物。在這種情形之下，人們不能再保持冷靜的理性，不願再坐等緩進的改革，而王室也已不能令人信任，大家渴望暴風雨的到來，以滌盪胸中沈鬱的塊壘。

　　感情豐富，感覺敏銳的盧梭，處於此一時代中，當然更是滿腔悲憤，於是他舉起反抗的大纛，大聲疾呼的向統治者、向教會、向一切貴族特權階級，及一切社會傳統、法律制度挑戰，並向苦難的人民，預言美麗的前程，他的呼喊，配合了人們的心聲，符合了時代的需求，所以雖不至於如拿破崙所說，沒有他便沒有法國大革命，但至少他的言論，猶如暗夜中的火炬，助燃了蘊藏於人們心中的革命火種。

　　盧梭的政治思想，可由其著作中看出，但是前後頗不一致，早期的著作，有第一篇應徵文〈論科學藝術進步與風化之關係〉、及第二篇應徵文〈論不平等之來源與基礎〉 (Sur l'origine et les Fondaments de l'inegalite Parmi les Hommes: Discourse on the Origin and Basis of Inequality Among

---

❸ 參閱海斯 (Carlton J. H. Hayes) 著，曹銘廉譯《近代歐洲政治社會史》(*A Political and Social History of Modern Europe*) 七卷十四章，商務印書館版。

Men, 1755)，尚有刊載 《百科全書》 的 〈政治經濟論〉 (Economie Pacitique: Discourse on Political Economy, 1755)。此時他強烈的批評人為的一切，主張回到自然，是極端的個人主義，但〈政治經濟論〉中已有所轉變。至一七六二年的代表著作《社約論》寫出，他的思想有了顯著的發展，他要尋找在不可避免的國家生活中，如何得到合法的自由。此一時期尚有關於教育理論的《愛彌兒》，及為其著作被查禁焚毀而答辯的《山中通訊》 (*Lettres Ecrites de la Montagne: Letters Written in the Mountain*, 1764)。到了後來，他受人聘請所寫的 《科西嘉憲法擬議》 (*Projet de le Constitution Pour la Corse*, 1764)，及 《波蘭政制意見書》 (*Considerations sur le Gouvernement de Pologne*, 1771–1772)，則又頗為保守唯實，並且更明顯的表現了集團主義 (Collectivism)。

第二節　早期論著

一、〈論科學藝術進步與風化之關係〉

〈論科學藝術進步與風化之關係〉是盧梭最早的一篇論文，竭力反對人為的一切事物，主張棄聖絕智，歸真返樸，回到自然 (Back to Nature)。他認為科學藝術愈進步，倫理道德愈墮落，因為一切科學是立於貪心的基礎上，一切藝術則出於矯飾。天文學是由於占星迷信，雄辯學由於野心、虛偽，幾何學由於貪婪，物理學由於浮誇的好奇心，即倫理學亦由於人之驕傲，此皆產生於人類的惡德，而與美德無關，故文化愈發達的國家，就是道德愈墮落的地方。他舉出許多古代的國家，凡是到了文化發達的時候，亦即喪鐘叩響之日，希臘為馬其頓所征服，羅馬被野蠻的日耳曼人所取代，埃及、波斯、土耳其、及中國的歷史他均加以引述，證明其言之不虛。

文化落後的野蠻民族，常能保有原始的美德，而維持其強大的力量。

自然社會的人雖然舉止粗野，但是樸實淳厚，不虛偽、不矯飾、自然流露出天性美德。相反的愈昌明進化，則人心愈陰險詭詐，虛偽的禮貌笑臉之後，隱藏的是嫉恨猜疑，兇殘毒辣，由是可知科學藝術愈進步，道德人心愈墮落。今日社會，只知追求智識而輕視道德，人們惟以機巧明辨為能，無人從天真質樸中求取美德。

在這篇論文中，他已經具有了自然社會之美好、及原始初民之美德的概念，厭惡人為，鄙視理智，但他的論證是武斷的，他亦自知此文之辯說，是感情強而理論弱。科學藝術的進步，固可刺激人的欲望，追求享受，甚或可能做出損人利己之事，但其間不盡是必然的，卻可能是偶然的，而且科學與藝術的出發點，亦不見得即由於貪心與矯飾。但他的理論至少對一些欺世盜名，躋身於科學藝術之林，自認為有貢獻於人類的科學家藝術家，是一當頭棒喝，他們常鑽入牛角尖中，而遺忘社會公益。

二、〈論不平等之來源與基礎〉

〈論不平等之來源與基礎〉是盧梭的第二篇應徵文，雖未能入選得獎，但較之前篇尤為重要，發生影響更大。

盧梭認為凡人之享受與其體力及智力不成比例，便是不平等。可見他亦承認人在體力與智能上，是有所不同的，不過人在原始的自然社會，雖亦因體力智力不同享受有異，但是相差無幾，並不曾感覺到痛苦，亦未釀成禍害，到了政治社會之後，人間不平等的現象，便極為懸殊，甚而是倒置的。因此他將不平等分為兩類：一類是自然的，是由於天賦品質的不同，致體力智能有高低；另一種是政治的，人為的，這是因為有了國家，有了法律制度所造成的，以致孩童竟能命令長老，愚劣竟可指揮賢良，年高的大臣要匍匐於幼年君王之腳下，貧窮者雖體強智高，卻受富有者之支使奴役。

盧梭認為在原始時代的初民，其生活情狀，並非如霍布斯所說是人各

為戰，互相殘殺的，但他亦不同意洛克之所言，是一個和平、善意、互助、共存的社會。人是自私的，但在此一時期的自私是消極的，而不是積極的，並不嗜好掠奪，亦不想征服他人，只是對他人漠不關心而已。所以人並非為社會性動物，但憑其個人的直覺感情而生活，由於人有這種自私自愛的直覺，故其所為，當然於己無害，同時人亦有同情憐憫 (Pity) 之心，故亦不致為害他人，此種同情憐憫之心，乃是人類一種基本而自然的美德，據此而言，盧梭認為人性是善的。人既是如此的利己而不損人，自供自足，故能無所衝突與紛爭的相處於自然社會之中，過著一種獨往獨來，隨遇而安無拘無束的快樂生活，此種天真淳樸，美滿幸福的時期有數百年之久，這是人類生活第一期的黃金時代，也是個人絕對自由的時代。之後隨著人的能力發展，人口增加，家庭成立，生活漸有進步，而入於漁獵時期，再隨著地理環境及氣候土壤等物質因素的配合，而致有私產產生，這一切都是偶然發生的，但一旦有了家庭和私產之後，人自私自愛之心擴大，而同情憐憫之心卻為之減少，對於他人亦有了嫉妒憎恨的心理，然仍不失為一快樂時期，亦延續有數百年之久，可謂一過渡時期，經此階段，自然社會結束，便要進入了政治社會。

　　私產之產生，是人類生活演變的最大關鍵。盧梭認為第一個圈地以屬於己的聰明人，實為政治社會之創始者。當時如能有人揭破其獨佔的騙局，便不致有國家的產生，也便不會有隨國家以俱來的戰爭殘殺，罪惡痛苦的生活。自此之後，強弱異勢，富貧懸殊，不平等之現象愈見其影響的深刻，人類之貪婪兇殘愈見暴露，人類之災禍痛苦亦愈見劇烈，強者富者為維護其私產，乃進而造法律以承認，建國家以保障，國家與法律實係富者強者愚弄弱者的圈套，亦由此可知是法律造成不平等的現象並加以保護。所以當法律制定之後，私產得到承認，人們乃有富貧之分，再進而建立政府，設置官吏以執行法律，於是更有了強弱之別，最後合法權與政權相結合，形成暴君專制的權力，更產生了主奴的關係。至此人為的不平等達於極點，

受壓迫的貧者、弱者及為奴者已不堪忍受，革命將不可避免。❹

　　盧梭在這篇論文裏，更激烈的反對現存的一切，表現其極端的個人主義。他借用自然社會的美麗，反映現實的罪惡，但是他所描寫的自然社會，卻完全出於他個人主觀的幻想。他雖然批評霍布斯，亦不贊同洛克，但是他的理論卻深受他們的影響，惟其所發生的移人的力量，是超過了前人。但法律是否果如其所說是造成不平等的原因，保障少數人的權益與享受呢？事實上任何國家的法律，固然是在保障私產，但是亦在限制私產，到了廿世紀尤易發見，如所得稅遺產稅之徵收即是，不過因為大企業家愈來愈多，其享受是與貧窮者是有很大的距離，但此並非由於法律及政府的原因，而是因為文明愈進步，人類可利用的外力及工具愈多，遠古時代的人靠體力工作，終日勞動，亦僅能自供自足，或以物物交換以滿足需要，但所獲不多，享受亦低，人人如此，故無有不平等的感覺，但現在的人依靠智力並且利用機械及貨幣等工具，可利用之工具愈多，則財富愈容易集中，享受便有了極大差別，所以愈到近代，法律愈是在設想如何限制私有財產。由此可見盧梭的看法是並不正確的，但他的話卻極富有煽動性，生活在不幸中的人們聽來極易接受而為所激動，他使人在發思古之幽情後，愈增加對現狀不滿的情緒，乃有了革命的要求，假若果真說盧梭的著作影響到法國大革命的爆發，這篇文章必較其《社約論》尤具有更大的效力，同時對於十九世紀的無政府主義，社會主義都有很大的影響。

三、〈政治經濟論〉

　　盧梭在〈政治經濟論〉中所討論的主題及態度，已不同於前兩篇論文，而與以後《社約論》之精神相近，不啻為《社約論》之準備，是一篇預先的序言，由此亦可見其思想之醞釀轉變。

---

❹ Vaughan: *The Political Writings of Rousseau*, Vol. I, pp. 140–196.

在〈政治經濟論〉中，他認為國家財政要根據三個原則：

㈠**任何決策須得全國人民之同意**：此即表示一個合法的政府，其財政措施必須以人民福利為前提，所謂得到人民之同意，就是符合公正的「全意志」(Volonté Générale: General Will)。全意志一辭，為《社約論》中最重要的理論依據，在此已先期展露。此一原則與洛克所言者類同，美國革命時所說之：「無代表，無賦稅。」(No representation, no taxation.)，亦有此意。但如何獲得同意，實為不易，因無法召開全體大會，即使召開，亦不容易有決策，故惟有決策者能以全體福利為重，能合乎全意志，便可以得到同意。

㈡**個人意志應與全意志相配合**：全意志既屬重要，則須要個別的意志與其相合，使個人的想法與國家公共利益相融調，此並非武力所可強求，應逐漸感化，用教育開導人民、溝通思想，培養其美德，棄私利而趨公益。

㈢**關懷國民生活**：政府不僅是消極的做到保護人民，還要養成習慣去關切人民之生活，去尋找全意志的所在以求符合。

在這裏，已可發現盧梭已為自己製造了難題，他是預備在《社約論》中去求得答案，但卻是不容易獲得圓滿解決的。

另外，盧梭並認為國家為一有機體，其中的政府，工商業，法律制度以及人民，有如人體之各部器官以及細胞。其用意在說明團體重於個人，個人自由應服從團體自由，此與前二篇論文所言，幾判若兩人，他將在《社約論》中有更詳細的說明。

第三節　《社約論》——全意志與全民主權

《社約論》是盧梭政治思想的代表作，構思甚久，頗費心力。他雖是一個重感情的人，但在這部巨著中，卻頗能作理智的分析，和早期兩篇論文的性質大不相同，然其焦思苦慮之經營情況亦可得見，因為他要研究的

是古往今來所有政治思想家遭遇到的最艱難的問題，那便是自由與服從之間的調和。他在該書一開始即說：「人生而自由，但又處處受到束縛，好多人自以為是別人的主人，其實卻是更大的奴隸，怎樣會變得如此呢？我不知道，至於如何使之合理，我想我可以回答。」❺他要做的工作是：「就人性之所然，法律之所能，研究在國家秩序方面，究竟能否立些公正確定的政治原則。」❻他發現吾人生活於國家之中，是為不可避免的現象，那麼國家是如何開始的？有無理性的解釋？有國家必有政府，人民何以必須服從其強制力？其中有無道理可言？政府所依憑者為法律，能否使法律合理，俾使人民樂於信從而又不失其自由？這就是他在《社約論》中所要討論的中心問題，也是政治中根本難題。除此之外，他還討論到一般的政治問題。

一、社　約

　　盧梭首先要解釋國家成立的道理，而以契約的結合作為答案。他不贊成國家是由於家族的自然演進擴大，亦不贊成是由於武力或奴性。因為家庭固然是最早最自然的團體，惟係當子女年幼不能自立，須賴父母保護時才需要，一旦子女長成，可以獨立自主，其去留自由，而如果仍與父母共同生活於一家庭之內，其間亦依靠有契約性的同意以維持，家庭存在之原因既在於此，則國家亦便不是由於家族擴大自然形成。武力屈從之說，更不是國家之成因。他說：「最強者非以權力變為權利，服從變為義務，不能永為人主。」❼但強制的武力，不能產生道德，屈服於武力者，乃受強迫而非心服，實與義務無關，況且最強者之外，如果更產生了一較最強者尤強之武力，則必取而代之，其權力與權利亦隨之俱去，服從及義務亦因而

---

❺ 參閱《社約論》一卷一章。
❻ 參閱《社約論》一卷導言。
❼ 參閱《社約論》一卷三章。

變化，故武力之下不能有正義，不能有真正合法的權利與義務，所以也便不能解釋國家成立的原因，及人民所以服從政府的道理。至於國家成立是否根據奴性一說，他更是反對，對於曾有此意的格老秀斯及霍布斯，予以極力的批駁。❽為奴而聽命於人，實違背人生自由之天性，即使個人或自賣為奴以維其生存，但全體人民何以會出售自己，況且為帝王者不僅不能給人民生活保障，反而要靠人民來生活，則人民何愚蠢病狂至此。或謂如此可得到和平的生活，則此種和平亦無異於牢獄，縱然果真有此一舉，則亦不能將其子孫後代的自由權利，一併放棄。少數統治者應屬於眾人，不應當眾人屬於少數統治者，不然眾人猶如一群畜牲，牧人所以管帶牠們，只不過是為了擇肥而噬。

　　盧梭雖曾歌讚自然社會的人們生活之美好，但在《社約論》中他又設想在自然狀態的發展中，「有各種危及他們生存的阻力，他們用以抗拒這些障礙所作的努力，遠超過他們用以維持生存的力量，原始社會的美好狀態乃不復可保存，人們若不改變其生存方式，勢必同歸於盡。」❾自然社會已成為失而不可復得的樂園，為繼續生存之必要，便必須聯合組織一個社會。

　　至於如何成立一個有組織的社會，又可保證不損害到人們的權益與自由呢？他說：「今欲求得一種結合之方式，能以社會全體的力量，保護每個份子的生命財產，且藉此相協力合作，使每一份子與全體相結合，卻仍然只是服從自己，而保留自由如故。此即為社約所要解決的根本問題。」❿於是他所主張的契約內容是這樣：「每個人放棄其一切權利，讓於社會全體，由於每個人都是如此，大家的條件相同，故無人為一己之利害有損他

---

❽參閱《社約論》一卷二章、四章、五章。
❾參閱《社約論》一卷六章。
❿同❾。

人。」⓫每個人權利之放棄，必須是絕對全部而無所保留的，這樣才能使結合達於完善，再沒有任何人有所要求，如果有人尚保留著某些權利，則不能維持與公眾之關係，人人勢將起而效尤，自然狀態仍然存在，結合變為無用。

　　每個人將所有權利放棄，自表面視之，似乎損失甚大，但是並非讓予某個人，而是交給全體，人人如此，是人人平等，而且全體將千百倍於一己的力量加以保護，故實際上無所損失反而獲得更多。同時他又說：「每個人把自身的一切權利交給全體，而接受全意志的最高指揮，使每個人成為全體之不可分的部份。」⓬由於此種結合之行為，乃產生一個道德性的團體，造成了一個「大我」，有同一之生命及意志，這就是國家。在古代曾稱為城邦國 (City)，現在稱為共和國 (Republic)，或是政治團體 (Body Politic)。

　　盧梭所言由於自然社會的不能保存，必須訂立契約以改變現狀，與霍布斯及洛克所言者，相去無幾，惟契約的內容則有許多不同。他固然也是要每個人放棄一切權利，卻並不如同霍布斯無條件的交給一個人或某個團體。他在組成政治社會之初，是與洛克同樣的站在個人主義立場，設想如何維護個人之自由，但是他又不同意洛克保留財產生命自由的權利，而必須將權利絕對的全部放棄，不如此便不能維持法律之前的平等原則，自然狀態將依然故舊，即使有團體組織，也變為不合作的或專暴的。然而由於個人將自由及一切權利放棄，溶入大我，服從於全意志的威權，使他要不自覺的走上集團主義，而似將與霍布斯殊途同歸。

⓫ 同❾。
⓬ 同❾。

二、全意志

「全意志」一辭，是盧梭所創造的一個政治的意念，為《社約論》中最關重要的一環，他用契約所建造之國家精神在於此，人們委棄一切而又毫無所損，俾自由與服從得以調和者，亦在於此。

前面已經說過，盧梭要每個人把所有權力交給全體，而接受全意志的最高指揮，使每個人成為全體之不可分的部份。離立的個人，乃經全意志的引力而結合成一個整體，如此始成為一個國家，而且使此一國家有了生機，有了靈魂與人格。然後這個國家才能行動起來，發生作用。但是此全意志究竟如何產生？而其性質如何，此一問題，固為盧梭思想之關鍵，但其解說是艱難的，致造成以後的許多爭執。

盧梭說：「全意志永遠是公正的，為公共利益的。」但是他又說並不能因此即認為人民的決議會如此正確，人民固然欲求善，但常不自知善在何處，人民雖不會腐化，但卻易受欺騙，反不能向善而趨惡。所以他進一步的將「全意志」以及與其類似的「總意志」(Volonte de Tons: Will of All) 作一解釋。他說：「總意志與全意志有很大的區別，後者只考慮到公共的福利，前者只顧到私人的利益，不過是「個別意志」(Volonte Particuliere: Particular Will) 的總和而已。」❸故全意志者不是為個人或為一部份設想、而是為全體利益所設想的意見表示，全意志與總意志之分別，不在於量，而在於質，全意志的決定並不一定在於數量的多寡，因為一個人的意志只要能以全體利益為重，就是全意志。但是當國家行為有賴全意志決定時，卻必須具有不可缺少的條件。

首先必須是全民參加。全意志之決定，必須由全體國民參予，因為全意志所決定者是屬於公共全體的事，是關係到每個國民的事，所以每個國

---

❸ 參閱《社約論》二卷三章。

民必得親自參加，而絕不能假手代表。盧梭極反對代議制度，贊成直接民權。他說：「我以為主權乃全意志之運用，故永不能讓渡，主權體是一個集體，不能由他人代表。權力是可以轉授的，但意志不能轉授。」❶❹他批評代議制說：「所謂人民的代表實在並非為代表，亦不能代表人民，只是人民所委任的人員而已，不能作何確定的行為。」「代表的觀念是現代的，乃起源於封建政府，是一種不公平的荒謬的、使人類墮落玷辱的壞制度。在古代的共和政體，甚至於君主政體下，人民從無有代表，連代表這一名辭都不存在。」❶❺他更認為當人民只顧私利而不分身於國事，或只願出錢卻不肯親自效力，貪求舒適逸樂，將應盡的職責委之於代表，此乃是亡國的先聲。一個民族一旦容許他人來代表他們，便不復自由，自由實已不復存在。但雖是全體參加，而且他也更強調每票都須計及，一票也不能除外，不過他又認為卻不必全體一致，事實上這的確也是不可能的，那麼全意志究竟如何產生出來，到最後，仍不免為多數決定。他說：「以不同的正反二面意志相抵而得全意志。」❶❻他在《社約論》四卷專論〈表決〉的一章中更明白的說：「除了基本的社約外，多數票即足以拘束其餘的人。」通常是討論的問題愈重要，愈應當接近全體一致，而遇有愈待急辦的事，即多一票的過半數便可以了。一般言之，人民的表決，多半能大多數通過，因為人民的利益是相同的，所以意志也是相近的。因此他認為在公民大會上愈和諧，意見愈趨一致，則全意志愈佔優勢，反之若討論長久，意見紛歧，爭吵不休，即是私利增長，乃國家衰亡之徵。

其次是必討論全國性問題，並且要人人出於公益。有待全意志決定的必須是有關全體的事情，不是局部的地方的問題，否則便不能發見全意志，

❶❹參閱《社約論》二卷一章。

❶❺參閱《社約論》二卷十五章。

❶❻參閱《社約論》二卷三章。

而會產生出另一種「團體意志」(Volonté de Corps: Will of Corporation)。他說:「全意志不僅其實質是公共的,其目的亦是公共的;必定要出自全體,適用於全體,若傾向於個別特定的事物,便失去全意志的本質,如此則使我們判斷我們所不知的事物,便無有真正公允的原則來指導我們。」❶他又說:「全意志決不涉及個別的事物,蓋個別事物,若在國家之外者,與之既無關係,即不能有全意志;若在國家之內者,則為國家的一部份,便造成全體與部份的關係,而分為兩方,一方為此一部份,一方為全體減去一部份的剩餘部份,全體減去一部份,即不能再為全體,而分為兩個不相等的部份而已,因此此一部份意志對另一部份之意志,皆非全意志。」❶但事實上何謂全體,何謂局部,是頗難決定和劃分的。不過由此看來,盧梭心目中有待全民大會之全意志所決定的事並不能太多,只有討論到如社約之是否繼續採用或修改才需要。他所以如此者,是要使得參予全意志決定的人民,必須站在全體利益的立場,表現良好的道德,而不致錯用了個別意志、總意志或團體意志。他說:「全意志之所以成為全意志,比較上不在於投票的人數,而在連結他們的公共利益,……此種利益和正義的結合,使全體的決議有公平的精神。此非議論私事時所可比,因議論私事時沒有共同的利益,而使判斷者與當事者的原則結合為一,則公平精神立即消失。」❶因此他極反對政黨,他說:「欲使全意志能表示出來,需要國家內沒有偏私的黨派組織,每個公民只依其自己的思想去思想。」在他看來,有了黨派,必將營私,有害於全體,其意志對其本黨派言是為全意志,但對全體言則為團體意志,結果有多少黨派,便有多少意志,其中勢力最大者,便將以其團體意志,取代全意志。如果黨派實不可避免,只有愈多愈

---

❶ 參閱《社約論》二卷四章。

❶ 參閱《社約論》二卷六章。

❶ 同❶。

好，並且使之相等，如此或尚可見出全意志，人民不致受騙。當然最好是無有政黨，並且是「人民在決議之前，有充份的智識，又未曾將意見互相交換，則常有接近的意見以表示出全意志，其決議必定是妥當的」。❷⓪

全意志就在上述的原則下產生，國家行動賴以指使，而繼續存在發展。它是社會全體與人民各份子間的協和，並無有在上者與在下者的對立關係。由於它是根據社約的內容，由全體國民所參予，討論有關公益的事，而受到公共的力量及國家最高意志的保障，所以它的決定是合法、公平、切實有用及穩固的，人民服從它即無異服從自己，所以人民能夠一面服從，一面仍享有自由。這是人生活在國家狀態的與自然狀態所不同者，人在自然狀態中，所有的只是自然自由 (Natural Liberty)，是一種受本能及慾望衝動所驅使的野蠻自由。在政治組織的社會中，人的行為卻發生了極大的變化，以正義代替本能，以義務代替衝動，權利代替情慾，一切都有了理智的抉擇。「在這種情形下，人們雖然失去了自然狀態下所得的利益，但其所得之報償更大，他的才能得以發展，他的理念擴大，情感高尚，整個的心靈提高，此為值得慶幸的快樂時日，使他脫離自然狀態成為有理性的人，不再是愚昧無知的獸。」❷① 這就是文明與野蠻的分界，喪失了自然自由，得到了社會自由，亦即文明自由 (Civil Liberty)，亦可稱為道德自由，使人們真正成為自己的主人，而不是情慾衝動的奴隸。

當然這樣的全意志，必有拘束全體國民的權力，他說：「為欲求社約之不徒具空文，則必須隱含如此之條款：任何人如不服從全意志者，當由全體迫其遵守，是即強迫使其自由 (forced to be free)，有此條款，則其餘皆能生效。」❷② 如此始能使政治機構靈活運用，公正合法，否則將流為荒謬恣

---

❷⓪ 參閱《社約論》二卷三章。
❷① 參閱《社約論》一卷八章。
❷② 參閱《社約論》一卷七章。

肆。事實上在盧梭認為，人民應當自動的服從，他說：「當一個議案在公民大會提出時，所要求於人民者，不是問他們贊成或反對該提案，而是問此提案是否合乎全意志，每個投票者皆對此問題發表其意見，而全意志即由計算票數而得，若當與我相反之意見戰勝時，這只是證明我有錯誤，即我原以為是全意志者，實際上並不是，如果我們依自己原意去做，便是違背我應有的全意志，如此我便不是自由了。」❷❸此無異是說小我應融入大我，唯大我才是真我。

三、全民主權

　　盧梭在解說全意志的同時，也發揮了全民主權 (Popular Sovereignty) 的理論。所謂主權實即全意志的別名，「主權即不過是全意志的運用」。而此主權係存於國民全體，因為全意志是為全民為公益所作的最高意志表示，以支配國家行動，因此這種主權亦必然的具有一些特性。

　　首先是主權所具有的權力是至高絕對的。他說：「如果國家是一精神的人，其生命乃在於各份子的結合，又如果其最所關心者為求保存自己，則必須有普遍的強制力，俾能推動及指揮各部份，以求有利於整體。自然給人以絕對的權力，以指揮其肢體，社約亦應給政治團體絕對的權力，以指揮其份子，這種權力，乃是在全意志的指導之下。」❷❹此由於訂約的人民已將所有自然權利交付主權體，其決定當然可拘束到所有人民，但主權體本身卻不受拘束，不能以任何法律作為限制，甚而社約亦不得拘束，否則違反政治社會組織的性質。主權體既不受任何拘束，故亦不負任何義務，對於其人民無須有何保障，因為主權體既由每個國民份子所組成，它亦決不願損害其任一份子，然而國民必須對主權體盡忠服從，國民既享權利，

---

❷❸ 參閱《社約論》四卷二章。
❷❹ 參閱《社約論》二卷四章。

必當盡義務，否則政治組織必將被毀。

主權之所以絕對至高，亦由於「全意志永遠是公正的，是為公益的」。所以它不會有錯誤，故凡對它的限制拘束均屬不當，其僅有之限制，是「主權體不能以無益於社會的擔負，強加於其人民」。㉕事實上這也是極少可能的。不過盧梭曾認為主權體只要不違背原有社約，並不妨與其他政治團體訂立契約，因為就對外關係言，它仍為一個個體。

主權的另一特性是不可轉讓，不可分割，有其完整性。所以不能轉讓者，是表示主權必永遠在於人民全體，猶如人之己身不得轉賣，而且主權是藉全意志之決定而表現，全意志必賴全民意志表決而後定，意志是不能轉讓的，上面曾說過他之反對代表制者即在於此。至於主權不能分割，其理由亦如同不可轉讓一樣，他譏評一般研究政治的人不明主權之原理，竟將主權分為立法權、行政權，分為徵稅權、司法權、戰爭權、內政權、外交權，使主權轉變為肢解又復相連的怪物。他說：「此錯誤之原因，在於他們對主權無正確之認識，他們將主權所發出的東西，當作組成的部份。」㉖此即謂主權與治權不同，種種治權只不過是從屬於主權的權，並非就是主權。

第四節　《社約論》續——法律與政府

一、法　律

盧梭接下去所要討論的是法律問題，因為「有了社約，便有了政治社會及其生活，然後要有立法，政治社會乃能活動及有意識」。在自然社會中

㉕ 參閱《社約論》二卷四章。

㉖ 參閱《社約論》二卷二章。

是無有法律的，在政治社會中則必須有法律規定一切權利，確定普遍的正義。但這種法律究竟是如何的，在他看來所謂「法律即是全意志的紀錄」。❷所以法律與全意志及主權的關係極為密切，實際上是主權體之全意志有所具體表現時，便是法律，因此法律的目的永遠是公共的，是以人民全體為對象，同時也一定是公正的，因為人民決不會虐待自己，故人民能夠服從法律而同時又能自由。凡是這種法治的國家，不論其制度如何，都可稱為「共和國」，其政體亦是合法的共和政體。

但是盧梭卻要強調這種法律是關乎全體，而不考慮個別的人民或行為，法律只決定全體性的抽象原則，而不涉及具體的特定的人事。例如法律可以劃分階級，頒予勳位，但卻不能指定何人為某一階級，或將勳位頒予某人。又如法律可建立君主政體，世襲制度，但不可選定君主、指命王族，因為凡是個別的事，都不屬於立法權範圍。在上面論及主權時，他已曾有將主權與治權劃分的說明。在後面他更明白的說：「立法權屬於人民，亦只能屬於人民。行政權則不能如立法權或主權般的屬於人民，因為行政權完全是許多個別的行為，不在法律權限之內。」❷由此可以看到他不僅亦主張分權，而且在這種分權之下，人民的立法權，表面視之似乎很大，實際上卻局限於一個抽象而又狹隘的範圍之內。

盧梭將法律分為四種：❷

㈠**憲法：**是規定全體與其自身的關係，即全體對全體，主權對國家之關係者。憲法又稱為根本法，但此並非表示即不能修正改變。

㈡**民法：**規定國民個人與個人，及個人對全體之關係，在此兩種關係中後者較為重要。

---

❷ 參閱《社約論》二卷六章。

❷ 參閱《社約論》二卷一章。

❷ 參閱《社約論》二卷十二章。

㈢**刑法**：是個人與法律的關係，規定個人不遵守法律之懲罰。

㈣**習慣法**：此為刻在人民心中的法律，是國家真正之憲法。其所指為道德、風俗、及輿論等慢慢長成的無形的法律，乃國家最重要的安定力量。

所有法律的目的，在他認為就是實現自由與平等，人民組織國家所獲取者，即在於自由。有自由而無平等，自由亦無以保持，故又須平等。但平等並非使每個人的權力與財富絕對相等，而是使權力要有法律依據，不致大到足以強暴妄為，至於財富則不允許富貧相差懸殊到人身之買賣。實際上法律之作用，即在防止這種權力與財富的不當擴展及流弊。

盧梭在前面雖曾費盡心力的闡釋全意志及主權，而將之掌握於全民的手中，但一談到法律的實際問題時，卻又對人民的能力發生懷疑。他固然說：「人民既受法律的制裁，便應為法律的制定者。」但是人民如何制定呢？他甚而發出一連串的疑問：是憑共同的全意志抑或一時的靈感？政治社會有無表示其意志之機關？誰人預先準備而刊佈？又如何宣之於眾？盲目的群眾常不知其意志為何，不知何者有利於其自身，又如何能擔負重大而困難的立法工作呢？人民固欲向善，但卻不知善在何處，但為使全意志能有正確無誤的判斷，因此人民必須有所指導，於是他道出立法家之必要。柏拉圖及孟德斯鳩在這一方面，都對他發生了影響，他嚮往古代的賢哲，斯巴達的立法家萊喀古士，尤為他所崇敬。這種立法家必須是明察人們的一切情慾，而自己卻不為所溺的智者，洞悉人性，又超乎人性，眼光遠大，關切人民幸福，給予人道德的生活。不論在才識與職責上，他們都是一國之中的非常人物，但是他們卻不能是政府長官，亦不是主權者，他們的職務固在於構成共和國，但卻不必在共和國組織之內，是一種單獨的超越的職位，與國家行政不可相混，掌握治權者不可兼任立法，以免濟其私慾，促成不義，破壞其工作之神聖。同時他們所做的僅是立法的起草工作，而並不能握有立法權，這是人民所不能移轉的，他們的意見縱然合乎全意志，也必得人民自由投票而後決定。但盧梭一方面在描繪立法家的面譜，一方

面卻又感到此種人選之不易產生，其所應擔負的立法工作，幾乎是人力所難勝任的，甚而感歎「只有神才能給人法律了」。同時亦無此種威權有人信服，更不易使一般凡夫俗子的國民思想貫通，欣然的接納其卓見，於是他認為不得不借助於神靈的權威，以濟助人力之所不能及。❸⓪

　　另一方盧梭也同意孟德斯鳩之看法，即一國立法應配合其物質環境，良好的法制，必合乎當地情形及人民習性，俾對國家產生良好的效果。發展工業，農業抑或商業，均依各地特殊處境而定。同時國家疆域的大小，民族發展時期的久暫，都足以影響法制的建立，立法實在不是一件輕易的工作。他認為最適於立法的民族，是有同一的種源及利害，在同一的社約下結合而尚未接受過真正的法制，亦沒有根深蒂固的傳統習俗，無有強敵的侵略及鄰國的干擾，而又有獨立自主的能力，人人平等自足，無富貧之懸殊，最後還要兼有舊民族之穩固性及新民族之適應性。由這些條件看來，能建立良好法制的國家，只有求之於烏托邦了。於是他亦不得不廢然而歎的說：「所有這些條件，實在很難具備，故很少國家是有良好制度的。」❸①

二、政　府

　　以上論及主權及法律時，盧梭已表示過立法權應與行政權分立，前者是精神的，是決定行為的意志；後者是物質的，是實行意志的力，二者必得配合。要將意志的力表現出來，便需要有機關，這便是政府，但政府絕非是主權體，它是「介於人民和主權體之間的中介，使二者互相溝通，負責實施法律及維持自由的責任」。❸② 政府並非由社約而成，人民服從行政統治者當然亦非由於社約，政府乃根據主權體宣告的法律所組成，政府官員

---

❸⓪ 參閱《社約論》二卷六章、七章。

❸① 參閱《社約論》二卷十章、十一章。

❸② 參閱《社約論》三卷一章。

則是由於一種委任與雇用，人民有權利將政府的權力加以限制、修改或收回，能合乎這種要求的政府，始享有合法的行政權。

政府立於主權體與人民之間，須能維持適當的平衡，那麼主權體、政府、人民三者之間亦各有其份。如果主權體想涉足於行政權，或行政首長欲行立法，或人民不願服從，便是意志與力的不能合作，秩序便立被破壞，國家瓦解，陷於專制或無政府狀態，人民自由喪失。盧梭認為通常是國家愈大，人口愈多，則自由愈少，因為十萬人民的國家較之一萬人民的國家，其投票權及分得的主權，只有十萬分之一，（此與其主權不可分割的理論，實不免有所衝突。）相反的政府權勢必增加。因此三者之間必有相均衡諧和的比例，所以政府亦常因國家大小不同而形式各異。但無論何種政府必依主權體而存在，政府首長的意志亦應依照全意志及法律，如果想以其個別意志凌駕於全意志之上，便產生了兩個主權，一個是法律的，一個是事實的，則此政治社會的組織便告解體。為使政府能確守其崗位，應有會議的組織，審判權力，及給予政府官員權力與榮譽，確定政府制度，分清權限範圍，萬一有所變化，總要犧牲政府以為人民，不應犧牲人民以為政府。

三、政體的分析

盧梭如同前人一般的，以委任政府掌握治權人數的多少將政體分為四種：即民主政體、貴族政體、君主政體、以及雜有各種政體性質的混合政體。但各種政體又因人數及統治方式不同，又可分為若干類，惟何種政體最優，並無定論，大致上他認為「民主政體適合於小國，貴族政體適合於中等國，君主政體適合於大國」。㉝但卻亦有例外。

民主政體因掌握行政權人數多而形成的，多到與立法權結合為一，便是最激底的民主政體了。但如此將使政府人員與主權體不分，結果反變為

㉝ 參閱《社約論》三卷三章。

無政府，而且使多數人管理少數人，是反乎自然秩序的，如若設立委員會以處理事務，則又將使政體改變。因此以嚴格的意義言之，民主政體從未有過。假使必讓這種民主政體實現，便需要具備許多條件：必須國家小，人民容易聚集又彼此相識，事務簡單，以免討論時發生冗長的爭執，人民地位及財富相若，而無奢侈浮華之風。他亦同意孟德斯鳩所言之道德亦必為重要條件，人民還應當具有謹慎與勇氣，毅力與恆心，才不致陷於內亂及騷擾，於是最後他說：「假若有一民族，其份子皆為神，則可以有民主政體。如此完善的政體，殊不適合於人類。」**34**

　　貴族政體有三種，即自然的、選舉的、和世襲的。第一種只適於簡單的民族，第三種是最壞的，唯有第二種為最優，是真正的貴族政體。這種政體可以分辨出政府與主權體來，能夠選擇出品德才智兼優及有經驗受尊敬的人來，作完善的治理。再者貴族政體較民主政體易於集會，及有秩序而認真討論政事，既然是一百人可以做好的事，便無須要由兩萬人去做。為管理之便利計，此種國家不宜過小亦不宜過大，過小則無異民主政體，過大則將分立各自為政。澈底的平等固不可能為貴族政體所有，但富貧兩種人均應有節制或知足的道德。貴族政體中的少數統治者最好是不營私利，而為大眾謀福利，否則亦不免有弊端。**35**

　　論及君主政體時，他漸漸撇開全意志而專對一般採用此種政體的缺點，加以發掘。君主政體以個人代表集團，國家機器的一切動力，操在一人手中，向著一個目的，而此目的又絕非是謀求公眾之幸福。君主享有絕對的威權，而使人民懦弱可憐，他與人民距離遙遠，而賴貴族顯宦等階級為媒介以連結，君主政體所以較適宜大國者在此，因為這種眾多的階級層次不能存在於小國。管理大國本非易事，何況權在一人，在民主政體中只有才

---

34 參閱《社約論》三卷四章。

35 參閱《社約論》三卷五章。

智之士，才能被推舉擔負重任，君主政體中成功的人卻常是一批小人，惡徒或陰謀家，以不當手段取得高位後卻又不堪勝任。此種政體的另一缺點是缺乏連貫性，這是民主政體及貴族政體所未有的，在新舊君主的交替中，必不免有危險的過渡時期，為防止這種流弊，乃將王位定為世襲，結果是使國家命運在孩童狂夫手中去冒險。由於缺乏連貫性，故政治不能穩定，而政策亦常視君主之性格如何而更張。盧梭在此並稱讚馬基維里的正直及能力，由於他曾在其「君王論」中將君主的真面目揭發出來，以昭示人民。㊱

　　盧梭雖將政體作如此的分析，但他又說：「實際上並沒有單一的政體，君主政體須有從屬的官吏，民主政體亦須有元首。」㊲許多國家所採行的是混合政體。採取單一政體者，而如果當行政權不是十分從屬於立法權時，應將政府分權，使之不至於與主權相對抗，他又認為或可設立一種中介的官職，以維持行政與立法的平衡。同時他又深受到孟德斯鳩的影響，各種客觀因素如氣候、土壤及經濟狀況等，對於一個國家宜採取何種政體，有很大關係，並非某種政體可適合任何國家，甚而他說：「自由不是隨處而能產生的，所以不是任何民族都能獲得。」㊳這些皆與孟德斯鳩所見大致相似。故所謂絕對良好的政體，是不易解答的，但是他仍忘情的說出了他的良好政府之標誌，「其公民增加最多的，無疑的是最好的政府；若人民減少凋落，便是最壞的政府」。㊴因為政治組織之目的，無非在維持其份子之生存與繁榮，人口增加，即為最好的證明。

㊱ 參閱《社約論》三卷六章。

㊲ 參閱《社約論》三卷七章。

㊳ 參閱《社約論》三卷八章。

㊴ 參閱《社約論》三卷九章。

四、政府的衰敗與防止

許多充滿理想的思想家，常不免有悲觀的論調，盧梭便有此傾向，他認為不論在任何政體下的政府，不幸的是常有濫權妄為，墮落腐化的現象，此為自有政治社會以來不可避免的缺失，有如人身之不能避免老年的衰萎。他說：「政府之衰敗有二途：一是政府收縮，一是國家解體。」❹政府收縮是由多數人的治理變為少數，即由民主政體變為貴族政體，或由貴族政體變為君主政體。至於國家解體有兩種情形：㈠政府首長不依照法律服務國家，而篡奪主權，這種重大的變化，已造成國家之收縮，當此之時，社約已被破壞，人民便恢復其自然自由，不再有服從義務。此亦即表示人民有革命的權利，因為這種政府已不再合法，不必服從即表示不承認其存在，可予以推翻。㈡政府官員將政府權力篡奪分割，此亦為違背法律之行為，結果會造成更大的紛亂，有多少官吏便有多少行政首長，此時政府不僅分割，國家亦被分割。凡當國家解體之時，如原為民主政體便變為暴民政體，貴族政體變為寡頭政體，君主政體變為暴君政體。事實上可以說都是無政府狀態。

政府之衰敗是為不可避免的現象，同時整個政治社會亦如人體一樣，自產生之後，即開始走向死亡，盧梭認為值得稱讚的斯巴達及羅馬尚且不免，何況其他國家。但如能給國家以最好的組織，至少應可能延長國家的生命，而維持國家生命最主要的是為主權，亦即立法權。「立法權是國家的心臟，行政權是國家的腦部，以使各部門得以活動。腦筋麻木，人尚可生存，其人變為愚癡，但心臟一經停止，便告死亡。」❹法律在一良好國家中，應不斷的給予新的力量，但法律為主權體全意志之表示，為保持主權

---

❹ 參閱《社約論》三卷十章。

❹ 參閱《社約論》三卷十一章。

的活動，他嚮往古希臘羅馬的政治生活，主張人民須有定期集會，他並且說：「當人民以主權體資格舉行合法的集會時，政府權力即告停止，行政權中斷。」❷故政府無不思以如何阻撓此種集會之舉行，但當政府愈強有力時，此種集會愈有召開的必要，否則將造成政府之收縮甚或國家之解體。此種定期大會最須要討論的有兩大提案：「第一是主權體是否贊成維持現在的政體。第二是人民願否將行政權交付現在的執政當局。」❸這就是盧梭維持主權的方法。由此亦可見出他雖認為人民有革命權利，卻不妄談革命，而用定期集會的方式以謀求溫和的變革，他亦深知政體變更是危險的事，故非至政府果真與公共福利不相容時，不輕予變更，但謹慎固為原則，卻也不可因噎廢食。

第五節　盧梭思想的討論

　　盧梭之政治思想，已約如以上各節所述。由於他身世的坎坷，以及時代的驅使，他以強烈的衝激力，逞其天賦優異的不羈之才，運用熱烈豐富的感情筆鋒，向國家、社會、法律、政府、宗教、教育，及一切文明，發出反抗的吼聲。因為他不是一個出身於經院的學人，他不可能有冷睿及嚴整的邏輯，他亦未曾有過實際的從政經驗，固然在某些方面，他亦有遷就現實的表現，但他的本質仍然是一個偏於感情及理想主義的人，因此他的思想難免有不能融貫之處，《社約論》這一本代表他政治的烏托邦一書，便也不可能沒有矛盾與瑕疵。一般人認為他是個人主義者，但亦有人認為他是集團主義者，許多人曾苛嚴的批評他，亦有許多人極力推崇他，但此尤足以證明他的影響是廣大深遠的。茲就其思想要點及其影響貢獻分別討論於下：

---

❷ 參閱《社約論》三卷十三章。
❸ 參閱《社約論》三卷十八章。

一、關於社約的討論

以契約解釋國家起源者，已有多人，而由來亦久，且各有其用心，但盧梭可謂集其大成，也可以說到了他契約論已至尾聲。霍布斯、洛克、及盧梭在契約論方面是鼎足而三，盧梭則是三人中最後的一位。

盧梭與其他所有契約論者一樣，都是不合乎歷史，缺乏事實證明，亦缺乏心理的因素，及法理的依據：從無政治社會經驗的初民，不可能有訂立契約的認識及能力。而且無論霍布斯、洛克或盧梭，訂立契約者皆以個人為單位，事實上人在政治社會之前，早有其他的社會生活，如家族、宗教及經濟性的結合，個人已不可能以一己為單位決定一件改變人類歷史的大事。盧梭是尊重個人的，社約必得經全體每個人的同意，不過他亦如洛克一樣，認為凡是雖未表同意而亦未退出此一社會者，即算是默示承認，但是對於後代子孫又將如何？他既重自由，又認為父母子女所結合的家庭，亦賴契約性的同意，故當子女成年之後，不僅對去留家庭表示意見，更要對社約表示意見，如此豈非要逐日隨時的或有人加入國家，或有人離棄國家，年代愈久，意見必愈見紛歧，我可贊成亦可反對，可加入亦可退出，可簽約亦可廢約，此無異說國家既可由我個人意志所締造，亦可由我個人之意志所破毀，國家果立於此種契約基礎上，則將時時處於動搖之中，此實不能道出國家的真性質。以上批評，在討論霍布斯及洛克的思想時，亦多道及，惟盧梭之契約，其主要內容是要大家將所有權利放棄，交付社會全體以產生全意志，以構成國家的主權體，因此主權權力絕對至高，甚而不受契約拘束，但主權體的份子仍為每個人，亦即簽訂契約的每個人，大家立了約，卻又不受其拘束，由於契約的兩方都是自己，權利義務乃無由成立，於是這份契約便完全落空，純係出於假設虛擬，已不待證而明。

其實無論霍布斯、洛克或盧梭，都莫不是利用契約為一憑藉，去解決他們更為重要的政治問題。盧梭所處的時代，同樣是君權神授說衰微的時

候，他不贊成神命、武力或家族演進，自然結合的國家起源說，而要以理智解釋國家的生長，使國家成為人民有意識的結合體，成為一個理性的產物，並且讓人民立於主動地位，以指揮政治而不受制於政治，解說服從與強制均係出諸於己而非由於人，是由於內心而不在於外力，以說明個人在國家可享有自由的道理。如此則國家及政府的權力均得自人民，政府權力是有限的，人民權力卻是無窮的，加強了人民主權的理論力量，因此政府必謀人民福利，人民卻不應供政府犧牲，一方面使政府的存在有一倫理的根據，一方面使人民的革命權利有充份的理由。這一些不僅為盧梭契約說的動機與目的，亦為其他契約論者或多或少的所具有，其理論內容固不免缺漏，但其動機與目的是值得稱讚的，而對於各國革命運動，制定憲法時原則的決定，必然的具有影響力。㊹

二、關於全意志的討論

盧梭的契約實為一據點，而全意志始為中心目標，但卻更是一個抽象的虛構，一個不可捉摸的理想，其曖昧含糊最為後世所爭執。全意志的實現，必須具備許多客觀及主觀的條件，首先要全民參加，對他印象深刻的，是他的故土日內瓦一城的政治，他嚮往的是古希臘城邦國的直接民權，所以他主張小國寡民，而且又要氣候及經濟條件適中又無複雜的事務。但事實上在國家發展的歷程中，城邦國已成為追憶的陳蹟，因此實現全意志的第一步，便已觸及暗礁。全意志固然要全民參加，但不必經全民決定，故全意志果真作具體決定，仍必賴多數，但是另一方面卻又認為全意志不在於量而在於質，故安知多數決定不為總意志？即使是為全意志，又由誰來判斷？智德兼備的立法家們，或可以負起部份責任，但不幸此即為其思想矛盾之一，是最突出不調和的地方。他一方面主張全民政治，一方面卻又

㊹參閱浦薛鳳著《西洋近代政治思潮》，三五一、三五二頁（商務版）。

對人民的能力表懷疑，而將全意志委之於如同柏拉圖式的太上賢哲，如人民無能力自擇全意志，則又如何有能力選拔立法家？固然立法家的意見仍待人民的同意採取，然經此過濾，人民主權，亦即人民立法權，已打了很大的折扣，所具有的僅不過為一種複決權而已。立法家既可越俎代庖，則少數人甚或一人的意志可取代全體，全民主權變為少數人或一人主權，他甚而還要求助於神靈，這豈非是走上了神權政治的反動？

又全意志所討論者為全國性問題，而且必須人人出於公益。此又純是主觀的，何謂全國？何謂部份？實不易區分，縱能區分，亦將全意志表現的機會縮減，亦即是將全民主權局限一隅。而所謂出於公益，尤難判定，現在一般國家並無有採用全意志者，或勉強可以將現在的「公意」(Common Will) 一詞與之相比。民主國家常有全國性的投票以視公意所趨而為決定者，如美國之總統選舉是，但是每個投票人是否皆出於公益？完全無有黨派及地域或私人感情的成份？此尚無有心理測驗方法以確知，故亦僅能稱之為公意，而不可能成為絕對公正無誤的全意志，要真能使人人出於公益，必須使人的道德水準升至最高的程度，於是盧梭自己亦不得不認為只有神靈的國家，才能達到此一理想，如此則所有國家皆不可能成為合法的共和國，其焦心苦慮而成的全意志，結果成為空談，而人民主權亦成了泡影。

盧梭視國家為有機體，以全意志構成國家的人格靈魂，事實上此純屬於假想，但受盧梭影響的德國唯心主義 (Idealism) 者及英國的新唯心主義 (New Idealism) 者皆據此而發揮，使全意志更具有莊嚴神聖的面目，黑格爾之大我小我之分，務將個別意志捐棄而融入全意志之中。鮑山葵 (Bosanquest, 1848–1923) 在其《哲學的國家論》(The Philosophical Theory of the State) 中，尤極力詮釋，以「真意志」(Real Will) 及「實意志」(Actual Will) 之別，去辨識全意志與總意志，亦認為國家本身是一有人格有意志的有機體，並且國家是一切社會團體的總和，包括及代表一切人民

的社會道德，故個人的人格意志應被吸引於國家之內，這樣的個人才能表現出其「真我」(Real Self)，發揮其真意志。於是盧梭之人民主權的共和國家，反變而為極權國家，獨裁者可利用全意志一詞以統御人民。一般認為盧梭造成的第一個人物便是法國大革命時代的羅伯斯庇爾 (Robespierre)，他代表其雅可賓黨 (Jacobin) 說：「我們的意志就是全意志。」唯心主義者的闡釋，更給予極權國家的獨裁者一帖興奮劑，莫索里尼 (Mussolini)、希特勒 (Hitler)，甚而共產極權國家的獨裁者都會廣為利用。霍布豪斯 (Hobhouse) 乃極力予以駁斥，在其 《玄學的國家論》 (*The Metaphysical Theory of the State*) 中，尤其反對鮑山葵的真意志說。他認為充其極真意志或全意志僅為一合理的或理想的意志，正因為如此，則更不可能為真，而且社會之前進，是由於繼續不斷的嘗試與謬誤，全意志縱有又何能永久正確無誤？真意志或全意志之流毒，是可以假託一理想生活境界，而強制人民去如此生活，事實上全意志或真意志究竟為何物，無人能知曉。意志終屬於個人的，不可能人人絕對相同，即使人人都具有真意志，也難望其合成為國家的全意志。

三、自由與服從

原則上盧梭是非常愛好及重視個人自由，這本是他一切著作的基本目的，他說：「人生而自由。」「否認一個人的自由，即否認其為一個人。」他歌讚自然社會時代無拘無束的生活，因此他被認為是個人主義或自由主義者。他創造了全意志，也是在設計如何使自由與服從之間獲得調和，使約束變得合理，但由於全意志的模糊不清，不容易產生其所期望的正確效用，他反而又被人認為是集團主義者，於是他在個人自由與國家威權兩者之間，發生了顧此失彼的困窘。

自然社會雖然美好，但已是失而不可復得的樂園，自然自由只是受本能驅使的衝動，是野蠻的自由，政治社會固然使人陷入桎梏，但可以改良，

以正義代本能，使人獲得文明自由而具有道德價值，使人成為自己的主人，不致為慾望的奴隸，其改良的藥石就是全意志，這樣便可以一面服從國家威權，一面仍保持個人自由。然由於其基本要求在於維護自由，所以他認為主權權力不能超過公益的限度，而一切法律必得經過公眾的同意，亦即是經過全意志的決定，假設全意志果能符合其所提原則而實現，則國家的威權在人民的自由之下便非常危殆，猶如一髮千鈞，而政府尤為脆弱無能，時有更易。但另一方面他又特別說出「強迫的自由」之重要，由於全意志是正確無誤的，必強制持有異議者服從而後使其獲得自由，然此種經強制後的自由，是否即為自由，實大有疑問。雖然他也曾說：「我承認每個人依社約、只讓出他須要由社會控制的那部份權力、財產和自由。」可是他隨即接下去說：「但同時也要承認，惟主權體始能判斷何者為必須。」❹⑤何況他又鼓勵人民勇於服役，樂於為國家盡義務。而在其最後論及宗教的一章中，更主張宗教納入國家導國民於良善，不信仰者可驅逐國境，甚而可處死刑。此口吻幾疑不是出自盧梭之口，而有類柏拉圖之《法律篇》。如此勢將只有依順的服從，但見國家威權，而不見個人自由何在。全意志如為多數決定，則將造成多數專制，如為少數竊取，更變為極權國家，而且意志的執行尚操之政府，人民自由的增減伸縮，常常是有恃於法律者少，有恃於執行及司法官應用法律者為多，關於此種政府可能施行暴政的實際問題，他除原則上贊同孟德斯鳩的分權外，殊少論及，因為他缺乏實際從政經驗。

四、貢獻與影響

　　以上所論，似俱可見出盧梭之矛盾，個人主義與集團主義同時出現，當時極權的君主們不能容納他，而後世的自由主義者卻又抨擊他。或謂其思想起於個人主義而卻終於集團主義，事實上他之初衷以及最後目的都還

---

❹⑤ 參閱《社約論》二卷四章。

在個人，但他不得不以集團的方法以達個人的自由，這或者不是他的矛盾，而是民主政治本身的困難，民主政治的理想是美好的，但如何方能達到最完善的境地，仍然是值得繼續研究的。

盧梭之理想國家以全意志為絕對主權，全意志為人人意志之結晶，也是人人意志最健全的部份，故服從全意志即服從自己健全的意志，如此則服從純係道德的義務，而國家的威權亦與公道相合，是以盧梭之思想貢獻，在於說明有自私的個人主義即無合理的國家，要有合理的國家即必須放棄自私的個人主義，這個主題是極為明顯的，不能把握這一點，則徒然見其矛盾而無從辨認其思想的真意。他一切設計之用心，即在於使人人服從國家就是服從自己，俾與天性不違背，國家如建立於缺乏道德意識的武力統治上，當然會扼殺自由，只有臣服屈從，對人類有害無益。政治的進步，是要使服從合理化，俾人人可自動去盡政治義務，此一重要原理自有其深刻的影響，故盧梭至今仍不失為一民主導師。

拿破崙說無盧梭即無法國革命，以表示其敬仰，但是大革命之後卻產生了恐怖政治、群眾暴亂、個人獨裁，抨擊盧梭者認為他的不良影響，就是造成極權專制，又認為他所孕育的第一個獨裁英雄，便是羅伯斯庇爾。當然盧梭不僅對法國革命，即對一切革命，都是有其影響的，他的熱情字句，簡潔有力的呼喚，對所有一般生活不幸者有莫大的感動力，至於事後所發生的影響好壞，或產生許多意外，此皆非其本人始料所及，法國大革命的領袖們固然多以《社約論》為革命指南，但他們並未熟讀此書，現實政治對於思想家的箴言，是只擇其有所利便者，絕無全部接納。故革命之後種種表現與措施，大多與《社約論》所言相背，唯其尊重自由平等的精神及原則，終多少為一七八九年之「人權及民權宣言」(Declaration of the Right of Man and of the Citizen) 及以後的憲法所採取。如在「人權及民權宣言」中有謂：「人類生而並永享有自由平等之權利。」「法律乃全意志之表示。」全意志固然含混，惟主權在民的觀念，經此理論乃愈深刻，法律須

經人民之同意，政府為人民服務，官吏係人民公僕，這些原則自必為民主
政治所接受。

　　法國大革命期間的理論家，其中最著名的為西耶士 (Siéyès, 1748–
1836)，孔道西 (Condorcet, 1743–1794)，均深受盧梭影響。他的思想更傳揚
開去，美國革命與「獨立宣言」(Declaration of Independence) 中所揭示的理
想，未嘗不與其思想相接。英國的蒲萊士 (Price, 1723–1791)，普利斯特利
(Priestly, 1733–1804)，佩因 (Thomas Paine, 1737–1809)，高德文 (Godwin,
1756–1836) 等人的思想，多有源於盧梭處。德國的唯心主義受其感染尤
深，英國新唯心主義者如格林 (T. H. Green, 1836–1882)，勃拉特利 (F. H.
Bradley, 1846–1924)，鮑山葵等，亦皆追隨於盧梭之後，發揮意志論。另
一方面，而對於以後的社會主義也不能說毫無關係。

第十六章　十八世紀末期保守派思想之代表 ——柏克

一、柏克的時代背景及政治生涯

　　美法革命於一七七六年與一七八九年相繼發生，因而在十八世紀後半期，當此兩大革命的浪潮澎湃之時，使得歐美各國政治思想的發展，也呈現了蓬勃激盪的狀態，急進者高懸理想，保守者則維護現狀，見仁見智，爭雄競長，一時議論風發，多彩多姿。當此之時，柏克 (Edmund Burke, 1729–1797) 可以說是一位保守派的主將，他對於急進派先鋒——盧梭空洞抽象的理論，攻擊最力，許多學者甚而認為十八世紀末葉，政治思想的重心，可以說就集中在柏克與盧梭兩種不同類型的精神上。

　　在十八世紀的前半期，英國當喬治一世 (George I, 1714–1727) 及喬治二世 (George II, 1727–1760) 在位之日，由於時當光榮革命之後，議會的權力正逐漸伸張，責任內閣及政黨政治也得以漸具雛形，自由黨 (Whigs) 的領袖華爾波爾 (Robert Walpole) 當政二十餘年 (1721–1742)，穩健而有幹才，無論內政外交，均和緩平妥，而且在溫和的緩進中，為以後民主政治的發展開路奠基，乃使得當時政治上瀰漫著一種樂觀氣氛。孟德斯鳩因而嘖嘖稱讚，法學家布拉克斯頓 (William Blackstone, 1723–1780) 更自滿得意，認為英國憲法，是將君主、貴族及民主政治美妙的融合在一起，已達到至善至美的境界。但是到了十八世紀的後半期，才具平庸而剛愎自用的喬治三世 (George III, 1760–1820)，在位長達六十年之久，他想要恢復王權，排斥自由黨力量，而扶植保王黨 (Tories)，措施顢頇專斷，激起各方面反感，終導致美洲殖民地的獨立革命戰爭。柏克即是於此政治的低潮之時，進入議會。

　　柏克於一七二九年一月出生於愛爾蘭之都柏林 (Dublin) 一個新教徒的中產家庭中，父親是一律師。他於一七四三年至一七四八年五年間，肄業於當地的三一學院 (Trinity College)，曾創立辯論社及編輯雜誌。一七五〇年至倫敦，最初從事法律工作，但興趣不合，乃埋頭寫作，亦無大成就，終於轉入政治。於一七五九年任國會議員哈彌爾頓 (Gerard Hamilton) 之祕書，並創辦《年刊》(*Annual Register*)。一七六一年至一七六五年間，曾隨哈彌爾頓回愛爾蘭任事。 一七六五年改任當時自由黨領袖洛金漢 (Lord Rockingam) 之祕書，是年洛金漢奉命組閣，柏克亦當選為議員而進入巴力門。自此之後二十五年間 (1765–1790)，他成為自由黨的喉舌，是自由黨的一位理論領袖。他辯才無礙，文筆犀利，又長於修辭，當他在議會發表第一次的演說後，便已被認為是崛起而有前途的人，但是其政治生涯，亦僅止於議員，他缺少財富及顯赫的家族，來支持其事業，一生窮困，常致舉債，而且他太方正剛直，不願聽從權要的指使，終不獲青睞而未入閣，但是這並不能阻止他對英國政治發展的影響力。

　　他於一七六九年至一七七〇年間，開始撰寫有關內政的論文。❶一七七三年曾至法國遊歷考察。一七七四年至一七八六年則注意美洲及印度殖民地問題。❷他所有的論述，大都是站在反對黨的立場，不畏權勢，抗言

---

❶ 柏克於一七六九年發表〈評論「吾國現狀」一文〉 (Observations on a Short Publication Intitled the Present State of the Nation)，一七七〇年發表〈論國人不滿現狀之原因〉(Thoughts on the Causes of the Present Discontenas)。

❷ 柏克此期所發表之主要文字如下：

1. 〈關於向美利堅徵稅事之演說〉(Speech on American Taxtion, 1774)。
2. 〈關於與美利堅和解之演說〉(Speech on Conciliation with America, 1775)。
3. 〈致布里斯托法官書〉(Letters to the Sheriffs of Bristol, 1770)。
4. 〈論福克斯之東印度提案〉(On Fox's East India Bill, 1784)。
5. 〈哈斯丁斯之罪狀〉(Articles of Charge against Warren Hastings, 1786)。

直諫。晚年又遇上法國革命，自一七九〇年發表其最主要著作——《法國革命之評論》(*Reflections on the Revolution in France*) 後，至一七九六年，又曾發表許多文章與書函。❸他在一七九四年不幸於垂暮之年，遭喪子之痛，他對其子曾寄予厚望，而此時他已自國會退休，竟致窮困無以為生，國王擬撥專款贈送，酬庸他為國家服務三十年之辛勞，但竟還受到各方誤解，因為他平時勇於善盡言責，所以樹敵頗多，尤其是一般傾向法國的革新份子，對他最是不滿，乃借機攻訐，使柏克不得不於其臨終的前一年，發表「致伯爵一信」(A Letter to a Noble Lord) 以辯白。由以上簡略的敘述中，可見其一生，雖參予實際政治，但並未曾意滿志得，飛黃騰達，他在國會所發表的意見，在當時亦多未獲採納，可見是甚少有附和的知音。尤其在法國革命之後，他曾呼籲英國，應出面干涉，亦未見響應，但流血不止，暴亂未息，他的警告均不幸而言中，當然他絕不會因此而孤寂中私心快慰，只有更增加其憂心感嘆。不過由此亦可以發現到他的著作，是在此種環境下產生，當然他的思想會愈見深刻，而少浮誇。

二、柏克的思想性質

愛爾蘭的歷史學家勒奇 (William E. H. Lecky) 在上一個世紀就曾經對柏克的著作如此說過：「他的著作，可能至某一時間無人再看，但這種時間卻永不會有，就是凡看過他的著作者，沒有不聰明的。」❹勒奇的這段話

---

❸ 柏克一七九〇年後之主要著述：

　1.《從新自由黨人到舊自由黨人之懇訴》(*Appeal from the New to Old Whigs*, 1791)。

　2.《對法蘭西時事之意見》(*Thoughts on French Affairs*, 1791)。

　3.《致伯爵一信》(*A Letter to a Noble Lord,* 1796)。

　4.《論與弒逆媾和信函》(*Letters on a Regicide Peace*, 1796)。

❹ William E. H. Lecky: *History of England in the Eighteenth Century* (New York, 1878–1890), Vol. III, p. 197.

中，有無可奈何的惋惜，亦有由衷的讚譽。拉斯基 (H. J. Laski) 也說：「要讚美柏克是很容易的，要忽略了他的偉大的努力，也更容易，他無疑的注定是為一位格言的作者，這些格言是許多政治家所不能忘懷的。」❺果然隨著柏克逝去年代的久遠而漸不為人所注意，他的著作已漸成為古典作品，只會如拉斯基之所言的為人引用，但不會被人閱讀，因為他所辯論和研究的問題，好像都已經解決而成為過去。但是由人類所串演的歷史，常有類似的情節出現，我們將會發覺柏克的思想仍舊與人類有關。

　　柏克曾長期參予實際政治工作，同時又著述立說，卓然為一政治思想大家。柏克與其相類似的思想家們，由於具有實際的政治經驗，他們的見解常能切中時弊，切合時需，而無空中樓閣之病。但是他們的思想常因配合一時環境而發，缺乏明確的一貫的系統，及正式而深入的分析，柏克如此，文藝復興時期的馬基維里亦如此，不過他們也並非浮辭濫調，固執己見的唯實者，在他們對具體問題的討論中，仍有其原則。如柏克者，自他的論述內容及目的看來，他是一個講堂上的辯論者，而不是學術上的思想家，他從未忘記他的政黨，他總是在巴力門的環境下執筆，這會使人覺得他必有不公正的動機和立場，然而當他完成了最後的評論後，總能使其論辯得到平允。不過雖然如此，但是若要想對他的思想，作深入的研究及清晰的了解，仍然會感到困難，由於他們要配合時勢環境之需要，至少在表面上看來，的確常有不一致之處，甚而矛盾亦所不免，此就柏克思想的發展看來，似乎更屬顯然。他自己也從未曾有意創立一個正式而完整的政治理論，他尤其厭惡拘於形式，而且他的論述，只散見於一時對某一特殊問題所發表的演說書函之中，很難能將這些思想歸納成一個總括的論旨，雖然在這些論辯中，都可以顯露出他的大智之光，但卻是散光，光的焦點卻

---

❺ Harold J. Laski: *Political Thought in England* (Locke to Bentham), p. 182, Oxford University Press, 1950.

並不能明現出來。

　　柏克雖然與馬基維里都曾有從事實際政治的長期經驗，在思想性質上有若干相似之處，但不同之處卻也不少。馬基維里實在是文藝復興時期的一個代表性人物，無論就優點或缺點而言，他都是典型的，與其時代相合，但是柏克卻與所身處的十八世紀之潮流不相吻合，在實際政治上他數十年都是國會的反對黨，在許多問題上都是與當局及時尚對立，抱持相反的意見，實際上可以這樣說，他是其整個時代的反對派。

　　再者，柏克與馬基維里的思想固然皆比較崇尚功利而要求急效，但柏克則較之馬基維里尚能夠在急功與理想之間折衷妥協，許多思想家在此兩者之中，皆有不同程度的傾向，很少人能恰到好處，貪求急功者，是只見樹木，不見森林，看不到將要如何，應該如何，由於過份重視實行，注重特殊，因而目光短視而迷失在個別之中，但如極端的偏於理想，便又走入自我的夢幻，結果或者更要壞些。真正健全的思想，應在兩者之間有一適當的立場，有一種務實的 (Realistic) 智能，則可以使理論燭照實際，實際也可以調和理論，這也就是亞里斯多德型的思想，柏克可以說是具有這種智能的思想家。❻

第二節　柏克的保守思想

一、維護憲法與倡導政黨政治

　　柏克的政治理論，係常為配合環境需要而發，因此看來他好像缺乏一貫系統，甚而似乎前後有所扞格。當其年少氣盛之時，他的思想一如十八

---

❻ W. T. Jones: *Masters of Political Thought* (Vol. II, Machiavelli to Bentham), Chap. 8, pp. 328–329 (Houghton Mifflin Company, Boston, 1966).

世紀潮流中，一般主張革命的思想家，充滿反抗的精神，蔑視任何統治階級，而崇尚自然，甚而有無政府主義的傾向❼。其激烈之程度，並不下於盧梭一輩急進主義者。但至中年後，接觸實際政治，思想轉趨穩健唯實，到了晚年，由於受到法國革命流血暴亂的刺激，更變得極端的保守。

　　柏克屬於自由黨籍，前已言之，但當其踏進議會之時，卻正是自由黨力量降落，喬治三世要求實際統治權之時，這等於是又一次的復辟，他自己遴選閣員，而所垂青者皆為保王黨，他迫使國會務必通過，甚而施用賄賂等卑劣手段，不幸的是國會竟亦逢迎順從，甚或更效法他的手段以對待人民。於是憲法不再為人所重視，剛剛萌芽的代議政治及政黨政治，乃為所摧折，政黨的社會責任及忠貞亦隨之減弱，因此柏克乃不斷的發出指責。他認為政府是為人民而存在，無論是君主、法官、代議士，甚或貴族，皆是受人民所信託者，因為世間並無任何權力，只是為掌握權力之緣故所產生者❽。他倡言政黨政治，認為黨派之產生乃政治社會必然之事，凡依法受公眾之信託，或自居高位，為人民所信賴之從事政治工作的人，必須有其確定的政治立場，與其志同道合者互通聲氣消息，共同計議與合力抗抵，因為當壞人既已團結之後，好人也必須聯合起來。但政黨組織是以志同道合者所同意的政見主義相聯結，共同努力以促進國家利益為目的❾。此種政黨 (Party)，非同於聚集於君主或權貴之門下，以維護私益的那種小集團小派別 (Faction) 可比。他力主這種正大光明政黨，去獲得人民的信賴擁護，佔有國會代表的多數，其政黨領袖則可公開的組織一個負責任的內閣，而取代王命的親貴內閣。他這些具有遠見的主張——代議政體、政黨政治

---

❼ 柏克於一七五六年發表〈自然社會之辯解〉(A Vindication of Natural Society)，思想激烈，但亦有人認為此為遊戲之作。

❽ *Thoughts on the Causes of the Present Discontets*, Burkes, Works, Vol. I, p. 348.

❾ Works, Vol. I, pp. 327–375.

及責任內閣，在他倡言的五十年之後，得以逐漸實現，從此亦可見出柏克
究竟是一個自由主義者。

　　柏克雖有上述主張，但是他並無有我們今日的民主政治之認識。他雖
然表示政府是為人民所存在，人民的信任是為政府之基礎，而且亦跟隨孟
德斯鳩之後，與布拉克斯頓同樣的讚美英國憲法和諧及其制衡的制度，將
自由與權威作合理的調整，又能表達出各階層的願望。但他並不願將權力
交付人民手中，他對於群眾不能信任，不能忍受政治上的低能，他所主張
的是由一種道德與智識上的自然貴族去治理國家，當然他們也已經有相當
資產，足以表現他們實際的才能。他深知法治必與人治相配合，任憑法律
如何優良，制度如何完美，但實際上成敗得失的絕大因素，仍決定於執政
者，否則一部憲法只不過一篇紙上計劃而已。他並不贊成任何固定的階級
制度，對於人的估價，不應該基於階級制度的等次上，而應當以個人的成
就為依據，此在社會的各行業中，都自然會有一批出人頭地的優秀者，他
們可能由於出身環境的良好，所以自幼至長能保持身心的純潔，接受完善
的教育，有智識，有思想，有見地，由於他們出類拔萃的才智，無論在任
何職業中都受人尊敬，使他們會自感到身為國民導師之責，他們很自然的
會成為領導者，受到人民愛戴與信任。但是他們雖然可能在國會為人民的
代表，為人民的福利而致力，但並不是人民的工具，更不做任何人的工具，
他們不必做人民要做的事，而是做他們自己認為應做的事，他們對人民是
負有啟蒙的任務，是自視甚高而有責任心的政治家，所以無論國會的議員
或內閣的閣員，都應該由這批自然貴族來擔任。柏克是一個具有宗教及紳
士性格的人，他仍然保持有宗教革命後人文主義者的那種氣質。

二、同情美國與印度

　　柏克到了晚年，雖然強烈的反對法國革命，但是他對於美國獨立革命
則抱以同情，同時對於在暴政迫害下的印度，及要求解放的愛爾蘭，均曾

在國會中為之抗言高論，反對當時英國的帝國主義作風，及執政當局政策的愚蠢，並且表露出政治上的機智及遠見。但是他並不同情美國以人權的抽象理論，作為革命的依據，同時他對於英國國會自以為向殖民地徵稅，乃為合法性 (Legality) 權利一事，認為亦屬空洞不實，尤表反對。他是以功利權宜 (Expediency) 的觀點來論辯徵稅之事，他認為在英國殖民地上徵稅，不僅不能有助於國庫收入的增加，反而加深雙方裂痕，實在是得不償失，而且亦違反正義及人性，是為不公不義之舉。無代表則不納稅，徵稅而不經人民同意，是為暴政，此在英國本土為傳統之信條，如不承認殖民地同胞的同等要求，豈非推翻英國政府之理論基礎。他更進而主張允許殖民地自治，是為英國保有殖民地而得以互利的政策，殖民地人民的政治能力業已成長，不可能一直聽命遠隔重洋的巴力門。他的遠見實較其所處時代前進了半世紀。在當時舉國滔滔，為帝國的虛榮而喪失理智，終於戰敗而失去美洲之時，柏克能保持冷靜的理智，又具真摯感情，人道精神，而力排眾議，高瞻遠矚，其卓見及風骨膽識，皆可為政治家的楷模，而其卑視空洞理論，重視切乎實際的利便權宜之計，也確有其貢獻及影響。

柏克對於愛爾蘭及印度的同情，也由於抱持反帝國主義的立場，尤其對於東印度公司治理之濫用權力，腐敗橫暴，最為憤慨。一批唯利是圖的商人，竊取了控制的權力，既不尊重印度當地的法律，也不援用英國已有的法律，甚至不重視上帝的法律，恣情妄為，任意撤換印度各地王侯，視印人如牛馬，如草芥。一七八三年福克斯 (Fox) 提議，產生任期固定的委員，以監督東印度公司，結果下院雖然通過，但被上院否決，此後數年，柏克對於印度問題，仍不放鬆的極力論辯，表現其道德的憤怒及勇氣。

三、反對盧梭與法國革命

柏克晚年對法國革命之反對，對導致革命的盧梭之鄙視，可以說已至深惡痛絕的地步，乃口誅筆伐不遺餘力，無論是對此革命的理論或事實，

都疾言厲色的予以責斥，憤慨之情常湧現於字裏行間。此固表示出他晚年時極端之保守色彩，但從中亦正可以發見到他的政治哲學，是為他政治思想中最重要的部份。

柏克本是一自由主義者，他對美國獨立革命曾經同情，對於英國的光榮革命更曾表讚揚，可見他並不一定要反對革命，他亦注重自由，他對法國在革命前舊制度的弊端，亦曾多所指摘，而正設想如何予以補救。但是當法國革命一開始，他就抱有懷疑不滿，因為此一革命的理論，完全是依據盧梭空幻的玄想，繼之法王路易十六及王后慘被殺戮，恐怖政治的殘忍屠殺隨之到來，法國已成為狂人之國，選擇了自趨滅亡之道。狂熱的革命份子，想在一夕之間，推翻傳統，打倒舊有的一切，建造一個自由平等的烏托邦，結果卻反而是極權與暴政。

柏克認為法國革命不只是在一國之內推翻一個政府的革命，而是整個社會的破壞與瓦解，甚而有其世界性的企圖與要求，向全人類宣戰，並且以屠殺與掠奪的惡行，推進革命的行程，使法國成為全世界革命的首都，是所有革命者的基督天堂，其惡性傳染的結果，必將威脅整個歐洲的秩序與安全。而這個革命的指導原則，完全是空洞的自然權利、社會契約及無限主權等抽象觀念。在他看來，國家不應該視為交易胡椒，咖啡，或棉布，煙葉等契約的合股行為，不是為了某種細微短暫的利益宣告成立，又可以由參予契約者之意願而隨時更易解散。他說：「國家是所有科學和藝術的合股事業，是所有美德和完善的合股事業，此種合股事業不能在短暫的數代即可得到，因此國家不僅為現時生存的人們之合股事業，而且是現時生存，及已經死亡和尚未出生者的合股事業。」❿無論霍布斯或盧梭契約說的假設，都把人類割裂成一個個孤獨的個體為起點，然後以一種詭辯巧計達成契約的成立，其本質上都是極端的個人主義，而且這種機械的國家觀，忽

---

❿ Works, Vol. II, p. 308.

略了人性，剝奪了人類全部習慣，忽視每種社會所累積的傳統，毫不顧及人類先後交替的歷史環境，以及人類社會網狀組織的實在關係，使國家喪失歷史的連續性，則過去、現在及將來接連的憑藉蕩然無存，許多世代的人們失去連鎖，有如夏日蚊蠅，彼死此生，毫不相關。

　　柏克注重歷史事實，認為政治乃是一種實驗的科學，不能離開事實。凡事應從實際的觀察著手，所以視國家為一種實際的事實，不能當作抽象的純理概念。根據歷史與傳統，每個國家有其各自特殊的精神，每個社會的現在都是由其過去的演進中而來，這種由連續性而組成的社會結合，皆有其歷史的真實性，及可尊敬的傳統。柏克以此種眼光看國家，視國家為歷史所產生，有如有機物之漸次生長完成，當然否認了契約說的機械國家觀。同時他認為人出生在一個已經建立的國家社會中，從出生之後，別人便對他有種種義務，同時他也負有服從此一社會制度的種種義務，並不必須問他是否同意，他實在也不能漠視此一社會，因為他不能是一個與其外界社會毫無關係的人。柏克要使個人重視由過去經驗累積而成的風俗與習慣，他這種看法是將義務置放在權利的前面，此一觀點不僅與盧梭不同，與洛克亦有差異。洛克、盧梭的看法，相反的是認為權利先於義務，立足於抽象的自然權利說，認為人因出生即享有若干權利。柏克既否認自然權利，則自然權利更不能作為人民參政權的來源及基礎，國家及政府之目的，並非為保障幻想的權利，而是一種政治的利便。他說：「政府的基礎在供給人們之需要，及適應人們之職責。」　⓫於是他直率的責斥盧梭的《社約論》，在討論所謂人權方面，是毫無價值的污損破紙，而尖刻的諷刺法國「人權宣言」則說是「無政府主義的摘要」(A Digest of Anarchy)。乖謬訛誤，即使出自小學生手筆，亦不光彩。

⓫ Works, Vol. III, p. 109.

四、尊重歷史傳統與斥責革命暴亂

　　由上述各點可以見出柏克所以反對法國革命的道理,他重視歷史事實,視國家為歷史傳統中逐漸生長的有機體,國家中每一制度,每一習俗,都與其盤根錯節的歷史,有血肉相連的關係,而法國革命的錯誤及失敗,就在於毫不顧惜歷史傳統及國家根本,恣意的破壞舊有的一切,他說:「由於憤怒與瘋狂,在半小時之內所推倒毀滅者,較之一百年的深思熟慮所建設者還要多。」❷他指責法國的革命政府,會輕率的在須臾之間,決定一件對國家有重大影響的策略,例如斷絕某種貿易,消滅某種實業,破壞貨幣的流通,停止農業的進行,甚或焚毀一個城市,化某一省份為焦土。果然革命導師盧梭的著作,猶如熾熱的火種,點燃了法國革命的火焰,但結果卻將法國燒光了。依據盧梭的《社約論》及〈論不平等之來源與基礎〉兩文看來,在盧梭理想鄉土的人民,無論是在自然社會中,或是進入國家,都是以孤獨離立的個人為單位,而且兩個同樣是平等的世界,沒有等級,亦無須尊敬任何人及事,這就是柏克所不能忍受的。本來十八世紀是所謂開明時期,亦即是理性時代,人們恢復了理性的自信,擺脫了宗教及傳統的束縛,開拓了智識的領域,興奮而又自負的重新對每一事物去評估,大膽的面對自然,以探測其奧祕,這種自信與自負,使十八世紀的人,拋棄了舊日對智識的謙恭,對宗教的虔敬,及對傳統的崇敬,乃致失去了精神的歸宿與依賴,也失去了原有的道德觀念,造成了個人的狂妄,思想的混淆,及社會的騷亂。十八世紀的時代潮流,確乎有如此之傾向,但柏克是反抗此一時代潮流的,無怪乎他要慨嘆智識上開明的十八世紀,在精神上卻充滿了黑暗。盧梭的浪漫主義,實際上也是反理性的,但是他重視自我的感情與直覺,人人以自己為中心,人人固然平等,但人人皆為上帝,這

---

❷ Works, Vol. II, p. 438.

也是十八世紀精神的一種表現，完全否認了柏克之對智識、上帝及傳統的敬畏。由此當亦可見出柏克與盧梭思想性質根本不同之處。

　　盧梭雖然重視個人的自由與平等，但到組成國家之後，他又創造了一個最抽象而模糊的「全意志」，亦即是所謂國家主權，而且這主權是屬於國民全體的，他的本意乃在調和自由與服從，但結果反而使他自個人主義走向集團主義，而法國革命後事實的發展，則更惡化為極權主義及帝國主義。雅可賓黨佔據了國民公會，便也掌握了全意志，柏克認為此一革命政黨的所有領袖們，都以盧梭為偶像，崇拜他而向他學習，狂熱的走向極端。在他們幻夢中，要建立一個理想的法國，而與事實的法國成了尖銳的對照，他們所設想的美德與邪惡的對照，不是屬於個人的事，而是屬於階級的事，對於個人的品評，不是根據個人行為的優缺點，而是依據其所屬階級，把個人融入團體，柏克認為這是最不公平，最不合理的事。法國革命領袖之一的丹頓 (Danton) 就曾經表示過：這些教士和貴族均無罪，但他們必死，因為他們不適於革命，阻礙革命運動，而將妨礙將來。但這種邏輯的廣為應用，使感情泛濫，變為殺人的狂熱，法國革命法庭只有兩個判決，一為釋放，一為送上斷頭臺，終於導致恐怖政治，羅伯斯庇爾要以恐怖建立美德，假借一個抽象的全意志為名，迫使人民接受其領導。他曾表示：凡一切對自由無所貢獻的人，皆應洗刷，過於熱心革命及對革命冷淡，乃同一罪狀。於是他不僅要屠殺革命的敵人，同時也將抱有不同意見的其他革命領袖，以及曾有助革命成功而偶有罪過的貧民，一齊送上斷頭臺，最後他自己也遭遇同一命運。武力已成為雅可賓黨領袖所追求的共同目標，他們之間所建立的兄弟關係，乃是殺人者的兄弟關係。至此，法國的革命運動已失去控制，變成無羈的野馬，任意奔馳，個人的生命有如蜉蝣般的可憐，更何談自由與平等？所以柏克憤慨的說：「個人的意志、願望、需要、自由、工作、熱心，不值一文，在他們的政府設計之中，個性完全被遺漏，國家是一切的一切。」❸他更進而預言，這種暴亂的革命，終必有利於軍事冒險者。

第三節　柏克思想的討論

一、柏克的一貫態度

　　前已言之，柏克的思想果有前後不一致處，例如當他同情愛爾蘭新教的受壓迫，斥責當地苛虐的刑法時，他認為法律必經人民的同意，此同意無論是正式表現於外或隱藏於心，都是不可少的，甚而說：「人民是真正的立法者。」但是在抨擊法國革命時，其口吻則又有類霍布斯。他認為倘若政治社會果由契約產生，那契約就是法律，無論何人不得離棄此契約，而要求不當得的權利，政府的目的在供給人民需要，及約束人民的慾望，為達到此一目的，則非在人民之外另有一權力不可。大致上說來，一般認為無論就他所實際從事的工作以及思想言論看，皆有其脈絡一貫的痕跡。他為了維持政治之安定，因此他反低能、反騷亂、反暴力、反帝國及反革命。這許多反對的立場，都有其相同的目標，他時時注意避免小的騷亂和災難，以防止大的風暴。他始終是一個對抗不公正，維護正義道德的鬥士，他之反對政治的低能愚蠢，也就是因為政治低能正是培育騷亂的溫床。他要保護英國憲法的精神，以免於為政治的庸醫施放毒藥。他之同情愛爾蘭、印度、及美國，就是在反對帝國主義的暴虐政治，及低能政治。美洲殖民地的人民要求與國內同胞有同樣的權利，固為柏克所同情，但主要的他之所以向其政治當局及國人大聲疾呼者，還是在避免戰爭的災難。至其晚年，對法國革命的激烈抨擊，也並非是思想劇烈的改變，與以往者矛盾杆格，而是思想的發展至一高潮。⓮他並非不同情革命，不重視自由，否則他何

⓭ Works, Vol. V, p. 255.

⓮ Ross J. S. Hoffman and Paul Levack: *Burke's Politics*, p. 12, Alfred A. Knopf, New York, 1959.

以要贊成美國的獨立，但是法國雅可賓黨的恐怖政治，已使自由變成了新的暴君，他認為目標無論怎樣高尚，但要在突然之間推翻一切的傳統，幼稚的狂熱份子掌握了政權，以其思想決定政策，則其結果，無疑的必是災難。

二、柏克保守思想的分析

柏克厭惡空想，所面對者是實際問題，他對於自然科學及數學不感興趣，他的興趣只在人，他研究的對象不是物質的宇宙，而是人類，他對宇宙的答案，仍願歸之於上帝的自然法，這是不合乎十八世紀理性主義潮流的。雖然他對人類的觀念，並未作過很有系統的研究，但是他的觀察，確有其敏銳與光輝，對人類的透視，亦能顯見其智慧，用來以支持他許多的觀點，使得極有條理，而不得不令人重視。對柏克來說，人類是複雜的，就如同所生活的世界一樣。此一人世乃是一個大的連鎖，彼此相互關連依靠，在人世間隨處所發生的任何一件事情，都有千千萬萬的因素，影響到一個最簡單的結果。我們對人性行為的科學智識，儘管努力，也只是能得到一個大概而已，絕不能如數學一樣的精確，因為有太多的潛在的複雜因素，故一件事情將來發展的結果如何，是很難以知悉的。甚而每個個人，對社會上其他的人，有時是合作互助的，但有時也是有所衝突的。人雖然是有理性的，但到底還沒有到達一種理想完善的境界，使人們相信自己的理性，是可靠的，因為人還有激情、偏見和習慣，一個人的行事作為，並非每一件都經由仔細的合乎邏輯的計劃而來，也不是受到能預見未來清晰的遠景之影響，而卻是常常受制於社會的習慣，人是社會的一份子，其所有感覺、感情及慾望，都不可避免的與當時的社會習慣有關，人們常常將對事物的看法過份的簡單化，便容易對於世界及人的真性有所誤解。柏克所注視觀察的，當然是較偏重於事實的世界，而有影響於他思想的方向，對於人性及一切問題的看法，當然不是理想主義的那種天真與武斷，而是

深入的切實的。他確認人是一種習慣的動物，假若要破壞其習慣，那是愚蠢而危險的事，雖然依照理性，可以發現舊制度的缺點，但是它可能較革新以後的制度還是要好的多。由此一分析，我們可以發現柏克所以為一保守主義者的原因。

同時柏克的保守色彩，事實上也正是英國政治環境的反映，完全配合了英國的政治傳統。他之所以尊重歷史及傳統，也就是由於他對其本國政制的發展，有確切認識。因為他曾數十年實際參予議會政治，故深知英國政治的安定與進步，即建築在妥協的傳統上，並且他更發現英國當時的政體，乃經由特殊的環境、情勢、性質、態度、及人民道德的文明，和社會的習慣中得來，而這種種過程，必須要在一段長久的時間中逐漸完成，這不是一個文件，一部成文憲法所能造成的，而是一種為全國所接受的政治活動方式，其所以能夠樹立，是根據了若干時期的傳統與慣例，此是為柏克深切了解，而要努力加以擁護與闡揚的。

三、影響與貢獻

柏克不僅是一位保守主義者，而且是一位保守哲學的創始者，在他之前並非無有保守思想，但卻沒有保守哲學。⑮拉斯基也說：「他把因政治衝突所產生的理論，帶進了哲學的境域。」⑯他看到了社會制度的複雜，及風俗習慣的強大力量，所以尊敬業已存在的各種機構，尤其重視宗教與財產，以及對歷史發展的連續性，相信每個人力量的潛在性。他的理論雖然常常為支持他的政黨而發，但是他的思想卻有一個更廣大的範疇。他對法國革命的抨擊，產生一個很大的影響，使當時流行的社會哲學由攻轉而為

⑮ George H. Sabine: *A History of Political Theory*, p. 617 (Third edition, Holt, Rinehart and Winsten, Ine., New York, 1965).

⑯ H. J. Laski: *Political Thought in England*, p. 146.

守，思想的重心，轉向安定的價值，習慣的力量，他的主張對歐洲下一世紀的保守思想者極有關係，如德國之黑格爾 (Hegel)、薩芬尼 (Savigny)，法國之梅斯特 (Maistre)、波那爾 (Bonald)，英國之柯爾雷基 (Coleridge)、華滋渥斯 (Wordsworth) 等人。這並非說他們直接師承柏克，而是說由柏克所首倡的主張，在這些人的思想中有了結果，其中尤以黑格爾最足以代表。事實上柏克自己並非哲學家，他並未研究哲學史，他也未寫出有關政治社會，或宗教科學方面有系統的哲學，他不會知道他的思想會與現代歐洲史發生何等關係，他只是自所遭遇的許多事件中，零散的反映出他的觀點。黑格爾則把這些零散的學說，加以彙合而系統化，雖然黑格爾好像從來未曾提起過柏克，反而很明顯的可以發現盧梭有影響於他，但是柏克的「法國革命之評論」，正當德國智識份子對法國革命發生疑懼時傳到德國，確有其巨大的影響力。許多柏克所認為應該的事，黑格爾都想加以證明，使他為德國提供一個新的政治秩序。而整個歐洲，也極為普遍的瀰漫著這種保守思想的氣氛，在十九世紀即使是自由主義者，也希望以演進代替革命、不再為新奇所迷惑，這種氣氛至少停留到十九世紀的末葉。

上面一段話，可以說是柏克對在他以後的思想潮流所發生之影響，這種影響，當然也會涉及到歐洲十九世紀各國的政治史。因為事實上，自一八一五年維也納會議之後，各國政治一致的趨向守舊與反動，當然也有許多國家由於過份反動，不免激起自由主義者的反抗，甚而也發生了一些未成功的革命。但在英國，卻真正受到柏克之惠，佩因 (Thomas Paine) 雖然針對柏克，指名挑戰，予以苛刻的抨擊，但十九世紀英國政治的實際發展，還是遵循了柏克所指示的路線，而佩因之革命主義反成為曠野呼聲❶。他進入下院時，正值代議政治暗淡之日，他為了維護憲法而大聲疾呼，他對

---

❶ 參閱浦薛鳳著：《西洋近代政治思潮》下冊，六九五頁，國立清華大學叢書（商務版）。

政黨政治及責任內閣寄予殷望，他個人對於政黨的忠貞，也樹立了一種美德的楷模。凡此種種，均有其實際影響與貢獻，尤其是他的保守精神，配合了英國的政治傳統及環境，即使邊沁 (J. Bentham) 及其門徒的哲學急進派，也是以溫和緩進的改革，達成政治上的目的，而避免激烈的革命，從一八三二年改革法案到一八六七年的改革法案，無不是在此種原則下完成。

　　當然柏克並非毫無缺點，他的論述含有太多的說教性。他過於迷信既存的制度，而低估了進步的思想，他也未認清其所讚美的許多制度，有些業已陳腐不堪⓲。但是他的成就，在英國來說，仍不下於霍布斯或邊沁。他將他的政治哲學給予他的一代及他的國家，指示出政治發展的方向，而予以活力。他愛國家，愛同胞，亦愛人類。他具有了解錯綜複雜情況的高度智慧，所以很少人能像他那樣，能進入政治的複雜而隱祕之深處，去探幽抉微。因此拉斯基稱讚他說：「在英國政治思想史上，尚無一人較他更偉大。」⓳

⓲ Lawence C. Wanlass: *Gettell's History of Political Thought*, pp. 303–304.

⓳ H. J. Laski: *Political Thought in England*, p. 183.

第十七章　美法革命期中的急進思想家
——佩因

一、佩因的時代及生平

　　由歷史證明，每屆革命時期，政治思想必極勃興發達，許多富有革命
精神的政治思想，亦常能與革命運動相配合，鼓動風潮，其勢激越洶湧，
不可阻遏，無論對政治觀念的啟迪，或政治制度的設計，都會產生莫大的
影響，而促使人類政治社會結合的進步。

　　十八世紀末葉，美國獨立革命與法國大革命接踵而至，這兩個國家雖
遠隔重洋，但是兩國革命卻互通聲氣，而英國介於其中，彼此相互之間，
亦多相激相盪，政治思潮之匯合向前進展，雖然是後浪追逐前浪，但有時
卻很難加以分際，彼此交流相混，互有影響。發生於一六八八年的英國光
榮革命，其嫋嫋餘音，無論對美國或法國之革命，皆有影響，洛克的政治
原理，無論在美國的「獨立宣言」或法國的「人權與民權宣言」中，都清
晰可見。福爾泰、孟德斯鳩將洛克思想運送至法國，亦遠播於北美，美國
的「獨立宣言」固有直接師承洛克處，同時熱情洋溢的盧梭，對於美國之
革命及宣言，亦加添了熾灼的火焰，而後法國大革命於美國獨立的十數年
後發生，其所根據之理論以及所爭取之目標，實多類同。現在要在此一縱
橫交錯之中，選出一位最足以代表時代的革命思想家，那自然就是佩因
(Thomas Paine, 1737–1809)，他雖是英國人，但在政治自由的倡言鼓吹上，
卻做了英、美、法三國人民的代言者。❶美國人不僅把他視為自己的同胞，

---

❶ Nelson F. Adkins: *Thomas Paine*, p. 49, New York, 1953.

而且對他尊之如教父，法國革命政府亦曾贈予他法國國籍，他直接而熱情
忘我的參予美法兩國革命，並著述立說，大力鼓吹，其所產生之影響是極
宏大深遠的。而他之維新急進的革命思想，與柏克唯實保守的思想，正好
是針鋒相對，見仁見智，各有不同的看法。

　　佩因於一七三七年出生於英格蘭東部之諾福克州 (Norfolk) 之利佛
(Theford) 地方，他的父親是一個教友派 (Quaker) 信徒，他的母親卻屬於國
教派 (Anglican)。從他以後的理論看來，他顯然感染到了不少教友派的思
想。他並沒有受過完整的學院式教育，十三歲後即離開小學，隨同其父製
作船具，及習作水手。從此一直到他成年以後的廿餘年中，他雖曾經從事
各種工作，多未能有成。一七五七年，廿歲時到了倫敦，他聽到了有關介
紹牛頓學術的演講，對於未曾接受高深教育，但在追求新智識上有濃厚興
趣的他來說，是極有意義的，他之對科學有研究興趣，以及相信自然秩序
的看法，是由此開始。自一七五七年一直到一七七四年十月，他去美國之
前的整個青年時期，無論婚姻與職業，皆不如意，他曾二度任稅務員，而
最後皆被解雇。一七七二年，他曾為要求加薪事，代表稅務機關至議會演
說。一七七四年，他的稅務員職務第二次被免除，商店亦被拍賣而告破產，
其繼室亦與之分離，幸而此時結識富蘭克林 (Franklin)，得其賞識，持其介
紹函乃隻身赴美。從此他便與美法兩國革命事業，結下了不解之緣。

　　佩因一生為一自由鬥士，任俠慷慨，一身而參予美法兩國革命，奮不
顧己，意氣飛揚，真是壯懷激烈，豪情干雲。他在美國十數年，積極的參
予政治生活，擔任公職，開辦銀行，編輯雜誌，努力寫作，甚或遠赴法
國，爭取援助。一七七六年一月他的《常識》(*Common Sense*) 一書出版，
他主張對英作戰，及美國可脫離英國而創立一個新的共和國。此書對於同
年七月四日所發佈的「獨立宣言」極有影響。此後每隔一兩年或數年，必
有著作發表❷，鼓吹革命。一七八七年，他曾返英省視老母，但卻又捲入
國內的政治爭鬥中，曾一度因煽動暴動，被控告審判。數年間，他奔走於

英法兩國，當一七八九年法國前期革命之時，他躬逢其盛，一七九一年寫「宣告共和」(A Republican Manifesto) 貼在巴黎國民制憲會議之門上，倡言廢除君主，革命政府贈予他法國國籍，並且被選為制憲代表。但至一七九三年，雅可賓黨執政，恐怖政治開始，他因反對路易十六被處死刑而竟被捕入獄，直到翌年十一月，時羅伯斯庇爾已死，他才被美國駐法大使門羅 (James Monroe) 保釋出來，又參予法國的國民會議，並從事著述，其中最主要的便是為抨擊柏克之「法國革命之評論」所寫的《人權》(*The Rights of Man*) 二部。一八〇二年返美渡其餘年，並與哲斐遜 (Thomas Jefferson) 志同道合，攻擊聯邦主義，一八〇九年死於紐約州之新洛磯 (New Rochelle)。

二、佩因的背景及氣質

佩因之性格為人，自上述生平事蹟中，當可得見，同時亦可見到，他是出身寒素，曾為生活屢受挫折，因此可以知道，他是生活在廣大的群眾之間，和他們一同遭受過苦難，他發現「世界上有大多數受苦的人，像是變成了世襲的種族，他們幾乎不可能靠自己走出困境」。❸於是他由衷的產生一種強烈的同情，而不僅是對英國的同胞，乃是對所有人類，他說：「我

---

❷ 除《常識》外，佩因之重要著作如下：

1. 《美利堅之危機》(*The American Crisis*, 1776–1783)。
2. 《公共利益》(*Public Good*, 1780)。
3. 《政府論究》(*Dissertations on Government*, 1786)。
4. 《人權》二部 (*Rights of Man*, Part I, 1791, Part II, 1792)。
5. 《政府基本原理之論究》(*Dissertation on First Principles of Government*, 1795)。
6. 《均田之正義》(*Agrarian Justice*, 1797)。

❸ Conway Moneure Damiel.: *The writings of Thomas Paine*, Vol. III, p. 339, New York, B. FrankLin, 1969.

的國家是這個世界，我的宗教是行善。」❹因此無論對美國獨立或法國革命，他都忘我的投身其中，表現出他奔放的熱情，及民胞物與的胸襟。而他所身處的十八世紀這個時代的精神，對於他的性格及思想，亦皆有深刻的影響，在十八世紀之開明時期，其時代精神，在於重視理性 (Reason)，所以也可以說是一個理性主義的時代，並且人文主義與自由主義也是屬於這個時代的表現，這一切無不更加促使知識的進步，胸襟的開闊，一種樂觀興奮，維新進取的氣氛，彌漫於此一世紀，佩因不僅深受此一時代之影響，而且他的思想也最能夠反映出他的時代。

同時此一時期對自然科學的研究，也已至狂熱的狀態，牛頓則為大家的偶像，此時著名的思想家們，大多皆曾從事自然科學的工作，佩因對於牛頓便極為傾慕，他曾推崇牛頓說：「上天使他從一個島國的偏見中解放出來，科學又擴展了他的靈魂，當他研究時，他真是無邊無際，無限大的。」❺佩因自己也曾多年致力於無柱鐵橋及無煙蠟燭的發明。在這種風尚之下，科學與宗教的神學必然分離，雖然同樣的相信自然秩序，自然法律，但以神學立場看，宇宙為上帝所創造，故自然的秩序，即是上帝意志的表現，秩序的本身並無意義，只不過表現出上帝無所不在的偉大。但在自然科學的態度裏，自然秩序本身就是理性，這可以用各種實驗加以證明的。所以佩因不僅相信牛頓所發現的自然法律，宇宙的次序與計劃，並且想要將牛頓的物理學應用到政府的建立上來。此一時期對任何事物，都要求次序與和諧，又由於在各種學問上，長於運用分析與綜合的方法，因此在對國家社會的認識上，契約說仍然盛行，所以如盧梭的契約說中，一方面把個人分化為孤獨的個體，一方面又要用全意志將離立的個人再凝合在一起，既有個人主義的主張，又有集團主義的傾向。佩因在政治上對於個人權利的維護，極力鼓吹，但在經濟上，亦有若干接近社會主義的主張。

❹ Ibid., Vol. II, p. 472.

❺ Ibid., Vol. II, p. 300.

第二節　佩因急進維新的思想

一、維護人權與反抗傳統

　　佩因對於人權的維護，平等的宣揚，始終不遺餘力，這也就是他所以要反對當時的君主及貴族政治的根本原因，而其極力贊成革命的理論基礎，亦即在此。他認為追溯到人類最太古最原始處，也就是人自造物主手中開始之時，人只有人這一個名稱，這就是一個最高尚的稱號。人權平等的神聖原則，是造物主賜予全人類者，此不僅是賜予在世的每個人，而且是賜予每一代的每一個人，所以任何個人和他同代的人，生來都是平等的，同時每一種歷史，每一種宗教，無論是有文字記載的，或是非文字的傳說，不管意見如何分歧，信仰如何不同，但皆有同一的觀點，即「人類的一致」(The Unity of Man)，人類除男女的性別外，別無區別，佩因肯定所有的人都是一個等級 (One Degree)。而且他更進一步的認為每一代人類的子孫，都像第一代的人一樣是為造物主所創造 (Creation)，而不是為人類的綿延，傳宗接代 (Generation)，所以每一個孩童的降生，都是來自上帝，世界對他是全然新鮮的，正如第一個被創造的人來到這世界一樣，其所享權利，也是一樣的。總之不管在任何場合，任何狀況下，只要一講到人，都是一律平等的，無論是在天堂或地獄，或是何種政府法律之下，罪惡有大小，人卻無高低。人類平等，這可以說是在所有真理中最偉大的一件，也是人類應該予以培養及發展的最大優點。他指責柏克輕視群眾的貴族觀念，因此使他憤慨的說：「跟這種哲學中包含有輕視人性的人來辯論，就像是對死人開藥方。」❻他攻擊柏克在廣大坦然的人類平等之基礎上，卻加添了許多障礙物。他並且列舉其障礙物，柏克所說的如「懼怕上帝，敬畏國王，對

---

❻ Ibid., Vol. I, p. 233.

國會愛護，對官長服從，對牧師敬重，對貴族尊敬」。在佩因看來，人只有兩個義務，一為對上帝的責任，一為尊敬鄰人，亦即是對世界其他人類的責任，別人如何待我，我亦應如何對待別人。

　　佩因在反抗傳統，極端維新方面，也表現了最強烈執著的態度，及論辯的才能與智慧。歷史的傳統是柏克等一般保守主義者所尊敬的，但在佩因看來卻是進步的障礙。假如把古典的，傳統的當作權威，則可以發現有成千成萬的權威，而彼此之間又互相矛盾。例如以一百年或一千年以前的事情，作為今日的規範，但此百千年之前，復有較之更古更前的千百年前的規範，結果在歷史的路途上，無非是權威反抗權威。事實上追溯到人的第一代，實無任何權威可言，而之後的每一代，亦正如第一代的祖先一樣，一樣的完全以新鮮人的身份降生於世，他不必受任何以往一代的束縛，所以把歷史的傳統作借鑑，為今日治理世事的參考，是無任何建樹可言，歷史不過是在錯誤與糾正中逐漸前進。他說：「每一代的每一個人，都應該有充份的自由，為其所生存的一代做事，就像以前每一世代的人一樣，已經僵臥墳墓而猶欲表露出統治的虛榮與傲慢，可以說是所有暴君中最可笑，最粗野無理的，任何一代皆無有財產存放以後的世代中。……每一代的人都應該很有才幹，以迎合他們自己一代的需要，需要調整適應的是活人，而不是死者。」❼佩因之重視活人的現世，於此可見。所以他主張法律要經常修改，憲法也要定期修正。上代既不能束縛現代，則現代亦不能束縛到下代，否則如現代的人承認上代的傳統權威，則無異自甘為奴隸；如自認對下代有所限制，則又有如暴君。

二、重視現在與維新革命

　　由於佩因認為每一代人有權處理自己一代的事，上一代無權為其下代

---

❼ Ibid., Vol. II, pp. 277–288.

作決定，因此任何對下代有約束性的契約，皆是非法的，他指責英國光榮革命時，國會向威廉與瑪麗所表達忠誠的宣言，不僅是非法而且是愚蠢的，該宣言表示國會「代表全體人民，要他們以及他們後代的子子孫孫，作最謙卑，最忠實的永遠服從」。更甚而表示願將他們後代與君王之後代結合在一起，此即是說英國人的子子孫孫萬代，永遠臣服於斯圖亞 (Stuart) 王朝。佩因認為這完全是一種奴性契約。事實上任何人皆無權代表別人，作「永遠」的決定。他說：「假如為建設一個政府的型態而制定契約，但不是為他們自己，而是為將來的人，可是他們既無權為將來的人作主，因此他們制定契約的權力，隨即烏有。」❽

　　由於佩因對人權的尊重，尤其重視每一個現在的人之權利，當然他堅信人人皆有與生俱來的種種自然權利，也就是作為一個人降生於世的生存權利，在不傷害到別人自然權利的原則下，應有其為獲得生活幸福及安適的權利。所以權利並非任何人能給予他人的，也不是此一階級能賦予他階級者，一篇權利宣言，亦並非是權利的創造或賜予。至於進入社會（國家）之後的公民權利 (Civil Right)，必然的是皆以自然權利為基礎的，自然權利是作為一個人所應有權利，公民權利則是作為社會一份子的權利。一個人對於他所持有的自然權利，有完全執行的權力，如個人之有追求智識的權利，有思想自由的權利。所以如宗教信仰的自由，即在其中。但是也有若干權利，在個人實行起來是不能完全得到的，便將之存放在社會之中，受到社會的保障，因此可知社會本身並沒有什麼給予個人，而是個人有所給予付交社會，所以每個人在社會中，都有其一份所有權，以個人的權利為資本，投資組合而為社會。由以上所說自然權利與公民權利的關係看來，可以得到幾點結論：第一，每一種公民權利皆來自自然權利，也即是說每種公民權利是以自然權利換取得來。第二，公民權利可以說是一群個人自

然權利的集合，由於個人力量有限，不能達到目的，乃集合起來以達到每個人的目的，適應每個人的權利要求。第三，公民權利不得侵害自然權利，每個人對其自然權利，仍享有完全的執行權力。

　　以上這些理論，都是與重視歷史傳統及社會習俗的保守派思想家所不同的，他們大都認為個人乃社會所塑造的，個人必依賴社會及國家而生存，強調個人與社會關係的密切，及義務先於權利的看法，佩因則完全將權利置放在義務之前。這是富有革命精神的思想，當然對於美法的革命，皆有所鼓舞與刺激。佩因早年與柏克本相識並有友誼，但是當柏克之《法國革命之評論》發表後，他不勝憤慨，乃寫《人權》二部以反擊，他不但很有技巧的藉修辭巧辯以對付柏克之修辭巧辯，而且也用了堅固的邏輯，及嘲弄的幽默，甚而不惜用點誹謗，而使其辯論趣味化。但是佩因如果沒有在美國十數年的生活經驗，他是不能把《人權》寫出來的，他親身經歷了美國革命前後的有關政治、經濟及社會各方面的事務，尤其是生活在一種民主的新鮮氣氛中。他稱讚美國是為民主政治之母。尤其是美國的革命，清除了傳統的毒素，不僅使美國人的頭腦得以清淨，有空間可以來接受幸福和快樂，同時也為世界的政治革命定下基礎。❾他對於柏克之痛責法國革命的不當，不能同意。他認為柏克完全不了解法國革命真正的動機，缺乏同情心，甚至於在巴斯提監獄的罪惡之前，都是麻木的。柏克只為了王朝的喪禮哀禱悲憤，而對受災難的大眾竟毫無惻隱之心。於是他尖刻的諷譏柏克說：「在他的狂想裏，他曾經發現了一個風車的世界，但他的煩惱是沒有唐吉訶德去攻擊。」❿並且又說：「他同情羽毛，但是忘記了死掉的鳥。」⓫

---

❾ Ibid., Vol. II, pp. 105–106.

❿ Ibid., Vol. II, p. 287.

⓫ Ibid., Vol. II, p. 288.

　　佩因認為革命必須有主義與信仰，在這種正確的目標下進行革命，可能會有一些暴行，革命的對象不能僅僅是為了某個人。他說：「英國過去對查理一世及詹姆斯二世之革命，完全是對於他們個人的專制，法國革命則起於對人權的輕視，在於反對建立專制政府的這種傳統。」⓬他認為法國革命是一種思想的革命，早已在法國哲學家的著作中所醞釀促成。革命如能根據既定的主義目標，則自由的範圍便越來越大，否則必將失敗。與美法革命相較，則英國政府不是根據革命的主義，也不是在一個穩定的原理原則下所建立，只不過是一個股票經紀人式的臨時組合而已。

三、國家與政府

　　佩因由於受到教友派的影響，他相信人有利他的社會性，又由於受到牛頓思想的洗禮，使他相信自然的秩序。人並非完全墮落，人之本性是善良的，有其道德責任，要模仿上帝的仁慈良善去互相對待，發揮內在的光輝，愛人如己，正如同上帝愛人類一樣。並且他又認為上帝在創世之時，正顯示反映了祂自己，所以是有秩序的，有層次組織，有自然的法律，因此一切事物都很協調，人既為上帝所創造，他們便不應該互相爭鬥，大家如果能知道遵守自然的法律，便可增進幸福。既然人類良善而又有社會性，則應當友愛和睦，快樂幸福的共同生活在一個社會中，但是他又發現：「人類中有一大部份，即在我們認為文明國家中，此一部份的人亦生活在貧窮與痛苦中。」⓭他又看到在國家中，那些被判死刑的人，大半多為窮人，此一事實，又為人類可憐的一個明證。他的同情心使他要探討人類何以會致此？於是他發現惡劣的政府，是造成不幸的主要原因，他說：「人假如未被政府腐化，人類自然會互相友好，人性並非邪惡的。」⓮於是他要討論

⓬ Ibid., Vol. II, p. 284.

⓭ Ibid., Vol. II, p. 454.

有關政府的問題。

　　佩因曾批評布拉克斯頓、柏克等人對於社會（實指國家）及政府混淆不分，他要作一分別。事實上他自己對於介於社會與政府之間的國家觀念，亦常模糊不清，有時他所說的政府實即國家，但論及國家時又往往稱作社會。依照他的觀察看來，社會乃源於自然，政府則由於罪惡，他說：「有若干作家將社會與政府混淆不清，好像無所區別，實則兩者不但性質不同，且起源亦異。社會是由於人們的需要而產生，但政府則由於人們的罪惡。社會積極的增加人們的幸福，聯絡人們彼此的感情；政府則是消極的，以防止人們的罪惡為目的。社會鼓勵人們的交往友誼，政府則造成彼此的界限，社會乃人們的恩人，政府卻是人們的懲罰者。」❶❺他看到在君主或貴族的政體之下，政府完全變成行惡的工具，重重的壓迫在善良的人民身上。

　　雖然佩因對當時一般歐洲政府作如此之分析，但是他仍然樂觀，抱有信心，相信人們可以建立良好的政府，美國的情形，已予人以鼓舞，這當然需要先對政府有一正確的認識。由於他相信人性本善，及具有社會性，因此他也採取了社會契約的理論，為政府起源尋覓依據，他亦如洛克之所言，認為在自然社會中人人皆為自然法之執行者，故人人皆有權處罰違反自然法者。但是如此必將帶來無盡的紊亂與煩惱，所以人們需要一個社會契約，願意結合在一起，得到共同的保障，於是隨之有建立政府的必要。當第一批歐洲移民到達美洲時，他們就曾由於實際需要而組成社會，之後困難仍不斷產生，於是又想到建立政府，以補人們道德上之缺失。但是他說：「沒有這種契約思想，人民是一方，政府是一方。而是人民互相訂立的，想要產生一個政府。政府並非一項商業買賣，任何人或任何團體可以組成，然後工作而得到酬報，乃全係一種信託，授權予可信託的人，政府

❶❹ Ibid., Vol. II, p. 453.

❶❺ Ibid., Vol. II, p. 387.

本身並無權，而只有責任與義務。」❻他認為歐洲各國政府之所以腐敗，就是由於其原始，並非建立在這種社會契約的基礎上。

由上述佩因的契約理論看來，政府的作用是為了公共的安全與利益，而且一個良好的政府將可以給予人前所未有的尊嚴，而不致影響個人的自利。在他看來公共的利益和個人利益並不衝突，反而公益正是個人利益的結合。倘若政府違背這些原則，人們為了自利，革命而改組政府，乃是當然之事。一個完善的政府，會使改革進步自然的發生，有系統，有規律，不會有腐敗，更不會迫害窮人。政府應當像一部精良的機器，平穩而經濟，花費最少，獲益最多，這是大家所最喜歡的，簡單而工作順利，他認為代議政府，應該是比較合乎這些條件的，同時他又想到為了配合簡單而工作順利，所以他認為法律愈少愈好，而且地方自治，亦屬需要。

四、憲法與政體

十八世紀英國的保守派思想家，皆自滿於英國憲法的優良，可是佩因固然亦重視憲法，但是在他看來，英國根本無憲法可言，他極為稱讚美國完成世界上第一部的成文憲法，是政治上一個劃時代的進步，可為世界之楷模。他認為憲法不是有名無實的，必須有其具體的形式及文字，不是只根據傳統與習慣，英國的保守派人士只顧一味讚美，巴力門也不斷的應用憲法的字樣，實際上卻無有憲法。所以他要向柏克等人挑戰。他說：「他們說的很多，但卻無憲法事實之存在……因此人民必須去制定一個憲法。」❼佩因認為一個健全政府的原則，必須有明文規定的寫在憲法上，才能保證繼續存在的合法及價值，所以憲法是在政府之前，也是在政府之上的，而由人民所制定。他並且說：「憲法中包括有政府據以成立的原理，政府組織

---

❻ Ibid., Vol. II, p. 432.

❼ Ibid., Vol. II, p. 310.

的方式及權力範圍，選舉的方法，國會的任期……行政機關的職權，總之是關於整個組織的一切規定。及政府的行為與權力限制的各種原則。」⑱如此，憲法是整個國家的財產，而不是執政者財產，他堅決的表示，一個合理組成而由大家所同意的憲法，是政府的唯一基礎。

　　至於自孟德斯鳩以來，被稱讚的英國制度中調和了君主，貴族及民主三種政體，以及一種制衡的原則，是最為佩因所抨擊者。他雖曾推崇美國的成文憲法，但是他並不同意美國憲法中採取孟德斯鳩三權分立而平衡牽制的制度。在他看來雖然立法機關的權力，總必須低於人民的權，但卻高於行政及司法機關。事實上他認為政府只有兩個功能，即創制法律及執行法律，司法機關也只不過是行使行政權力的一方面。行政機關不能獨斷獨行，他必須服從立法機關，正如同肢體的動作必須服從腦部的指揮一樣。

　　佩因也是主張代議政治的，他認為這種政體是合乎自然秩序的，使一切偏見與詐騙停止，更可防止國家內戰，但議員是由人民一人一票所選舉出來的，而不是由某種貴族階級所包辦，議員的權力也絕不能大於他們所代表的人民，他們的權力應當很少，事實上他們本身原來並無權力。佩因既主張代議政治，便對於君主、貴族及民主政體，均不能滿意，在他看來，民主政體不適於人口眾多的國家，而君主與貴族政體，則完全是一種腐敗的政治，只會謀取少數人的利益，不能與設立政府的目的相配合，不能實現公正與公利。所有君主與貴族，對於人民都是一種欺騙與負擔。他相信君主們，其攫取到權力的原因是武力，或者逕來自搶劫，因此他說：「假如我們追溯到最初的君主，便可看到此一君主，只不過是一個強盜。」⑲之後，又無中生有的造成世襲的制度，使愚夫，瘋漢，白痴，頑童為君主，於是一切罪惡，如戰爭、貧窮、暴行等事乃接踵而生，他直率的指出：「君

---

⑱ Ibid., Vol. II, pp. 309–310.

⑲ Ibid., Vol. I, p. 80.

權是人類的敵人，是災難的泉源。」[20]或謂世襲的君主權，由來已久，但是佩因認為是與非不能以時間的久暫作決定，起始於千年以前的非，與起於今日之非者正相同。

佩因之反對貴族政體，與其抨擊君主制度大致相同，當時英國表面上雖漸採行議會政治，亦漸有政黨政治的雛形，但是事實上完全為貴族所把持，無論是自由黨或保守黨，在當時只是兩個貴族家庭的集團[21]，只是代表田地貴族經濟利益的一個社會階級，這種情形要一直繼續到一八三二年的改革法案通過以後，才有所改變。所以在當時無論自由黨或保守黨執政，都不過是一種混淆人視聽的寡頭政治的煙幕，因此佩因想要以健全的憲法以防止政黨的產生，他說：「憲法的精神，可以阻止政黨團體的專政，建立一個共同遵守的原則，以限制或控制政黨的力量及發展，如果無有憲法，人們便受政黨操縱，任何原則不能控制政黨，反而是政黨控制了原則。」[22]

第三節　佩因思想的討論

一、佩因的思想性質及著作特色

佩因是一位偉大的人文主義者，他很熱情的說明其身處的一代，力倡自由與平等，在維護人性的尊嚴上，更流露出博大的人類愛。他到美國不久，便注意到黑人被奴役的事，所以他對美國人一面為自己爭取自由，一面卻也在奴役別人，而表示不滿。他之所以要推翻任何君主政府，就是基

---

[20] Ibid., Vol. II, p. 387.

[21] 代表自由黨的有 Bedfords, Grenvilles, Rockinghams, Cavendishes 等家族。代表保守黨者則是 Courtenays, Butes, Cholmondeleys 等家族。

[22] Conway: *Writings*, Vol. III, p. 277.

於其反奴役的精神，他認為君主政體完全違背了人文主義。他相信「一個
國家真正的偉大，是建立在人性的基礎上」。❷由於開明時代的樂觀氣氛，
使他對於改善人類的政治環境，減輕人類的痛苦，深具信心。他雖是一個
英國人，卻甘願奮不顧身的參加美法革命的行列，實在是表現了他願為解
除全人類苦難而致力的熱情，這是一種世界主義的精神，更具有人道主義
的高尚情操。

　　革命運動本身，就是一件值得興奮樂觀的事情，充滿新奇與希望的美
景，佩因既樂於為他國之革命獻身，因此可知他思想的本身，是包含有向
前瞻望的進取精神，有高遠的理想境界，亦有一種高貴的感情。他未曾受
過學院式的完整教育，他的理論並無深奧的哲理，但感情濃郁真摯，含意
平易單純，容易激動人心，他無須矯飾隱諱，而極為坦誠簡明的表達出他
的願望與意念。他說：「我所說的話，都是完整而明白的，我並不用暗示，
這有幾個理由：第一、如此則可以讓別人很清楚的了解我。第二、別人可
以發現我是很真誠的。第三、假如用虛偽的誇張寫作，便侮辱了真理。」❷
所以他的措辭用語，務求簡單明瞭，但仍能流露出他的才華，將他的思想
經過語文的調和，正確的表達出來，如同兵士之瞄準目標，一槍中的一般。
在他的寫作中，又能表現出勇敢與自信，因為他必須大膽的運用驚人的斷
言，將其信念灌注到他的讀者心中去，但是他也很知道如何運用感情的力
量，與控制爭辯的機智，以及將想像與判斷配合而平衡，並且有整體的結
構與層次。他最不滿意柏克之不重次序，他說他為了要對柏克之「法國革
命之評論」答辯，就像是要走入無路可通的曠野一樣。❷看來他雖未曾受
到高深的教育，但他的寫作是頗注重方法的。以上所分析有關他寫作的態

---

❷ Ibid., Vol. II, p. 195.

❷ Ibid., Vol. IV, p. 406.

❷ Ibid., Vol. II, p. 302.

度與特點，也正是其時代精神的表現，他的著作不僅使他成為一個政治思想家，而且也有文學價值。但是他之所以具備這些才能，並非是後天造成的，而係天生的。㉖

佩因自己承認未讀過許多書，所以要討論他師承何人，是不重要的也是不必須的。他從不承認他從任何人處獲得思想來源，在他為《常識》的再版所寫的序言上說：「我並沒有唸許多書，也沒研究別人的意見，我自己思索。」㉗但牛頓曾給予他自然秩序的認識，教友派的簡樸單純，及人類友誼的信賴，亦應給他許多影響，這應該是極為明顯的事。但除此之外，似乎洛克與盧梭應對他有所影響，不過，的確佩因是很少講到洛克，他甚至說他從未讀過洛克的作品，而且他對於與洛克相互輝耀的光榮革命，亦表輕視，但是他既是一個英國思想家，洛克至少對他應有間接的影響，這是不可避免的。至於他對盧梭，固有所稱讚，但亦有批評，他說盧梭的思想「有其可愛處，尤其對於自由方面，可以使人起敬，提高人的智能，提高讀者的生氣，然而並沒有叫人如何去做，只使人在腦中有了對自由的熱愛，卻沒有寫出方法，如何去獲得」。㉘事實上，佩因很少有盧梭那種激情奇想。他的思想，果真不受任何前人的束縛，正表現了他獨立不羈的個性，也正符合了他反傳統、反權威的主張，及反映出十八世紀人文主義者那種漠視一切界限，而自有一種睥睨當世、傲視萬有的氣概。他一以貫之的集中目標，為爭取人權而努力，義無反顧，不變初衷的勇往直前，這也就是急進派的精神表現。

㉖ Adkins: *Thomas Paine*, p. 11.

㉗ Conway: *Writings*, Vol. II, p. 463.

㉘ Ibid., Vol. II, p. 334.

二、自英美法革命性質不同中看佩因之思想

佩因急進的思想性質，及世界主義的精神，是確實不適應他自己的國家，所以他願為美法革命效力，而對英國卻多所指責，因為他反抗傳統，希望日新又新，他甚而對光榮革命也加以指責，對於光榮革命的代言人洛克，也並未加以尊敬，因為他所希望的，是澈底的革命，不願有所妥協。但是英國政治的安定與進步，就是建築在妥協的傳統上，自一六八八年的革命後，英國政治制度，奠定了良好而深厚的基礎，同時也為自由主義的發展，樹立了里程碑，是為英國政治史上一個新階段的開始。事實上，英國自一二一五年的大憲章開始，議會政治及自由主義就已經開始為任何政黨及任何階級的人民，所共同接受的一種世代相傳的國家傳統，隨著時日的增進，愈形根深蒂固。佩因似乎未能認清英國政體與美國不同，這可能因為在佩因急進維新的頭腦中，不願接受英國這種由古老的材料所拼湊而成的憲法，當然在十八世紀末葉的當時，事實上英國國會的腐化情形也是顯而易見的，政黨為貴族集團所把持，選舉權操縱在少數特權者手中，無怪乎佩因要表示憤慨不平。但是事實證明，今日英國的民主政治，不成文的柔性憲法，確實是在歷史的傳統及和緩的改革中逐漸完成，是為所有研究政治制度者所承認而引為美談者。

佩因無論在理論與實際行動上，都支持法國革命，他的《人權》二部，即專為反駁柏克之《法國革命之評論》而作。他甚而也曾表示為達到革命目標，可能需用若干暴力，而為革命後的暴亂覓取藉口，但是他可能料想不到暴亂到不可收拾的局面，他自己也險些被送上斷頭臺。恐怖政治時期的屠殺，使人人自危，自由一變而為新的暴君，民主政治亦隨之夭折，這是由於法國與英國的歷史背景不同，法國沒有逐漸擴大自由的那種傳統和妥協精神，以及具體的法案，實際政策。法國的革命可以說是由思想家們所造成的，尤其像盧梭這種激烈的思想家，這是為佩因所深知的，所以法

國自由與平等的思想，是在一種理性的意識中所產生，尊重每個人的尊嚴與獨立，這種觀念為法國革命所應用，使得其革命較之英國的歷次革命更為進步而深切。英國的革命完全是一種政治性的顛覆，其主要目的在推翻專制而建立一個立憲政府，法國革命固然有其屬於政治性的一面，也推翻了君主專制而建立立憲制度，但更重要的是，它還想要達到歷史上第一次的社會革命，自一七八九年到一七九九年間，革命政府將原有的社會組織一一予以摧毀，尤其是財產所有權的變更。破壞與建設同時進行，而無論是破壞與建設都同樣的澈底，革命家們要破壞舊的一切，建立一個全新的政治與社會制度，又完全遺棄歷史的往例，根絕民族的傳統，乃必然的遭遇到強烈的反抗，於是無論革命與反革命，自由與保守的兩個陣營，都是以武力對抗武力，使革命後的法國籠罩著一種痛苦與仇恨的氣氛，創下了不能妥協的鴻溝，不能讓法國和諧為一體，便也不可能像英國那樣由舊蛻變為新的順利進行。兩個陣營的任一方的力量，都不足以壓倒對方，某一方得勢時，另一方面則伺機以暴力予以推翻，使任何當權的政體，都受到被革命的威脅。這種分裂的情勢，使法國連續革命暴亂達一世紀之久，整個十九世紀都在尋求一種新的合法制度，這一直要到第三次共和建立之後。所以法國的革命與英國不同，與美國亦有異，英美革命在尋獲一個新的自由而合法制度上，並未發生困阻，英國的情形，已如上面所述，至於美國，聯邦憲法所建立的新政府，也能順利為各州所接受，這原因是很明顯的，英美兩國革命的特質，都是政治性的，而對舊有的政體以及財產制度，宗教信仰等，並未加以破壞，便沒有一種不妥協的反動勢力發生，企圖推翻革命後建立的新政府。這一切可能是當時佩因所未看到的。

三、貢獻及影響

　　上述一段對英法兩國政治史實的分析，似乎等於是對佩因思想的檢討與批評，而的確在法國革命之後，歐洲各國為其恐怖暴亂所震驚，思想的

重心，乃轉向安定的價值，歐洲各國政治，更一致趨向守舊與反動。但是此一時的現象，並不能掩遮住佩因的光輝，急進主義者的思想，或由於理想過高，有空中樓閣之弊，但過份的保守，勢將阻礙了進步，政治中如果沒有遠大目標的指示，則人類的政治社會，將淪為下等動物的烏合之眾。

事實上，佩因的思想，即使就其當時而言，無論他作為美國革命的宣教師，或是法國革命的代言人，他都是切合當時需要的一位最具影響力的人選。當其《常識》問世之時，實為當時政治思想作家中最重要的作品，這本書對於「獨立宣言」有其直接的影響，之後又有《人權》發表，他能極端清晰的解釋受限制的政府，較之任何作家寫的更明白，因而也更具有影響。㉙美國的開國偉人如華盛頓、富蘭克林及哲斐遜等人，都曾稱讚佩因影響及貢獻之大，他們認為他的理論是極有價值的，在那種猛烈的考驗人類靈魂的時代，從各方面來源獲得資料，證明其觀點，使他的理論，產生了成功之果。㉚尤其在重視人權，解說平等真義方面，他運用其如椽之筆，淋漓透澈的作最明暢的分析，他能一標中的剷除人類社會及思想中的積弊。他的理論容或有不切實際處，但是他思想境界的高遠，是令人起敬的，他所產生的影響與貢獻，不是一時的，而是久遠的。此猶如法國一七八九年的革命，就當時而言，可說是失敗的，但是當日革命的目標及一切原則，已成為法國的革命傳統，以後的每種革命運動，都是以一七八九年的理論為主要根據，無論是一八三〇年及一八四八年推翻專制國王的革命，或是在反對拿破崙第三軍事獨裁的地下叛亂，及第三次共和在國會中所發生的事件，甚而大戰結束後，第四次共和的出現，都無不是以最初革命的理論為後盾，而必然的會受到人民自動的擁護和響應。而所謂當時革命的目標，大多都存在於隨革命而

㉙ Francis W. Coker: *Readings in Political Philosophy*, p. 671, New York, The Macmillan Company, Thirteenth Printing, 1954.

㉚ Harry H. Clark: *Thomas Paine*, p. 109, New York, 1944.

產生的「人權宣言」中，此一宣言，與隨美國革命所產生的「獨立宣言」，都同樣是以人權的尊嚴，對抗專制政治勝利的象徵，有其永恆性的成就與價值，而在這兩個宣言中的許多要點，都可以與佩因的思想相印證。尤其是他對於美國的憲法內容，立國精神，及政治觀念，社會風尚，更是皆有其極深刻而持久的影響，這是可以不言而喻的。

第十八章　德國唯心主義的創始
——康德及斐希特

第一節　德國唯心主義之產生

一、德國的時代背景

　　唯心主義 (Idealism) 的哲學，為德意志十八九世紀的思想主流，而其政治思想亦匯合於此一主流之中。何以唯心主義產生於德意志，使此一期間人才輩出，發生宏大的影響？此固與其民族性格有關，但尤應了解其當時的政治背景。

　　十八世紀的德意志，是在專制與貧困的纏繞中，馬丁路德所喚起的民族熱潮，已被宗教上之傾軋，及三十年戰爭 (1618–1648) 消滅殆盡，三十年戰爭更造成德意志的嚴重損失，人口減少一半，物資的喪失更不止此，工商業已經破產，無論城鎮或鄉村，都是十室九空，有類廢墟。政治上四分五裂，大小邦國多至三百餘，皆貧乏落後局限於彈丸之地，一百平方哩之內，可能有幾十個小公國，而且互相仇視，阻礙一切進步及發展。多數公侯仍縱樂享受，競尚遊歷，以法國之凡爾賽宮為藍本營造其宮廷。由於德國軍隊勇敢善戰，公侯們乃出售其軍隊予各國以供其揮霍，毫不顧恤士兵們流落異鄉不得生還，彼等多狂暴鄙劣之徒，缺乏才能與道德。在諸國之中只有普魯士較大較強，亦最有生氣，斐特烈一世 (Frederick William, 1713–1740) 及斐特烈二世 (Frederick II, 1740–1786) 均為開明的專制君主，尤其後者為十八世紀開明專制君主中最成功者，但是他固然努力使其國家富強，增進人民的幸福，但如何富強，何謂幸福，唯取決於他一人。❶

---

❶ J. H. Hayes: *A Political and Social History of Modern Europe*, Vol. II, Chap. XI.

　　在社會上，貴族階級享有特權，農民們在他們支配下，完全喪失自由，生殺予奪皆操於頑劣的貴族手中。當時農民在二千四百萬人口中，佔有三分之二，但收入之微薄，生活之痛苦，有出人意表者，一個幫傭的農婦，整年工資僅可購買一雙鞋子，其悲慘情狀為歐洲各國所未有。所謂中產階級，尚無地位，不能構成一種勢力，最高級的智識份子如大學教授，亦為政府所委任，公侯貴族們類多不學無術，故亦不重視教育，文化自然落後。由於文盲太多，縱有少數報紙，亦不能發生任何力量，且報導多不確實，一般人只醉心於法國文明，輕視自己，一時尚不易鼓勵德意志民族文化的自覺，只有漢堡和魏瑪是當時少數能培養文化的城市。

二、法國革命與德國

　　在如此愚昧落後及專制殘暴的統治之下，何以竟未爆發革命？而讓爭取自由平等的火炬在巴黎燃起，甚而法國的大革命竟亦未能蔓延到此一黑暗地帶，寫下轟轟烈烈的一頁歷史？這實在由於德意志較法國更專制，更落後。但路易十六的頭斷血流，當然使王侯們大為驚慌，深恐革命的浪潮衝向德意志，便更加嚴厲的壓制一切反叛的舉動，大多貴族對革命亦深為痛恨，間或亦有少數抱同情者，亦僅止於人道主義。至於廣大的農民，對於革命固然是抱著歡欣鼓舞的心情，但他們是分散而無組織的，他們亦不習慣於組織的技巧，更沒有發表意見的能力與工具，除了發生一些零星的暴動外，沒有可稱為革命的行動。中產階級亦勢單力薄，既無革命理想，亦缺少革命領袖，只不過在街頭巷尾作不平之鳴，除此外不能再有其他任何行動。德意志沒有盧梭，沒有丹敦，亦無有羅伯斯庇爾，所以便不可能有類似攻陷巴士底監獄的壯舉。群眾是無能為力的，更何況是在分裂割據的狀態之下。❷

---

❷ 參閱 Reinhold Aris: *History of Political Theory in Germany*（鄒文海譯，「新思潮」四十三期，三十四頁─三十七頁）。

但是法國大革命畢竟對德意志是一最重要事件，發生了很大的刺激作用，雖未引起行動，卻使德意志思想有了新的生機。巴黎的暴動，猶如一聲春雷，將入於冬眠狀態的德意志思想界喚醒。康德聞法國革命成功竟喜極而泣，黑格爾、謝林 (Schelling, 1775–1854) 時尚年少，感情熱烈，曾共同手植自由之樹，以慶法國革命勝利。一般智識份子均頗為活躍，他們興奮而熱情的注視法國共和政府的新作風，在各種刊物上放言響應，雖然一時之間其思想界依舊是平凡而幼稚的，所發議論亦庸俗淺薄，不過他們已經知道運用思想了，傑出之士即由此產生，大思想家接續出現，康德、斐希特、謝林、黑格爾及個人主義的洪巴德 (Humboldt, 1767–1835) 等❸，真可謂極一時之盛，而在文學及音樂藝術方面，亦產生了許多偉大的人物，如哥德 (Goethe, 1749–1831)、席勒 (Schiller, 1750–1805)、貝多芬 (Beethoven, 1770–1827) 等皆是，使十八世紀末葉及十九世紀前期的這一階段，成為德國思想學術的黃金時代。

三、德國唯心主義的特徵

法國革命固然造成德意志思想的覺醒，但一般人的思想仍不出於自然法派的範圍，對於統治者的權位並無懷疑，惟認為其職責應在於增進人民的快樂，所以他們一面要求改革，一面又不願意舊秩序破壞，尤其當時法國革命後恐怖政治所造成的陰森與血腥，更使人失望及警惕。柏克 (Edmund Burke, 1729–1797) 的 《法國革命之評論》 (*Reflection on French*

---

❸ 洪巴德為康德之後的唯心派中別樹一幟者，他的思想是德國個人主義之淵源。與斐希特、黑格爾恰巧相反，他不把國家視為目的，而重視個人自由。自由乃為文化之母，國家與政府在任何情形下，都有害於自由，故政府充其極僅可以做保障安全的工作，個人應在無限制的條件下發揮其能力，俾使人類文化充份發展。他的主要著作是 《國家活動的範圍》 (*Ideen zu Einem Versuch die Granzen der Wirksanikeit des Staats zu Bestimmen*)。

Revolution) 一書，尤發人深省，此書經甘茲 (Gentz) 譯為德文後，青年們爭相閱讀。其主要論點是認為歷史乃一切基礎，能保持住歷史傳統，則不致動搖根本，破壞生機，否則任何制度必將蕩然無存。法國革命純出於哲學的虛構，破壞了歷史的根基，違背歐洲共同的文化與經驗，所以不能得到正常的發展。此一觀點，當德人對法國革命失望之餘，是極具影響力的，唯心主義的歷史觀可以說即受其感染而產生。

德國的唯心主義是產生於如此的環境之下，自康德開始，至黑格爾而登峰造極。法國革命既不能如法泡製，現實的政治環境及歷史傳統亦不能破壞。康德及斐希特、謝林、黑格爾，皆出身學院為哲學教授，有濃厚的書卷氣，而無有一點實際經驗，更未具有革命家的激情及條件，他們只是立身謹慎的書生，是為人之師表，態度嚴正，崇尚道德精神，反對功利的倫理觀點，從抽象的論辯中，去得到理論的體系，尋獲倫理的及政治的原則，乃認為心比物重要，以後逐漸趨向惟有心之存在的觀念。他們的討論常常是玄虛空疏，深奧晦澀的，不易為人所接受了解，因為他們不是向大眾說法，而是寫給有較高之智識的人看的，他們並非不看重事實而耽於空想，相反的他們的論據多由史實中取來，但是他們認為歷史是有理性有目的的，歷史乃是理性得以完全發展的過程，所有一切事實均在證明理性是在日日進步發展之中，是一種所謂「歷史使命學說」(Historicism)。

終康德之一生，德國尚能在安定中求改進，他個人之生活亦靜如止水，所以他的思想較之他所孕育的後輩是溫和及有冷靜的理智，他亦未曾特別推崇德意志，卻懷有世界主義的理想。但曾親歷拿破崙於一八〇六年攻陷耶拿 (Jean) 感受屈辱的斐希特、黑格爾，則無法安靜的折服於法蘭西之下。此時文學上浪漫主義的狂飆運動，已興起了民族文學的精神，唯心主義者尤其要從尊重國家民族下手，以求德意志之復興強大，他們視國家具有真正人格及意志，其本身即為最高之目的，享有最高權利，為全體個人之利益保護者，故個人必在國家範圍內始有自由。國家既高於個人，個人便無

有與國家對抗衝突的權利，而必須配合國家以捐棄或犧牲一己的私見及私利。這便造成所謂絕對主義的國家論 (Absolutistic Theory of State)。

第二節　康　德

一、純粹理性與實踐理性

　　康德 (Immanuel Kant, 1724–1804) 在近代哲學上，實在是一位最重要的人物，因為他要連貫在他之前的哲學思想，使之熔為一爐而得以集大成，創為一家之言。在這一方面，他的確發生了偉大的績效，甚而產生震動世界的力量，但是其個人之生平，則平靜刻板，在外在的生活紀錄中，永如一日的無少波動❹。他出生於普魯士之哥尼斯堡 (Konigsberg)，除一度曾至附近一村莊外，終生未曾離開此城。自一七五五年起就在該地之大學任教哲學直至其逝世，因木訥不善於言對，兩度失去結婚機會，乃獨身以終老。

　　休謨的懷疑態度，盧梭之重視直覺感性，都對康德發生極大的刺激及影響，在政治思想方面尤其受到盧梭的感動，稱譽盧梭在政治方面的發現及貢獻，猶如在物理方面的牛頓之功績。當他籌思十數年之久，於一七八一年將其第一部哲學巨著《純粹的理性批判》(*Critique of Pure Reason*) 發表，之後又繼續發表他的另外兩部：《實踐理性批判》(*Critique of Practical Reason*)，《判斷批判》(*Critique of Judgement*)，完成了他的哲學體系，他亦被人認為可與哥白尼相比。

---

❹康德一生安於貧窮，不求聞達，生活樸素，亦嚴謹到極規律化，作息定時，其鄰人常以他每日午后三時半定時的散步時間為準，去撥正鐘錶。僅有一次的失誤，是由於閱讀盧梭《愛彌兒》之熱切而心移神往。

　　康德之所以為近代唯心主義的創始者，是由於他反對經驗主義而發揮
了先驗論的哲學。自開明時代的理性主義開始，發展為洛克偏重物質的經
驗論，以至休謨之懷疑，否認心的存在，盧梭又只是重視直覺與感情，乃
使思想陷入真空，哲學成為廢墟，宗教變為待決的階下囚，科學亦被推入
深淵。康德的企圖，就是要做這一切的救星。經驗主義固出於理性，但其
困難是在於經驗如何能成為知識，如果完全依恃經驗，則將所經驗之物質
因素除去，理性尚有所用。康德認為經驗不能告訴人真理，僅能引起理性
的活動，真理有其內在的必然性，而與經驗無關。他之所謂純粹理性，即
是天生的思想形式，不經感官而所固有的知識，其與感覺所得之經驗無關，
即所謂是先驗的。經驗僅不過為一鱗半爪的客觀事物，是變化的非必然的，
絕對的必然性只有從心中去得到。知識的主要內容並非是認識外在的對象，
而是認識形式，如何使感覺變為知識，將各種知覺融匯為觀念，將紛亂的
經驗整理成有秩序的思想。所以心並非如洛克所說是一張白紙，只是被動
的感染各種感覺經驗的色彩，而是賦予思維的範疇，將感覺的烏合之眾加
以指揮組織，而成為知識。感覺是僕傭，心才是主宰。

　　康德以純粹理性為基礎，發展為實踐理性的倫理哲學，要尋找出一種
普遍的道德標準，這種道德亦與任何經驗無關，而是天賦的，先驗的。他
認為所謂善行，並非因為其行為能產生善之效果，而是在遵從天賦的義務
觀念，是絕對的道德命令。所以一切仁愛，都應為目的，而不是手段，惟
如此才可以使人類由禽獸而為上帝。這種絕對的道德命令，可以證明我人
之意志自由，此當面臨道德之抉擇時可以感覺得到，每個人是其自我的主
動勢力，和創造能力之中心。

　　以上的思想亦為其政治哲學的理論基礎，在政治方面他主要的著作有：
《世界公民的普遍歷史觀》 (*Idee Zu Einer Allgemeinen Geschichte in
Welthürgerlicher Absicht*, 1784)，《永久和平》(*Zum Ewigen Frieden*, 1795)，
《法理學》(*Metaphysische Anfangsgründe der Rechtslehre*, 1797) 等。

二、歷史哲學

前已言之，唯心主義者亦注重歷史，常以歷史的觀點去看國家，可是他們卻抱持有歷史使命的觀念，康德當然亦在此列。但他是以全人類與歷史關係為研究中心，不單以德國為主，較之以後的黑格爾等人要公平理智。他的〈世界公民的普遍歷史觀〉一文，即表達了他的歷史哲學，亦代表了他主要的政治思想。

康德認為人類乃是一個大整體，人類的生活一直在改善，理性必能克服一切，此亦即表示人類的歷史是有目的，有意義的。自表面片斷的歷史視之，歷史上所產生的事實，是充滿了令人失望沮喪的陰影，邪惡奸詐的人多，卻又得勢，竊據了歷史的舞臺，混亂黑暗的年代亦多於昇平安樂，如此看來似乎歷史是盲目無意義的，只不過人類私慾自利的作用產生出種種活動而已。然而若就長時間言之，自穴居野處，茹毛飲血的遠古以迄於今日，人類生活是改善及進步的，歷史確乎有一偉大的目的，有其一定前進的路線。但目的為何，人類究竟能否達到彼一目的？

在康德看來，任何物皆有其所謂「自然能量」(Natural Capacity)，此為一超經驗的真理。一粒桃核初視之與他物無關，亦無何神奇處，但若埋植於地下，則將發芽茁長為一棵桃樹，並且結果纍纍。他說：「任何物之自然能量，早經造化預定，終必有完全的依其本來目的發展完成之一日。」❺至於人類，當然亦有自然能量以發展其潛能，惟人與物不同，人有理性，理性亦屬自然能量，但若求能充份發揮，必須在群眾體中表現。人之生理發展，可以就個人去觀察，但理性之發展，須在群體的發展中去發見，因為理性之運用不是僅靠個人之本能，而端賴群體之經驗與薰陶。何況人生有涯，不可能使理性完全的成長。人類群體的生活則是無窮的，先後輝照，

---

❺ 《康德全集》(*Ernst Cassirer: Immanuel Kant's Werke*) 四卷，一五一頁。

世代傳遞，理性得以漸次發展至最高最後的境域，由此而視人類歷史之行程，才會發現是有意義的。

　　從上述可見人類歷史的發展，亦即是人類理性的發展，惟其發展往往在一種相反相成的形式下進行。理性發展非如生理發展之呈直線狀態，而是曲線的，其發展乃是人們在社會上相互衝突的結果。人先天即具有社會性與反社會性兩種相反的傾向，既個人化亦復社會化，既重個人私益，又必須在社會中去追求。康德似同意霍布斯的一些觀點，個體與環境的戰鬥正是發展生命潛在力量的自然方法，奮鬥競爭是進步的必要條件，如人類和睦相處則將無所進步，為求生存而自私利己，追求財富權力，正是足以促使自然能量的發達，此雖是反社會性的，惟社會性亦正是在此種反社會性中產生，此種反社會性，正是相反適足以相成的道理，歷史正是在此種情形下緩慢的進行。人類是有惰性的，有惡方能刺激到善的發揮，無亂臣賊子之奸邪，不見忠臣烈士之正義。好人的奮鬥，一時或不易見到效果，但多少激發出善的光輝，推進歷史的行腳。歷史對於某一朝代，某一姓氏或某一人無所偏愛，只是在宣佈人類的理想，並加以推進，其中之惡可為儆戒，善可為啟導，相反相成的向前移轉。前代點點滴滴累積的成就供給後代，後代亦將其繼續經營努力的成就傳遞於更後的一代，人類歷史即是如此不息的進步，而達到理性完全發展的最後目的，止於至善。故亦可知歷史的進步，絕非一人一時之力，乃是全人類的努力與進步。

　　相反相成不僅為歷史發展的解釋，而人類社會性與反社會性的衝突，亦即為國家產生的原因。國家之成為文明社會，不僅是人類必須解決的問題，而且也是人類由天賦能力所必然產生的結果。他說：「人類的最大問題，為自然所強迫人類必須解決者，就是設立一個合法權利得於其中普遍流行的公民社會。」❻歷史中所隱藏著的計劃，即是使國家成為人類得以

---

❻《康德全集》四卷，一五六頁。

發展其能力的惟一合理環境。沒有反社會性或社會性的行為，國家皆無由組織。因為沒有反社會性的行為，人類將要安於漁牧悠遊，相親相愛而無發展其潛能的機會，但如果沒有社會性的行為，則一切社會組織當然均不能產生，這種社會性與反社會性行為的交接處，就是國家。

　　人的理性發展必須依靠群體，就縱的方面言是歷史，就橫的方面言是國家。歷史固然是在相反相成中進展，惟如無社會組織，人類將坐待歷史之長成，一任善惡之爭鬥而不知自發努力，歷史之惡乃使人引以為鑑，其本身並非理性，只是可以啟發理性，如何加速歷史的進步，尚待人自己努力，記取歷史教訓，避惡趨善，以期歷史的使命早日完成，而不致忍受無盡的痛苦煎熬。歷史的活動中有各種衝突，雖然衝突可以促使進步，但歷史的目的是無衝突，而由衝突至無衝突，首先便須要國家建立政治秩序，人雖有排他的反社會性，要為生存而爭鬥，但這種爭鬥應有其範圍，要受到合理的限制，就是要使人人有合法權利 (Legal Right)，使自由與衝突均納於軌道之中。至於如何使國家建立此一秩序，是為人類最亟待解決而又是最艱難解決的問題，因為人雖為理性動物，但終無有完全的理性，人之原始慾望及本能，是放任而利己的，組織國家及設立政府者仍然是人，完人型的哲君根本無有存在，因此政治秩序的建立實為不易，這是需要相當時日的。但是康德並非絕望，因為他對人類歷史的基本觀點是樂觀的，是向前瞻望而不是向後回顧。

三、《永久和平》

　　國家之所以能成為發展人類能力的合理環境，是由於能建立法律秩序，事雖不易，卻並非不可能。但在當時的國際環境中，法律秩序是不存在的，戰爭常常發生，戰爭是一種反社會性的行為，固然有相反相成的作用，但戰爭摧殘文化，破壞理性，甚而常有毀滅人類的危險，故自理性言，戰爭應該避免，以實現國際和平，使國際間亦建立秩序，促進世界大同，俾全

人類的歷史能量可以充份發揮，於是他寫了《永久和平》一書。此一著作對於國際和平機構的創建，確有其貢獻，第一次世界大戰後的國際聯盟，即深受其影響。

康德《永久和平》寫作之出發點是基於道德，但其中頗多具體的設計。他認為促進國際和平須有以下許多步驟：

㈠**先決條件**：可歸納為下列幾項：

1.不得保留軍事祕密：為維持國際永久和平，凡納入國際組織之國家，不得再為未來戰爭之資料，作祕密之保留。此項原則是很簡單，但是如何得知一國有無保留軍事祕密，亦頗有實際之困難。

2.不得兼併他國領土：「任何獨立國家不論其大小，概不得由另一國家用承襲、交換、購買、或贈予之方式取有合併。」❼國家乃係人群結合之社會，非如土地或其他財產，將國家領土以交換購贈等方式轉移，則抹煞該領土上國民之人格。

3.不得增加軍備：國家間由於恐懼戰爭，作軍備之競賽，此適足增加戰爭爆發的危機。為雇兵而收藏金銀，或向外國舉債以擴充軍備，均為導致戰爭之源，故常備兵應在一相當期間內予以廢除。

4.不得干涉他國之憲法及政府：他國之內政，不許藉口任何理由干涉過問。

5.不得有敵對之行為：此即使在交戰的國家，亦不可以相互採取極端的手段，如暗殺、間諜、煽動叛亂等行為，以免影響將來兩國間之媾和。

㈡**主要條件**：

1.各國應普遍採取共和政體：所謂共和者，即必須是法治的國家，皆

---

❼《康德全集》六卷，四二八頁。

有其共和憲法，因為這種國家能遵守自由平等的原則，立法與行政分立，不致演變為專制獨裁，統治者個人的野心及一時的喜怒，便不致造成殺人盈野的戰爭。不過康德所言之共和並非即為民主，而是泛指一切非專制而有法治的國家。民主政體在他看來，並非即為最良好的政體，但專制政體卻必須摒棄，由於它常常將人民當作工具，破壞道德價值，使整個國家缺少理性的節制。

　　2.以一切自由國家為主成立聯盟的組織：國際聯盟的組織並非是產生一個超越國家的世界性政治威權，故無需有一共同的主宰，不致影響各國的尊嚴，乃為一種和平的聯合，制定共同的規章，防止戰爭的損害，及預防戰爭的發生，使戰爭終成為歷史的陳跡。

　　3.各國人民應普遍的善遇：世界各國人民相互之間，不可仇視敵對，此係作為世界上一個人民的應有權利。

　　㈢**促成條件：**國際貿易為促成國際間和平的條件，商人們固渴望在和平中經營獲利，同時亦可促進互相了解，增加感情。但是以後許多國際貿易的發展，結果常常是適得其反，國際間有所謂商戰，十九世紀強大國家為貿易擴展演為殖民地的爭奪，反促成戰爭的發生。

　　康德由於有他的歷史哲學為基礎，故對於他的永久和平計劃，抱有很大信心，絕非純是書生之見，他相信人類的理性終必有一天領導世界走向此一正確方向，時至今日，他的計劃亦確有部份實現。

四、權利與義務

　　康德在其歷史哲學的論述中，已經表示建立政治秩序的重要，並且又認為是最艱難的一個問題，然而他終必須要作一解說，此大多可見於其《法理學》中。他是極為深入的接觸及解剖此一問題，但是他顯然受到盧梭、孟德斯鳩甚而洛克等人的許多影響，不過他是能加以綜合，而且與其倫理

哲學，歷史哲學相協調，完成他政治思想的體系。

　　所謂建立政治秩序，就是使人的自由及其他一切權利，均有其規範而又能合乎理性無所衝突，使社會性與反社會性得以調和，人人能享有其合法的權利，此實亦為政治的最大目標，但這必須從開始建立國家的基礎上著手，才能得到完整的答案。談到國家的起源，他是不能折服於當時所流行的契約說，但論及國家的基礎，卻仍不得不借重契約而追隨於盧梭之後。他說：「一個人群欲組成國家必須經過一項行為，特別是必須有此一項行為之觀念，乃能使國家之組成合於法理，此即是原始契約，根據此原始契約，一切人盡放棄其外在自由，俾可取得國家一份子之資格，而又能將此外在自由立即收回。」❽人們經過契約的階程，犧牲其天賦自由的一部份，亦即放棄其野蠻自由，而去獲得正當自由，建立國家秩序，受正義之法律的統治，而法律係出於自己的意志及同意，即使法律出於立法家之手，亦必自人民全體之意志產生，俾使人民感到受法律統治即是受自己統治。故不論國家最初成立有無依據契約的事實，但在一國家中必須有此道理，有此觀念，而後法律強制與服從始有理性可言。因此這種國家契約必須合乎幾項基本的原則：

　　㈠**自由**：作為一個人，其基本權利應為自由，每個人有權運用他自己的正當途徑去尋求快樂，任何人不得勉強他去做非出於自願的事情。

　　㈡**平等**：具有人道精神的康德，極為重視平等而反對特權及世襲制度。每個人應為目的而不應被視為工具，作為一國國民，應該是在法律之前，人人平等。

　　㈢**自決**：這是自作為一個公民而言，在經濟與政治上都應當是獨立自主的。公民參政，人人有其一票之權，憑其個人意志作決斷，惟康德亦認為最後決定仍在於多數。

---

❽《康德全集》七卷，一二二頁。

　　康德固重視人民的權利，但乃是合法的權利，而不是主觀的漫無限制的自然權利。這種權利是要與義務並在的，如個人固然可享有自由，各行其是，但卻不可侵犯到他人的自由。「每一個人之意願行為與他人之意願行為，在不相衝突的範圍之內，可以獲得自由，此種自由是可以並存於一種普遍的法則之下。」❾己所不欲，勿施於人，如此始能人人調和，人人享有在法律下的平等之自由，所以享有權利的同時必須有義務責任。所謂義務就是對法律的服從，受法律的強制，自由超越了範圍，便是正當自由之障礙，而成為一種過失，法律的強制正是剷除此種自由之障礙。

　　康德在其倫理哲學的理論中，曾認為道德是先驗的，並認為理性的本體的自我乃是意志自由的，有此自由乃能依契約以成合法的國家，以同意而受制於法律，而此法律亦必與道德相合。惟法律為加諸我的外在的強制責任，道德則完全是自己的意志所加於自己的責任，但兩者都合乎道德責任 (Categorical imperative) 的原則。法律雖只限制外在的行為而不問動機，不若道德之發自內心的純潔及自然，但它所要求者至少仍為一種低度的道德，法律與道德不相違背，則服從法律亦即遵守道德。遵守道德乃天賦的義務觀念，服從法律是政治的義務觀念，一個人理性愈發達，則本體的自我愈有意志自由，愈能隨心所欲而不逾矩，如此則自由即是道德，道德即是自由，守法奉紀猶為餘事了。所以服從法律並不是功利的，而是道德之當然，不是為了快樂，而是使人值得享受快樂。康德在這裏不只是說明法律與道德的區別及關係，並且也說明了政治基於倫理的道理，「真正的政治學如不先對道德學加以尊敬接受，則一步也不能前進。」❿康德崇高的理想於此亦可得見，但是服從到底是種束縛，在束縛之下能否有充份的自由？又如何能使人值得享受快樂？

---

❾《康德全集》七卷，三十一三十一頁。
❿《康德全集》六卷，四六七頁。

　　契約雖為一種道理及觀念，惟有此道理及觀念則國家主權是在於人民的，法律決定於人民，亦即是決定全意志，故立法權為一國中最高最重要的權，並且永屬於人民全體。康德亦有類似孟德斯鳩的分權理論，認為除立法權外，尚有行政權及司法權，三權彼此相輔聯合以管理國家人民之事務，絕不可將三權置於一人或一個機關掌握之中，而造成專制。他在《永久和平》中就曾經表示立法應與行政分立，能如此則為共和政體，否則便是專制政體。

　　康德由於重視立法權力，重視法律的強制，對於人民的革命權利竟斷然的加以否認。他說：「對於國家之最高的立法權力，人民並無反抗可言，因為只有服從一個普通的立法意志始有法治秩序。因此陰謀作亂及公開反叛均不能成為權利。……即使統治者濫用威權，使人民感到不堪其苦，人民也只有委曲忍受之職份。」❶因為承認革命權利，則立法權力便不再是至高無上的了。革命的最大罪惡是破壞了國家的基礎，推翻國家的威權，則一切權利亦隨之蕩然無存，人民對於暴政僅可訴願以求改善，而不可反抗。依此而言，則人民雖生活於專制暴政之下，為惡法苛令所壓制約束，一切權利為統治者所剝奪，人民也只是服從，於是康德乃陷入於極大的矛盾中。考其所以致此者，或由於傳統的忠君觀念不易澈底的改變，而當時普魯士王室權勢正盛，有其不得已的苦衷，不能暢所欲言的發表積極的民權理論，同時法國革命後社會秩序的混亂，恐怖政治的殺戮，亦使愛好和平及秩序的他大為不安，致有此前後不符的論調。不過他又認為當一個革命已經成功，已經頒佈新憲法，成立新政府，人民亦當順應的服從。法國革命後共和政府所制定之富有自由平等精神的新法律，還是使他心嚮往之而不能自已的。

　　總之康德是偏於理想的精神，有類乎柏拉圖之色彩，對於現實政治多有隔膜。雖主張人民主權，但卻是置基於抽象的原始契約中，盧梭恃有全

❶《康德全集》七卷，一二七頁。

意志的理論，以調和自由與服從，康德則只有借助其倫理哲學，以理性的自我去戰勝現實的自我，作道德之實踐，去得到意志之自由。而國家的自由，即是向歷史的推進，於是在他不惜否認革命的權利後，便只見統治者的威權與尊嚴。這種理論對於斐希特及黑格爾當然有所影響，惟由於時代環境的差異，他尚能平心靜氣的面對整個世界，並不如其後繼者純站在德意志的立場，造成主觀的武斷。他畢竟是以注重自由平等為基點，無形中對於專制政治有所影響打擊，所以他亦更未曾如其後繼者將國家置於至高無上的地位。他的尊重法治及嚴格的道德責任，對於德國的政治及社會，實具有深刻的影響。

第三節　斐希特

斐希特 (Johann Gottlieb Fichte, 1762-1814) 出身貧寒，少經憂患，因得到一貴族之濟助，始完成在耶拿大學的學業，但在一七九三年他尚未至耶拿大學任教之前，生活仍是艱苦的，所以他的思想雖受到康德甚多啟示，但較康德為激烈，並且對實際政治有濃厚興趣及強烈主張，尤其當一八〇六年普法之戰以後，目睹國家殘破，思想發生了極大的變化，最初他像是一個個人主義者，之後他變為社會主義及民族主義者，前後幾判若兩人。然就其思想與著作的發展及演進看，約可分為四個階段，茲分述於後。

一、自由的鼓吹

代表斐希特第一個階段，屬於個人主義思想的著作，是在法國大革命後，一七九三年所發表的《關於法國革命公眾評判之糾正》(*Beiträge zur Berichtigung der U rteile des Publikums über die Französische Revolution*)，以及另一論文《恢復思想自由》(*Zurückforderung der Denkfreiheit Von den Fürsten Europas*)。

　　斐希特在這兩篇論文中，所表現的激烈之個人主義思想，較之早期的盧梭尤有過之。他聲稱寧放棄最後一片麵包，亦不能放棄思想自由。笛卡兒曾謂「我思故我在」，故個人之思想自由，雖欲放棄亦非可能。思想自由是為得到道德自由的條件，用以維護一切個人的基本權利，故思想自由應為健全國家的重要基礎，君主之職責，即在於保障此種權利。所以他說：「君主非吾人之上帝，吾人所期望於上帝者為快樂，所期望於君主者為吾人權利之保障。」⓬故君主為人民而存在，絕非人民為君主而存在。但是他尚未嘗否認君主制度，此或由於受到當時書報檢查苛嚴的限制，「恢復思想自由」一文本係對當時檢查言論思想之法令的反抗，如過份激烈，更無出版可能。

　　斐希特對法國革命極力辯護，以責斥受柏克著作所影響之德國思想界。他認為法國革命並非不智之舉，並且尤合乎法理。國家實係根據契約的道理而組成，契約的有無，不必追究歷史，事實上歷史的經驗並不能定是非。國家乃人民與人民之間相訂約而成，並非人民與政府訂約，人民雖因訂約而放棄若干權利，但不能放棄自由，故契約訂立之後，人民仍可隨時退出，可退出一個抽象的國家，卻不必退出具體的領域，可以不願為一國國民，但仍可為社會之一員。人民既可任意退出國家，則人民對憲法可以修改變更，係應有之權利。他說：「無憲法不可改變，一切憲法之皆必能改變，此乃憲法之本性。」⓭一個憲法變更，常出於兩種途徑，或由於暴力的革命，或由於漸次的改進。暴力革命實為一冒險之嘗試，因其所產生的進步力固大，而所受痛苦亦必多，故革命雖然是屬於人民的權利，合乎法理，但亦應作慎重而智慧的考慮。漸次的改進，是較為緩慢，但也較為穩定。同時在他的契約理論下，國家職務甚少，甚而財產、教育、文化亦不必委諸國家。

⓬《斐希特全集》(Medicus: Fichtes Werke) 七卷，九頁。
⓭《斐希特全集》七卷，六十七頁。

二、《自然權利的基礎》

代表斐希特第二個階段的思想，是一七九六年所寫的《自然權利的基礎》(*Grundlage des Naturrechts*)。他仍然自稱其思想為自由觀念的分析，自由必須為個人之獨立自主，個人若允許由他人意志為他制訂法律，則他已非為人類，因為他自損其天生的人之尊嚴。然此並非謂個人可任意行動無所拘束，人是理性動物，亦即道德動物，真正的自由必須言行合於理性，否則人將無以獲有自由。合於理性者為真自我 (Absolute Ego)，不合於理性者即非真自我，真自我可以有自由，非真自我即無自由。故個人必具有理性的自覺，知道個人之外尚有個人，而且共同生活於社會之中，我之要求於人者，人亦要求於我。理性的個人，當知人我實處於對等的地位，我之侵人權利者人必要求我加以節制，人之侵我權利者，我亦同樣要求人加以節制，此種要求節制以防侵權行為，應事先有所規定，這便是法律，用以辨識人我之間的關係，說明一個有自由的理性的人，要體認其自由是為他人之自由所限制，這種法律觀念並不能視為經驗的或教育的結果，而是含蓄在各個理性的人之意識中。此一理論，實與康德無所區別，雖然他堅稱法律是一獨立學科，不同意康德將法律從屬於道德的觀點，認為法律與道德有甚多不同：法律僅及於外在的行為，其職責是相對的，而其義務必須根據於個人的自願，道德則可及於內在的精神，其職責是絕對的，其義務是普遍的無須個人同意。但是法律仍源於道德，以道德為準則，而且二者是彼此相輔的。

為維護自由，法律是屬必要，但為使法律發生效力，不得不交付第三者公正的威權，亦即是交付國家。然而人既為理性的自由人，則成立國家必須是契約的，這種國家並無有其本身的目的，僅為個人的累積，保障個人之自由、財產，及生存的權利。斐希特並不承認人有自然權利，權利必待有社會團體人我發生關係之後而產生，自然權利僅為一虛構的意念，是

理智上有因無果的假設，但為維護權利及訂立契約，卻必須有此虛構的意念。至於組成的契約，他認為有三種：第一是財產契約 (Eigenthumsvertrag)，是各人相互訂約以規定各人財產界限，議定個人對一定範圍以外的財物，均放棄其要求，意即以不侵犯他人財產為擔保之條件。第二是保護契約 (Schutzvertrag)，由此契約進而各人同意盡其力量，以維護前約所議定財產範圍。第三是結合契約 (Vereinigungsvertrag)，此為最重要與基本的，有此契約，各人同意積極完成前兩約之目的而結合為一全體，由離立的個人而產生國家。前兩約是個人與個人所訂立，結合契約則係個人與全體所訂立，不同意者仍可離去國家，惟如此始合乎自由的原則。但國家既經組成，則國家成為一有機體，而且「在有組織的機體中，每一部份應永遠的在保存整體，而保存整體所以保存為部份之一己，國民與國家之關係正是如此⓮」。國家像一棵樹而不是一堆沙，是整體的不是離立的。

至於政府制度，斐希特並不主張採取立法、行政、司法分權的制度，國家應有其共同意志，如採分權則與此宗旨適相反。君主政體，貴族政體或共和政體均合法理，政府長官可世襲亦可民選，但必須經過人民之同意，均須合乎人民所決定之憲法。其政府機構不僅有行政權，抑且包括有立法及司法權，然為免於濫權，他又主張一種監察制度，是為處理政府違法事件的法庭，而無有治能作用，人選可由人民選舉產生。他說：「行政權與控制及約束行政的監察權應當劃分離立，監察權必須留在人民全體手中，而行政權則委之予確定人物。」⓯裁判政府是否違法的職權，絕不可交給政府，否則政府將變為最高權力機關。監察機關可召集人民以決定曲直，惟當監察機關不能盡職，甚或與政府結為狼狽，則人民亦可自行集會以作裁決，故人民全體乃為最後的決定者。惟當此之時，已經等於是爆發了革命。

⓮《斐希特全集》二卷，二一三頁。
⓯《斐希特全集》二卷，一六四頁。

　　上述思想，固然仍是個人主義的，但已預伏了社會主義的線索，他已經重視全體，要求個人與全體相配合。同時他說國家是以保障個人權利為職責，但此與社會文化有關，因為文化發展為權利觀念發展的主要途徑，而文化發展又必為國家的功能之一。個人權利中有自存權，其具體的意義，斐希特解釋為工作權，「使每人各恃其工作而生活，此乃每一合理國家之憲法基本原理❶❻」。但他亦認為工作不僅是權利，同時亦是職責，能工作而不工作，有財產而不善用，均應受政府監督，他反對貴族階級，即因此等人是不勞而獲，有失平等精神。國家既有保障個人工作權利的職責，故國家對農業必須採取積極政策，事屬當然，所以他主張土地平均分配，俾使多數人之工作權有所保障，這無疑是社會主義的政策。

三、〈閉關貿易國家〉

　　〈閉關貿易國家〉(Der Geschlossne Handelstaat, 1800) 一文，可以看出斐希特第三階段的思想，已充份改變為社會主義的論調。此文題目雖是屬於經濟的，但其目的是政治的，而且有促使世界和平的理想。康德在永久和平的計劃中，曾主張增加國際貿易，以增進各國間的了解與感情交流，斐希特卻認為國際貿易乃國際戰爭的原因，因而倡閉關貿易政策，以減少衝突。當時德國的經濟環境，對他所以抱持如此之主張亦頗有影響。當時自由經濟的思想已經流行，德國受其影響致糧價時有波動，因為外國糧食常大量湧進，一般貴族地主囤積糧食以待善價，造成人為的糧荒。政府為糾正此種畸形現象，乃徘徊於管制及自由貿易兩政策之間，經濟政策時有變更，忽而取消穀物稅，忽而限制穀物出口，卻又始終不能解決問題。於是斐希特乃主張全面的國家統制經濟政策，不再認為國家僅謀求人們之快樂、富足、健康、善良為已足，國家之職責及權力不應受到太多束縛，他

---

❶❻《斐希特全集》三卷，十三頁。

甚而說：「國家為人們一切事務之監督者。」**⑰**

　　他認為沒有國家，個人的財產是不能存在的，國家的任務是將每個人所當有者給予每個人，並保護其所有，但財產權非即為佔有，而是適度的工作權。他按照工作的性質，將人民分為三個階級，即農人為生產者，工人為製造者，商人為經營者，依照人口及生產量作適當的分配及限制，其生產量除應供全國人民所需外，應有所儲備，以防不足。國家須保障每個人在原料及製造品上應得的部份，並確立及維持一切貨物的價格。至於從事其他工作的官吏、教師、軍人，可由國家供養。

　　一個國家在經濟上必能獨立自足，但太過或不及又皆為亂源。人民對外貿易必須絕對禁止，萬一如遇必要，亦應由國家為之，這種閉關貿易的政策，不僅是安定一國經濟環境的要素，抑且為杜塞國際戰爭的根源，保障世界和平。為使能達到此種各國均能維持其安定自足的經濟環境起見，他提出一種「自然疆域」的條件，是就地理形勢上形成的自然疆界，適於經濟上的獨立自足。一個國家必須有此境域，將其人民集合於內，使之不能自由的與外國人民往來，亦無有商業上的競爭，亦無所需求於他國，國際間相安無事，各自在其本國之內努力，增進人民的福利。他更主張廢除以金銀為本位可流通於國際的貨幣，而發行一種以穀值實物為本位的國家貨幣，使人民斷絕與外國交易的可能，同時亦消除人民私蓄獲利的動機。

　　斐希特的〈閉關貿易國家〉，有類乎烏托邦，但其自然疆域論對於以後的地緣政治學頗有影響，他的統制經濟政策，更影響德國社會主義的思想發展，拉薩爾 (Lasalle) 以後主張國家社會主義受其影響甚大，發生很大的支配力。由於斐希特是一唯心主義者，始終以為國家只有保護財產的職能乃是不當的看法，所以他早已曾認為國家有發展文化的功效，而文化的意義，如以柏拉圖式之唯心觀點視之，即是公道觀念的發展，把此種公道觀

---

⑰ 同**⑯**。

念用於經濟，無非是各盡本份，各得本份。或認為他在這篇論文中的主張，與其早年的個人主義相矛盾，但是正因為他始終重視個人的道德生活，所以才又主張統制經濟政策，實現合乎道德的公道。個人主義的絕對發展便可能是社會主義，而同時又可以說社會主義也必然得以個人主義為條件的，這在重視理性的斐希特思想中是可以見到的。故其理論雖前後常有變異，但總認為人為理性動物，個人之自由乃是屬於理性上的，是人與其自己靈魂間的事，理性的靈魂勝利即是自由，否則便為奴役。此一設想，當然是與現實有所距離的，從現實世界而言，自由與否，必然是指人與人之間的相處關係而言，不過就斐希特思想而言，他的一貫的理性精神，正是他個人主義與社會主義間的橋樑。

四、「告德意志國民書」

當普魯士淪陷於拿破崙的法國軍力之下時，斐希特激起了愛國熱情，戰爭期中他要求參加軍隊，從事宣講工作以鼓舞士氣而未果。就思想的發展而言，這是他最後一個階段，最足以代表其精神者為一八○七年在柏林大學所發表的演講──「告德意志國民書」(Reden an die Deutsche Nation)，強烈的表現民族主義的色彩，影響頗大。另外一八一三年所發表的《國家論》(Die Staatslehre)，亦說出他最後的國家觀念。

他痛心的指出，德國之所以敗亡，是由於整個德國國民的自私，乃自招之辱，自取之禍，尤其是一般統治者之勇於私鬥而怯於公戰，懼外媚敵，最為無恥，以致影響所有國民之墮落。他說：「他們本應為祖國而戰，但他們拋棄武器向敵人投降，反而站在外國旗幟之下，攻打自己的同胞，自己的國家，是何等的可悲可恥！照此看來，自私之盡量發展，適足以自取毀滅。」⑱現在擺在德國人民面前的是兩條路，其一是自甘為奴，喪失了國

---

⑱《斐希特全集》五卷，十八頁。

籍及語言，民族消滅而至萬劫不復。另外一條是：「假如你們澈底醒悟，一致奮發，則尚能過一種尚可忍受而猶為光榮的生活，不僅如此，你們將見一個新世代的生長，而將為全體德意志人取得無上聲名之希望。」⑲

　　他要使德意志雪恥復國，從失敗中振興，以堅定樂觀及積極的態度，貢獻出他的方法。他認為最主要的是德意志的統一，完成一個民族國家。在愛人類之前，先要愛民族愛國家，大同主義必須由國家開始而後擴展於世界。德意志是一個完整的民族，有共同的語言及性格，其與歐洲其他各民族不同，乃屬自然，而德意志為一邦聯而非聯邦，無異分裂為若干國家，這完全是人為的。他說：「無論何地，凡發現一種個別的語文，即係一個別的民族，此一民族即有獨立管理其事務及統治其自己的權利，此一原理乃真實而無疑者。」⑳斐希特不僅主張一民族一國家，並且認為民族高於國家，以打破小邦國重視小我的地方觀念，致力於共同目標。國家僅不過是為謀生存滿足的一個工具，一個條件，而永久神聖的事業，乃存於族國，民族之愛應處於絕對最高的權威，民族不可因分裂而滅亡，國家卻應為民族而犧牲。

　　他為了喚起民族的自信與自尊，乃極力辯言德意志民族之優秀。聲稱德意志語文為最能保持傳統之活語文，因此其優秀的民族性格可表現於其精神文化，及實事求是，言行合一，創造進取，勤奮真誠的各方面。他舉前輩的偉大人物如路德以自豪，創立信仰精神的自由，以自強不息。自萊布尼茲 (Leibniz, 1646–1716) 至康德之成就，又足以顯示德意志為一哲學民族。並從政治、哲學、文學的成績上，證明德意志之優越性，德意志民族與其他民族相較，似過於固執、笨拙、嚴肅，但此正是其忠誠、正直、樸實及尚節義的好表現。斐希特所言未免過於主觀，惟當時德人以說法語為

⑲ 《斐希特全集》五卷，二三二頁。
⑳ 《斐希特全集》五卷，二〇〇頁。

榮，為糾正民族自卑心理，實有其不得已者。

　　為保持優秀的民族性，他主張推行新的民族教育，他說：「我所建議保存德意志民族之唯一方法，乃將現行教育體系澈底變更。」❷新教育之本質，在於道德精神，是為道德而道德，造成完整的人格，根絕自私自利的企圖，並且必須使悟性明朗，意志純潔，為一真正生氣勃勃的人類。此即是重精神而輕物質，「能獲大勝者不在體力之健壯，亦不在武器之精銳，而在心靈精神之力量。」❷重全體而不重部份，為久遠的後日，不為短暫的目前。

　　斐希特在《國家論》中更呼籲團結，以國家民族為重，甚而認為政治生活為倫理生活之先決條件，強制為自由之所必需。不過他迄未認為國家有其自己的目的，而惟以人民目的為目的，這是與在他之後的黑格爾所不同的。在這最後一階段的思想，他固然偏於國族主義，但他認為德意志民族所以可愛優秀，因為是一哲學民族，對於文化有所貢獻，此一說法固屬主觀強辯，但是他總以為文化最高的國家即為最能擴大自由的國家，此種原則，他仍是始終維持的。

---

❷《斐希特全集》五卷，一四五頁。

❷ 同❷。

第十九章　黑格爾——唯心主義之集大成者

第一節　國家理論

　　黑格爾 (Georg Wilhelm Friedrich Hegel, 1770–1831) 是集唯心論之大成者，在國家學說方面，所發揮的玄學之抽象理論，已可謂登峰造極，但是他的辯解是奧祕而艱澀的，用辭冷僻，含義不清，使人難懂而易生誤會。他的思想固承之康德與裴希特之後，但亦遠接柏拉圖及亞里斯多德，在將政治與倫理結為一體的哲學上，他幾乎達到了後無來者的止境。當然他的思想也受到時代環境的影響，他少年時代亦曾為法國革命而狂喜，閱讀盧梭的作品，但當一八○六年耶拿為法軍陷落時，他不得不被迫攜其文稿倉促奔逃，並眼看到拿破崙的馬上英姿，不可一世的踏上德國的領土，雖然他當時的情緒與感觸可能是很複雜的，但亡國之痛定會不旋踵而至，於是他將國家抬至最崇高的地位，甚且進而將領導世界歷史的光榮與特權給予德意志。

　　黑格爾之父為一小公務員，德國公務員向以工作效率及奉守紀律稱於世，黑格爾即在一種規律及刻苦耐勞的教養中長成，故他的一生亦少可驚可愕多姿多彩之事。自一八○一年起，他大部份時間皆從事教學工作，曾任教於耶拿及海德堡 (Heidelberg) 大學，自一八一八年至其逝世，均擔任柏林大學的教授，為當時之哲學大師，享有盛名，受國家之榮寵。在政治思想方面，他最主要的著作是 《權利哲學大綱》 (*Grundlinien der Philosophie des Rechts*, 1820)，其他較重要的尚有 《德意志憲法》 (*Die Verfassung Deutschlands*, 1802)，《倫理體系》 (*System der Sittlichkeit*, 1802) 及《歷史哲學演講》(*Vorlesungen über die Philosophie der Geschichte*, 1822–1831) 等。

一、基本觀點

　　黑格爾的理論，無不指向一個目標，即是國家的至高無上。其基本觀點則認為惟有全體是真實的 (Reality)，絕對的 (Absolute) 及合於邏輯，和有完備的理性 (Perfected Rationality)。 部份總是自相矛盾而不合理不真實的，因為部份必須有外在的關係，所以不能夠獨立，例如有叔必須有姪，有姪更必須有姪之父母，故叔、姪及姪之父母，皆非絕對，不能獨立存在，因其為部份，不能表明全體的意義，也可以說是叔姪及姪之父母，均不能說明人的意義。部份的真實合理，只有在全體中才能表現出來。換言之，部份之力求真實，就是在發揚全體的絕對及理性。

　　由部份推演至全體，黑格爾又有其辯證法 (Dialectics) 的歷程，亦即正反合的邏輯。因為世界上無論任何一種思想觀念，或任何一種事物狀況，都免不了引起相反的一面，正反相合便會形成一種更高更複雜的統一。所以他認為有正 (Thesis) 則有反 (Anti-thesis)，正反的綜合 (Synthesis) 乃是較為真實完備的。但如果由正反所成的合，變成了新的正之後，其中仍舊有反，便仍將彼「否定」，而至於「否定之否定」，還可以再一步的辯證下去，直到最後最圓滿完備的絕對觀念 (The Absolute Idea) 產生。 所謂絕對，是一切對立的統一，全體的總合，所有心與物、善與惡、主體與客體都融和於此統一總合中。整個的宇宙就是上帝將各種關係集合而成的系統，一切事物都在此一系統中運行，賴其存在而產生意義。故全體宇宙的統一絕對，合乎理性及真實的存在，就是上帝的精神 (Geist) 表現，而在人事社會中，能表現此種精神者，便是國家。

　　黑格爾亦注重意志以及自由，也想要調和自由與服從的問題，但他是用部份配合全體的辯證歷程去作解答。前所提及「精神」(Geist) 一辭，是他所慣用的術語，他認為精神乃是理性與意志的綜合，是理性運行與意志實現的統一，亦即是自由的取獲。本來意志就是企求自由，及可以得到自

由的一種力量作用，故意志的本質實即為自由。但若只有意志而無理性，則成為一種野蠻行為的力量，若僅有理性卻無意志力量，則理性亦僅為畫餅，必理性與意志二者相合始成為精神，無論個人、國家、以及整個人類的歷史，都有賴此精神的推動。意志自由固為個人人格發展的基本條件，以求與理性相合，獲得完善的道德，但其實現必有賴三個步驟：第一是法律，在法律之內包含有關財產、契約及人格的諸種觀念及權利，以助自由意志之表現。第二是道德，此為主觀的、個人的條件。第三是倫理風化 (Sittlichkect)，乃社會的正義觀念，普遍的道德習慣。由於法律過份客觀性及硬化，它是以往人類心意的結晶及沈澱，與現在人類的生活思想可能脫節，亦不能切合每個人的個別表現。個人主觀的道德，又由於太偏於個人化及主觀，忽略了個人在社會中的關係，並不能在具體的行事作為中，作適當的表現，而個人終屬部份，終不可能達於圓滿狀態，故惟賴倫理風化形成一個大眾所採取的行為途徑。他說：「倫理風化者，是主觀的善與客觀絕對的善之合一，……權利與道德均不能獨立存在，必以倫理風化為柱石，為基礎。」❶這種倫理風化的表現，可由三種人群的結合中見之，即家族，文明社會及國家，而國家是為最高的組織，有其固定的本身目的，是絕對及完備的理性，是主體與客體的調和，是特殊性與普遍性的綜合，乃人類生活所必要的精神元素，有其永久的價值者。

二、國家性質

　　黑格爾將國家置於至高的地位，是有多種理由的。倫理風化固為調和主體與客體的基礎，但必寄託於一個實體，國家即為此絕對最高的道德實體。再者意志自由固為人類行事作為的出發點，但自由不應是消極的，而

---

❶ 《黑格爾全集》(*Glockner: Samtliche Werke*)「權利哲學」七卷一四一節，二二五頁。

是積極的，因為由我至國家之間，有各種社會組合，而皆各有其意志，皆
要求自由，故生出許多衝突，至於如何在衝突之間尋覓一條可行之路，亦
即是如何使意志與理性相調和，此必得在主性能自覺其亦為客性時，始能
獲得，也就是說人不但知有我，並且要知道我為社會國家中一份子，及我
在社會國家中所處地位。自由及一切權利的意義，不只是主觀的要求，而
必須與客性相配合，才是真正自由，合理權利，此亦即為社會之倫理表現。
所以黑格爾理論中的國家，與個人主義所言者絕不一樣。他說：「國家是為
倫理風化的觀念或精神之實現，此種觀念或精神，即是一個意志在表示自
己所能形成的實質。」❷這種國家乃是意志自由的實現，是倫理道德的整
體，甚而可以視之為「塵世中的上帝」。所以他又說：「我人豈非時常說到
自然界上帝的智慧，但我人勿信物質的自然界能高出於精神世界，政治生
活之高於物質生活，正猶如精神之高於自然。所以我人應崇敬國家視為世
上神聖的制度。」❸

　　在黑格爾看來，個人實在是社會所造成的，個人居於社會之內，受社
會環境的薰陶，結果使個人成為社會的鑄造品。此在個人誕生時就已開始，
承受其父母及家族的特質，而其父母及其家族，又受到社會的影響，有一
定的方式，個人生於其間，自然受到浸染，造成相似的氣質，俟其長大，
又從社會方面，獲得語言、教育，使他的宗教觀念、政治立場、道德意識
等，在同一的環境氣氛中形成，自有其共同的生活習慣及特徵。至於國家，
則為各個個人及各種社會的總合，不過國家雖是各部份的總合，是全體，
可是全體卻不僅止於部份的總合，實多於總合。因為國家是一有機的全體，
一個有機體，其組成部份，固為各種肢體器官，但若將肢體器官解剖，卻
不能獲得有機體的真蘊，可見有機的全體，是多於各項肢體器官的總合。

---

❷《黑格爾全集》七卷二五七節，三二八頁。
❸《黑格爾全集》七卷二七二節，三七〇頁。

國家固然是由部份組成的全體，但由於國家為倫理風化之精神實現，是為一道德的有機體，作為部份的個人，必生活於國家全體之內，然後其生命始有價值及意義，猶如肢體必依賴全體而存在，離開全體便將一無所用。同時個人既生活於國家之中，個人意識中已滲入國家意識，自覺為國家之一部份而不可分，如此則國家是為我之大我，我乃為國家之小我，小我應求與大我配合，彼此溶化為一體，把國家的福利視作自己的福利，把國家的目標視為自己的目標，愈能與國家融合一致，愈能表現出道德的高超，此為個人行為的唯一指針，是最大的幸福之路。人人有此自覺，國家便亦自然為一有機體，亦有其意志與人格，而且有其永久的生命。黑格爾所言之國家性質的神聖，由此可見，所以無怪乎他要反對契約說。因為在他看來，「真正的契約實含有兩個同一的意志，兩邊均有其人格，均願繼續為主有者」。❹婚姻關係或尚可以契約為解釋，國家則不然，國家中個人，不能由一己之任意加入或退出，國家之存在乃人類理性之必然，非如此所不可。國家之行為，更不可能必經全體人民之同意而後決定。

三、國家與個人

國家的地位既如此神聖崇高，個人與國家的關係，是部份之與全體，小我之與大我，故國家的權利必高於個人的權利。因為國家為全體，其道德境界大高出於有私人利害的個人，乃是絕對之理性，純潔而優越。而且國家權利實即包含了一切個人權利在內，較之個人當然是豐富而公允的。「一般的權利與幸福，實為個別權利與幸福之基礎，後者由前者而得到其真實與保障」。❺因此遇有個人權利與國家權利相衝突時，當然要犧牲小我以成全國家。實際上是我為國家盡忠效力，亦正是為自己謀幸福。在這種

❹《黑格爾全集》七卷七十五節，一三二頁。

❺《黑格爾全集》七卷一八三節，二六三頁。

情形下，於是個人的自由，幸福的生活，道德的至善，亦必在國家中始能尋獲，因為國家可以為個人排除種種障礙，而且服從國家，即無異實現最高道德。故國家的一切法令及制度，必當絕對奉行遵守，因為法律制度正為個人權利之所在，國家以法律強制個人時，此正是對個人權利之維護，自由之給予。他說：「我人必以國家之強制，以取消個人之強制，此不僅是權利，而且是必要。」❻這在黑格爾的理論中是很自然的，因為合於倫理道德的生活才是真正自由的，但作為部份的個人，不可能有倫理，必須在國家的全體中才能獲有，而國家對於倫理的原則，都規定在法律之中，所以服從法律便是自由的享有。

　　黑格爾對於法國革命所爭取的消極之個人自由，是不能贊成的。自英法自由主義者的觀點視之，法國革命乃個人權利對抗專制君主之勝利，其最大及永恆的成就即在於個人自由，及政府須獲得被治者的同意，對全民負責，憲法應保障人民權利。但自黑格爾看來，此皆屬偶然，非關重要，其積極成就是在於民族國家的完成。至於自由平等觀念的追求，反使功用及能力不同的個人立於抽象的政治平等，而且使個人與國家關係，純以個人利益為出發點，使社會及國家僅為滿足個人的需要而存在。為保持真正倫理的尊嚴，個人必先納入社會，然後再納入國家制度之中。所以他譴責法國革命的錯誤，就在於未能確認人之社會性，道德須在社會生活中始能表現，再則未能確認國家之性質，是包含有社會制度及民族道德的配合。但由於其革命哲學立於抽象的個人主義，以致其憲法，亦以假想為憑據而不切實際，結果演變為雅可賓黨的暴力及恐怖政治，此為黑格爾所深引為戒者，而且這種個人主義，更可能阻撓德意志民族國家的統一，造成政治上地域主義的分裂。個人主義的發展，只有使個人與社會脫節，個人僅受其本能及衝動的支配。自由乃社會之倫理道德發展所生，並非天賦，是經

---

❻《黑格爾全集》七卷九十三節，一四八頁。

由倫理道德、法律制度所賦予個人的一種地位，所以自由不能是一種自我意志或個人意願的遵從，實在是如何調整其能力，擔負社會及國家的工作，如此始有道德價值，個人自由與權利，均必須與社會義務相適應，所以在他的倫理與政治結合的國家中，他認為給予個人的是積極的自由，個人因服務而能獲得理想自我之實現，此始為真正自由。

四、國家與社會

黑格爾認為國家並不是由一群個別的公民所組成，個人成為國家公民，其中尚經過一長串的社會組織，倫理風化的表現，是經由家族，文明社會，而大成於國家，國家是為人群結合的最高一級，與其他社會的存在並不衝突。但社會存在的意義是與國家不同的，社會所擔負的是功利的工作，是大家互助合作以達到物質生活之滿足，調整經濟的利益，及秩序的安定。國家則不是功利的，而是把一民族教育成一個有統一精神的道德團體，是絕對理性的發展，其本身即是目的而非手段，國家可利用甚或創造社會以實現其目的，因此國家雖不直接負責功利工作，但可加以指導及規範。

國家雖有其道德的超越性，但對於社會及其制度並不輕視，國家與社會是為上下級的關係，但彼此畢竟是互相依存的。社會經濟生活之所以亦具有道德價值，因為國家目的之實現亦有賴於此，財產對於個人人格的發展，實亦為不可缺少的條件，所以國家權威固然是絕對最高的，但對於經濟賴以存在的制度及權利，不可加以毀棄。他說：「在私有財產之中，人格始處於道理之地位。」❼但他不贊成土地均分，財產分配多寡不均，不必計較，此為自然及偶然之結果。再者由於德國在經濟社會的組織上，有傳統性的職業公會，他仍不能不受到現實的影響，他認為家族是為國家第一基礎，而各種由職業不同所形成的社會階級，則為第二基礎。其中農人是

---

❼《黑格爾全集》七卷四十一節，九五頁。

為本質的階級 (Qualitative Class)，工人商人為形式的階級 (Formative Class)，官吏軍人則為普遍的階級 (Universal Class)。這些階級團體，亦各有其意志，個人意志應與其階級意志配合，盡其忠誠，但當與國家相衝突時，則應放棄其對階級團體的忠誠，而對國家盡大忠。

第二節　憲法論及歷史觀

一、憲法涵義

　　國家的威權是為絕對的，但並不是專斷的，國家的絕對性是表示在理性精神上的超越，而國家的運行有賴政府，政府的行動則必有憲法。憲法在於規定國家的組織及有機體生活的程序，並且規定國家與其他社會團體之關係。惟黑格爾對於憲法有獨特的解釋，他認為憲法不是任何特定的人所制訂，而是經由長期時間所形成的事實，是社會中自然生長出來的，乃民族文化之結晶。所有文化的各種因素形成一個整體，在此一整體中，風俗習慣、道德、法律、政治、經濟、及宗教、哲學、藝術互為影響，表現出民族精神。憲法是在此種情形下自生自在而永存，絕非任一掌權者所可獨斷，亦非經由形式上的多數同意，而是出於整個的民族精神，整個民族歷史對文明貢獻的產物。他說：「一個民族之憲法，實在與其宗教、藝術、哲學、或至少與其流行的思想觀念，與其一般文化合而為一個因素，一個精神。每個國家是一個別的整體，絕不能將其任何方面，例如其最重要的憲法，單獨提出。而使之與其他的方面隔離獨立而去作考慮選擇。」❽至於何種憲法為最好，當然是不應該有所定論的，各國皆有其不同的特性，而且文化又是隨時在進步及改變之中。

---

❽《黑格爾全集》七卷二七四節，三七六頁。

二、君主立憲政體

　　憲法既各具特性，則政治制度亦因各國文化背景不同而互異，不必模仿抄襲，或崇法古昔。惟政體之演進，大約最早為一人專制的政體，繼之為貴族或民治政制，至於近代，則是為君主立憲。黑格爾對於這種君主立憲的政體分析說：「國家權力分為三種，一為立法權，即決定及成立普遍規律。二為行政權，即將個別範圍及個人案件，置於普遍規律之下。三為君主權，即是主權，掌握最後的決意。第一第二兩種權力，惟有在君主權中始能合一，此君主權亦為整個之起點與終點，此乃立憲的君主政體。」❾君主權為最重要，意至明顯，他認為君主權乃是一種勢力，可以限制立法行政兩種權力，不致使國家分裂，而且是使憲法理想得以實現的要素。立法行政的分立，並非分權制衡而是分工，君主權復可加以統一，並保障統治者與人民的平衡，不致使國家的力量減弱而是使之加強。

　　黑格爾認為立憲君主政體，是具有完備的理性，是近代國家進步的成績，可以混合君主、貴族及民主三種政體的成份，其中君主權代表了君主，行政權代表了貴族的少數，立法權則代表民主的多數。當然此種政制的主要精神，還在於君主，因為國家主權必在君主之手，主權是寄託於國家的，不是寄託於人民，而國家是有人格的，這種人格必須寄託於某人以獲致而有表現，故國家人格必存在於君主方成真實。同時為維持國家意志統一起見，亦必須借重君主，所以他又認為不僅是君主，即行政人員亦皆應參與立法，以維持意志的統一。惟君主並非可任意行事，必須依據憲法，憲法乃歷史之遺產，無有法制，即為專制。而且立法機關在黑格爾看來雖不過是一般諮詢與顧問的機構，但其擬議之法律內容，亦對君主有所約束，此一人君，在於能表示民族精神，及代表歷史進展中一個民族國家抽象觀念的象徵，自有其不可或缺的重要性。

---

❾《黑格爾全集》七卷二七三節，三七一頁。

黑格爾對於民主政治無有好感，他認為「人民實不知其本身所意願者究竟何在，要能知道自己之意願為何，必須要知道絕對理性所意願者為何，但此乃智識與卓見之結果，而非一般民眾所能之事」。[10] 不過他尚贊成代議制度，以便使為官吏者受到人民的糾察與批評，但是他卻不同意英國的區域代表制，而主張職業代表制較好。至於行政官吏人選應有必須遵守的原則，一個君主尚須依據憲法，則官吏之執行職務，尤不能憑個人意志判斷。他所言之行政權是兼有司法權的，故行政官吏不僅有高度的行政效率，而且在司法方面，也要能保障人民的財產及安全。故為行政官吏者，必有足夠的才智以勝任其所負擔的職務，還要超越黨派及階級。而且他更說：「在官吏之行為及品格的表現中，法律及政府命令始真正與人民發生接觸，人民對於政府之滿意與信任，均有賴於此。」[11] 人民受到不良官吏之剝削凌虐，實較之法律的不良尤有切身之痛。

三、戰爭的頌讚

一個國家在其本國之內，是以憲法表現國家意志及行為，即主權者亦並非能任意專斷。但是在國際關係方面，由於黑格爾認為國家乃是絕對的理性，最後的目的，亦即是人群組織的最高與最後的結合，每一國家皆係獨立自決，有完全個性，故在對外而言，是不受任何法律的管束。國家之上，無有法庭，他反對任何有損國家主權的國際同盟組織，因此國際之間，便陷入有如霍布斯所言之相互爭戰的自然狀態。在黑格爾看來戰爭是國家應有的權利，所以他不同意康德的永久和平計劃。「兩國之個別意志，果真不能求得一個協定，則解決紛爭之方法，唯有訴諸戰爭。」[12] 戰爭不僅是

---

[10] 《黑格爾全集》七卷三〇一節，四〇九頁。
[11] 《黑格爾全集》七卷二九五節，四〇二頁。
[12] 《黑格爾全集》七卷三三四節，四四三頁。

權利，而是一種永久而光榮的倫理的權利，因為獨立自主乃一個民族最基本的自由，最高尚的榮譽，為保存民族精神，國家主權，當然可以不惜一戰。國家之與一般社會不同，就在於社會只保障個人之生命財產，而國家在保障民族精神，因此戰爭並非是壞事，反而是合乎道德的。

　　一般人由於戰爭破壞性太大，而抱有惡感，但自黑格爾視之，戰爭因維護國家民族之獨立自主，而合乎道德，甚且有其積極的價值，戰爭會使人覺悟到財貨之無用，精神之可貴。一個國家盛平日久，則人民但知自私自利，珍視財產及生命，使人腐化，影響到民族精神之健康，正需要戰爭發生一種淨化人性的作用。他說：「此猶如風吹波動，正足以使海洋之水不因靜止而變為污濁，故民族惟有遇到戰爭，乃能避免因長久和平而發生的腐化。」⓭

四、歷史的行程

　　黑格爾不僅認為戰爭是國家的權利，而且是歷史進展中的必然現象。他的歷史哲學之觀點，也是以辯證法的論證為依據的，因此歷史中所發生的一切事實，無論正與反，都是推動歷史巨輪的助力。歷史發展的目標是走向絕對的理性，完善的境域，在進行的途程中，一切戰爭以及邪惡的事實，亦並非是消極的，正是生長的法則，是必須的奮鬥。一個人的品性要在艱苦中磨練，接受各種強迫的痛苦，以至於成就，苦痛的磨難中正象徵著生命的奮發，愚蠢的滿足並不適合於人。所以人類歷史，亦並不是一座歡樂的舞臺，歌舞昇平的時期，常常是歷史的空白，偉大的史頁，是寫在解決現實矛盾的過程中，這正是進化的原則。在辯證的歷史行程中，沒有一種情勢是永恆不變的，在事物發展的各階段中，總有一種矛盾的存在，而只有鬥爭才能解決這種矛盾。

⓭《黑格爾全集》七卷三二四節，四三五頁。

　　他又認為在爭鬥的歷史過程中，最需要的是自由，歷史本就是自由的發展，而真實的自由惟有在國家中才能獲得，因此人類世界歷史是以國家民族為單位。每一國家民族在歷史的節節行進中，都有其使命，當其使命完成時，會發出絢爛的光輝，但到了使命完成之後，便要衰微萎敗。此一民族的衰替，是另一民族的興盛，歷史中沒有永遠常存的民族，亦無有永久強盛的國家。「所以當精神轉移到一個較高的原理之中時，世界史即移屬於另一民族，而原來負有使命者，今即喪失其絕對權利，即使此一民族或能積極的吸收此種新生的較高原理而強作變化，但終竟是一接受者，而無內在的生活素質及創造性，尤甚者或竟立即喪失其獨立，或則勉強殘存，終必將在內部的攘奪及對外的戰爭中自趨滅亡。」❹黑格爾所言之歷史是理性的，是上帝的計劃，但卻是如此冷酷的。

　　世界歷史的發展，即是自由史的發展，在黑格爾的研究之下，他看到「世界史由東而西，亞洲是歷史的起點，歐洲乃歷史之終點。……世界史乃是一部約束自然意志，以求得普遍性及主性自由的歷史。東方世界只知道一人自由，希臘與羅馬世界則僅知道少數人自由，唯獨日耳曼世界知道所有的人皆自由」❺因為他認為以東方為主的時候，東方所採取的是君主專制政體，所以只有一人自由。希臘與羅馬所採取的民主及貴族政體，也只有少數人自由，惟有到今日日耳曼人的世界，由於採取君主立憲政體，可給予人人自由。於是世界歷史發展至此，似已達終極目標。他說：「日耳曼世界是新世界之精神，其目的在實現絕對真理。那種視之無限制之自決的自由，其本身有自己的絕對之形式為其旨趣。」❻黑格爾之民族偏見，尤過於斐希特。

---

❹《黑格爾全集》七卷三四七節，四五〇頁。

❺《歷史哲學講話》，一五〇頁。

❻《歷史哲學講話》，四三七頁。

第三節　黑格爾思想的討論

一、環境的影響

　　黑格爾唯心主義的政治理論，對於國家地位崇高的辯解，可謂已極盡其能事，以後德國無論在哲學或政治思想方面，多強調英雄及權力的崇拜，甚或為極權專制而辯護，乃造成反動的民族主義，而至於最後有法西斯主義 (Fascism) 的產生。另一方面，他的辯證法又經馬克思竄改而為唯物史觀，成為共產主義的工具。就作為此兩種思想之淵源言，黑格爾所產生影響之大，當遠超過康德及斐希特。

　　黑格爾自然是受到當時德國環境的影響，他在早年的著作《德意志憲法》中，一開始就痛心的說：「德意志已不復是一個國家。」其口吻及心情，頗似以往義大利的憂國之士，因此他雖是一個唯心主義者，卻在許多方面也表現了唯實的色彩，亦無怪乎他要稱讚講求霸術的馬基維里。歌頌戰爭，推崇國家，更強調德意志的優越及領導世界歷史的地位，德國在兩次世界大戰中，都充任第一主角，似非偶然。

　　當時的環境，固然會刺激到黑格爾，而德國的歷史傳統，政治背景，亦會影響到他的思想。德國人雖亦了解個人權利的涵義，但德國的政治尚不足以使德國人民對此有充份的自覺。權利學說在英法常用來作反對君主的護符，或為受壓迫的宗教所採納以對抗政治統治者，但德國自路德創立新教後，其宗教一直能與國家相配合，而德國亦未發生大規模的革命，故為爭取個人自由而對抗國家之事，當時的德國人民對此尚未感到極為重要，而英法則以此作為自由放任的哲學根據。德國與英國，法國另一點的政治背景不同，是德國乃基於聯邦主義而產生的一個國家，以加於各地方政權之上，其政府係對國王負責，不是對國會負責，而其經濟的發展並非由於放任主義，乃是在強大的政治力指導下進行，故自英國人視之，黑格爾使

國家成為塵世的神，純係一種感情主義，但對德國人民言，卻是一種真正的強有力的政治啟示。**⓱**

二、辯證法則的批評

黑格爾的思想，在拯救危難的國家，振起民族精神上，或尚能產生一時的績效，但他的結果很可能造成極權國家 (Totalitarian State)。他思想的本身亦有所矛盾，及含有極深的民族偏見，和不正確的優越感。本來他之以倫理為主的政治哲學，並不比柏拉圖或亞里斯多德更進步，也不比斯賓諾沙更具體。所不同者，是他多一層玄學的外衣，他往往不顧自己的辯證法，有意把國家看作完全，更有意表示德國最能代表理性的至善，如果將他思想之外衣扯下，便會愈發覺其思想猙獰。因此有對其理論內容作一檢討的必要。

先從其理論的基礎上看，他認為只有全體才是真實的，如此則依其辯證的邏輯，全體永不可能獲得，而知識也就不可能產生了。推究某甲為叔或其他特性，則必須要推究到一切與他有關係的之特性，其勢實不可能，必使人陷入混淆的荒謬中。再進一步言，他既然要以其辯證法，一級更高一級的追求全體，何以至國家便不再發展下去？這實在是令人費解的。似乎世界上只有一個國家，這便是德意志，因此世界歷史亦在十九世紀他的國人手中至於極峰，使人人自由，實現完備的理性，其矛盾不可解，正如同他將國家視為人群結合的最高一級是一樣。按照他的理論，歷史既在辯證的歷程中發展，是則永無終止之日，何況除我們人類所生存的地球外，尚有其他行星，但是他將宇宙濃縮到我們的行星，又集中到接近地中海的地方，最後是德意志完成歷史的最後使命，豈非德意志便成了上帝的化身。以後馬克思又認為階級鬥爭是歷史發展必然的行程，而至無產階級專政後

⓱ George. H. Sabine: *A History of Political Theory*, Vol. III, Chap. 1.

即戛然而止，是同樣的不可理喻。❸再者黑格爾堅稱君主立憲政體能使人人自由，亦屬奇談，因為實際上他所說的自由是與服從同義，則如此之自由，又如何能在歷史的頂峰放射出光輝？

事實上一切事物及人類歷史，並非在正反合的辯證中發展，否則將人事之各種現象及變動，都予以統一的意義，勢必將歪曲事實，令人愚昧無知。在黑格爾式的辯證之下，是不可能有真理，只有永遠的否定，他自認為歷史的進步，乃理性之實現，但若依照辯證的發展，將勢必是緣木求魚。實際看來歷史的發展，乃是在隨時的修正與補充之下逐漸的演進，而不是在矛盾否定及衝突征戰中得到完全的理性。辯證法是一種思想及論辯的方式，希臘的哲人早已運用，但作為倫理，政治或歷史哲學的理論基礎，實有未可。

三、國家理論的檢討

當然我們討論的重點，要移向他政治思想的中心上來，亦即是他的國家理論。他認為國家是人類的最後結合，但人類的歷史是進化的，國家是人類許多組織中的一種，是根據歷史的演進而來，再經過若干時期，國家本身也許會演變為另一種形式。進化所遵循的道路，不是細胞或個體的增大，而是組織單位的逐漸凝合，組成包涵更廣，內容更富的整體。過去的人類由家庭、部落而至結合為國家，未來的人類便也可能使國家與國家結合，成為一個更大的組織，進化的方向亦必如此，而且已經逐漸的向此目標走去。但黑格爾卻反對任何國際性的聯盟，事實的發展，證明他是錯誤的。

黑格爾不僅認為國家為最後最高的組織，並且他似乎只看到世界上僅有一個國家，而且似乎可以孤立於真空中。他在國家以內的許多問題討論

---

❸ B. Russe II: *A History of Western Philosophy*, Vol. III, Chap. 22.

裏，從未遺忘理性與道德，但一到了國家與國家的關係，便回到自然狀態
的野蠻，只有互相敵視搏鬥，所以他看重武力與戰爭，視戰爭為神聖權利。
但是國家並不就是人類社會的總合，我人之國家只是世界許多國家中的一
個，必須與他人之國家，立於平等立場，而且也不可避免的要與其他國家
發生關係，但應該是正當的關係，國際間爾欺我詐的現象固然有，然而進
步的事實亦顯示出國際間的合作互助，尤其在今日聯合國的憲章及許多國
際性的組織下，在文教衛生、郵電交通、及防止犯罪，維護人道的各方面，
都有一致的標準，共守的道德，國際間的往來只有愈加繁密，而加深合作
的程度。黑格爾卻只管將國家隔離作單獨的研究，當然是不能合乎真情實
理的。即使在古代，由於交通阻隔，國際間關係沒有現在密切，但也絕非
毫無關係與往來，黑格爾所嚮往的古希臘，其文化所以輝照千古，正因為
其地處東西交通樞紐，可以成為東西文化薈萃之區。經濟方面，古代國家
也是互通有無的，文化交流的區域，亦即商品交換的中心，足以證明從古
至今，未嘗有遺世孤立的國家。

　　黑格爾為維護國家主權完整獨立，主張戰爭，並進而讚頌戰爭的積極
性與道德價值，實不能與康德的胸襟懷抱相較。在國家之內，戰爭是被禁
止的，雖亦間有發生，究非正常現象，暴動或革命的流血，只有在國家失
去力量時才會發生，如國家能維持法紀，社會自有其可靠的安定秩序，則
可見國際戰爭，亦並非必然的不可避免。至於認為戰爭是為道德的崇高表
現，更不能自圓其說，國家與國際社會同樣是因為人群交往而產生，因此
國家之內與國家之外不應有不同的標準，在國內既應禁止者，在國際間亦
無有任其猖獗的理由。

四、全體與部份的討論

　　黑格爾以部份依附於全體的理論，為其思想的主要基礎，使國家成為
一個倫理的整體，是理性的絕對表現，是道德的實在精神，因此國家權力

至高無上，一切社會團體是為部份，必在國家之內。但是這實在是低估了社會團體的地位，現在一些經濟的或文化的社會團體，常常是超越了國界，負有宏大的任務，廣佈世界，深入各階層。或建立共同的經濟制度，衝破狹義的國家範疇，或樹立高於國家法律的道德標準，其事功甚或遠超過國家以上。在黑格爾的理論下，守法就是道德，但法律是低度的道德，故遵守法律，不一定就是完美的人，一些文化的倫理的社團之所以能普遍的存在，廣泛的發展，是有其道理的，何以必能肯定國家為最後的社會團體，最後的倫理整體？

至於個人，自黑格爾視之，尤為必依附於全體的部份，個人必得配合國家全體，因為部份要在全體中才能真實，才能有倫理價值。具體而言，就是只有道德的國家，沒有道德的個人，個人要完全把自己溶化於國家之中。但果真如此，則個人將變得非常悲哀與痛苦，而國家也必定變得非常極權與可怕。黑格爾固亦倡言自由，但卻是一種奇特的自由，與盧梭的強制之自由，康德的剷除自由之障礙，類似而尤過之。在他看來自由乃意志之本質，意志則應與理性調和，而絕對理性存在於國家全體中，故真自由便是服從國家法律。所以他所言之自由，絕非思想言論或出版結社等民主社會的自由，自由主義的口號向為他所鄙夷，只有絕對服從國家才是真自由。由此視之，則當你在法律的尊嚴下而被捕繫獄之時，亦正是自由之時，極權國家集中營的勞役者，亦正在享受其自由。

黑格爾是把國家本身，視為最後的目的，部份既須配合全體，則個人在國家之中，僅如工具，是方法手段，國民乃因國家而存在，不是國家因國民而存在。但國家之所以有價值，顯而易見的是由於國家能保護其國民，增進國民幸福。安定秩序，敷設道路，推行教育，及繁榮經濟，無不是配合人民需要，可見國家實在為國民而存在，其本身並非目標。黑格爾為堅持其意見，又把國家視為有機體，甚而有如完整的人身生命，有理性，有意志，有人格。我們固不能否認國家與個人關係之密切，但視國家如同人

體卻並非恰當。在人體中，其各部份器官本身是不具有目的，亦沒有權利，僅在謀求身體健康，而沒有獨立的作用。然組成國家的個人，卻各有其自己的目的及權利，許多事務，必待自己獨立完成，個人無目的，即無生命的意義，亦無有倫理的價值。再者構合人體的器官，必在整體中獲有生命，脫離整體，便失去生命，但組成國家的個人，卻有他自己的生命，即或遠離國家，其生命仍可繼續存在。在人體中一部份器官受創，會使整體感受痛楚，但在國家中，個體受苦時，只有其本身忍受。而在人體中，各器官部份之間，並無利害衝突，但在國家中卻必須有政府，有議會，以調節組成國家各份子間的關係。

即使是認為國家如人體，有生命，有意志，有人格，以及有內在的價值，然而這一切仍然是潛存在國民個人之中，有賴國民的作為而表現。但黑格爾要把國家視為太上人，而以君主表達國家意志，他贊成盧梭全意志與總意志的分別，顯然他的君主就是具有全意志的，雖是立憲的君主政體，但君主是立於立法與行政之上的，至少他在法律上是享有至高的權力，於是這種國家，不論在對內暴虐或對外侵略上，都可以振振有詞。黑格爾一方面由於德國時代環境的影響，一方面由於追慕希臘城邦的國家觀念，強調國家崇高與道德價值，然而其理論的結果，恐怕是不見道德的實現，但見國家的強權。

第二十章　個人主義的興起與邊沁之功利學派

第一節　個人主義的興起

一、個人主義興起的背景

當十八世紀的後半期，政治思想的表現是頗為斑駁複雜的，尤其是在美法兩國的革命前後，政治思想更受到激盪，有多方面的發展，一時之間，如雨後春筍，蓬勃繁茂。在法國，有孟德斯鳩、福爾泰等人之主張借重他國制度以求漸進的改革，亦有盧梭之高懸理想，推陳出新，同時愛爾威修 (Helvetius, 1715–1771)❶，何爾巴哈 (Halbach, 1723–1789)❷等，亦不滿現狀，有各自的政治理想，愛爾威修的思想對以後的功利學派尤多所啟迪。而思想激烈，主張革命者更有馬百里 (Mably, 1709–1785)❸、西耶士及孔道西等。❹在英國由於受到孟德斯鳩及盧梭學說的影響，與英法革命的刺

---

❶ 愛爾威修是為法國百科全書派之理論代表，其主要著作有：《論精神》(De l'Esprit, 1758)，《論人》(De l'Homme, 1772) 等。

❷ 何爾巴哈亦為百科全書派之理論家，感情豐富，激烈攻擊當時的政治及宗教，他使洛克的學說成為法國化，並指責盧梭的錯誤。他的主要著作有：《自然之體系》(Le Systeme de la Nature, 1770)，《自然政治》(Politique naturelle, 1773)，《社會體系》(Système Sociale, 1773) 等。

❸ 馬百里接受盧梭人皆平等的觀念，認為佔有與不均，是社會與政治罪惡的淵藪，他對於私有財產制度的攻擊，造成後來法國的社會主義。其論述甚多，最要者為《論立法》(De le Législation, 1776)。

❹ 西耶士及孔道西，均為法國革命之領袖。西耶士最著名的一篇論文為〈何謂第三階級？〉(Qu'est-ce-que le Tiers-Etat?, 1789)。他反對貴族與僧侶的特權，而主張應由佔全國人口大多數的第三階級——平民，享有政權。他又主張代議制度，法國革命後，由全級會議變為國民會議，多根據其理論。

激，也形成許多主義與學派。思想保守，反對革命，贊成維持現狀的則有
弗格森❺、布拉克斯頓❻、柏克❼等人，彼等受孟德斯鳩之影響較深。另
外受盧梭感染較大而同情革命思想的急進者則有蒲萊士❽、普利斯特利❾、

孔道西尤富積極改革思想，參予革命後憲法撰擬工作。對於國民會議的性質、權
力與作用的理論發揮，頗為透澈。他認為國民會議是國民意志的機關，乃絕對的
公法來源，可以建立或改造政府及憲法。他一方面受到盧梭的影響，一方面受到
美國的影響，認為美法革命，乃是理智應用於社會及政治事實的例證。但終為雅
各賓黨迫害而死。主要著作有《憲法擬議》(*Plan de Constitution*, 1788) 及《權利宣
言》(*Declaration des Droits*, 1789) 等。

❺ 弗格森之政治理論，大多追蹤孟德斯鳩之後，但亦受到休謨及亞當斯密的影響。
他認為國家的長成，制度的建立，皆是社會進化日積月累的結果，並非政治哲學
家的設計完成。他維護現存的一切狀態，即使戰爭衝突也是應當存在而有益於人
類的。他的主要著作是《文明社會論》(*Essay on Civil Society*, 1767) 及《道德與政
治學之原理》(*Principles of Moral and Political Science*, 1792)。

❻ 布拉克斯頓之著作為 《英國法律評註》 (*Commentaries on the Laws of England*,
1765–1769)，因受孟德斯鳩所感，極力讚美英國憲法，稱係調合君主、貴族、民主
三種要素而成；並認為英國政治的與公民的自由，亦達於完美的程度，他滿意於
現狀，無任何懷疑，乃為邊沁主要抨擊之對象。

❼ 柏克對法國革命極端反對，對盧梭學說亦肆力攻擊，認為國家應視為一種實際的
事實，不能當作抽象的純理概念，每一國家皆有其特殊的民族性，以其本身歷史
習慣為基礎，如欲摹仿其他民族的習向，或採用新奇的理論計劃，必定失敗。他
尊重歷史，讚美舊的制度，反對革命學說，認為英國憲法有一種永遠的和諧。他
的著述甚多，主要者是《法國革命之評論》(*Reflections on the Revolution in France*,
1790)，《從新自由黨人到舊自由黨人之懇訴》 (*Appeal from the New to the Old
Whigs*, 1791) 等。

❽ 蒲萊士深受盧梭及孟德斯鳩影響，對美法革命極表同情。著有 《美利堅革命重要
性之觀察》(*Observations on the Importance of the American Revolution*, 1785) 等。

❾ 普里斯特利同情人民革命權利，反對政府干涉，並在邊沁之前道出政府應以追求
最大多數樂利為目的，他著有 《政府之基本原理論》(*Essay on the First Principles*

佩因❿等人，但大致說來，此一階段的思想還是偏於個人主義 (Individualism) 或自由主義 (Liberalism) 的。崇尚理性，注重人民權利的維護，贊成立憲政體及政府分權，並有多人唱功利之先聲。

　　個人自由主義到了十九世紀尤為盛行，並且政治思想的內容有了新的變化，是不僅注意政治問題，同時更注重經濟問題，亦注重到社會問題。這種情形在英國所表現的最為顯著與重要，成為十九世紀政治思想的大本營，並且終導致功利主義 (Utilitarianism) 的產生。所以致此者，當然有其時代的背景，最顯而易見的是工業革命的發生，使得在經濟方面有了重大的變化，同時影響政治、社會及道德各方面的新觀念的產生。本來自十七世紀起，一般民族國家完成其國內的統一，為了鞏固統治者的政權，必得保有一支強有力的軍隊，及一個龐大的行政組織，因此需要有雄厚的財力。此時商業已漸發達，城市勢力漸形增長，貨幣經濟已經開始，一般的觀念是認為貨幣乃財富的象徵，貨幣愈多則愈富有，金銀成為大家追求的目標。同時地理上的新發現漸多，世界交通頓形發展，更刺激到冒險求利，謀海外發展的動機，帶回海外獲取的原料，加工製造為貨物再去推銷，以贏得厚利，於是重商主義 (Mercantilism) 乃成為各國執政當局所普遍採取的政策。

　　各個新興強大的民族國家，既採取重商主義，刻意求富求強，於是極

---

of Government, 1768) 一書，邊沁青年時讀之印象極為深刻。

❿ 佩因同情美法革命，一七九一年著〈人權論〉(The Rights of Man) 一文，用以答辯柏克。一七九二年與邊沁同時為法國授予榮譽公民。又著〈常識〉(Common Sense) 一文，同情美國的獨立革命。他認為政府的存在是消極的，是不可免的罪惡。政府如非由人民所產生，必將為暴政。追溯英國的王權，只不過是強盜的征服史而已。並且攻擊英國的巴力門常應用憲法以自重，其實無憲法可言，英國只是一個無憲法的政府，卻給自己為所欲為的大權。他贊成美國的成文憲法，但反對採取孟德斯鳩三權分立的原則，而主張只分為立法權與行政權。

力發展對外貿易，吸取他國金銀，務使輸出超過輸入。為達到此一目的，必須運用國家權力以推動，對於工商業及國際貿易，實行干涉管制，一方面扶植國內產業的發展，一方面謀佔海外的優勢，爭取霸權，政府本身直接參與工商業的經營，並鼓勵人民亦從事此種事業，然後課以稅收。為配合發展之需要，制訂航海律令，改革關稅制度，保護本國產業，壓制他國貿易，擴充殖民地，使成為本國獨佔市場，並以嚴厲法令，監督商民生產及貿易活動，關於商品的製造、價格的規定、市場的交易、進出口之取締或獎勵，都作嚴格的限制。英國一六五一年所頒佈的「航海條例」(Navigation Act)，法國當科爾伯特 (Jean Colbert, 1619–1683) 執政時期的法令，皆足以證明，一般注意經濟的學者亦著文鼓吹⓫。英國在這一方面最為積極亦最有成就，擊敗荷蘭，佔有海外貿易的優越地位，國內產業亦因此大為發達，故至十八世紀之後，為加強產業之發展以應市場需求，使人們注意到工作效能的問題，在生產工具及生產方法上力求改進，於是有種種新發明出現，漸漸的利用新發明之機器代替手工生產。到了十九世紀，工廠制度便取代了大部份的家庭工業，不但英國如此，其他幾個歐洲強國之產業制度，亦大多類此轉變，以致造成工業革命的發生。

　　但是由於國家過份積極的干涉生產及貿易，終於引起人民的反感。殖民地的人民尤為痛恨，因為他們只有被剝削壓榨，美國之獨立由此而起，

⓫重商主義最初之理論家為義大利之舍剌 (Serra)。他的著作是《論金銀之增益》(*A Brief Treatise on the Causes Which Make Gold and Silver Abound in Kingdom Where There Are no Mines*, 1613)。在英國方面，重要之學者及著作，可如下所述：

①配第：《政治算學論叢》(*Willam Petty: Essay in Political Arithmetic*, 1655)。

②湯姆斯・曼：《從對外貿易論英國財政》(*Thomas Mun: England's Treasure by Foreign Trade*, 1664)。

③柴爾德：《談商業》(*Josiah Child: Discourse of Trade*, 1690)。

④諾司：《商業雜談》(*Dudley North: Discourse upon Trade*, 1691)。

西班牙及葡萄牙在美洲的許多殖民地，亦紛紛反抗而獨立，至此重商主義的弱點，漸形暴露。在國內方面由於只注重到工商業，完全忽視農業生產，農業乃大受損害，亦被迫而反抗。即使在工業方面，雖因受到國家保護而有所發展，但是到了發展至相當程度時，政府的干涉保護，反足以阻礙進步，所以亦表示懷疑與不滿。加以科學日愈昌明，思想學術得以日愈進步，政府的無限干涉政策，更處處使人感到所受壓力太大，不如聽由個人自由研究，自由行動為有益，物極必反，於是個人自由的思想頓形活躍。

二、重農學派

重農學派 (Physiocrats) 產生於十八世紀末期的法國，是對於重商主義的反抗，其主要代表人物為蓋納 (Francois Quesnay, 1694–1774)⑫，其他尚有顧爾納 (Jean de Gournay, 1712–1759)、利維爾 (Mercier de Riviere, 1720–1790)、杜爾古 (Jacques Turgot, 1727–1781)、內謨爾 (Dupont de Nemours, 1739–1817) 等人，彼等多為權貴人物，如蓋納為路易十五的御醫，杜爾古則曾任路易十六朝之首相，他們經常聚會討論，創辦刊物宣傳其理論，不僅影響其本國的政策，亦影響歐洲其他國家，而且對於經濟學的創立，也頗有貢獻。

重農學派有一重要觀點，就是「自然秩序」(Ordre Naturel: Natural Order) 的哲學。此自然秩序並非盧梭所謂之自然社會的狀態，而是一種天定的自然法則，是上帝制定以使宇宙和諧，人類得享幸福滿足的普遍、永久、及周密的秩序。此即是說自然界自有一種力量，可以促使各種活動趨於諧和規律，故天體的運行並不是由於外力的影響，而是基於其內在的力量，生命的存在也非由於外在的力量，而是由於身體之內存在一種機能。

---

⑫ 蓋納的主要著作為《經濟表》(*Tableau Economique*, 1753–1758)──《經濟政治通則》(*Maximes Generales du Government économique*, 1760) 等。

既然如此，則經濟秩序中，又何嘗不是具有一種內在的自然力量，以促其自然發展而和諧，何必需要人為的政治權威主持其事？重農學派的此一觀點，使得許多學者進而憬悟運用自然科學的方法，從事經濟社會各種活動的研究，而使經濟學有了創始的契機。

重農學派既對重商主義抗議，乃強調農業的重要，以表示自然秩序的優越性，認為農業才是財富之唯一根源。所謂生產乃是從無生有，由少生多，故只有利用土壤生產的農業，及漁礦兩業，才是純生產。僅僅加工製造，改變物質形狀的工業，不得謂之生產，不能創造財富。所以只有農人才是真正的生產階級，從事工商者均為非生產階級，社會中除此兩種人外，尚有一種半生產的地主階級，社會的經濟活動即經由此三種階級進行，其間有自然的和諧，因為整個經濟社會有如一個有機體，可以自動調節而循環不已。此一理論乃推翻重商主義之局部動態的分析，而代以全面靜態的分析，以符各自然規律的理論，維持住一種安定的秩序，並且揭去了重商主義所加於物品上之金銀貨幣的外衣，顯示出物品本身的經濟價值，使金銀的儲藏變為無意義的事。一國財富並不在於貨幣數量的增多，而在於國民生活上所必須之財貨之增多，因為人類生活並不依賴飢不能食，寒不能衣的金銀，而是依靠農業的產品。所以要謀人民生活幸福，國家富強，則應發展農業，將資本用於土地，他們要求取消法國米穀貿易的種種租稅，及一切苛刻的束縛，主張實行土地單一稅，以統一簡化稅制。

「自由放任，各行其是」為重農學派的信條格言，堅持自然經濟法則之必勝。其所以為個人主義者在此。任何社會皆有一定的法則主使一切活動，有自然的和諧，經濟社會亦當然如此，有其內在的法則秩序及生機，自不需要任何外力的干涉。故國家應無為放任，而不可干涉管制。他們受到洛克的影響，重視個人權利，尤重視私有財產，個人對自己的財產，在不侵及他人權利、不妨害社會秩序之下，應有自由處分權。人是自利的，個人對自身利益，必定比別人更為了解，個人能依照自然法則行事，較之

國家干涉要好，國家能採取自由放任政策，社會自然進步。在經濟上便應當讓個人自由競爭，經濟的目的，在於以最小的勞力與費用，獲得最大效果，此只有在個人自由競爭之下才能達到，並且自由交換財貨，使物價得以平衡，各人均能得到很大的利益，如果國家橫加干涉及束縛，反使經濟枯竭。

因此國家的職務應當縮小，僅在於保護個人生命、自由、財產的權利，以及維持秩序，舉辦公共建築，普及教育。國家實為個人權利所存在，對於財產權利最應當重視，因為財產安全是為經濟秩序的真正基礎。國家立法不宜過多，立法機關的主要工作，只在於撤銷一些不適用的法律。人類實在並不能創造法律，只能發現法律，自然法已經周密完善，人為的法律只不過是將自然法加以抄襲引用，愈多則愈贅餘而無益。不過重農學派雖主張限制國家職務，但對於政府統治權卻主張要強大，使其在狹小的範圍內，有堅強敏快的能力，產生最大的效果。他們不贊成民主政治或代議制度，亦不贊成政府的分權均衡，而擁護世襲的君主政權，將主權交付一人，是一種專制主義。這種制度最能配合全國利益，亦最合乎自然秩序，每一有理性的人，應有必須服從君主的自覺，但由於法律少統治範圍小，人民除服從有限的少數事項外，仍可享有大量自由，又由於統治權力強大，更能有效的保障人民權利。

三、亞當斯密 (Adam Smith, 1723–1790)

一方面受到休姆 (David Hume, 1711–1776) 思想之感化，一方面深受重農學派影響，繼之而起亦主張自由放任之經濟的個人主義，便是英國的亞當斯密，及以他為首的古典經濟學派。由於英國當時已進入工業革命的初期，所處環境及時代與重農學派有所差異，故學說內容亦有所出入。重農學派以研究生物學的態度探討經濟。古典經濟學派則將經濟學當作物理學來研究，而使經濟學達於成熟階段，亞當斯密被稱之為經濟學之鼻祖，足

可表示出他在這一方面貢獻之宏偉，但事實上他在政治思想方面，亦有相當的貢獻及地位。他的主要著作是 《德性論》 (*The Theory of Moral Sentiments*, 1759) 及 《原富》 (*An Inquiry into the Nature and Causes of the Wealth of Nations*, 1776)。

　　出身於中產家庭的亞當斯密，其思想實足以代表隨工業革命後而勢力日增的中層階級之要求。「德性論」一書是他擔任格拉哥 (Glasgow) 學院教授時之講稿，為其政治及經濟理論的基礎。他亦認為自私自利是人的本性，而且更是經濟活動中的主要因素。惟人性中亦有同情的特質，因此人雖自私，如動機良善，其行為則尚能合乎道德。人既自私，所以他說：「快樂與痛苦是吾人所企求與避免之兩大目的。」他並且說：「快樂與痛苦之判別不在於道理，而在於切近的感覺及感情。」❸趨樂避苦是為人性自私的自然表現，人善於自謀以得到生活的安適滿足，個人對於自己的利益最為明瞭，為自己的利益策劃計謀，必優於他人，國家不可能較個人對一己之事了解及設計的詳盡周密，故國家應採行自由放任政策，此不僅在理論上是正確的，事實上也是有益的。自私是為經濟活動的主要因素，人能各私其私，與公並無所礙，各個國民能富有，國家亦可隨之富有。在自由放任之下，人人自然可依其心性所向，趨利避害，發見最適當的途徑，獲取最大的利益。例如有資本的人，自然會向最獲利的事業去投資，勞動者亦自然會選擇最高工資的場所，生產者會製造最有利的產品，銷售於最獲利的市場，消費者也會要用最低代價，換取其必需品，大家都是趨於最大的自利，使彼此都不能獨享不正當的利得，供求自然可得配合。如此各個人之間既互得利益，國家也就得到利益，因為國家是為個人的綜合，故各個人為一己營利，結果卻可與社會利益相調和。這些意見大致與重農學派是相通的，惟亞當斯密固然反對重商，但也不主張向後回顧偏重農業，只是任由人民

---

❸ *The Theory of Moral Sentiments*, p. 445.

自營生計，發展其自以為適宜的經濟活動。

　　在上述理論中，並可見出亞當斯密亦如重農學派之含有自然秩序的觀念，這在他的價格理論中尤可發現。他認為物品的價格是由需要與供給而決定，當需要多供給少時，價格高；需要少供給多時，價格便低。同時物品價格上漲時，則銷售所得較多，自會刺激產量之增加，反之則否。不過價格的變動亦自有其一定的範圍，就是終不能離開生產過遠，所以生產成本實為價格所依據之自然的及正常的水準。無論經濟的或政治的道理，都與物理一樣，會產生自然的平衡。所以要使價格能長久維持一自然正常的水準，則惟有任各種物品自由競爭，自然會使得優者自留，劣者自去，因此他反對一切壟斷的行為，更主張國家對人民活動必以自由放任為原則，實現一種「自然的自由制度」(System of Natural Liberty)。亞當斯密所處時代還是在工業革命的初階，主張自由競爭，反對壟斷及干涉，他只能了解獨資經營的產業機構之優點，以為在這種機構中，經營者之利害是與其機構之成敗密切相關，自會促使經營者的努力，殊不知此種優點，到了工業進步之後，便被大規模的股份公司之能利用技術上的改進而取代。同時在工業革命的初期，經濟的發展尚有許多機會與餘地，自由競爭還可以表現其績效，但到了經濟發展達一飽和狀態時，自由競爭就有弊害。以後的社會主義者甚而批評即使在經濟發展仍有餘地時，自由競爭也會造成人與人之間的敵對及仇視。

　　亞當斯密主張自由放任，所以國家的職權應當是消極的，有限度的，過份干涉只有造成社會的紊亂。他認為國家職權僅在於三方面：㈠防禦外侮：就是保護國家不受他國的侵害。㈡法律與正義的執行：保護社會中每個人，使不致互相侵害，因此可設立適當的行政制度及司法制度。㈢公共事業的維持：即凡私人力量所不能為，而係關乎公共福利者，可由國家興辦。他也認為有若干事項，是不可放任而須加以干涉者，如關於國外貿易方面，為維持國家之自足計，不能聽任貨物進出口自由而不課以關稅。關

於銀行方面，亦應受法律限制，以免少數人之自由危害社會全體自由。利率方面亦須有合法的規定。尤其是教育方面，他更主張普及義務教育，他已鑒於一般勞工平民之子女，無有受教育的機會及能力，民智不進，科學日廢。他說：「國家費有限之財，而於小民有無窮之益。設為義塾責令為父母者於子女就傅之年送之入塾。令而不從罰之可也。」❹由於環境有異，放任干涉亦各有程度的不同，但干涉之目的必在於維護人民利益，而當時重商政策之干涉，則猶如束縛人身之桎梏，影響健全的發育，是故必須以放任為原則去糾正。

　　亞當斯密的思想，在當時甚為世所推重及歡迎，他的精密的知識及獨到的見解，使個人主義學說達於成立。至十九世紀初葉由於工商業日益發達，更發現國家干涉之舊制不可持，只成為經濟發展的束縛及障礙。曼徹斯特學派 (Manchester School)❺乃將亞當斯密的學說予以推廣，影響到英國經濟的繁榮，工業的發達。但由以上所述，可以知道亞當斯密是一樂觀論者，他相信自然秩序的存在而可以由此導致社會的諧和與進步。然而他的後繼者卻不再能夠保持他那種樂觀的心情，相反的卻是悲觀灰暗的，因為隨著工業發達，有利於資本主義的產生，生活方面固然有了空前的進步，但是這種進步並未達於一和諧的結果，生產問題雖是得以解決，卻未能給人類社會予幸福，反而造成經濟力量的集中，使許多人喪失了生活的依憑及抗衡的能力，釀成嚴重的社會問題，致使此時的經濟學，變成了一種所謂「憂鬱的科學」(Dismal Science)，繼亞當斯密之後的古典經濟學者馬爾薩斯 (Thomas Robert Malthus, 1766–1834)❻及李嘉圖 (David Ricardo,

---

❹ 閱嚴復譯《原富》部戊上，篇四。

❺ 曼徹斯特學派為一少數人之團體，商人及實業家佔其半，領袖人物則為哥布登 (Richard Cobden) 與伯萊脫 (John Bright)。彼等雖贊成工廠法以保護兒童，但亦極崇信亞當斯密，主張自由貿易，相信政府對工商業所加之一切約束，均為有害，使曼徹斯特城，成為一自由貿易中心。

1772–1823)❶便是最負盛名的代表人物，他們同時亦並列於功利學派之中。

第二節　邊沁的前驅及時代背景

　　重農學派及古典經濟學派倡個人主義於前，至十九世紀個人主義最為盛行的時期中，則以功利主義一派，發生的影響最大。其中邊沁 (Jeremy Bentham, 1748–1832) 實為該學派之首要人物，但於前節中業已提及，在他之前，當十八世紀末期功利思想已在許多思想家的理論中見其端倪，而影響於邊沁者甚大。茲就休姆起，分別將幾個重要思想家的學說加以說明，並簡述當時的英國背景，藉以明瞭其思想之淵源及形成的原因。

一、邊沁的前驅

　　㈠**休姆**：休姆雖未曾使用「功利主義」的名詞，但是在功利主義的哲學方面，他的確是一位先驅。他在不滿三十歲時所發表的《人性論》(*Treatise on Human Nature*) 一書，已足以使他享譽於世，並發生很大影響。

---

❶ 馬爾薩斯在其著名的著作《人口論》(*Essay on Population*, 1798) 中，悲觀的提出人口與食糧的增加率相差懸殊，人口係按幾何級數增加，土地收成係沿算術級數發展，並提出他的「收益遞減律」(Law of Diminishing Returns) 以告世人。疾病、饑荒、戰爭的發生，正為抑制人口增加，惟其歷程慘痛，故人應作道德性的約束，以遲婚節育作預防性的抑制。他的意見引起許多爭論，也發生多方面的影響。他在另一著作《政治經濟原理》(*Principle of Political Economy*, 1820) 中，也揭露了經濟的危機，認為增加生產成本，無異是增加銷售與輸出的困難，主張富有者的消費，及發動公共工程以求解決。

❶ 李嘉圖最有貢獻的著作為《政治經濟原理》(*Principle of Political Economy*, 1817)。在勞動價值、地租論及利潤問題，貨幣問題，國際貿易理論方面，均有所創見。但他也認為由於人口增加及收益遞減的影響，地租勢必上增，資本家利潤下降，投資興趣減少，社會經濟將陷於遲滯狀態。

在道德論方面，休謨認為道德是同情的表現，而抨擊霍布斯對於人性的觀點，對於亞當斯密的思想實發生不少啟示作用。但是在政治論方面，則認為人類是自私的，他不相信契約說，而認為政府是由武力戰爭所產生。他說：「幾乎所有現存的政府，或是留有記載的政府，發現其最初之建立，係由於篡奪霸佔，或武力征服，或是兼有兩種因素，並未曾有人民公平的同意或志願的服從。」⑱不過他仍然認為利益、習慣及輿論是政府存在的基礎。武力統治誠為不可少的工具，但少數統治者所以能統治多數人，畢竟還是多數被統治者認為對他們有益的緣故，即使最專制的政府亦不得不然，所以政府不過為一種功利的工具，我人之所以要有服從的義務，就在於此。

休姆對於私有財產制度極力辯護，他認為人類是習慣的動物，由習慣而發生希望，人們如果要快樂，則其過去所享有及現在所享有者，應該在將來同樣能夠享有，剝奪人們的財產，等於剝奪人們對於未來享有的希望，亦即是毀滅了由習慣所產生的希望，便必然會危及社會的秩序。從另一方面言之，人們由於享有已久的財富而被剝奪所產生之痛苦，較之其得到某種希望的快樂要大得多。人們需要安全，如果人們同時有所得亦有所失，就會有不穩固的感覺，故財產的穩固性實為社會安全的基礎，不應使其發生動搖。他反對一切劇烈性的改革，因為冒險行動所產生的後果，是不堪設想的。

㈡**愛爾威修：**愛爾威修將休姆的哲學傳播到歐洲大陸，他並且還受到洛克、孟德斯鳩、盧梭及百科全書派的影響。他認為人之智力生而平等，有同一的利益，所以雖然人類愛己自利，趨樂避苦是為一切人類行為之原動力，此有類乎物理之公理，但自利與公益並無必然之衝突，公益乃私人自利的總和。個人利益滿足而後始有全體之利益，國家政府之所以成立，係在於此，故知政治之基礎乃立於功利，政治之是否修明，即在於能否為

---

⑱ D. Hume: *Essays*, p. 273.

國民謀得最大量之樂利。他受孟德斯鳩之影響，亦知政體之優劣，須視環境而決定，但他不同意孟德斯鳩所稱國民性格亦由地理與氣候所造成，而更認為人為環境遠較地理環境重要，地理環境雖非人們所能控制，但人為環境卻可為人所駕御，因此人人有自我改造之可能，也因此他推崇立法與教育，重視立法家與國家興辦教育相互為用的功效。

　　㈢**貝加利亞 (Beccaria, 1735–1794)**：義大利學者貝加利亞亦認為自愛自利為人類基本的動機，趨樂避苦為一切賦有知覺之動物的原動力，而倡說功利主義。他亦曾在未逾三十之英年完成一本傳世的名著——《論犯罪與刑罰》(*Dei Delitti e delle Pene: Of Crimes and Punishments*, 1764)。在此書中，他提出了許多改良司法的具體主張，大都為邊沁所採用。他認為刑罰的輕重應與犯罪的等級相符，其主要原則在於應使犯罪者感受最小痛苦而達到最高警戒的效果，否則即是暴政。死刑應該廢止，沒收財產及株連家族的處罰均非合理。法律之目的不在刑罰，是在於配合道德與教育以防止犯罪，而其積極意義在使人民得到最大快樂與最小痛苦，更在於完成最多數人之最大快樂。另外他又主張法律條文務必確定，簡單明顯，訴訟手續必須公平，法官的審判固應獨立，但其權力，僅限於法條的運用。

　　早期的功利主義者，並不僅限於他們三人，不過是他們對邊沁及其門徒所發生影響為最大者。普里斯特利的著作，對於邊沁亦有直接的感觸。另外如赫起遜 (Francis Hutcheson, 1694–1747)，哈德烈 (David Hartley, 1704–1797) 以及布朗 (John Brown) 等人，均有著作❶，或多或少，或明言或隱含的倡功利之先聲。

---

❶ 赫起遜的著作是《道德哲學之體系》(*System of Moral Philosophy*, 1755)。哈德烈著有《人之觀察》(*Observations on Men*, 1749)。布朗著有《當代風尚與規範之評價》(*Estimates of the Manners and Principles of the Times*, 1757)。

二、英國的背景

簡言之，功利主義是一種以趨樂避苦的幸福追求為目的，而復以苦樂為是非標準的主義。其對於國家的態度，也是主張權力縮小，不應當干涉個人活動，所以根本上是屬於個人主義的，也是英國早期的一種自由主義。前節中已言之，此是十八世紀以來時代潮流所趨，但功利主義所以能在英國於十九世紀前半期產生很大的勢力，而且對於實際的政治改革有很大的支配力，又自有其特殊的原因。

隨著工業革命的進展，舊日中的一切制度及觀念，都發生了動搖及轉變的現象，尤其是中產階級的數量與財富均在日愈增加，使他們與統治貴族之間，發生了勢力的鬥爭，而英國的智識份子即包括於此一新興的階級中，他們必須要結合成一種公共的力量，以便在鬥爭中緊握住一項有力的武器。但另一方面在拿破崙戰爭結束之後，工業化的程度雖是有增無減，然而在經濟方面卻發生了蕭條的景象，社會呈現不安的狀態，物價因受戰爭影響而騰貴，下層人民購買力銳減，加以賦稅繁重，更使人民不勝負荷，甚而一些日用品，亦因稅率苛重，非平民所能購置。一個工人每日工作十七小時以上，其所獲工資仍不足溫飽，一般工廠設備簡陋，工人們終日操勞，體力不支，疾病傷殘甚或死亡者數量極大，而又毫無保險救濟的政策。農村方面，於戰爭期中許多農民被徵役而犧牲於沙場，致農產減少，後來雖通過「穀物條例」，以限制外貨進口的競爭，糧價乃增高，而地租亦因而大增，農民無以自給，致散而走四方，社會上到處充滿乞丐饑民及流浪者，其處境之悲慘尚不及奴隸，可是一般地主貴族及富商卻反而有利，所以一種革命性的不滿已極為普遍。

在政治方面，英國雖然自光榮革命後建立代議制度，但事實上是弊端百出，一般人民對政治無絲毫勢力及影響，國會由貴族特權者所控制，上院議員是根據世襲制度由貴族所掌握，下院議員則根據限制選舉權，貴族

們用腐敗惡劣的手段操縱絕大多數的議席，所謂選舉只是在教堂或貴族的客廳中包辦決定，賄選之事公然進行。而貴族特權者之勢力對政府的影響，尚不僅限於國會，並擴及到宗教、教育、和一切內政軍事等事務，無論保守黨或自由黨，其所制定的法律制度，均有利於貴族及地主。而英國當時的法律，又是混亂矛盾，苛暴繁瑣，惟以誅戮為能事，構成死刑之犯罪，竟多達一百六十種，致稍一不慎誤觸法網，便可遭殺身之禍。邊沁對此最為反感，他認為這種法律是一切不相連屬的原則與傳統之混合物，理論上既不充實，實行時尤為殘酷，唯一獲利者為律師，藉敲詐訴訟訴人而自肥，雜亂錯綜的條文，只有使窮人含冤，讓富人佔上風，使老實人吃虧，讓無賴者佔便宜。

這一切現象，使抱持自由哲學的中產階級之智識份子掀起要求改革的熱忱。本來此時的英國與法國相較，亦應可以發生暴烈的革命，但保守務實是英國的民族性格，他們為法國革命後的恐怖暴亂所震驚，不願在英國再發生人民爭鬥，革命獨裁，以及無情的沒收充公。所以注重實際不尚空談的功利主義，及其所形成的政治性團體——哲學激進派 (Philosophical Radicalism)，只從立法上去著手，把力量和才智集中在國會的改革上，而避免革命的危險，將社會敵對行為變成一種政治問題，把階級戰爭化為政黨鬥爭。於是把不滿現狀的工人及平民，拉到反抗貴族特權的同一陣營中來，要他們知道改革國會是改革社會經濟狀況的最有力手段，但卻要在一切立法及擴大選舉權方面，極力培植中層勢力，而避免平民過份插足其間，致釀成社會革命。然而對於貴族方面，則使他們迫於被壓榨者的怨恨情緒，不得不自行讓步。總之功利主義者所希望的是改革，是再一次溫和的光榮革命，而不是暴亂流血的法國式革命，此結果造成了一八三二年的改革法案，貢獻甚為豐偉。由此可知功利主義的產生與成就是與當時英國動盪的政治、經濟及社會情形有密切關係，它包含有混合著一切新思想及英國特有的傳統觀念，並不像黑格爾哲學下所產生之形而上的制度，也不像盧梭

那樣由幻想所構成的閃爍的理想，而是含有一種對於實際人生的態度，一種社會經濟政治活動的計劃，以及使得與英國民族性格及歷史傳統相諧和的各種方法。

一、邊沁的著作及為人

邊沁在其功利主義形成一個學派，產生實際的影響之時，是被視為此一學派的創始者及領導者。他生於倫敦，亦逝於此都市，自幼聰明，啟蒙甚早。其祖父及父親均為律師，因此當他在一七六一年至一七六三年肄業於牛津大學時，亦攻讀法律，但他無意承繼其先人的衣缽。他對於牛津的古老制度極為不滿，尤厭惡那些中古式的課程，保守而缺乏理想。他在一七七六年所發表的第一部著作——《政府簡論》(*Fragment on Government*)，就是針對牛津教授布拉克斯頓之《英國法律之評註》(*Commentaries on the Law of England*) 而發，極力攻擊思想保守的布氏對英國憲法之讚揚，布氏所推崇的無比制度，邊沁卻視為一種邪惡的外衣，是一種狹隘自私的寡頭政治，充滿腐敗與罪惡，粉飾醜陋，為偏見所蒙蔽。此書出版後，一般人認為作者必然是一位年高的飽學之士，事實上邊沁當時才只是一個二十八歲的青年。

邊沁既不滿意當時的政治制度，以及法律內容與執行的腐敗，乃專心著述及熱心的從事改革工作。他主要的著作，除《政府簡論》外，尚有《道德與立法之原理》 (*Introduction to the Principles of Morals and Legislation*, 1789)，《立法論》(*Theory of Legislation*, 1802)，《巴力門改革計劃》(*Plan of Parliamentary Reform*, 1817)，《憲法彙典》(*Constitutional Code*，其中部份於一八三〇年出版，一八四一年全部出版。)，《道德學》(*Deontology*,

1834) 等。他的著作範圍甚廣，包括了政治、法律、宗教、教育、經濟及監獄改良各方面。文辭清晰，辛辣而富煽動力，對於古老制度與傳統的批判，具有一種真知灼見，將籠罩在腐敗制度及信仰上的感情的聯想與浪漫雲翳，有力的揭開。惟至晚年，筆調變成為含蓄及有教訓性的，冗長而難解，而其中許多是假手於其門徒的編撰，他的一個門徒，法國籍的瑞士人杜蒙 (Etienne Dumont)，曾將他的著作用法文譯寫刊佈，使邊沁在英國尚未享有盛名之前，已使他的思想宣揚於歐洲大陸，一七九二年法國贈予榮譽公民之名義，以示敬意。

　　邊沁得力於其門徒處甚多，生徒們對他亦極崇拜恭謹，許多優秀的智識份子都列入他的門牆。他們創辦《西敏寺評論》(Westminster Review) 雜誌為喉舌，後來並辦了《晨報》及《蘇格蘭人報》兩份日報，又於一八二八年創立倫敦大學，教授社會科學。所謂哲學激進派，亦即是他們所組成的一個政治性與學術性的集團，宣傳功利主義的理論，雖然並非是立於保守及自由兩黨之外的第三黨，但是具有較兩黨更進步澈底的改革方案，並迫使兩黨採取他們的政策，藉以達到廢除舊制度及建立新秩序的目的。邊沁之為人勤奮、仁慈、天真、愉快而不幻想，他頗有貲產而獨身，終生致力於研究與改革，得享大壽。

二、功利原理

　　邊沁功利思想的最基本觀點，是認為趨樂避苦為人類一切行為的原動力，此為人性最自然與普遍的表現，無論為何種人，為王侯抑為庶民，才智或下愚，皆有此顯而易知的同感。他在《道德與立法之原理》一書的開始中說：「自然將人類置於兩大主宰的管轄之下，一種是痛苦，一種是快樂，它們指示我們應該去做何事，同時也決定我們要做何事。一方面是屬於是非的標準，另一方面則是因果的關係。它們在我們所做所說和所思考的一切之中管轄著我們，我們縱想盡方法以擺脫其束縛，但最後仍證實這

種苦樂的存在。」這種看法本來早已有之，惟邊沁要將他的理論組成功利原理，以及一種道德數學。既然人類行為的目的是快樂，可知人性是偏於自私的，尋求及增加個人的樂利，是一切行為當行與否的決定因素，此即功利的原理。他說：「所謂功利原理者，乃對於任何行為，須視其能否增加或減少關係者之快樂，以決定贊成或反對的一種原理。」❷⓿這是一種最簡易的公律，在個人如此，在社會亦如此。故言「倫理中所有一切的真理，法律中一切良善美意，亦得自功利」。❷❶因此一切抽象的名詞，如公正、權利、義務、責任、財產，皆為虛構的事物，必待與現實的苦樂發生連繫時，才有意義。所謂國家、社會、王權、政黨等，人們對之亦實無任何義務可言，亦必與苦樂的感覺發生連繫時，才有作用。

苦樂對人，是有如此深切之關係，惟苦樂卻各有其程度上的深淺，如果能夠作一標準的衡量，則可以使個人及社會在追求快樂的幸福上，有一可依循的方針。於是他發明了一種複雜的「幸福計算法」 (Felicific Calculus)，使他有所謂道德世界的牛頓之感覺。他運用了像在化學中所用的分析方法，先將快樂與痛苦作一分類。他認為苦或樂各有其複合及單純的不同，在單純的方面，他將快樂分為十四種：即①器官感覺的快樂，②財富的快樂，③精技的快樂，④愛好的快樂，⑤令名的快樂，⑥權力的快樂，⑦虔神的快樂，⑧善意的快樂，⑨惡意的快樂，⑩記憶的快樂，⑪幻想的快樂，⑫期待的快樂，⑬聯念的快樂，⑭解急的快樂。痛苦則分為十二種：①器官感覺的痛苦，②喪失的痛苦，③狼狽的痛苦，④仇恨的痛苦，⑤惡名的痛苦，⑥虔神而恐懼的痛苦，⑦善意的痛苦，⑧惡意的痛苦，⑨記憶的痛苦，⑩幻想的痛苦，⑪期待的痛苦，⑫聯念的痛苦。各種苦樂對人而言，都是一種痛楚或舒適的滲透的感覺，是一種物質作用的結果，故

❷⓿ *Introduction to the Principles of Moral and Legislation*, Chap. I. pp. 1–2.
❷❶ *Theory of Legislation*, Vol. I. p. 88.

所以苦樂是可以計算的。也因此可知苦樂但有量的多少，卻不分品質的高低，他固然亦承認各人對苦樂的意識不盡相同，不過所有的苦樂對人皆可產生痛楚或幸福，其感受則一，兒童的嬉戲與成人的吟詩，是同樣可以得到幸福快樂的感受。他又提供了七種計量苦樂的準則，即強烈性、持續性、確定性、遠近性、孕育性、純粹性及廣延性。計算個人的苦樂以前四種為最重要，計算社會的快樂，則以廣延性為準，以視影響所及人數之多寡。

　　邊沁以為用這種道德數學，可以計量個人的幸福，社會的進步。這種方法是以一種粗淺機械的心理學為基礎，雖曾促進思想的進步，但是有其缺點的。邊沁雖認為苦樂是物質作用的結果，然在其苦樂的分類中，除器官感覺的苦樂是屬於生理的感受外，其餘皆屬於心理的，亦可謂精神的，是主觀的感覺。而心理的苦樂實決定於個人所處的社會因素，同樣的一件事情，是否會產生苦樂，全因社會不同而有所差異，並非是客觀的必然，因此也便不可能是科學的，不能如數學一般的有絕對的數量。甚而生理上感受的苦樂，也是因人的性別、年齡、體能、智力及社會地位而不同。邊沁自己為此也列舉出三十二種不同的境遇，以言感受性各不相同。事實上仍然是社會文化的影響力為大，文化進步可以用各種方法以替代生理的快樂，因此可知決定苦樂的因素是複雜而變化的，會因人、因地及因時而各異，不可能有精確的計算。即使可能計算，而揆諸實際，亦非人之常態，人們不會在每一行為之前，必三思演算而後決定。再者，邊沁不僅認為追求快樂是人生唯一的事，而且由此而決定是非，同時這種快樂是只計其量的多少，而不論質的高低，果真如此，人將無所而不為，則如何能據以辨別是非？所以無怪乎以後約翰‧穆勒 (J. S. Mill) 要作一修正了。

三、法律理論

　　人性自私，則如何使個人與社會利益相調和，是為邊沁及其功利主義的信徒，所必須解決的難題，亞當斯密的意見固可作為基本原則，但邊沁

更在法律等方面，發揮其卓見。本來他認為使個人行動受到限制的，有四種制裁力量，就是物理或生理的制裁、道德的制裁、宗教的制裁，以及政治或法律的制裁。但四種制裁力量常不能單獨發生作用，必須互相配合而生效，然後才使得一社會中的人有共同行為的規範，以及與自私相調和。由於當時英國法律的紊亂，及保守者的粉飾曲解，使邊沁在法律理論及實際法律的改革方面，都有很大的成就與貢獻。

趨樂避苦的功利主義原則，為邊沁思想的基礎，當然此一原則要灌注到他的法律論之中。他不同意孟德斯鳩及盧梭的法律定義，而仍以人性，以心理，以功利的觀點去解釋。在計算苦樂的七種準則中，有廣延性一項，是為計算社會苦樂的依據，法律的作用固然在於調和個人與社會利益，但其目的及效果仍在於增加社會人群的快樂，所以「最大多數的最大快樂」(The Greatest Happiness of Greatest Number) 必須是為立法最重要的原則。如此則人們會自然的服從法律，這是社會秩序的引力定律，使個人與社會得到調和，使個人在自利的立場下，亦能兼利他人。此實為邊沁的最大發現，雖然在他之前的愛爾威修、貝加利亞以及普里斯特利，都曾有類此表示，但邊沁將最大多數的最大快樂，作為了一種新的社會道德以及立法的基本信條。因此立法家必須能了解人性並予以滿足，要能符合社會一般人普遍流行之期待，更要熟知幸福的計算方法，發生指導作用。為了簡化計算，他提供了生存、富足、平等、安全四個主要的目標，據此而立法便不致有錯誤。這四個項目的享受愈完全，則社會幸福的數量愈增大。實在說來，一切法律的宗旨也不外乎此。

邊沁反對自然法的觀念，甚而亦否認理性法 (Law of Reason)，他認為自然法及理性法都是無意義的空中樓閣。因為法律是以命令形式所表現的意志，在一個政治社會中，必有一憲法中的主權者所公佈而為各份子所服從的法律，自然 (Nature)，理性 (Reason)，或是正義 (Justice) 都不能立法，都不能被認為是主權者。他既反對自然法，所以也不同意自然權利的說法，

對於美法的革命，他雖表同情，但對於革命後所發表的權利宣言，甚為反感，認為是混亂與荒謬的揉合，徒有口號而並無實惠，不過是紙上談兵而已。因自然權利而對於憲法修正的限制，對於最高統治者的約束，他都認為在實際上無有價值，在理論上亦不可靠。權利與義務是不可分的，如果權利不與義務相連，便只是一個無意義的名詞，權利是法律所給予的，是為最高立法者所許可的行為，法律所施行的刑罰，便是真正權利的保證。惟既享有法律的權利，則亦必有服從的義務負擔，甚或使自由受到限制。萬一立法者的法律違背功利原則，人民雖然可以反抗，但這並非是法律權利，只是一種道德權利 (Moral Right)。

　　為使法律的執行有效，刑罰固然是必須的，但依照功利原理言之，刑罰之所以使違法犯禁者受到災害，其目的在防止效尤，減少犯罪。所以邊沁認為一個政府的任務，雖然是以獎懲的方法，增進社會幸福，但仍應力求避免刑罰。他進而分析犯罪者的動機 (Motive) 與意向 (Intention)，動機是個別的人對於苦樂的內在感覺所生之欲望，由此欲望而計劃決定某種行為；意向則是指行為上期待的結果，但行為的趨勢 (Disposition)，亦即實際行為的結果，常與期待的結果相異。他並且由分析中得知任何行為的動機，其本身並無善惡之別，任何動機都可能產生不良的後果，亦可能產生良好的結果。意向是在於動機之後，也是可好可壞的。人性雖是自私，但在快樂的分類中，有若干快樂是包含有社會動機的，並非純為一己。即使純為一己，如追求財富或權力的快樂，其動機只是產生良好意向及結果的可能性較少而已，故除存心惡毒者外，並非所有為己的動機都有產生壞意向的必然趨勢，這是道德家、立法家及司法官都應當注意的。

　　刑罰之目的，既在於防止犯罪，所以懲處應以其所犯之罪為比例，並應當以改良犯人為目的，而不可苛法酷刑，動輒殺戮，故「確定」與「不偏」在實施刑罰上最為重要。邊沁更攻擊當時英國監獄的惡劣，而力謀改良。他設計了一種圓形的模範監獄，名為 Panopticon，使監獄管理員從中

間一處可以看到獄內全部活動。當然主要的還在於改善囚犯的生活，給予教育及工作的訓練，能使惡賴變為誠實，使懶惰變為勤奮。可是他的計劃竟未得當局接納，但是時至今日，他的主張已成為極普遍的事實。總之他一如柏拉圖之主張，認為法律之刑罰，是為教育工具，而不僅是報復手段，是對犯罪者施予再教育的機會，不要再使苦樂的計算錯誤。他並且主張廢除死刑，以及簡化法律與簡化訴訟程序，法律條文必須明白，在解釋上有可靠的依循，而不致模棱兩可。在這一方面，也可很清楚的看到，他所受到貝加利亞的影響。

第四節　政治理論與改革意見

一、國家的存在

　　邊沁駁斥自然法及自然權利的理論，故對於契約說同樣的也抱持反對的態度，因為他注重實際，厭惡一切抽象的事物。他根本對於飄渺的國家起源問題，甚少興趣，過去很久的事情，不能啟迪現在人們的理智，以及權利義務的觀念。不論契約說是為歷史的事實或是邏輯的概念，都不能解釋政府權力的根據，及人民服從的義務。何況契約說完全是「一派胡言」，是幻想的寓言，因而製造出一些抽象的自然權利的觀念，不惟不能幫助解決政治問題，反而使人們對具體問題不能加以清晰的思考，甚而激起一種革命的狂熱，契約說只是擾害了人的情緒，使人受到無形的束縛。他說：「將人類快樂寄託於虛構之中，把社會組織建築於沙灰之上，此實大可不必。」他更進一步表示：「退一萬步說，縱使我們假定這項從未成文的契約，在今日尚能生效，試問其效力究竟為何而在？豈不是仍在於功利原則。」㉒人們需要國家政府及法律，並不是其祖先或自己要如此，乃是為了自己的利益上的需要必須如此。人們服從國家法律如逸出利益範圍，自

無服從之必要，但只要因服從而引起的不幸，小於因反抗而生的痛苦，自然繼續服從，所以服從的習慣，實為國家存在之特徵。人是自利的，服從較不服從會予己有利，使家庭、財產以及職業有所保障，人們自然樂於生活在政治社會之中，這是極顯而易見的功利作用。政治社會與自然社會的區別，只看一個人群社會彼此之間之關係如何。他說：「當一群人——即一般人民，大體上已具服從之習慣，服從一位或若干明確可指的人——即被稱之為執政的人，他們彼此結合在一起，便可以說是在一個政治社會了。」❷❸國家的解釋，很簡單的便是這種事實的說明。

二、安全的重視

前面曾經說過生存、富足、平等、安全是為立法目標，此四項實亦即國家目的。他更將此四項作一比重的分析，認為生存與富足兩項，一般人自己已經有清楚的認識，苦樂的計算亦較易得知，可以不必立法過多。至於平等與安全，則應有詳細明確的規定，而安全尤為重要，沒有生活及財產的安全，任何人將均無快樂可言。為享有安全的保障，人們常從事財富的累積，此不僅為目前，亦為了將來，故維護安全的最好方法，即在於保障財產的權利，任何對財產的危害，都會使人痛苦，相反的任何對財產的保護，都能使人快樂。財產權利當然亦並非為一種自然權利，而是法律權利，是社會中每一安全的合法保證。至於平等，也是可以增加快樂，但不可與安全相抵觸，而經濟上的絕對平等，並不是國家唯一的重要目的。由於法國革命後的恐怖暴亂，使邊沁已深具戒心，亦使他預見到共產制度強調經濟平等，則必將失去安全，在專制與奴役之下完成，但失去安全，便失去一切。事實上人的快樂感受性不同，故財富的多寡也並不與快樂大小

---

❷❷ Ibid., Vol. I, pp. 96–107.

❷❸ *Fragment on Government*, Chap. I, p. 137.

成正比例。國家可藉法律，循和平漸進的方法，去廢除特權，減少財富差額，使得分配得宜，造成一種較大和較自由的環境，鼓勵達到經濟均衡的趨勢，並不必須採行共產制度的絕對平等。所以如果在安全與平等發生衝突時，應毫不猶豫的放棄平等，否則破壞了原有的財產制度，安全隨之喪失，社會將退化到野蠻狀態。他更認為凡是一切建立經濟平等的企圖，如果是革命性的，則只會帶來無限的懶惰和貧困，結果使人民痛苦，他們將詛咒這種新制度及其發明者，並且要努力使原有狀態恢復。

三、政府的目的

關於政府存在的目的，邊沁亦認為是力求組成國家的每個人最大快樂，也就是最大多數的最大快樂，政府即是在此一目的下施行各項工作的集體。此一說明使政府與國家的面貌同樣顯明，無論政府或國家，都不是黑格爾式的神祇，亦不是高高在上的擁有無上權威的神祕機構，必須讓人民對之盲目的崇拜與服從，相反的邊沁認為人民對於執政者之信仰是愈少愈好，以免為其所愚弄。政府為達目的，要運用法律的賞罰作用，以執行職務，但就其本質而論，政府的職務仍屬消極性的，因為以賞罰為手段以對待人民，實為不得已之事，故政府職務的執行，應儘量避免為害於人，使個人在追求快樂時不致受到干擾，所以他主張法律宜少，因為在他看來，多一條法律，人民便多一層自由的束縛。政府應很少干涉到人民的經濟生活，關於市場的供求，以及工資、工時、價格、投資、和一切生產狀況，都應當採取自由競爭的原則，任由經濟法則的自然運用去各自適應。邊沁在經濟學說方面，雖然信從亞當斯密，但是他更加擁護自由放任的政策。不過他亦深知政府的力量甚大，對於人民所發生的影響極深，甚而可改變人民對於苦樂的感覺性，支配一國人民體質的健康，及道德的程度。故凡屬公眾福利事業，真能增加最大多數最大幸福者，政府亦理應肩負，如教育工作，應由政府推行，普設學校，否則人民則無能力參予政治活動，以求個

人利益與社會利益的配合。

四、改革的意見

　　邊沁對於當時英國的政治制度，極為不滿，所以力主改革，但並不主張革命，只是運用國會的立法行為以廢除一切弊端，而不願引起一種蹂躪的行為以求解放。邊沁自然是傾向個人主義及民主政治的，雖然他的最大多數最大幸福的原則，看起來似乎是種多數的快樂，不重個人的快樂，但是由於邊沁重視個人價值，人人是平等的，當計算最大多數最多快樂時，是以每一個人為單位而計算，所以他仍然是一個個人主義者。同時由於政府必應追求這種以個人為單位的最大多數最大快樂為目的，那麼只有在治者與被治者的利益相配合，使個人利益與社會利益相調和時，政府才能健全，功利原則才能實現，因此便必須走上民主政治之路。但是使人民直接參政，勢不可能，所以仍有賴於代議制度，借重國會的力量。

　　邊沁既倡民主，則對君主政體及貴族政體，均痛加抨擊，甚而主張廢除君主及貴族制度。但當時國會的腐化，只不過是民主的偽裝，議員們並不能真正代表人民，無論保守黨或自由黨，均出於同一階級，只代表地主及貴族的利益，而又皆為國王所御用，造成輪流執政的煙幕，完全是一種寡頭政治，兩黨制度乃為其所破壞。因此他主張普選而擴大選舉權，使人口正在迅速增加的新工業都市產生代表，以取代腐敗的貴族，惟如此始能符合最大多數最大快樂的原則。議員應向選民負責，不受朝廷左右而保持獨立，任期以一年為限，當時任期是七年，時間太久，代表性已淡。祕密投票以防止權貴的壓力。議員不可擔任行政官吏，應給予待遇，以增加其責任感。另外他更主張內閣首相應由下院選舉，增強下院的地位。他力主廢除駢枝的上院，將立法權完全置於下院手中，使行政與司法均在其下，受到立法的控制。上院只不過是貴族的武器，使一個較小的特權階級有權否決為公眾福利所定的法律，是最不合理的事，更使兩院之間扞格衝突，

致法案的通過，作不必要的擱延，二院制只有徒增滋擾，重複而浪費。邊沁的這些意見，都包括在一八一七年的「巴力門改革計劃」中，一八一八年的下院會議中，已有部份獲得通過。

第五節　功利主義思想的討論

一、功利主義的健將——詹姆斯・穆勒與奧斯丁

　　在早期的功利主義陣營中，邊沁的兩大弟子——詹姆斯・穆勒 (James Mill, 1773–1836)㉔及奧斯丁 (John Austin, 1790–1859)㉕，是在實際的改革及理論的闡揚上，最為有力的人。邊沁在早年並未熱衷於民主政治，至一八〇八年與詹姆斯・穆勒相遇，才改變了他的政治主張，並且詹姆斯・穆勒更把他推崇成為一個偉大的改革運動的領袖。所謂哲學激進派，實際上是詹姆斯・穆勒所組成而領導，特別致力使中產階級出人頭地。他以感覺與觀念的聯念論 (Association of Ideas)，以加強邊沁趨樂避苦的功利主義之理論基礎。在政治與法律的意見方面，則多與邊沁雷同。至於奧斯丁，是把邊沁在法律方面的理論，加以更精密的界說與更科學的整理，他在法律分類中認為惟有實體法 (Positive law) 是真正的法律，乃主張法律學應限於實體法的範圍，於是將法律與政治倫理分開，成為一獨立科學，他的法律主權論，亦由此而起。

㉔ 詹姆斯・穆勒主要著作有 《政治經濟學綱要》 (*Elements of Political Economy*, 1821)，《人類精神現象分析》(*Analysis of the Phenomena of the Human Mind*, 1829)，及《麥金陶西評論》(*Fragment on MacKintosh*, 1835)。另外有關政治、法律、及國際法之論文收集於《大英百科全書》第五版之增補附錄中。

㉕ 奧斯丁主要著作有《法學演講集》(*Lectures on Jurisprudence*, 1832)，及《憲法芻見》(*A Plea for the Constitution*, 1859) 等。

約翰‧穆勒是為功利主義晚期中最主要的一個人物，但也是最後的一位理論家，將留待下章專一介紹。功利主義發展至他時，已到終站，而且在他的理論中，功利主義的面目已有很多的改變，他甚而有若干社會主義的傾向。因此乃擬於本章的最後一節中，針對邊沁所創立的功利主義，亦即是所謂早期純粹正統的功利主義作一回顧與檢討。

二、功利主義思想的評論

功利主義在英國思想界，支配了一個世紀之久，可以說是英國思想家對道德及政治哲學的最大貢獻，也是英國政治思想發展上最燦爛的一頁。時至今日，其理論雖是已成過去，但它是個人主義及自由主義中最主要的一種思想，其所產生之影響，至今或仍未根斷跡絕。

邊沁是一個真正的屬於英國傳統的思想家，他的思想是具體的，慎重而實際的。他的功利原則是從具體事實中得來，並非由抽象觀念中產生，不過他固然很少涉入幻想，但也因此使他過於著重冷峻的理智。而由於當時之心理學智識的簡陋，不可能讓他的道德哲學毫無缺失，他以苦樂以說明一切善惡是非的基本原理，實在不能道盡人性的表露。並且用這種人們追求快樂的欲望，以解釋人群社會的一切組織，也顯然是有所偏失的。即使人們唯快樂是求，但人之所欲，仍然是各不相同，又如何能使個人利益與社會公眾利益相一致？邊沁雖然曾反對自然法的觀念，但在公私利益調和的方面，也似乎樂觀的採納了重農學派及亞當斯密的自然秩序及自然平衡的觀點，所以他也主張自由放任。可是在放任的資本主義的競爭中，利潤是唯一主要目標，此為資本家所追求者，以後事實證明，這種私利的追求，並未與公益相一致，反而為害大眾甚烈。邊沁願意把公私調和的責任，置放於立法者的肩頭，但是人人既是追求一己的快樂，則立法者又何能例外，何以獨能追求眾人的快樂而不顧及自己？

邊沁之所以致此者，是由於過份誇大了個人的能力，認為每個人都能

明瞭其自身利益何在，亦能明瞭自己的利益與社會利益相配合，是最大的
樂利。事實上個人能明瞭其利益者為數不多，對自己所欲求的目標有選擇
能力和自由者，為數尤少，大多數的個人常常是依賴一切情勢和環境條件
來作為選擇的手段。由於這種過於重視個人主義，以致誠如蓋泰爾 (R. G.
Gettell) 所說：「功利主義視政治社會純為個人之集合，遂忽略了國家一部
份特殊的屬性。」他同時又說：「因此其政治學說，實為政府之學說，而非
國家之學說。」❷事實上邊沁的確在國家、政府以及主權的觀念區分上，
是極為混淆的。

　　功利主義過份重視財產，也受到許多譏評。但這是由於受時代環境影
響，必然而有的反應，代表工業革命後中產階級的意識。工業革命後利用
機器生產給人一種興奮的刺激，使有雄心的人有變為富人的機會，使他們
看到了一種快樂的遠景。經濟上的成就乃是一種新的快樂，而經濟上的失
敗便是一種新的痛苦，此皆為工業革命所給予中產階級的意識。因此使功
利學派重視財產權，其所形成的資產階級自由主義，在中產階級發生了極
大的作用。而此一階級的勢力在工業革命後正是蒸蒸日上，他們憎恨維護
貴族特權之傳統的保守思想，但法國革命後為無產階級所喜愛的人人平等
的原則，亦為他們所恐懼。邊沁及其門徒乃竭力維護此一階級的經濟權益，
同時要把政權自貴族手中爭取過來，他們的主義乃成為中產階級的哲學。
批評功利主義甚力的歷史學派之學者狄西 (A. V. Dicey)，對此點觀察得極
為清楚，他很了解邊沁的主義根本是一種中產階級的信條，同時中產階級
也比其他階級更希望其學說成功。約翰・穆勒亦曾說明功利主義是表達了
社會上新興起的大部份人民的利益和希望，詹姆斯・穆勒甚而認為中產階
級的利益就是公共利益，並且是最適宜統治國家的人選，是所有人民中最
有用的人，美國的建立即有賴此一階層。所以他們雖然主張擴大選舉權，

---

❷ R. G. Gettell: *History of Political Thought*, Chap. xx, p. 321.

卻仍附有財產的條件，他們認為財產權並不能構成一種特權，因為每個人都有能力獲得財產，所以由有資產者來控制政府，也並非是一種階級專政，這只是一種自然選擇的法則，在優勝劣敗的競爭之下，使最適當的人掌握政權。但是如此一來，不僅損害了平等精神，而且使「最大多數最大快樂」的原則大為減色。他們的奮鬥固然獲得了很大的勝利，但也造成了資本主義、資產階級取代舊日貴族的地位而成為新貴族，嚴重的問題隨之而產生。故功利主義思想的演化，使得進化論派及社會主義都受到很大的影響與刺激。

三、功利主義的成就

　　功利主義所以能成為一個重要的思想學派，在歷史的進展中掀起不小的波瀾，主要的還是它在社會政治及經濟各方面的務實致用的效果。其哲學方法是為歸納的，其資料是從實驗方面引申而得，而其目的則為實用，惟對於一些社會問題，並未能有深刻的分析，所以雖曾流行一時，終將被後浪所取代。不過所有政治思想，均與其所處環境相關，均有其時間性與空間性，功利主義的每一理論，自亦不能一一與百世並存。邊沁一生孜孜不倦，面對難題，苦心思考研究，他以「最大多數最大快樂」作為道德和社會政策的一種基本原則，作為政治施行與法律制訂的唯一準繩，他將政治與倫理又併入在同一的課題之中，具有一種仁慈為懷的人道精神。而其觀念單純，易入人心，在當時其影響業已普及全國，非僅限於中產階級之內，即至今日，也不能說已成絕響而仍然是餘音猶存。邊沁雖是反對革命而主張改革，但是他的功利主義是具有革命精神的，他完全反對歷史和傳統所給予古老制度及習俗的莊嚴成份，所以他對每一制度、法律、傳統、習慣都表示懷疑，這是一種不休的進步力量。他揭開了當時英國政體的華麗外衣，使人發現到不易覺察的弊端，而創立一種心理狀態，使人承認及擁護一切新的思想、新的制度和新的進步方法，因此展開了人類進步的遠

景，這是功利主義思想的目標，也是其具有永久價值的所在。

　　由於邊沁追求進步，又由於務求實際，所以他主張一切改革由立法著手，而努力於國會弊端的廓清革新。同時由於現實的情勢，他的哲學激進派，也不得不有若干妥協讓步，但是他們畢竟一方面戰勝了保守的力量，一方面安撫了下層階級革命性的暴亂情緒，而避免掉類似法國資產階級兩面作戰的艱困，更避免了暴力革命，化為民主政黨的角逐競爭。一八三二年的改革法案，是他們偉大的傑作，使選舉權擴大，代表制度變更，選舉區重新劃分。國會面目乃為之一新，貴族的力量雖未完全排除，但中產階級已漸漸握有控制的權力。自此之後在十九世紀中一連串的改革法案陸續推進，如民刑法與監獄之革新、工人境遇之改善、濟貧法之變更、穀物條例之取消、國民教育及貧兒教育之創立、以及上院權限的削減，這一切都無不是邊沁及其門徒的貢獻，即使反對功利主義的歷史學派主將梅因 (Sir Henry Maine, 1822–1888)，亦表承認。同時國會立法權力的實際表現，愈加增強及增高了它的地位，議員係在較廣大的基礎上產生，依靠開明的公意及輿論促其負責，使人民操有最後的權力，政治乃更趨於民主。

　　功利主義學派藉立法行為以求改進，實在創立了一種和平漸進的新方法、新楷模。改革必須是一次又一次繼續下去，必須激進的作重大的改變，更要減輕任何階級或集團的痛苦與不平，而使整個國家受到利益。他們藉國會活動來實行激進改革的方法，成為英國國有的傳統，十九世紀的自由黨與二十世紀的工黨，都是在追隨此一路線前進，所謂「漸進的必然性」已被英國公認是獲得社會進步的最好方法。❷⑦

---

❷⑦ J. Salwyn Schapiro: *Liberalism and the Challenge of Fascism*, Chap. IV.

第二十一章　新自由主義的先鋒
——約翰‧穆勒

一、約翰‧穆勒的生平簡述

約翰‧穆勒 (John Stuart Mill, 1806–1873) 在功利主義方面而言，是最後的一位壓陣主將，但換一方面言之，他卻又是新自由主義的先鋒。他雖然浸染了邊沁的功利思想，但在他認識了功利主義的既定範圍之後，仍能脫穎而出，成為一個較邊沁等早期功利學者思想更加豐富，更富於人道的鬥士，而擺在他眼前的，也是一個更廣大的社會面。由於社會情勢實際的變化，自由主義者不能仍一味為中產階級的代言人，必須解除其孤立景況，與其他社會階級接近，於是不再是一成不變株守原有的陣地，而必須要去對新的境域作科學的研究。在這一方面說，約翰‧穆勒有最大的成就及影響，並且他的生命和事業也綜合的表現出一個時代和一個國家的各種特性出來。換言之，他可以作為英國十九世紀自由主義及自由運動的化身。

約翰‧穆勒的《自傳》(*Autobiography*, 1873) 是他個人一生的素描。在此可發見到他的父親詹姆斯‧穆勒，完全掌握及佔據了他自幼年至青年時期的生活。正直嚴肅的詹姆斯‧穆勒對於他長子的幼年教育，一切皆按照他自己的計劃去進行，他是一位嚴父，也是一位嚴師，他相信教育和環境是決定一個人發展的最重要因素，所以他要親手把約翰‧穆勒培養成一個功利主義的信徒及宣揚者。於是小穆勒三歲即啟蒙學習希臘文，八歲時又習拉丁文，十歲時已能毫不費力的閱讀柏拉圖的原作，至十二歲時，便已熟讀亞里斯多德的《邏輯學》，以及一些著名的古典著作，並研究當代許多功利主義前輩的政治經濟學說。他一直被關在書室裏做試驗品，即使散

步時，也是和父親一同討論問題。他的父親並要他做弟弟們的小老師，他從沒有嬉戲的玩伴，亦沒有兒童的讀物與玩具，他完全沒有一般人童年的活潑生活，也沒有一般人的家庭感情生活。這種生活及學習，當然對他身心的發展有所妨害，但也深刻影響到他以後的思想和行為。他對父親非常欽佩和敬畏，在一生中都感到父親與他同在。當他十四五歲時，智力的成熟及學識的豐富，已絕不低於一個受過高等教育的聰明人。此時他曾被送往法國，居於邊沁弟弟家中一年，研究植物學、化學及數學，學習法國語文，並且考察法國的政府及社會。歸國後研讀邊沁在法律方面的著述，此後他經常為《晨報》及《西敏寺評論》等刊物撰文，並且擔任主編。他在一八二二年結合了一些少年朋友，組織「功利學社」(Utilitarian Society)，並加入各種學會，與父執輩的學者結識並一同研究辯論。

　　成年之後的約翰‧穆勒，感情方面似十分空虛，老穆勒一向厭惡詩歌，只重視理智與邏輯，除對政治及社會具有道德的憤慨外，沒有私人的感情。約翰‧穆勒亦被塑造成沈默寡言，絕少歡笑，經常雙眉深鎖，神經過敏。華滋渥斯 (Wordsworth) 的詩篇，以及泰勒夫人 (Mrs Taylor) 的柔情，終於使他得到了感情的發展，尤其是與泰勒夫人的結識相戀，對他影響極大，否則此一早熟的青年，將萎謝而枯槁。他開始感覺到，個人具體的感情上的經驗是一種快樂，這與功利學說中抽象的快樂不同，同時亦使他除具有理智外亦兼重感情，並富有同情心。他與泰勒夫人維持了二十年的友好，於一八五一年俟泰勒夫人為孀婦後始結褵。他在十七歲即進入老穆勒曾任高職的東印度公司，直到一八五八年該公司結束始退休。一八六五年當選為議員後，為一八六六年的改革法案熱烈辯論，在贊成愛爾蘭的土地租佃改革，給予婦女選舉權，以及促進工人福利，防止官吏貪污等方面都能發言雄辯。一八六八年未能再度當選，乃退出政界，五年後卒於法國之阿威農。

二、思想的轉變與著作的特色

影響於穆勒思想者，以上的學習生活及經歷，固然是基本的因素，而時變境遷，則使其思想，不能再跟隨邊沁亦步亦趨。工業發達，使中產階級的部份人變為資本家，變為新的權貴，而多數的勞工生活愈加慘苦，表現出財富的分配，有極大的不平均，新的階級對立又已形成。一八三二年及一八四二年，國會對工廠及礦場狀況調查研究之後，所提出的報告，透露出關於榨取工人的黑暗事實，以及工人的悲慘生活，他大為驚異，使他加強注意並改變了對勞工階級的態度，所以他要主張擴大選舉權及於勞工階級，並且認為貿易是一種社會行為，對於以往的放任政策感到懷疑。因此逐漸感覺到政府為了大眾福利之需要，有權利和義務來干涉勞資之間的關係，政府應當有權利防止有害大家的社會行為，於是他有了社會主義的傾向。

另外他的思想還受到法國與美國兩個外來的因素之影響。他對於法國頗具好感，少年時居留法國一年，使他呼吸到歐洲大陸生活中自由親切的空氣，他對法國的情形很了解，實證哲學及社會學的創導者孔德 (Auguste Comte, 1798–1857)❶，歷史學者密西萊特 (Michelet, 1798–1874)，政治學者托克威爾 (Tocqueville, 1805–1859)，烏托邦社會主義者聖西蒙 (Saint-Simon, 1760–1825)，以及另一政治學者吉佐 (Guizot, 1787–1874) 的著作，他均曾熱心研究，並常常與孔德通信研究問題。穆勒對法國的同情及好感，

---

❶ 孔德的主要著作為《實證政治體系》(*System of Positive Polity*)。他認為人類思想係經過神學、玄學、及實證三個階段。自工業革命後，科學昌盛，一切研究必以事實真相為對象，以經驗實證的方法，求獲真理，建立完善的社會。故理想的良好政體，與人無益，政治制度須與整個社會環境相配合。他更創立社會學，是為研究人類之科學，他相信社會組織之科學的研究，若參以健全的進化論，則社會科學得以成立，其精確性將與自然科學無異。

使得他具有了左傾的成份。他在一八三〇年革命時期居住法國，使他感覺
到已進入一新的空間，而對於一八四八年的革命亦表擁護，甚至贊成當時
的革命者路易布蘭 (Louis Blanc) 所提出的國有工廠方案。至於美國的影
響，係由間接得來，他因閱讀托克威爾之《美國的民主》(*Democracy in
America*) 一書，明瞭美國在民主制度方面的試驗的成功，使他感到民主制
度是世界必然的進步方向，也是全人類之所希望。在一八六二年美國南北
戰爭期間，他熱烈支持北美，因為他相信北美是在為維護政治民主及社會
平等而奮鬥。

　　不過穆勒固然在十九世紀的思想發展歷程中，佔有顯著的地位，但是
他不能和他同時代功利學派的前輩邊沁、馬爾薩斯、李嘉圖等人一樣，是
具有原始創造性的思想家。他的特點是虛心觀察和論斷正確，同時他是個
能把天才通俗化的人，可以作為哲學家與世俗常人之間的橋樑。他能坦率
的表示自己的意見，也能接納反對者的意見，有時甚而使人感覺到他失去
了立場。但因此使得願意接受其思想者易於吸收，而使不願接受者亦感興
趣。於是他使得他的新自由主義，成為一種沒有階級的全國性的理論，具
備了悲天憫人與合乎情理的一切優點，可以適用到各方面去。他的文字亦
如其人，高雅簡潔，顯明而精確，其議論之所以為人所服，即由於文字的
清晰及論理的完美。可是或由於受到他父親的影響，致缺乏色彩、熱情及
幽默，但也無有譏諷的跡象，間或為固執己見而略帶激動，但卻使其見解
具有道德價值，以及表現出強烈的道德熱誠。所以他的作品瑕疵固所不免，
但仍不可否認的是具有理性及德性的光輝，在政治哲學的傑作中，佔有重
要的席位。

　　他主要的著作，有下列幾種：㈠《邏輯體系》(*System of Logic*, 1843)，
㈡《政治經濟原理》(*Principles of Political Economy*, 1848)，㈢《自由論》
(*On Liberty*, 1859)，㈣《國會改革意見書》(*Thoughts on Parliamentary
Reform*, 1859)，㈤《代議政府論》(*Considerations on Representative*

Government, 1860)，㈥《功利主義》(*Utili-tarianism*, 1863)，㈦《婦女之服從》(*The Subjection of Women*, 1869)。

三、功利主義的修正

約翰·穆勒在功利主義方面，接受了邊沁人生以快樂為目標，以及「最大多數的最大快樂」之基本原則，但在內容上，有了極大的修改，以致在精神上已相距甚遠。

他對於邊沁的道德數學不能同意，因為他認為快樂不僅有量的不同，更重要的是質的優劣。計算任何事物皆必須質量並重，苦樂的計算又何能例外？何況痛苦或快樂不僅是一種生理或心理的感覺，而且亦為對事物的態度，一種生活境界的表示。在邊沁認為，嬉戲與吟詩的快樂相同，穆勒卻說：「做一個欲望不滿足的人，勝於做一隻滿足的豬；做一個不滿足的蘇格拉底，勝於做一個滿足的愚癡。」❷穆勒又認為追求快樂固為行為之準繩及生活之目的，但是他說：「如欲達此目的，須自不以快樂為直接目標處著手。人能於快樂本身之外，另擇目標，乃能得真快樂。」❸人不應該朝思暮想，惟快樂是求，果如此反不能有所獲，應另擇目標以作為獲得快樂目的之手段，例如去為藝術，為美德，為社會公益，或為某種事業努力進取，快樂自在其中。他是要人去獲取較高的理智的快樂，亦即是道德的理想。他的這種修正，固然可以使認為功利主義過於現實的人，改變了一些觀感，但與邊沁之意旨則相去已不可道里計。本來苦樂的感受力，是因人之主觀不同而不同，而事實上一涉及到主觀，便有了品質的高低，邊沁雖有此發現，仍強作科學的計量，其勢有所不能。現在穆勒糾正了這一點，認為寧願做蘇格拉底而茹苦，不願做愚癡而享樂，復勉人另擇目標為手段

---

❷ *Utilitarianism*, p. 9.

❸ *Autobiography*, p. 100.

以獲快樂，雖然他仍以快樂為目的，但事實上快樂僅成了副產品。於是他原來的原則和立場似乎已發生動搖。

　　穆勒對於「最大多數的最大快樂」之原則，似頗為堅持及強調，但他是著重在獨樂樂不若與眾樂樂一點上。他說：「判斷行為是非的功利標準，並非行為者一己的快樂，而是所有相關者全體的快樂。」❹功利的最高標準，是為最大多數的最大快樂，故與其謀自己的快樂，不如謀大眾的快樂。他較其前輩更明瞭道德性之根本以及社會性的發揮，必須以利他主義為主要根據，所以他要人另擇目標以求快樂，他甚而認為有許多美德行為，反使人苦多樂少，甚或犧牲快樂，仁人志士之所以成仁取義在此，捨棄一己的快樂以謀萬眾的幸福。如此則人生的目的與價值，顯然是在快樂之外另有了標準，與邊沁所倡示之趨樂避苦為人類行為唯一指針，已有甚大距離。

第二節　政府論

一、政體的存在

　　穆勒的政治理論，一如邊沁很少觸及較為抽象的國家理論，亦少談及國家及民族的問題，雖然當時歐洲已風行此類思想，他所偏重的是政府的實際應用方面。他在「代議政府」的開始一章中，首先討論一種政體所以存在的原因，他發現關於此一問題，有兩種相反的意見，一種是視政治完全是一種實際技術，而政體亦正如同人所製造的機械。另一種意見則認為政體「不是造出來的，而是生出來的」。是由於一個民族天性和生活的一種有機生長物，亦即是說非出於有意的圖謀，完全是習慣，本能及無意識的要求和欲望的一種產物。穆勒認為此兩種看法不完全對亦不完全錯，他固

---

❹ *Utilitarianism*, p. 16.

然也承認「一切政治制度都是由人製造的，其產生及能夠存在，皆由於人類的意願」，❺而不是憑空生長出來，但是也並非因出於人的製造，則方圓可任由人意。因為他知道政治制度，當然是因人而產生的，自必有人為的因素，然而卻絕非一日之功，亦非一人之力，歷史的影響，社會的勢力，以及物質的條件，都可以左右制度的建立與變革。故政制亦非如同一般機械，動靜悉由人便，但亦非完全不由人自主，而隨波逐流，委之於天命，聽其安排，而是一個民族是可於相當範圍內，自弊害的累積經驗中去選擇其政體。

政體既係因人而產生，政治機構更必須由人操縱，而所需要的，並不只是單純的同意，乃是積極的參加，同時亦須視操縱者之能力與品質如何，作適當的調整，所以一切政體的能存在，必須包含三個條件： 1.人民必須願意接受它，至少不是太不願意而去反抗它。 2.人民必須願意而且能做一切必要之事使它繼續存在。3.人民必須願意而且能夠履行它所加予的責任，及做到它所交付的任務，俾實現其目的。❻

二、政府的職務及優劣之鑑別

至於論及政府的職務時，穆勒仍以放任為原則，干涉總屬例外。政府的首要職務在於保護個人及其財產，防止個人被侵害，亦防止個人侵害他人，除非有在某種大的利益要求之下，不應干涉。因為放棄了放任的原則，必產生罪惡，無論以法律或公意來箝制個人的思想與行為，都可釀成專制而妨害人類的進步。他甚而反對教育由國家辦理，在他看來國家的教育辦理愈有成效，對於人之心身，均將愈形成專制。如國家必須為貧民辦理義務教育，亦應該在內容及方法上採取放任態度，與一般私立學校公開競爭。

---

❺ 參閱《代議政治》一章，一〇七頁（郭志嵩譯，協志工業叢書出版公司初版）。
❻ 參閱《代議政治》一、四章。

所以即使有干涉之必要時，也須要受到幾個限制，這些限制，也就是所以採取放任的原因：㈠某些事業由私人舉辦較之由政府舉辦更好，則不應干涉，例如工業。㈡某些事業雖然由政府舉辦較私人為優，但由於私人辦理具有精神教育意義，增進活動能力及判斷的知識，亦應放任。如陪審制度、地方機構、及由自動組合經營工業與慈善的事業。㈢並無必要而徒然增加政府權力之事，是為大害。舉凡交通、保險、股份公司、大學、地方自治團體等，如皆屬政府之分支機構，一切人員皆由政府委派支薪，一生昇遷均仰望於政府，則縱有再多的出版自由與民間立法組織，亦將使自由名存實亡。❼

測驗政治的好壞，秩序固為一必要的條件，但秩序並非政治的目標。所謂秩序是使私人暴力停止，保持社會和平，但儘管人民建立起服從政府的習慣，將一切爭執交由政府當局處理，而政府在處理上卻可能有種種程度上的不同，故秩序是政治的條件，不是政治的目標，不能據以判斷政治的好壞，秩序充其極只能維持原來的善，惟有進步才能增加善。進步固然亦有賴秩序為條件，但秩序不能包括進步，進步卻可以包括秩序，故進步的表現，可以顯示出政治的全部優點，據此而論，一個良好的政府是在於能增進人民的品德和智慧，如促進勤勉、純厚、公正、節儉、勇敢及創造、發明等美質，這種人民個別或集體的優點之增加程度，可視為政府好壞的標準之一。同時政府亦應該除增進人民福利外，亦理當將人民的優點納入政治制度中，作為推動政治機構的原動力，這也是政府本身的特質，以及可作為政治良窳的另一標準。此即是說政府是否能利用所有既存的優點，俾有助於正當的目的。❽由此視之穆勒已不僅是要政府消極的負責警察的職務，同時亦有文化的責任，則放任與干涉之間的界限如何劃分，便不是易事了。

---

❼ *On Liberty*, Chap. V.
❽ 參閱郭譯《代議政治》二章。

三、代議政治的解析

　　穆勒對於政體的採取，並無絕對的觀點，當視與國家環境而定，惟比較之下代議政體仍為最好一種。如將政府視為機械，亦應當選擇機件精細良好易於操握者為佳。代議組織是使社會表現有一般智力和廉潔水準，以及社會上最聰明者的智慧和品德，對政府發生直接影響的一種方法。他在一些理論與事實的種種論辯之後下一結論說：「從種種的理由中，可以明白看出唯一能夠滿足社會一切要求的政治，就是由全民參加的政治，儘管參加的是最小的任務，也是有益的。這種參加應該在社會進步的一般許可範圍內，儘量求其廣泛，而最後最可希冀的事，莫過於大家分享國家的統治權，但在範圍遠超過一個市鎮的社會中，由於大家所能參加的只是公務中極小的一部份，　這就意味著一種完美政治的理想形式，必然是代議制的。」❾所謂代議制度，他的解釋說：「代議政治的意義，是全體人民或他們的一大部份，經由他們定期所選的代表，行使在每一組織中都將有所屬的最後控制權。他們必須完全擁有此最後的權力，亦必須在願意過問的時候，成為一切政治措施的主人。」❿代議政治是使得主權，或行使最高最後的統治權，屬於社會全體，而其主要優點，在於能夠教育人民，同時他相信每一個人對其自身權利及利益，最明瞭亦最能保障，所以每一個人都應對其自身幸福有關的問題發生必要的影響。依照功利主義的理論，自由乃為繁榮的工具，而繁榮又為幸福的法門，此種觀點，穆勒並未放棄，所以他認為人民愈自由愈活躍，參予其事者人數愈多而愈努力，則國家愈繁榮及幸福。

　　議會的重要權力在立法，但是由於人數過多，有時並不適宜直接從事。

---

❾ 參閱《代議政治》三章，一四六頁至一四七頁。

❿ 參閱《代議政治》五章，一五八頁。

他說：「幾乎沒有一件運用智力的工作，可以和制訂法律一事相比，它不但需要有經驗有才能的人去做，而且需要經過長期的用心研究，及對此事有訓練的人去做。」⓫故實際的法案草擬工作可交由一個人數較少的立法委員會去進行，但議會有權決定此種人選，及監督其完成任務，並且有最後的拒絕或接受的權利。在立法方面，議會的實際表現是如此，所以其真正的職責或效能，還是在於監督政府，及使人有暢所欲言的場所。他說：「議會的正當任務，不是行使它不能勝任的統治權，而是監督和控制政府，對它的行為公開表示意見，……此外還有一個與此同樣重要的任務，就是同時成為全國的訴願委員會及言論委員會。」⓬人數過多的議會，既不適宜立法，則尤不適宜負責有專門技術及經驗的行政工作。但是它可以迫使政府，將有問題的行政措施，公佈全部真相及說明理由，可予以譴責與非難，甚而可解除負責行政者的職務，另外任命繼任人選，這的確是保障國民自由的很大權力。所謂使議會成為一個全國的訴願及言論委員會，是使得每一個人的意見，有可以充份提出及討論的機會，可以在論辯之後，使少數反對者，糾正自己的錯覺，衷心稱頌多數意見，亦使得政府在擬定政策時，作必須的讓步，不單是注意目前的危機，也顧及到進步的趨勢。

　　代議政治固為最良好的政體，但非任何國家均可採取。如果進步條件不夠，愚昧無能普遍的存在，人民只知道消極的服從，盲目的依賴，缺乏對代議政治的了解與意願，亦無有能力履行屬於他們的責任，則實行代議政治只會造成少數階級取得控制權，他們將利用其權力作為陞官發財的捷徑，或是使國家陷入權位之爭的困擾，如果一個國家的人民，不能充份的重視代議政治，發生一種相依並存的關係，則此制度的優點亦無法保持。要使得代議制持久，必須靠人民熱心的擁護，當有危險發生時，願意為其

⓫ 參閱《代議政治》五章，一六六頁。

⓬ 參閱《代議政治》五章，一六八頁。

奮鬥，另外地域觀念的過份頑強，權力觀念的矛盾不當，也是重大的阻礙。或人民尚未培養成藉議會以聯合的感情及習慣，在此種情形下，代議政治亦必受到嚴重的影響而至於失敗。

第三節　政治及經濟的改革

一、擴大選舉權

穆勒對於英國的代議制度，在原則上尚表贊同，惟弊病亦多，所以亦有許多具體的改革意見，但由於時代環境變遷，故與邊沁在十九世紀初期所見者，乃有所不同。

在他當時所發現的問題，最主要的是在選舉權方面，他主張擴大選舉權，更趨於民主，由有產階級的選舉變為成人的選舉，而防止中產階級形成為一種新的寡頭政治。他更首先為婦女爭取參政權，婦女也是人民，是公眾的一部份，應給予同等的權利及機會。將選舉權擴大及於婦女，乃是使男女平等的最高象徵，使婦女有一種新的高貴的感覺，而消滅男子不當的自驕自尊，實現真正的公正，而且使增進社會公益的力量加倍。

穆勒一方面提出民主選舉權的主張，可與最大多數最大利益的原則較為相符，但是一方面他又對於多數決定的法則，仍未敢信任，雖然多數決定比其他任何階級的決定較為優越、公平，可是也同樣具有危險。他說：「民主政治的最大危險之一，正如其他的政體一樣，就是掌握權力者的邪惡利益，亦即階級立法及有意為統治階級的一時利益，造成對整個國家的久遠損害。」⓭他並且又說：「代議民主政治容易發生的危險有兩種：一種是議會以及控制它的輿論知識水準低的危險；一種是由一個階級組成多數

⓭ 同前書六章，一八三頁。

的階級立法的危險。」❹在當時的英國，認為有錢，有閒及受教育是為管
理政治的主要條件，而佔有多數的勞苦大眾，亦即是下層階級卻仍在愚昧
之中，故使得穆勒頗為憂懼，多數決定固為唯一可行的路徑，但問題是如
何行使普遍選舉，而同時又能避免多數統治的可能專政。於是他認為選舉
權並非一種自然權利，乃是一種支配別人的權力，因此他主張對這種權力
應加限制，不願立即實行普選權，此種限制即是知識的考驗，此為一種自
由而又保守的政治原則，普遍的教育制度應先在普遍的選舉權之前建立，
他相信教育乃是一種對民主問題的溶劑。

二、複票制與比例代表制

　　由於他重視教育，及為了避免階級立法與多數專制的危險，他建議採
用 「複票制」 (Plural Voting) 及 「比例代表制」 (System of Proportional
Representation)。將複票的優待，給予受高等教育的份子，使他們知識上的
優越，有重量的增加。民主政治的本質，固然是在於以公共意見來組成政
府，注重最大多數最大快樂，但在選票的計算中，除數量外亦兼及品質的
重量。穆勒相信受教育份子是公正無私的，是政治上的君子，應該居於一
特殊地位，戰勝一切階級利益的思想。至於比例代表制，是作為對多數權
利的另一限制，使多數者與少數者均可依其人數比例取得代表權，以減少
多數壓力形成專制，而增加少數的權力，避免變成多數的俘虜。在他之前，
海爾 (Thomas Hare)❺亦曾倡導比例代表說，深為其所讚許。穆勒既一方面
主張普遍選舉，卻又恐懼多數而主張複票制以及比例代表制，這似乎是自

---

❹ 同前書七章，一八五頁。

❺ 海爾著有 《論議員之選舉》 (*On the Election of Representatives*, 1859)。創優先投票
　法以達到比例代表制，俾國會席次之分配與各黨派所投之票更為接近。穆勒認為
　是政治理論與實際中所未曾有之大進步。

相矛盾的，但是和他基本的個人主義卻完全一致，他認為民主是應當在政治上承認每個人，他並不畏懼個人表示異端意見的危險，只畏懼少數者集團的危險，有組織的少數集團會對現有秩序安全有所危害，故保障少數者集團發表意見的自由，是對個人意見自由的真正考驗，而比例代表制是為一項最有效的方法，使每一少數者份子有權來說明其本身的主張，疏導其對社會秩序危害的威脅性。

另外，穆勒又主張公開投票，與邊沁主張竟相反。他認為祕密投票是誘使選舉人掩飾自私動機並且助長其偏見。公開投票則使投票人在公眾的監督及批評之下，必以公眾福利為其道德上的義務。但事實上他忘記了祕密投票才是真正維持自由的方法，使每一公民不必顧慮任何後果或壓力，而完全依自己意見去作決定。為維持公眾福利，他並且主張議員應代表全體，並且反對議員支薪，以免造成一種職業政客和民眾煽動者的階級。同時他亦主張直接選舉及縮短議員任期。

邊沁曾反對國會之兩院制，穆勒則主張維持上院。他說：「我曾主張在每種政體中，對於憲法中優越的力量都應有一反抗的中心，所以在民主國家中，亦主張有一個反抗民主的核心，我認為這是政治的一個基本準則。」❶❻在他看來這也是防止多數專制的方法之一。不過他不贊成世襲的上院制，而主張由大學教授、高級政府官員及貴族的代表所構成，他們沒有多數階級的利益觀念和成見，本身亦無有觸犯民主精神的特質，他們可以牽制民選的下院，以防專制。

三、古典經濟學說的保留與修正

穆勒在功利主義方面，將邊沁的思想作了若干的修正，也影響到他在政治上的許多理論及改革意見，與邊沁有所出入。而在經濟的理論及改革

---

❶❻ 參閱郭譯《代議政治》十二章，二五五頁。

意見上，他又修改了亞當斯密等人的古典經濟學說，並且到了晚年，更顯示出社會主義的傾向，在其《自傳》中曾有很坦率的表白，這當然是有鑑於古典經濟學說的放任主張，造成了資本主義社會的病害所致。不過穆勒對於經濟學的前輩所倡之企業自由與私有財產的原則，仍願保留。因為他認為企業自由制度是經濟進步的一種試金石，而私有財產的安全，又為維持經濟進步的最確切擔保。他所要求的乃是企業自由的限度及私有財產的改善，使得每一個人都能得到利益。因此他作了許多必須的修正，亦即是他在經濟改革方面的重要觀點。

他放棄了古典經濟學的工資基金說 (Wage-fund Theory)，根據此一學說，每一工人工資乃由工人數量去除全部的工資基金所產生的結果。既如此，則任何外界干涉乃屬多餘，所謂社會改革亦無必要。但事實上工人不能得到其勞力結果的利益，大多數人的生活陷於困境，乃認為國家有干涉之必要，社會改革是為刻不容緩的事。他更認為生產與分配兩事，在本質上有很大區別，生產法則是受到自然條件及技術條件的約制，但是分配乃是以人類意志為依據的社會事件，是一種有關社會制度方面的問題，因此社會有權力處理財富的分配，勞工階級的利益必有待政府干涉經濟事件時，始能獲得改進。

四、傾向社會主義的改革意見

他在經濟及社會方面的改革意見，約可分為三點，明顯的表示出社會主義的傾向。

㈠**勞工合作**：他不僅主張工人組織工會，作為保障工人利益的良好途徑，並且主張工人有生產的合作組織。他認為這種合作制度，應由工人平等的參予，以其資本從事經營，並由公眾選舉的方式更換主持人。他覺得合作的社會較競爭的社會，更能獲得財富以及能夠更公平的分配，這種工人合作組合可以成功的取代有組織的企業競爭，而不必經過破壞的手段，

是一種和平的方法，使社會由競爭而轉為合作。

　　㈡**地租公有**：這也是一種革命性的看法，他認為土地是全人類的基本遺產，而地主竟不勞而獲享有地租收入，至為不平，因此應由政府徵用以謀公共福利。他建議徵收土地累進稅，使地租增加，租稅亦隨之增加，而至等於地租，俾此一收入歸諸社會公有。同時他對於法國的小農制頗為讚美，所以他又主張將田地分給耕者，以減少地租的專享，農民自己有了耕地，必更關切而生產增加，至於地主失去土地之後的賠償，可以使他們變為公債所有人或發予補助金。穆勒以為用此種溫和的方法，可以逐漸實行土地社會化。

　　㈢**限制繼承權**：他對於遺贈權與繼承權有一明顯的劃分，前者可視為財產的部份，不能加以破壞；後者則為應由社會處置的部份，可以在為增進公益的前提下，予以變更使用。穆勒認為不應該給予不事生產勞作者很大的財富，因繼承而使一個人坐擁鉅貲，是對社會的不利，他建議僅死者之子女有繼承權，但以足夠維持其生活為限，其餘者應歸政府作為公益基金。在土地方面，他更主張廢除當時的長子繼承權的世襲財產制度。

　　穆勒不僅熱心於當時的社會改革，並且對於將來的遠景，也懷有美好的希望。他相信將社會分為絕不相同的兩部份，一部份為工資付給者，一部份是接受者，在長時期中，此種制度既不適合亦非可能。他預見此種制度必將改變，他知道不建立一種與平等意義相符合的新經濟制度，則政治上的民主不能澈底完成。他所期望於將來的社會者，是一切原料悉歸公有，人人能平等的享受混合勞工之種種利益，不再有勤惰的分野，不工作不得食的規律，不只是施於窮人，而是公平的施之一切人，勞力生產的物資分配，不再為偶生於富貴之家者所佔有，而是依公道原則所分配，人們不會再因窮困而奴役於人。❶❼

---

❶❼ *Autobiography*, pp. 230–234.

不過穆勒對於馬爾薩斯的「人口論」，仍信奉不移，因此對於窮人的大家庭制，極為不滿，人口過剩不僅是資本主義社會所遭遇的問題，而在社會主義的社會仍會繼續存在。他認為窮困之發生及繼續存在，即在於人們完全昧於原始本能的生育繁殖，所造成的人口威脅，所以他贊成如不能保障子女的生活，應限制結婚，他希望工會能指導其會員，以道德限制的方法來節制生育。

第四節　《自由論》

《自由論》一書，是穆勒所有著作中最享有盛譽的一本，在此，他完全展露了自由主義的本色，使人知道個人自由原屬於他的理想，是他思想的本質。他這本書較之以前一切討論自由的論著，都具有更冷靜的闡述，切實的分析及誠摯的主張，而且所有的理論精華，亦皆包含於此一書中。此書出版之日，正當歐洲一八四八年革命之後的反動浪潮高漲之際，幾乎所有的國家都對自由主義的精神加以敵視，但是穆勒堅信自由乃人類進步不可或缺的條件，反動的浪潮只是一種突來的風暴所造成，在澎湃咆哮之聲過去之後，便會煙消雲散，而自由終將獲得久遠的勝利。

一、社會與個人

穆勒《自由論》的主旨，是在於維護個人自由，而使其政治學與倫理學發生連鎖之作用，亦為其功利思想作加深一層的解說，並且很顯然的，他所注重的是更廣泛的社會自由，是人類寬容精神的培養，而並不只是針對政府的束縛而發言抗論。他所以一向主張民主政府，即由於自由的緣故，因為自由能產生高尚的道德價值。其自由的主要目標，亦並非僅要求免除政治壓迫，而是要求一種容忍不同的意見，要求能接受新觀念的公共輿論。他看到威脅自由的巨大力量，並不一定是政府，而是社會，是不能容忍改

變的傳統，是以多數壓制少數的謬誤，所以他深信在一個民主政府之後，必須有一個民主社會，這是他在《自由論》中最主要的觀點，亦是此書有其持久的貢獻所在。

穆勒說：「唯一可稱之為自由者，是以我們自己的方式追求自己幸福的自由，只要我們不企圖剝奪別人的自由，或阻礙別人求取自由的努力。對於自己的健康，身體的或智慧精神的方面，每個人就是他最適當的保護者。」⓲自由乃是一個正常人適當狀態，得以發展其個性及能力，此並非為獲得幸福的手段，其本身即為快樂幸福。自由不但為一人之善，亦為一社會之善，如予以強制，無論對於個人或社會，均屬不利。所以一個良好的社會應當容許自由，同時要增加此自由，使大家得到安適的生活。至於穆勒所稱之自由境域，是包括信仰的自由、思想與感情的自由、言論的自由、以及嗜好行為的自由、結合的自由，他說：「任何社會，不管其政府形式如何，如果不在大體上尊重這些自由，就不是自由的社會，如果這些自由不是絕對無條件的存在，即不是完全自由的社會。」⓳

但事實上，社會上一種流行的意見與感覺的壟斷，造成社會多數人的專制，這種專制雖不顯明，但較之專制的法律或暴虐的官吏更為可怕，因為它使人無有脫逃的機會，深入到日常生活中去奴役人的靈魂。使得反對的異見不敢產生，或者是不能擴大，甚而在學術思想界中，亦不能發射出真正的光輝去燭照問題。這種無形的力量，強迫人們順從社會的觀念去行動，致使一個人的個性受到束縛與損害，人們畏懼社會的專暴尤甚於政府，因為一個人被排斥於社會之外，比被送進監牢還更可怕。因此他要研究出社會運用法律的力量，或出於公意的道德力量，對於個人自由強制的標準何在？尤其是要解釋社會必須尊重個人自由的原因為何。

⓲ *On Liberty*, Chap. I.

⓳ 同⓲。

二、思想言論的自由

穆勒深切了解知識的自由，是幫助國家社會進步的最重要因素，如果能在思想言論方面給予人自由，則每一種改革都會能成功，而對於政府專制的防止，也能發揮其力量，在最大多數最大快樂的公共福利上，亦有其實際的效用。這種自由並非只是從事著作的學者之奢侈品，而是一個進步社會中的必需品，如果沒有思想自由，沒有發表意見的自由，則一切改革都是冒昧突然的，不切實際的。他在這一方面例舉出四點理由，並且反覆的論辯，[20]有力的予以維護與支持。

㈠任何意見如被迫不能發表，則安知其不正確？社會本身由於習俗的阻礙，不可能永不錯誤，不可能所見者皆為真理。

㈡受壓制的意見即使是不當的，也可能有部份正確性在於其中。事實上社會流行的意見，並非全部是真理，真理是愈辯愈明的，只有讓各種意見互相衝突，才能使真理的全部有實現的機會。

㈢即使社會所公認的意見是正確的，是完全的真理，亦應當允許人作誠意的懷疑或抗辯，否則大多數人雖抱持公認的正確意見，茫然而無有理性根據，則無異抱持成見。

㈣不僅如此，而由於對公認之意見抱持無疑，則此意見本身的意義，將隱瞞不明而減弱消失，並且喪失了對人之品格與行為的良好影響力。正確的意見，亦變為呆板的公式，形式的表白，為善不足，反阻礙人理性發展，不能產生真實深刻的信念。

社會謬誤的成見，常常是進步的阻礙，穆勒認為蘇格拉底與耶穌皆因此而死，所以應該允許人懷疑論辯，即或是錯誤的，對於社會亦有幫助，它會使人對正確意見有一層更深切的了解，只知道自己一方面的人，思想

---

[20] *On Liberty*, Chap. II.

不會有進步。牛頓的定律，不經過長期的懷疑與論辯，便不可能使人確信不疑。他說：「不管一種言論如何真實，如果不經過充份、反復和大膽的討論，就會被視為一種死的教條，不是活的真理。」即使是真理，而卻視為無須辯論，或任何辯論皆不能動搖其信仰，那就不是一個有理性的人擁護真理應有的方式，因為如此所擁護之真理，只成了一種迷信，不是真正了解真理，而只是依附了陳述真理的文字。㉑

三、行為的自由

穆勒認為個人行為上的自由，社會不僅要寬容並且要培養。因為惟有自由的環境，才能使人生活豐富，使個性有健全的發展。他說：「隨著每個人個性的發展，他將更重視自己，也會更為別人所重視，他的生命亦將更為充實，當各份子有更多生氣時，其所組成的社會集團也就有了更多的生氣。」㉒所以他主張只要不損害別人權益，應當讓各種性格都可以有自由的發展，讓人自願的去嘗試各種不同生活方式的體驗。人不能如羔羊如猿猴，只有馴服與模仿，人需要嘗試創造，此為文化進步不可缺少的條件。人性更非如機械，社會無須顧慮個性不同的發展或過份的發展，個性愈紛歧不同，則文化愈豐富愈進步。

穆勒更認為新的競爭及進步，常常出自少數人，尤其是少數的天才，沒有他們，人類生活便會成為一片沈澱的池沼，自由的氣氛是為人類進化的主要條件，因為只有在這種氣氛中，少數具有天才的人才發出光輝。他說：「有天才的人，的確總是佔很少數，但為獲得他們，就必須保存生長他們的土壤。天才只有在自由的空氣中，才能自由呼吸。」㉓凡有天才的人，

㉑ 同㉑。

㉒ *On Liberty*, Chap. III.

㉓ 同㉒。

往往具有獨特的行為，社會如不能容忍，反加以壓抑，不應干涉而加以干涉，則其才智聰明將被埋沒，對社會毫無幫助。不僅是天才，即使是一般人也有種種企求與創造的衝動，此為人性之使然，過份抑制，反而有害，不若放任為宜。他說：「如果一個人的行為既未違反任何對大眾的特定義務，除自己外又未對任何人有顯著的傷害，卻對社會發生偶然的或可稱為推斷的損害時，社會為了人類自己的更大利益，也儘可忍受這種不便。」❷❹

不過從以上所述中，可知一個人的行為很可能影響他人，所以穆勒也說：「一個人的生活有兩部份，一部份是只關係到他自己，一部份關係到別人。」❷❺所謂及己者與及人者，在及己部份應當放任，在及人方面仍應干涉。但是他的困難是及己與及人之間，很難有明確的區分，雖然他對於如賭博、酗酒等事，有理論上的界說，但只有徒然增加維持社會秩序者的困擾。另外他又認為有若干行為，雖自以為是自由，而事實上卻非自由，則亦應加以干涉。他說：「自由的原則是不能要人任意喪失自由，而允許人放棄自由便不是自由。」❷❻如自殺或自鬻為奴，都是應該制止的。所以國家可以制訂法律，以阻止某些行為，因其有害於己，或有害於人，或為社會的恥辱。但穆勒《自由論》的基本原則是很明顯的，總之政府干涉是不得已而使然之事，放任乃屬應然之事，在他看來政府或社會之弊害，總是生於干涉者多，而來自放任者少。因此法律的作用，應該不僅是消極的，而應有積極的維護自由之作用。在一個自由的社會中，人不能以無法律的規定而獲得自由，而自由亦不因法律之限制而喪失。

---

❷❹ *On Liberty*, Chap. IV.

❷❺ 同❷❹。

❷❻ *On Liberty*, Chap. V.

四、《自由論》的評價

穆勒的《自由論》，並非全無瑕疵，但已足能使他為一自由民主的前驅。思想言論的自由，不僅是社會進步的重要條件，而且是民主政治的特徵，是一個民主國家維持秩序的基礎。在不同意見的衝突中，漸漸產生一種普遍接受的意見，當此意見日愈光大堅固，可使民主秩序逐漸獲得新的安定。唯有對現有制度的批評愈自由，則對其正確性的信念愈大。專制政府壓制自由的結果，所獲得的乃是一種生硬的安定，而自由民主政府所有者為一種活力的安定，同時又可以維持一般制度的繼續存在，一直到新的知識新的情況發生時再加以變更，其變更由於自由的討論，使新觀念逐漸確定，容易得到人民的同意而成立。英國十九世紀政治史的發展事實，已使穆勒的理論得到證明，一些政治的，經濟的，以及社會的改革法案，漸漸的被保守黨員，地主貴族以及資本家所採納，都是說明經過意見的衝突後，進步的觀念及政策，會為人民所普遍接受。

穆勒由於重視自由，而提高個人價值，使個人在自由的境域中，發展其健全的個性，獲得幸福的生活，充實的生命。而且個人能獲得自由，社會亦相隨而進步，故法律的制訂，其積極目的是在保障自由，而不是限制自由。這一些都可以說是他的貢獻，尤其是他看到民主政治由於建立在多數決定的原則上，而恐懼會演變成多數專制的危險，乃強調民主社會的重要，培養接受不同意見，及容忍少數自由的雅量及風度，此一見地，當然是極有價值。不過民主政治的發展，已使個人自由益形增加，民主制度已經與自由發生新的友好關係，結下不解之緣，而不再像十九世紀由貴族壟斷的民主政治之初階，對多數人的自由懷有敵意。事實上在今天沒個人自由，民主政治便無以存在。

《自由論》一書，的確是指示出一條人類進步的道路，自十九世紀七十年代至二十世紀初期自由主義的進步，可歸功於穆勒的嚮導，他將一種

高遠的理想，變為一般人都可以無疑問接受的原理，在人類文明進步的途程上，自有其不朽的貢獻。

第五節　約翰・穆勒思想的討論及其後繼者

一、約翰・穆勒思想的面貌及貢獻

　　由於時代並非是靜止的，而是演化的，因此穆勒雖然繼承了功利主義的哲學與古典經濟的學說，但是他為配合時代的需求，必須要作若干的修正，如果他只是擁護其前輩大師的理論而墨守成規，他便早已為人所遺忘，不可能享有盛名。但也因此使他的思想有時會陷入矛盾，他一方面接受自由競爭的原則，維持最少管理是最好的政府的傳統觀點；然而另一方面，由於對貧苦大眾的同情，他又主張政府在若干方面須要干涉，在經濟的改革意見上，更傾向於社會主義。於是從他的思想中，便反映出悲觀與樂觀，利己與人道，放任與干涉的種種明顯的衝突。

　　不過事實上穆勒自幼年起，即薰浸於邊沁、馬爾薩斯及李嘉圖等人的理論中，因此可以確信他始終具有自由主義的本質，他雖然同情於新的觀念，但根深蒂固的舊意識並未遺棄。所以他對於社會主義的意見，往往是再三思慮而後方能首肯，也因此使他有時候信任合作社會的成功，而有時候又相信競爭的效用，以致為人所譏評，認為他進退維谷而迷失了立場。穆勒之所以有時如此猶豫不決與動搖不定者，實起於他對社會問題總抱有一種道德態度。在他所提出的改革意見與他對於社會的理想中，他常常認為個人的改善較制度的改善更重要，此即是說明他是從一個道德家轉變為社會改革家，他的道德觀念接觸到一種社會情緒後，而走向社會主義的路向，他知道如果自由主義仍舊是資產階級觀念的表現，仍舊是資本家利益的擁護者，則一定會被可能發生的革命，或反動的普遍敵視之浪潮所沖沒，

自由主義必須將勞工包括在人類全體自由的計劃之中，才能幫助人類進步而無有阻礙。他在晚年，對於社會主義的將來，是抱有樂觀及良好的展望，但是由於他始終對於個人自由的重視，他認為將來最大的問題，是怎樣使個人行為的自由與生產的共有及利益的平均分配調和一致。他可以說是一個過渡時期的思想家，他的社會主義仍然必須是以自由民主為原則的，故自其思想之本質視之，他到底是一個自由主義者，是屬於所謂居中而偏左的一型。

穆勒以選舉權的普及，人民教育的建立，工會的獨立，以及多方面的社會改革，給英國政治及經濟的進步，鋪設了一條平坦的道路，發生了極大的實際影響，使人明白社會溫和改革的可能性，而任何社會主義的教條則是徒勞無功的。英國工黨的執政期間，多少是遵循了他所指示的路線，並且針對如何將個人自由與國有工業化的社會政策配合一致的問題，去從事解決。

自政治思想的發展而言，穆勒的貢獻及其重要性，是在於將功利主義及古典經濟的思想予以發揮及修正，尤其是在於他是一位民主自由的鬥士與前驅。他的政治主張表現得更為民主，他對當時政治問題的一般看法，亦較與他同時代的自由主義者為遠大。他了解政府的措施都直接與每一個人發生關係，因此政府機構以及所採行的政策，應由社會中每一個人來控制，這是他完全把握到了民主意識，因此他的思想與今日的民主政治更為接近。其所產生之影響亦深而且鉅。他的自由主義不再是十九世紀初期中產階級的專利品，更不是十八世紀只立足於抽象的自然權利說的聖物。他對於代議制度方面的建議，有許多已經是今日民主制度中確守的原則，另外由於他在孔德方面所受到的影響，使他重視社會制度，及整個人類社會進化的各種力量，尤甚於重視政治制度，乃喚起以後的學者在社會科學的研究上，有了多方面努力的途徑。

二、十九世紀最後的自由主義者——斯賓塞

穆勒之後，英國十九世紀的自由主義發展至斯賓塞 (Herbert Spencer, 1820–1903)❷時，已至一盡頭，因為他的思想造成極端的個人主義，使後人無以為繼，幾成為絕唱。事實上在穆勒之後，除斯賓塞外已很少有人再追蹤絕對放任主義的政治經濟學說，而是將前人的思想加以修正、擴展，使之更為明朗及系統化，與日漸強固的實際之民主政治相協調，與爭取最大福利的社會改革相配合，即如英國早期的唯心主義者格林 (T. H. Green, 1836–1882)❷，亦是如此。歷史的發展亦未曾證明斯賓塞所言者為必然，甚而與其相反，但是他的理論在當時的確曾發生廣大的影響，是應予以說明者。

斯賓塞的思想是屬於進化論派的，他在十九世紀是最早應用生物進化原理來研究社會科學的一人，他的《社會靜態》(*Social Statics*, 1850)，較之達爾文的《物種起源》(*Origin of Species*) 尚早九年出版。他發現一切物質的變化，皆是由一種不定而散漫的單純狀態，變成一定而凝合的複雜狀態，並且進一步的發現一切動植物亦皆由簡單而趨複雜，最後則認為人類

---

❷ 斯賓塞的主要著作有《政府的適當範圍》(*Proper Sphere of Government*, 1842)，《社會靜態》(*Social Statics*, 1851)，《社會學原理》(*Principles of Sociology*, 1876–1896)，《人與國家》(*Man Versus the State*, 1884)。

❷ 格林雖為英國唯心主義者，但與後期之勃拉特利、鮑山葵之傾向黑格爾絕對國家觀念不同，而仍為一自由主義者，並且亦受到功利學派影響。他認為國家係自然生長，其宗旨在根本上是屬於倫理的。一切個人權利並非來自契約協定，而係道德的自由意志之必要條件，法律乃據此而生，國家主權在於保障此種權利及自由，故個人應當服從。惟格林並未將國家主權極端理想化，其權力應以剷除自由之障礙為限度。格林去世甚早，其所遺主要著作為《政治義務的原理》(*Principles of Political Obligation*, 1879–1880)。

社會生活，亦受此進化法則所支配，由原始人類的簡單社會，發達到近代複雜的高等文明社會。同時他把社會如同一般生物一樣的視為一個有機體，其中的工業組織是為營養系統，猶如人體之消化器官，商業組織為分配系統，像人體之循環器官，政府組織則是管理系統，為神經運動器官，而其中之立法機關則頗類乎人之大腦。

　　斯賓塞對於社會與國家的觀念，如同一般功利主義學者一樣，是混淆無所區分的，因此所謂社會為有機體，亦即是國家為有機體。一般視國家為有機體者，常要求個人必須配合國家，以致限制個人自由，但是斯賓塞卻極力主張個人自由，反對政府干涉。他認為每個人皆有其自由行動之權，只要他不侵犯別人同樣的自由權。政府的存在係由於人類的罪惡，人類如能罪惡消滅，政府亦隨同消滅。同時他又相信社會進化的原則，亦將會使政府逐漸消失，因為在最初軍事組織式的社會時，個人係受強制而組合，只有服從的義務，個人利益附屬於國家利益之下，但進化至工業組織式社會，是以自由合作為基礎，政府只有消極的管理權，對外防禦侵略，其次為防止內部侵害人權的事情，若職權太大，則妨害社會及個人的自然進化。政府只有在保護個人之生命、自由及追求幸福上，表示其合乎公理及正義的職責，但自然進化而使得個人與社會完全適應時，政府便已無存在之必要，所有立法亦皆為廢物。斯賓塞對此進化的遠景是頗表樂觀的。

　　另一方面，斯賓塞對於自然權利說，卻又予以擁護，而認為社會契約在政治的權力與制度上，雖缺少歷史基礎，但不失為一理論基礎，這也是他主張限制政府權力的一個理由，但亦因此使他自相矛盾。他的思想是受到自然科學、功利主義、以及唯心主義的影響，以致駁雜不清，一方面視國家為有機體，一方面又視之為經簽訂合約而成的股份公司，並加以他個人的推論與臆測。但是由於他將進化原理加入其理論的系統，使個人主義乃大為增進，強烈的反對政府干涉。他主張工業、衛生、安全、教育、甚而郵政、造幣等事，都應由私人經營，又由於所謂物競天擇，適者生存的

原理，在此一有機社會中，凡不能盡職自謀生計之份子，自應淘汰，所以他亦指責國家對貧者或弱者的救濟與扶助。他這種極端的個人主義理論，使得佔有社會優越地位及環境的份子有恃無恐，而使貧弱者受盡壓迫，卻無呻吟的權利。所以他雖然對社會主義非常反對，他相信一切社會主義都必然包含奴役在內，不應當為經濟安全而犧牲政治自由，而且他認為經濟安全亦絕對不能增加自由，但是他的學說對社會主義的發展，卻不能不說是發生了很大刺激力。

第二十二章　早期的社會主義者

一、社會主義興起的原因

　　工業革命的發生，使生產事業有一日千里的進展，工廠制度之興盛，資本主義 (Capitalism) 乃得到極端有利的契機，而以自由放任為主的學說，尤有所助力。資本主義對於生產之激增，人口之加多及生活水準之提高，人類創造力之發揮等方面有極大的貢獻。但所造成的經濟上之弊端亦接踵而起，社會病態日趨嚴重，此至十九世紀之中葉已極顯露，為人所共知的事實。經濟自由，只促成少數資本家有特權去扼住別人的咽喉，他們擁有鉅貲，而握有權勢。勞工們則因無有資本，僅賴工資糊口，淪入貧困之境，所謂無產階級 (Proletariat) 由是產生。彼等每日清晨聞汽笛之聲魚貫入工廠操作，隨機器而動作，單調機械，了無樂趣，手工業時代的經驗技巧已無所用，惟付出勞力即可，而雇主用以購買其勞力之工資，由於欲獲厚利及貧民眾多乃極為低廉，但工作常歷十數小時之久，因為長時間俯身照料機器致肩背傴僂，此時之工廠空氣污穢不潔，光線不足，工人健康大為受損。而女工與童工受害尤深，殘廢夭折者數字甚大，工作於礦區工廠者，更加困苦，又由於生活枯燥，缺乏家庭歡樂，很容易墮入歧途，放僻邪侈，風俗亦因而敗壞。同時失業問題亦相隨而生，人口集中於工業城市，農村凋落，農業生產亦大受影響。至此，以往個人主義所強調之自由放任，其缺點日愈顯明。以英國而言，雖然由於中產階級的努力，爭取到若干政治自由，但是此對於資本家固屬有利，而對於生活在疲憊飢餓之中的勞工，卻毫無幫助。過份重視個人的自由，而未顧及到全體中人人的平等，只知道個人利益的重要，卻不了解全體利益所在，於是在個人自由主義達到極點，

製造了重重問題之時，社會主義 (Socialism) 終於發生。

二、社會主義之涵義及回溯

所謂社會主義，其涵義為何，許多學者曾下過定義，但由於角度不同，解說亦不一。就一般觀念而言，社會主義是以社會公共的勢力，來管理一切經濟活動，將生活與享受的各種資料公平分配，以謀求社會全體的幸福為目標。社會主義思想是為個人自由競爭的反抗，故著重用集體的力量及方法，以擴大每個人的經濟基礎。其所以產生發達，固然是有工業革命之後的背景，但在十九世紀之前，卻也早已有人播種，甚而可遠溯到柏拉圖的《共和國》，基督教的若干組織與教義，謨爾、康帕內拉等人的烏托邦。至十八世紀盧梭學說中的因私產制度而發生不平等的憤慨，摩里歷 (Abbe Morelly) 之欲消滅私產而歸真返璞❶，馬百里也認為私產制度，使得貧富懸殊而發生利害衝突及道德敗壞情事。高德文亦力斥私產，並為無政府主義之前導。而表現最為激烈者，則為法人巴倍夫 (Francois Noel Babeuf, 1760–1797)❷，他積極的從事社會運動，認為在財富或經濟機會未能均等之前，政治或社會平等之說，實為空談，當多數窮人為織布縫衣而工作，自己卻衣衫襤褸，另一方面少數不事工作者反而衣豐履厚之時，政府便不過是以少制多的陰謀集團。他說：「社會的目的是一切人的幸福，而幸福乃包含在平等之中。」❸這一些人的言論，對於十九世紀的社會主義，皆有所影響。

---

❶ 摩里歷於一七五三年著有 *Basiliade* 一書。

❷ 巴倍夫當法國大革命後，社會激盪，情緒浮動之際進行社會運動，創辦《民眾講臺》刊物，並成立「平等社」以號召，言論激烈而有積極行動，黨徒甚眾，終於一七九七年被捕而上斷頭臺。他主張逐漸的共產，人人盡其所能，取其所需，兒童由社會養育教導，對以後之共產主義有極大影響。

❸ Harry W. Laidler: *A History of Socialist Thought*, Vol, I. Chap. VIII.

到了十九世紀之後，社會主義之派別的龐雜，真是五花八門，令人目眩，本書擬僅就主要派別加以介紹。茲先從早期重要的社會主義者說起，這一班人大半是態度溫和，又極富理想，故多被稱為烏托邦社會主義 (Utopian Socialism)。

第二節　歐文、聖西門及傅立葉

一、歐　文

工業革命最先在英國發生，亦最先受到影響而有所反應。歐文 (Robert Owen, 1771–1858) 則是英國第一位社會主義的先知，而且從事實際的改革運動，貢獻及影響，實極偉大深刻。他本人出身於勞工，深知工人之疾苦，因而極富同情心，故當其勤勉努力而成為一位富有的廠主時，他不願再如同一般的工業資本家去剝削工人，而熱誠的改善工人境遇。一八〇〇年初，他在新蘭拿爾克 (New Lanark) 創設的紗廠開工，他即以此處為一實驗區，首先將工人每天十七小時的工作時間減為十小時，不用十歲以下的兒童做工，並給予他們免費教育，改善環境衛生，建造工人住宅，糾正工人酗酒敗德之惡習，並廉價供應工人必需品，提高工資，廢除罰款，且將贏利之若干資金，皆用以增加工人福利。一八〇六年由於美國禁止棉花出口，英國紗廠多因而停工，工人失業無以為生，但歐文的工廠，仍照發工資，工人衷心感佩，歐文聲名亦從此遠揚。一八二四年復至美國印第安納州之新哈摩奈 (New Harmony) 建一社會主義的實驗區，美國朝野人士均為所聳動。由於份子複雜，及宗教糾紛等原因，終於一八二八年告結束。他的主要著作有《新社會觀》(*A New View of Society*, 1812)，《新道德世界書》(*The Book of the New Moral World*, 1820) 等。

歐文與邊沁交好，亦知人生之目的在快樂，並亦有最大多數最大快樂

的觀念，但是他認為：「獲得快樂並非個人單獨自身的事，單獨的快樂是無益的，必須由一切的人分享快樂，否則少數人亦不能獨享。因此人類的志趣只有一個，即全人類行為的和平以及感覺的快樂。」❹人類之不快樂，是人類自己的行為所造成的，此與其生活之環境有密切的關係，故改善環境是使人性向善的要務。因此他重視教育的陶冶，而生活的富裕，亦是一個正常環境所必須條件，貧窮與無知同為罪惡的來源，資本社會中所形成的私產制度，是為社會進步的障礙。他認為在新社會的建設中，第一要廢止利潤，利潤是為人類一項主要罪惡，因其為生產原價以外的贏餘，一切產物應照原價出售，生產原價才是唯一的公平價格 (Just Price)。利潤不僅是不公平的，並且是永久的禍害，一切生產過剩 (Over-Pro-duction) 或消費過減 (Under-Consumption) 而生的經濟恐慌，皆由於利潤慾所造成。

　　至於如何廢止利潤，他認為須先廢除貨幣。人們將貨物廉價購進，高價出售，其求利之慾望，皆起於貨幣，貨幣金銀是為交易的媒介，利潤的工具，能廢除貨幣，利潤亦可廢止。在廢除之後，歐文設想出一種「勞動券」(Labour Notes) 以替代。他認為價值的原因及本體即是人工，以人工計價值，自然較貨幣為合理。用工作鐘點多少為憑據以發行勞動券，社會可憑此種證券作為交易信物，這種勞動券的意義，乃是依每人的工作能力而為支付。另外歐文在建造其理想新社會的具體主張中，是設立一些可以自供自足的合作村莊，居民五百至二千人，佔地一千至一千五百英畝，經營農業與工業，有公共的宿舍、膳廳、圖書館及學校、公園，兒童三歲後可交由社會教育。這種組合可漸次推行於世界，而使國家被遺棄，人們再不知道貧窮與侵略為何物，一切人皆根據友愛與合作的精神去工作。

　　歐文的態度是溫和的，他願意捨身為人，幫助勞工自貧窮及無知中解脫得救，可是他要他們接受他對人性的解說，放棄一切暴動及仇恨。他認

---

❹ Owen: *The Book of the New Moral World*, p. 54.

為無論富有或貧窮，統治者與被統治者，皆應有其共同利益，上層社會的人並非情願壓迫工人，此係環境造成，切齒痛恨，於事無補，工人們自己有解救自己的方法，但要善加利用。他希望的是工人們能澈底的了悟，不必以罷工等手段，在工資上獲得些微的增加，只將局部細節當作目的，而是要社會制度的整個改變，追求一個高遠的目的，得到完全管理由自己所生產物品的主權，能夠站在社會之上而不再是居於社會之下，或者根本無所謂上亦無所謂下。歐文亦曾於一八一五年至一八一八年之間，為勞動立法作實際的活動，向國會提出報告，卻未得到同意，但至一八三二年的改革法案中，有了若干的採用，而以後一般的有關勞動立法，亦深受其影響。

歐文在社會主義運動方面，再接再勵的努力，不計個人之犧牲，使所有後繼之社會主義者深受感動。他的最重要門徒，當推愛爾蘭之社會主義者湯普遜 (William Thompson)，他曾著述立說❺發揮歐文的理想，頗為清晰，且供給以後馬克思主義若干理論基礎。謂一切交換之價值皆為勞動者所生產，故應享有勞動之全部物產，他主張依據歐文所擬定之各種方針以改造社會制度，並要求廢除財產權制，從資本家及地主方面取出不應得之剩餘，而以合作方法去解決雇主與勞工間的一切糾紛。

二、聖西門

聖西門 (Saint-Simon, 1760–1825) 出身於法國貴族，熱情、慷慨，早年參加美國的獨立戰爭，法國大革命期中，放棄伯爵的頭銜，以新的公民名稱為榮，但在恐怖政治時期，曾被捕入獄十一月。他的主要著作有在逝世前數年所寫的 《工業制度》 (*Du Systéme Industriel*)，《工業問答》(*Catechisme des Industriels*)，以及《新基督教》(*Nouveau Christanisme*)。

---

❺ 湯普遜著有《財富分配原理的研討》(*Inquiry into the Principles of the Distribution of Wealth*, 1824)。

聖西門認為法國的革命，實為一種階級的鬥爭，但他對於革命的結果，不能滿意。資產階級與自由職業者雖然推翻了封建貴族，增高其地位，惟勞動者並未得到益處，因此他主張廢除自由主義的經濟組織，而創立一種以生產階級為領導的新制度，各按能力從事勞動以及分配。由於他重視勞動生產者的工作，所以相信生產者的活動較不事生產者為重要，此為其基本觀念，但是從事工業發展的階級，是為社會進步的原動力，是亦不可缺少。只是一般無用的寄生階級如貴族與官吏，與國家之強弱並無關係。所以他寧願失去國王及其王族，或官吏士紳數萬人，而不願失去一百個優越的醫生及銀行家，數百個優越的商人及工業技術人員，或農業家。因為喪失了這些人才，國家立刻喪失了靈魂，沒有科學及藝術方面的卓越人才，國際地位即陷於卑下，為人所輕視。他理想的社會，是一個勤勉奮發的工業主義社會，只應當存在有農人，工人，製造者，學者等有益於社會的人，而使一切懶惰的寄生階級消滅，「人人都要做些工作」。增加社會全體的福利，是為每一個人的責任。

在一個完全以生產關係所結合的新社會中，政府組織，應依照工業之需要，其組織目的，在於保護勤勞，防止懶惰，並維持生產的安全。管理公務的政治領袖，需要有能力的人，而不要有財產的人。他撰擬了一個新的國會組織，分為三院，由三種人選分別掌理。第一院為創造院，由工程師及文學家，藝術家所組織。第二院為研究院，由數學家、物理學家所組織。第三院則為執行院，由工業領袖所組織。第一院負責法律的建議，第二院將法案研究試驗及審查修正，第三院則決定採行。他將整個的國家，設計為一個模範工廠，他相信將來的社會，必須是一個工業主義的社會，那將是人類的黃金時代。

聖西門並且認為社會與政治之有效的改革，尚必須依賴宗教的基礎。於是他主張廢除現存的宗教組織，另創立新的宗教制度，仍以基督教義為根據，而以改善貧民生活為目的。

　　聖西門的思想，實在是代表一種新的中產階級之希望，雖含有一些社會主義的色彩，但是以工業主義為中心，並且重視智識階層，亦未主張廢止私產。等他逝世之後，他的門徒繼續研究，其中有安方汀 (Enfantin)、巴舍爾 (Bazard) 及羅特里格士 (Rodrigues)、西雅來 (Thierry) 等人，孔德亦為深受聖西門所影響者。他們組織會社，以促進其宗教之理想，並為其運動之中心，創辦雜誌及學校，積極的宣揚理論，進行活動❻，較聖西門更趨向社會主義。他們頗注重歷史哲學，相信人類結合之逐漸進步在於和平開拓物質世界，而此有賴宗教、科學及工業之互助的統治，使友愛，智慧及權力作適當的調和。在對私產方面，有更為激烈的批評，他們襲承聖西門之觀點，認為勤勉及懶惰者不能並立於一個社會中，但不同意資本家因犧牲資本而可獲得報酬，他們視資本為私產，為罪惡之尤，使勞工不能享受其勞動的結果。而且現在的資本，是依據遺產法律所轉移，使個人因出生之原因而佔有，使社會利益分配，掌握於少數幸運者之手，多數人則陷於貧乏及愁苦。所以他們極力反對遺產繼承制度，但並不贊成共產，認為共產會造成暴行。主張將一切土地，資本等生產工具，集中於社會，而組成各種會社以保管使用，社會利益的增加，是在於使有能力的人來使用生產工具。他們的理論，對於以後的社會主義者，對於馬克思、恩格斯均有直接的影響。

三、傅立葉

　　平民出身的傅立葉 (Charles Fourier, 1772–1837)，為法國另一位富理想

---

❻ 聖西門的信徒中，以安方汀，巴舍爾最為積極，安方汀以領袖自居，熱烈的為其運動奔走。巴舍爾則將自一八二八年至一八三〇年的公開演講，編輯為一集，名為《聖西門學說釋義》(Exposition de la Doctrine de Saint-Simon)，為其理論之代表，他們並曾於一八二九年將具體意見，撰成小冊，送呈國會，惟由於派內分裂，領導非人，終為警察所驅散。

精神的社會主義者。其主要著作有《四種運行理論》(*Théorie des Quartre Mouvements*, 1808)，《家庭農業聯合與工業吸引力》(*L-Association Domestique Agricole ou Attraction industrielle*, 1822) 及《社會的與工業的新世界》(*Nouveau Monde Industriel et Societaire*, 1829)。他發明了一種理想的社會制度，認為可以避免自由競爭的惡果，並能增加生產，又可以使每個人自由的發展其生產力，先從一個新社會做起，漸次推廣，而達於整個世界的諧和。

傅立葉的學說中，有一種「吸引律」作為他的思想中心，他認為人事社會中亦如同物理世界有基本的感情吸引定律，本可使社會協調，但由於障礙束縛太多，致發生阻塞反而走向反社會的路上去，如能試行良好的社會制度，導人性於友善、愛心、仁慈及高尚情操的正常途徑上，使人樂於合群，則人事社會亦將如宇宙天地之和諧。於是他創立一種具體的社會組織，使人們共同生活與共同生產於一集團中，名為「華蘭旗」(Phalange)。按照人數的多少，分別編成小組團隊。集志趣相合者七人至九人為一小組，再結集五個以上的小組為一更大的聯合，然後再由此若干聯合構成一「華蘭旗」，每一華蘭旗約一千數百人至二千人，分別擔任農業工業各方面工作。大家共同居住在一個大的公共寓所內，各有各的家室住屋，但在公共的大膳廳內會食。每一華蘭旗必有一方形的廣大土地，約五千英畝，作為各種生產工作的場地，各人可依其興趣選擇適當的工作，亦可自由調換，俾使人視勞動工作為有趣味的事，無有強制的權威，人人自動自發的去工作，沒有軍隊，沒有警察及法官，因為這是一個合作融洽的社會，亦不必設立政府，只有自由選舉所產生的首長，如果能將此組織擴及到全世界，則可推舉聯盟的總元首，其首都設於君士坦丁堡。

華蘭旗中所生產的物資，除去各人的必需品外，剩餘者於年終結算，按照勞動、資本、才能三方面分配，勞動得十二分之五，資本得十二分之四，才能得十二分之三。他並且將勞動分為必需的勞動，有用的勞動，及

適宜的勞動三種，必需的勞動由於犧牲大報酬亦較多，適宜的勞動則較少。傅立葉相信在這個社會中，必可以消滅貧窮，保障自由。並且他認為這種生活，會使人把對家庭的愛轉移至社會大家庭，因此家庭與婚姻將會逐漸消失。

　　傅立葉這種共產制度的社會，並且亦包含有無政府的哲學。他不主張暴動，願用和平的方法去實現這種制度，他相信有十年的時間便可實驗成功。最後終於有人資助了他，但卻遭到失敗。後來他的弟子繼起努力❼，並且將其學說傳入美國，發生很大的實際影響，先後有三四十處實驗的社團，推行他的理想計劃，其中以馬薩諸塞州之勃魯克農場 (Brook Farm) 最為著名，惟不久均告停頓。在法國，繼傅立葉之後，尚有卡培 (Étienne Cabet, 1788–1856) 其人，他受到歐文的影響很大，著《伊加利亞遊記》(*Voyage en Icarie*, 1840) 一書，描寫一個美好的烏托邦社會，並且於一八四八年，在美國德克薩斯州得到一塊土地，有一千五百人隨同前往，去建造他的伊甸園，由於該地偏僻而氣候不宜，易染疾病，又遷往伊利諾州之諾伏 (Nauvoo)，終因不善組織領導致分裂而他去。

第三節　路易布蘭及蒲魯東

一、路易布蘭

　　路易布蘭 (Louis Blanc, 1811–1882) 是法國一八四八年革命時期的理論家及實行家，他在社會主義方面，雖然亦可以屬理想一型，但較之歐文、

---

❼ 傅立葉弟子中最著名者有兩人，一為康西德蘭 (Victor Considerant)，一為哥登 (Andre Godin)。康西德蘭著有《社會理論》(*Doctrine Sociale*)，努力發揮傅氏學說。哥登則致力於具體工作，開辦農場作實地試驗。

聖西門、傅立葉等人已實際得多，他的許多主張，是可以作為國家社會主義的前驅，亦影響到馬克思主義。他的最重要著作是《勞動組織》(*Organization du Travail*, 1841)，極為勞動者所讚美及擁護。

在以前歐文等人的理論及實行中，均無視國家之重要，個人的自動力即可增進社會的福利，社會之進化，完全是由社會中各份子的力量，各份子能夠努力，自然會使社會進化，無需國家的助力，在他們的思想及資質中，仍保存有若干自由主義的影響，都是單獨的在其自創的小社會內進行理想的計劃。路易布蘭與他們不同者，是認為要謀求勞工的福利，須要有國家的力量。因為他感覺到解救勞動階級是一件很複雜的事，會牽涉到許多問題，想以一部份的力量，單獨的試驗以求其完成，實在是癡心夢想，故國家整個的權力是不可少的。無產階級所缺乏者為資產，國家的職能就是如何使他們有所獲得。所以依照路易布蘭的概念來說，所謂國家就應該是貧民的銀行，國家應當主動的以其巨大的力量，推行社會主義，才能發生真正的效果。

布蘭亦如許多前人一樣，認為人類快樂，及追求道德與智慧的發達以完成圓滿的人格，是為社會工作的最後目的，因此反對造成格鬥敵對狀態的自由競爭制度，而借重國家的力量。但是為避免因國家必須干涉而致違反了自由原則，所以他推崇民主政治。他認為國家對於體力強健之國民，應給予工作，對於老弱，應予以救助保護，然如欲達此目的，則非藉民主政治之力量不可。所謂民主政治，即以人民主權為原則，以普選權為出發點，以自由平等博愛信條的實現為目標。布蘭不滿意當時中產階級所宣稱的空洞之自由原則，使得有資產者佔有財富，而仍能振振有詞。他更指出，自一七八九年之後，空虛的自由權利，並不曾給人們有實際的保障及安慰，憲法上雖然對人民權利有光明正大的嚴密規定，但只不過是遮掩個人主義國家的不公平及貧民困苦的面幕而已，用抽象的權利以粉飾自由，則挨餓無知的苦命奴隸，亦可稱之自由人了。故真正的自由，不僅是存在於同意

的法律之中，而且是存在於法律與正義所賦予人們運用才能及發展才能的權力之中。自由的權利，如沒有行使的機會，則仍不過是壓迫，凡無知識及無生產工具者，終不免受富有者及有知識的人們所壓制，結果自由依然失去，因此國家的管制干涉是必須的。

於是布蘭提出了他改造社會的意見，可歸納為兩點。第一：他以為人類生活的改善，不能專從抽象的道德上著想，應從實際的物質上下手，應自下層階級發軔，使下層階級獲得政權，然後去實現經濟上的自由與收益。不過他不承認這種觀點是唯物的，相反的他是用消滅貧窮以樹植高尚的精神秩序之基礎。他說：「窮困把人的智力拘束在黑暗中，將教育限制在可恥的範圍之內。窮困常使人不得不犧牲其尊嚴，使行為獨立的人墮落到依賴的地步，將新的苦楚貯藏在道德中，將血液中高尚的志氣變為煩惱。窮困不但會製造長時間的創痛，而且也會產生罪孽，造成了奴隸，和大部份做盜竊，暗殺，及娼妓的人。」❽第二：他認為自由競爭乃社會罪惡之源，欲謀社會幸福，必根本廢除競爭制度，以自由聯合代替競爭。

至於改造社會的具體方法，是由國家設立 「社會工場」 (Social Workshop)。他說：「如果要達到理想的社會，第一步便應當設法使各人得到工作。欲實現此一計劃，最好的途徑便是由國家建設社會工場，逐步的以國立工場以代替個人工場。」❾社會工場中應包括各種工業，由國家供給資本及生產工具，而不必抽取利息，使國家成為窮人銀行。凡品格正當者均可加入工作，讓他們集合在一起，組織一個互助的生產社會。並且制定法律處理其行政，最初可由政府任命人員以管理，以後則可由工人自己選舉辦事人員。贏利所得，以一份分給工人會員，一份補助疾病衰老者，及資力薄弱的工業，另一份則用於設備。並且這些工場，應當聯合起來為

---

❽ 參閱列德萊《社會主義思想史》一卷八章。

❾ 同❽。

一大同盟，組織保險公司以應付任一工場的損失。資本家亦可投資於此種工場，按其資本多寡得到利息，或加入勞動以獲得工資。私人工場終不能與此種工場相競爭，遲早必將合併，等到私人工業消失，則社會主義的國家便已實現。

「各盡所能，各取所需。」是布蘭在生產與分配中所首創的原則。他知道人的體力智力並不均等，志趣趨向亦不相同，此正與人之面貌體型不同一樣。要社會工業發達，便應當將各人安置在能充份發展其才能的適當崗位上，但不能夠運用其才能，造成自己的財富，或是侵害他人，而是為社會去盡一份責任。如果體格健壯兩倍於人者，則應擔負兩倍的責任，如智力超乎常人，則表示應負有更大的使命，發放出更大的光輝，能者必應多勞，各盡所能，乃是做一個人的責任。至於各取所需之意義為何？他認為是各人所取者，應為發展他才能時所必需的一切，在此原則下，則凡社會所能供給的，均應供給予他。布蘭不贊成聖西門派所言之報酬應與工作相等，亦不同意傅立葉勞動、資本、才能的三分法，及巴倍夫之絕對平等。因為他們的設計，都達不到高尚的道德標準。他說：「平等不過是一種比例，只有去各盡所能各取所需時，才有所謂真正的平等。」❿

布蘭在一八四八年革命後的共和時期，曾要求政府設立了國家工場，他自己親為監督，將他的計劃去作一實驗，由於一般中產階級的政客陰謀阻撓，不久即告失敗，但他的理論，對於此後用國家的力量致力於公共工程以減少失業，在這種社會政策的實施上，是有很大價值的。

二、蒲魯東

蒲魯東 (Pierre Joseph Proudhon, 1809–1865) 在社會主義方面的身份，是頗難確定的。他主要的理論是在於攻擊私產，在這一方面，他較任何思

---

❿ 同❽。

想家更為直接爽快，因此可以把他列入社會主義者之中。但是他亦譏笑烏托邦社會主義者之虛幻的計劃，抨擊共產主義的迫害奴役，而對政府的威權尤深惡而痛斥，極端重視自由，因此被視為是無政府主義 (Anarchism) 的建立者。

　　蒲魯東出生於法國之柏桑嵩 (Besancon)，家庭貧寒，自少年起即自謀職業來掙錢求學，成績極優，一八三八年得到柏桑嵩學院的一筆獎學金，始得以完成學業。一八四八年的二月革命，他並未參加，因為他不相信任何政體。但革命後被推選為國會議員，並提出他的計劃，主要的在改革國家財政，使勞動者得到生產工具的供給，及對地租利息高額徵稅，但竟以六九一票對二票而告失敗。於是便打算以自己的力量籌辦合作性之私立銀行，無息貸款，以實現他的計劃，終因財力不足亦告失敗。他曾兩度入獄，流亡於比利時，思想頗為激烈，對於學術思想上敵人之攻擊，尤不遺餘力。其為人則熱情坦率，忠誠公正，生活克己節約。他的主要著作有《何謂財產》 (*Qu'est-ce que la Propriéte?*, 1840) 及 《經濟的矛盾或貧困的哲學》 (*Systéme des Contradictions economiques Cu Philosophie de la misére*, 1846)。

　　無政府主義的思想自古有之，但一般而言，近代的無政府主義則以英國的高德文 (William Godwin, 1756–1836) 創其始，在他的《政治正義論》 (*Enquiry Concerning Political Justice*, 1793) 一書中，否認國家及政府的存在價值。他認為個人身心上的弱點，在於懦弱 (Weakness) 與無知 (Ignorance)，如果此種弱點消滅，政府亦應消滅。但是強制權力與私產制度之結合，使人類深蒙其害，而國家及政府即為此禍害之源。他說：「每一個人應當有充份的智慧來自治，不需要任何外來的強制拘束力干涉。最好的政府，也還是一種罪惡。在普通人類的社會，於和平得以維持的可能範圍內，我們便無需乎政府。」⓫他對於私產制度尤為痛恨，因為與人類自

⓫ 參閱高德文《政治正義論》，二三八頁。

然平等的原則相抵觸，因財產不均而致貧富懸殊的現象，必須消滅。但他不主張採用暴力，相信良好的教育制度，有改善人性之可能，足以自動革除貧富不均，以及由於法律與政府不公所產生之種種罪惡，而增加公眾之樂利，此亦即正義之實現。

高德文之思想，並未能發生顯著的實際影響，無政府主義之真正建立及發揚，仍以蒲魯東之貢獻為最大。他攻擊私產最力，何謂財產？他的答案是「財產即賊贓」。⓬惟所謂如同賊贓的私產，係指不勞而獲，坐享其利者而言，如地租、利息、折扣等由於沒收別人之勞動而所獲益者。財產非因佔有而屬私人，實係由社會盜竊而來。蒲魯東既痛恨不勞而獲，則傾向於勞動價值，但與馬克思不同者，是僅在生產方面承認勞動價值。在生產上，無論土地或資本，如無勞動力加於其上，均不可能有生產，故地主及資本家之收益，是無因而得果，無功而受祿，乃不當得而得，實同搶劫無異。所以他對工資制度是極反對的，這種制度是絕不可能核算清晰而公平。因為在工廠之中，工人勞動的效果，不只是各自勞動的一部份，更有彼此共同合作的效果，但資本家給付的，只是工人個人每日的工資，而竊取了共同合作所生產的成果。

蒲魯東反對烏托邦的社會主義，認為那是全屬虛幻的事。對於共產主義亦極反對，他說：「共產制度是不平等的，只不過是私產制度的倒影。私產制度是強者搾取弱者，共產制度是弱者搾取強者。」⓭在私產制度下，不平等之形成，無論其採用何種方式與藉口，是皆由於暴力之掠奪。而在共產制度之下，其不平等是在於優劣不分，等量齊觀。他更批評說：「共產主義乃是壓迫與奴役。人可以願意服從職責之規律，願意為國家服務，為朋友服務，但係出於自動決定，而不是出於命令，共產主義則違背良知與

⓬ 參閱蒲魯東《何謂財產》二章。

⓭ 參閱《何謂財產》五章。

平等。」⓮共產主義之專斷，猶如煩苛的宗教，所以他要在共產制度及私產制度之外，另行建立理想。他所主張的是生產工具的平等，並不是報酬分配的平等。他雖贊成勞動價值，但不承認勞動為私產之基礎，只願意給予勞動者應有的生產工具，當其能以勞動生產之時，可視之為私有物。只要將生產工具，作平均的分配即可，無需要採用暴力的破壞手段，而且在工具平均及勞動平均之下，分工合作，競爭自由等原則，仍可保留。

由上所述，可以發現蒲魯東極重視自由，以及比例的真平等，他的理想社會即以此為主旨，他之反對私產及共產的主要原因亦在此。共產主義誤認一律為法律，平面為平等，結果成為橫暴的不公平；私產制度因具有專制性與侵佔性，造成有害社會的壓迫剝奪。他說：「共產主義及私產制度之各自目的，本屬善良，而結果卻均極惡劣，何以如此呢？因為兩者皆有排他性，各自否認社會之所需因素。共產主義捨棄獨立與比例；私產制度則忽略平等與法律。」⓯蒲魯東所指之自由，係包括信仰自由，出版自由，工作貿易及教育自由，以及工作與勤勞結果之處理的自由。乃是一種隨時隨地的自由，無限的，絕對的自由，他自稱自由乃是他理論的全部。自由是為超越一切的力量，所以他要排斥私產及共產制度，同時亦反對任何政府，而要建立一個無政府的自由社會。所謂無政府，乃是無有主人，無有任何統治者，在這個社會裏，「一切內政的問題，應按照統計部所有的論據去解決，關於國際政治者，則為國際統計的問題，政治科學乃是科學院之一部，……因為每個人可以把意見書呈送科學院，所以每個人就是一位立法者，但沒有任何一個人的意見是最後的，除非我們證明他的意見是對的。誰也不能把意志代替理智，誰也不是君王」⓰。

⓮ 同⓭。

⓯ 同⓭。

⓰ 同⓭。

　　至於實現理想社會的初步計劃，蒲魯東主張設立大規模的交易銀行，一切工人可以自由的在此銀行無息借貸，取得他們所需要的生產工具。此種銀行可發行一種像支票似的兌換券以代替錢幣，購置任何與勞動相值的物品，如此則廢止一切資本家用以剝奪的手段，利息、地租、回扣皆不再存在，不勞而獲的弊病，得以肅清，實現了合乎正義的經濟制度。在此種經濟制度之下，經濟等級一律平等，人人有處分資本的權利，並且階級的區別，亦可消除。至於此時，政府已無需要，政府的目的無非是扶弱抑強，但是在交易平等的情況下，自由契約足可保證社會的和平，事實上已無勞資的界限，無強弱的分別。一切人平等相處於這個最高尚的社會之中，政府職權已為所融化，當然不必存在。

　　蒲魯東批評烏托邦社會主義者為虛幻不實的謊言，但是他自己的理想及計劃，又何嘗能輕易的實現。假定在他所設計的無政府的社會裏，無有任何威權及外來的干涉，將無人可阻止雖用同樣工具，亦可生產出超越消費量的產品，可任由銀行中兌換物資而儲存，此時是否應加干涉，如不干涉，社會上又將形成貧富不均的現象，如要干涉，豈非又要產生威權有害自由？同時在蒲魯東的思想中，只為了改造社會作消極的措施，而缺少有關整個社會的積極建設，他固然宣佈了幾個原則，但究竟如何逐步的實現而又毫無阻礙干撓？因此他亦與烏托邦的社會主義相似。不過他對於自由結合的思想，與人格發展的理想，在社會主義的瀰漫時期中，卻是一種清新的空氣。而對於以後所有的無政府主義者，當然皆有其深刻的影響。

第二十三章　馬克思主義

一、馬克思的生平簡述

馬克思主義 (Marxism) 的出現，使社會主義起了劇烈的變化，有了急進的發展，成為世界性所注目的思潮。馬克思 (Karl Marx, 1818–1883) 評譏以前的烏托邦社會主義，缺乏歷史基礎，忽視階級的差異，他們的計劃全屬幻想，尤反對他們對統治者的妥協，欲用和平手段在其小實驗區內以求目的之實現，必歸於失敗。他則自稱其主義是為「科學的社會主義」(Scientific Socialism)。

馬克思出生於德國之杜里佛斯 (Treves)，系出猶太血統，他的父親是一律師，當其六歲時，他們一家改信基督教，而與當地貴族官員威斯特發棱 (Von Westphalen) 過從甚密，馬克思以後並與其女結婚，此在當時猶太社會言之，均屬反常。他先後在波昂、柏林及耶拿大學攻讀，他的父親要他研習法律，以便繼其衣缽，一再諄諄叮囑，勿為不切實際的問題自尋煩惱，虛擲光陰，但是倔強任性的馬克思仍浸淫於黑格爾的哲學之中。他於一八四一年在耶拿大學得到哲學博士學位，他的論文題目是〈論德謨克利圖斯與伊壁鳩魯自然哲學的差別〉 (On the Difference Between the Natural Philosophy of Democritus and of Epicurus)。是可見他對於唯物論的哲學，已早具興趣。卒業後欲謀一大學教席而不得，乃轉往新聞工作，任《萊因新聞》(Rheinische Zeitung) 編輯，並開始研究經濟問題，由於言論激烈，為當道所禁，乃於一八四三年出走巴黎，一八四五年他所撰稿之《前進報》(Vorwarts) 被查封，他亦被迫離去，移居於布魯塞爾。一八四八年法國二月革命後，返回巴黎，翌年革命失敗，他再度被迫他去，此後即僑居倫敦，

直到他死去。他的一生頗為潦倒，迄無安定的工作，又乏謀生之能，告貸典質，貧窮無以自給。「紐約講壇」(New York Tribune) 的微薄稿費不足以糊口。他在飢寒及喪子的困苦中，尚經常作大英博物館之座上客，為撰寫他最重要的著作 《資本論》 (Das Kapital: Capital, Vol. I 1867, Vol. II 1885, Vol. III, 1895) 搜集材料。馬克思亦熱切的參與共產組織及革命運動，並且欲為領導人物。一八四七年十二月，他參加了在倫敦的共產同盟第二次會議，並於翌年與恩格斯 (Friedrich Engels, 1820–1895) 撰寫了《共產黨宣言》(*Manifest der Kommunisten: Communist Manifesto*) 此一作品與其《資本論》，同為今日共產組織的經典，而從此共產黨及共產主義 (Communism) 之名，乃常為所引用耳熟。一八六四年九月，他以德國勞工代表身份，參加在倫敦舉行的國際勞工聯盟會，發表「對於工人階級的演說」，倡國際主義。此一組織，即為後所稱之第一國際。自一八六八年至一八七○年間，由他執管。因為他與蒲魯東 (Proudhon) 及巴庫寧 (Bakunin) 等人主張不同，各持門戶之見，並且由於普法之戰的發生，終告分裂而瓦解，但其分支機構，曾遍及歐洲各國及美國，分別以各種方式進行社會主義的運動。

二、馬克思與恩格斯的著作

馬克思與恩格斯的結識，對於其二人之一生，均極重要。由於恩格斯有一位富有的資本家的父親，故能經常給予馬克思金錢接濟，使其雖無職業而尚不至於有斷炊之虞。二人思想交融，感情交流，友誼至死不渝，許多重要著作，是由他倆人共同執筆。空泛不切實際的馬克思，有關許多抽象以外的實用具體的知識，均有賴恩格斯的傳渡。恩格斯的生活境遇不僅與馬克思不同，且與一般急進的社會主義者皆不同，為人亦樂觀謙和，不同於馬克思等人之褊狹傲慢。他是在一個保守的資產階級家庭長成，但他亦如馬克思為一具有猶太血統之德人，生於萊因省之巴門 (Barmen)，肄業於易北菲爾特 (Elberfeldt) 之高等學校，曾在柏林砲兵警備軍中服役。一八

四二年為其父派往英國曼徹斯特經營紡織廠，使他對於在資本制度下的工業情形很是熟悉，得以寫出〈一八四四年英國勞工階級狀況〉(The Condition of the Working Class in England in, 1844) 一文。他雖然厭惡商業一度放棄，但為了得到充份的經濟以助馬克思寫作，又再經營商業，所以馬克思曾說：「倘使沒有你（恩格斯）我決不會完成我的《資本論》，這是我思想上的一種重擔，而且為了我，你居然把一切優秀的能力，耗費在商業中。」❶恩格斯不僅供給馬克思生活費用，並且供給寫作資料，他們一直無間的合作，馬克思發現社會及經濟方面的有系統的理論，恩格斯則根據其理論去研究當時的一切實際問題。

　　代表馬克思主義的著作，當以《資本論》及《共產黨宣言》為最重要，其他由馬克思與恩格斯二人合作的主要著作有《神聖家庭》(Die Keilige Familie, 1844)，《德意志意識形態》(Die Deutsche Ideologie, 1845) 等。馬克思個人較重要著作尚有《哲學之貧困》(Poverty of Philosophy, 1847)，《治經濟批判》(Critique of Political Economy, 1859) 及《費爾巴哈論》(Eleven Theses on Feuerbach, 1845) 等。❷恩格斯其他主要著作，則尚有《反杜林》(Anti-Duhring, 1878)，《家庭私產及國家之起源》(The Origin of Family Private Property and the State, 1884) 及《烏托邦的及科學的社會主義》(Socialism: Utopian and Scientific) 等甚多。

三、時代環境

　　馬克思思想的構成，有其時代背景的影響，亦有其思想淵源的承受。德國學者宋巴特 (Werner Sombart) 對此曾有很詳盡的說明。❸他先就時代

---

❶ Harry W. Laidler: *A History of Socialist Thought*, Vol. II, Chap. XIII.

❷ 恩格斯亦著有《論費爾巴哈》，馬克思之作附於其書中合併刊行。

❸ 參閱宋巴特著《無產階級社會主義》(Der Proletarische Sozialismus) 二卷（楊樹人

背景方面分析，認為馬克思所處時代，正是在一個可悲的分解程序中，一切原為有意義的組織，共同構成一種有機的整體者卻都在不斷的分解崩潰，舊的信仰皆發生了動搖，社會主義的思想本身，即為此分解程序的表現之一，此係整個時代精神之趨向，而經濟結構及政治情勢的演變，更構成為此一趨勢的媒介。自經濟方面來看，在前一章中亦曾言及，資本主義的發展，造成一種特殊的經濟制度之風格，以營利為基本要求，以技術革命為手段，由少數企業家及多數被動的工人共同進行其生產，雙方是一種勞力的買賣關係，其間所產生之問題，引起非常多人的驚異，已為許多作家熱烈的討論研究，他們指出這種經濟制度，將人性貶為冷酷無情，惟利是圖，人的關係變為交換價值，以一種莫知所止的商業自由，代替了原有的實在意義的自由。由於技術革命的成就，暴發的財富日增，而工人疾苦亦與日俱增，週期性的經濟不景氣亦隨之而生。社會主義的注意力乃集中於此，馬克思的思想尤以此為核心，而且他曾僑居倫敦多年，該地是為資本主義最典型的所在。

再就當時歐洲各國政治情勢來看，自拿破崙戰爭結束之後，已有相當長久的承平時期，一方面人們生活漸趨軟化，一方面人心因靜久而思變，而中東歐的君主們正專心於所謂法統問題，英國則仍高唱自由貿易，此兩種超國家的意念，都對政治思想發生了作用，馬克思主義之所以缺乏國家意識，固有其影響。雖然稍後各國間亦曾主張民族國家原則，但大多是由於革命情緒的瀰漫，以作為鎮壓的藉口，然而仍不免各國愈來愈接近革命的邊緣。當時的巴黎，已成為「歐洲革命的首都」，一八四三年當馬克思初抵巴黎之日，德國流亡於巴黎者已約有八萬五千人，精神沸騰激盪，馬克思之狂熱，正適逢其時其地。而巴黎的革命氣息亦最適於馬克思一型的人物所留連。加以在德國，馬克思早已承受了黑格爾左派之否定一切的基本

節譯，載《新思潮》三十五期，十七頁一十九頁）。

意識，於是在主觀的批評之下，將信仰、科學、及國家中一切客觀事物摧毀無遺，以致產生一種對德意志敵對的態度及情緒，何況他又是因被逐而流亡，因此他亦如一般德國流亡人士一樣，有傾向法國的好感，在這種「反愛國主義」的心情之下，國家意識當然亦淡漠而消失，只有在革命之都中燃起其革命的火焰。

四、思想來源

馬克思雖自稱其若干理論為所獨創，事實上是皆有所本，但其思想來源，是頗為錯綜複雜的。就近而言，所有的早期社會主義，雖然他都傲慢的加以批評，但是自摩里歷、高德文、以至路易布蘭、蒲魯東等所有的人，可以說對他都有直接啟發。

就其哲學基礎言，他在青年時期，即熱心於唯物哲學的研究，他的博士論文即以最早的唯物論者德謨克利圖斯及伊壁鳩魯為對象，他稱讚伊壁鳩魯為最偉大的希臘開明學者，可見不僅他的唯物論早有所染，而且一般希臘晚期的頹廢偏激的末世哲學思想，如斯多噶學派等亦影響於他。但是在他撰寫博士論文之前，他曾經熟讀黑格爾哲學，加入有組織的研究團體，後來他固然傾向黑格爾左派，費爾巴哈 (Ludwig Feuerbach, 1804–1872) 的唯物思想對其影響自然最深❹，使他揚棄了黑格爾的唯心論，然而黑格爾的辯證法則，終為所襲取，他雖然表示他的辯證法與黑格爾恰好相反，認為「黑格爾的辯證法則，乃是頭頂倒立，此必使之倒轉過來，重復置放，俾能腳踏實地」。❺但是沒有黑格爾的「頭頂倒立」，便也沒有他的「腳踏

---

❹ 黑格爾的哲學研究，在德國分裂為右派與左派，右派偏於唯心，注重宗教與哲學問題之研究。左派則變為偏於唯物，費爾巴哈是為最重要之人物，著有《宗教之本質》、《黑格爾哲學批評》、《哲學改革論先導》等書。

❺ 恩格斯《論費爾巴哈》（參閱 J. H. Hallowell: *Main Currents in Political Thought*, p. 433）。另馬克思於《資本論》一卷中，亦有類似之譏評。

實地」，黑格爾的外衣，畢竟為他所竊取翻改。他對於費爾巴哈雖表讚揚，卻亦予以批判，認為他雖是一唯物主義者，卻忽略歷史，當其討論歷史時，便變了面貌，因此譏嘲他下半身是唯物論者，上半身卻是唯心論者了。不過無論馬克思如何駁斥他的前輩，總之費爾巴哈的唯物論及黑格爾的辯證法觀念，給予他許多理論基礎，更使他如獲羽翼，導引其「唯物史觀」的發見。

　　另外，十七八世紀的英國及法國的哲學，如霍布斯的唯物觀念，洛克的勞動價值，盧梭以及法國革命期中的激烈思想都有影響於馬克思。古典經濟學派如亞當斯密、李嘉圖諸人的學說，對於他亦多所啟示。而基督教的教義，尤其是耶穌會所奉行的主義，對於馬克思主義亦不無刺激，甚或挪用，雖然馬克思本人視宗教如鴉片，曾極力的予以毀謗抨擊。

第二節　主要的理論

一、唯物史觀

　　馬克思的思想是以唯物論為其基礎，並且襲取黑格爾的辯證法則廣為應用，改頭換面的組成他的唯物辯證法則。馬克思及其信徒，所以稱其主義是科學的，即在於此。於是首先在他的歷史觀中，便製作出與黑格爾貌似而神異的唯物史觀，亦即經濟史觀，以經濟為主因，去解釋歷史的演進。

　　恩格斯於一八八三年三月十七日，馬克思下葬於倫敦時演講說：「馬克思發現人類歷史的進化律，是與達爾文發明有機自然的進化律一樣。那種為過去的理想所掩蔽的單純事實，就是在人們尚未注意到政治、科學、藝術、宗教與其他一切事物之前，有關重要的是飲食衣住，造成民族制度，藝術意念，及宗教理想的基礎，而只有根據此種基礎，始能解釋出民族制度等等之所以然。」❻馬克思在其《政治經濟批判》中亦曾說：「法律制度

之根源，必在人類生活的物質條件中求之。在人類日常生活的社會生產之中，人們彼此形成種種具體關係，……此實即是各種生產關係，當其恰好適合於人們生產能力發展之某種階段時，此種種生產關係之總合，即造成社會的經濟結構——這便是法律及政治上層建築的真正基礎，且亦形成各種相關的社會意識。物質生活中的生產方法，是為決定社會政治及精神生活的條件。」❼

　　馬克思認為宇宙的一切本體與根源，皆為物質，因此是物質決定思維，並非人類思維決定物質環境。所以在他看來，人類生活中，最主要而超過一切的特質，就是每一時代的生產方法，及其所形成的經濟制度。在人類各種生產力的交互作用中，跟著生出反映他們生活的各種制度與觀念。法律、政治、宗教，以及人們在各種社會中的地位，皆為生產制度所決定。故每一時代的基礎，就是維持生活的方法，一切制度與觀念，均建築在此一基礎上。因此人類的歷史，不是可以由人類任意自擇的情形下創造的，乃是在物質決定的情形下所演進的，是由於要求物質生活滿足的生產方式所決定。

　　於是生產方式改變，則歷史亦隨之改變。每一時代的經濟條件，乃為建造社會結構的礎石，在中古的封建時期，一切制度都配合那一階段的特殊的經濟需要，法律之制定，是在於土地佔有者的利益，將當時的人們規範在地主制度之中，甚而宗教亦與其相適應。等到中古的社會衰落，中產階級又起而代之，極力主張私有財產，此時適應封建社會的種種制度與觀念，便逐漸變更其性質與意義，而趨向適應中產階級的需要。至工業革命之後，資本家則又成為社會的核心，此由於以機器代替手工，生產方式有了鉅大的變化。每一時代的歷史行程，並不是由一種獨立的抽象的觀念所

---

❻ 參閱列德萊《社會主義思想史》二卷十五章。

❼ E. R. A. Seligman: *The Economic Interpretation of History*, p. 43.

造成，而是為一種事實上不可避免的環境造成的具體條件所左右。新的方法，新的原料發明了，新的市場產生了，生產及分配的組織亦隨之變易，原有的經濟制度已經頹廢，致基礎搖動變遷，進而影響到整個社會結構的搖動變遷，凡一切法律、政治、宗教、知識及社會階級，都要改換。恩格斯在《反杜林》中說得更清楚：「唯物史觀是以此一原理為其起點：即生產以及隨生產而有之成品交易，乃為每一社會體系之基礎，而有史以來，每一社會之中，其成品之分配以及由於分配之結果，將社會劃分為階級或等第，此乃是受下列各項情形之支配，即生產何物，如何生產，成品如何交易。依照此一看法，則一切社會變遷，一切政治革命，其終極原因當求諸生產及交易方式，而非求諸人們思想。換言之，人們對於永恆真理與公正之日益認識，當求之各時代之經濟，而非求之於各時代之哲學。」❽人在歷史的行進洪流中，是毫無主宰的力量，只不過是後浪推前浪中微不足道的水滴或沙礫。

二、階級鬥爭

馬克思在其唯物的歷史觀中，表明人類歷史係隨生產方式的變動而進展，同時這種變動與進展是依照正反合的辯證法則逐步向前的，而階級鬥爭則又為每一個演化過程中不可或缺的原動力。本來關於階級的對立與衝突，早在希臘人的思想中，已被發現和討論，尤其是在法國大革命前後，幾乎凡是激進的理論，均有此體認，馬克思亦承認深受其影響，惟馬克思之所以與以往一般討論此一問題不同者，是在於他要藉階級鬥爭推演出革命的手段，強調其必然性，加強煽動的效果，及對於將來共產主義的實現，產生樂觀的信心，並且配合其前後的論列，完成他整個思想的體系。

在「共產黨宣言」裏，階級鬥爭被誇張的傳佈開來。「一切有紀錄的社

---

❽ Hallwell: *Main Currents in Political Thought*, p. 410.

會之歷史，即是階級鬥爭的歷史。」❾馬克思與恩格斯認為在以物質及生產為中心的歷史中，所有的人被分為兩個階級，一方面是控制生產及享有經濟利益的階級；一方面便是被宰割剝削的階級。前者是侵略者，統治者；後者乃是被迫害者，被統治者。這是自有私產制度及國家組織以來普遍的現象，存在於社會的每一角落，希臘時代的自由公民與奴隸，羅馬時代的貴族與平民，中世紀的地主與農奴，及一切的業主與僱工，以至於工業革命後的資本家與勞工，他們總都是敵對仇視，明爭暗鬥，不能妥協。在上的佔有階級，不僅掌握經濟權益，而且亦掌握政權，他們有權利制定法律，設立制度，依其一方的利害以樹立一切標準，反對他們的，就給予處罰，因此舉凡國家一切可能發生的力量，如軍隊、司法、宗教、甚而學校教育，皆為工具，用以達到保障上層階級利益為目的。他們用宗教及教育，唱出光明正大的口號，製造出「社會的善」(Social Good)，以推行愚民政策，另外以軍隊的武力及司法的裁判為壓制反對者的手段。於是國家存在的意義，在馬克思的這種分析之下，顯然的只不過是壓迫的工具，是佔有階級所支配的機構，作為榨取另一階級的利器。

　　握有國家一切有利工具的階級，為了保持其既得的權益，總想要維護現狀，而排斥及壓迫另一階級於權益之外，此係物質環境的自然反應。但被壓迫階級也必然的想要爭取權益，於是兩個階級的矛盾鬥爭是不可避免的，佔有階級有時也會略為讓步，採取安撫手段，或可得到一較為安靜的時期，但卻不可能解決根本的矛盾，事實上佔有階級的權勢及慾望是無限的，決不肯與被統治者平分秋色，最後勢將發生革命的劇變，而且這其中尚存在有辯證的必然性。人們因物質的生產關係組成社會及國家，當其初起之時，似有正面的良好作用及表現，人們乃相安於此種生產關係的社會中，但發達到某一階段時，當此一社會所孕育的一切生產關係發生了衝突，

---

❾ 參閱列德萊《社會主義思想史》二卷十四章。

本來視之為有助於生產發展的，現在卻發生了反面作用，變成了障礙桎梏，於是社會革命必然到來，經濟基礎動搖，一切上層建築乃因而或急或緩的蛻變，便又有了新的生產關係建立，正反相合而生出新的正。可是在新的正之中，仍然含有反的因子，亦勢必與前一回合一樣繼續不已的發展下去。因為階級的敵對，是為內在的矛盾，階級鬥爭的結果，只不過轉變為另外新的階級，新的壓迫狀況，新的鬥爭方式。演變到了今日，工業革命之後，階級的壁壘，已更為顯著，整個社會已被分裂成資產階級與無產階級，雙方的衝突日益尖銳，必須澈底的推翻現狀，根本的改造現存社會，無產階級才可以獲得解救。

三、剩餘價值

　　馬克思在經濟理論方面，是承襲了古典經濟學派的勞動價值說，而加以擴大，並且據以倡立「剩餘價值說」(Theory of Surplus Value)，亦為其所謂最科學的理論基礎，用以達到他掀起社會革命的目的。

　　在馬克思看來，資本主義社會所生產的物品是很多的，這些物品自有其用處，為人們生活所必需，故各含有一種價值，此種價值，可稱之為使用價值 (Use Value)，是指其具有滿足人們欲望之功用而言。一切企業均建築於此種使用價值上，生產者必須生產人們有用的物品。但所謂有用，是對於欲求生活滿足的消費者而言，而在物品尚未到達消費者手中以前，此種物品在售賣者手中之時，自售賣者視之，物品所具的乃是一種交換價值 (Exchange Value)，是指一種物品與其他物品的交換的比率。消費者所關切的是使用價值，生產者、售賣者所關心的是交換價值，交換價值的比率是謂價格 (Price)，但價格應如何決定呢？於是他提出了勞動價值說。

　　馬克思說：「決定一項物品之交換價值者，只是勞動之數量，亦即是為了生產此項物品而在社會上所必需化費之工作時間總數量。」❿一切物品拋開其各有的特性不言，而所普遍具有的共同點，即是勞動，故一切物品

的價值基礎，乃是在於勞動的結晶，其價值之大小，全依照生產時需要勞動量的多少而定。但這種勞動應該是：「社會必需的勞動」(Socially Necessary Labour-time)，是所謂在正常的生產條件下，按照當時平均的熟練程度及緊張程度的勞動時間而言。

　　勞動價值的觀念既已確定，他進而再討論剩餘價值。他認為在資本主義的社會，勞工們無有生產工具，只有出售勞力，資本家購買其勞力，使之施用於生產工具，生產物品而付給工資。假定以二十元一日的工資給予一工人，此即為某工人之價值，但如果他在二小時內已將價值二十元的物品完成，此為必須的勞動，而超過二小時以上的勞動則為剩餘勞動，事實上工人在一日的工作常在十數小時以上，此皆為無償的剩餘勞動，凡在此無償的剩餘勞動中所生產物品之價值，即稱為剩餘價值。工人的勞動力所產生的價值，超過了工具及原料的成本，與其工資以上，結果這些剩餘價值皆為資本家搜括而去，工資並不因剩餘價值而增加，相反的，資本家為獲利起見，常常是延長工作時間，減低工資，一方面抬高售價，使剩餘價值及利潤所獲愈豐。

　　剩餘價值所造成的結果，一方面是資本的集中，另一方面則是痛苦的集中。資本家利用其剩餘價值所獲之鉅貲，以付地租，購進原料，並改進機器效能，而使其事業更精練而為一綿密的生產制度，減少必需的勞動力，多用固定資本，少用可變資本，使人力愈形廢置，結果失業數字亦日愈增加。而大量的使用固定資本，使小資本家無力競爭，終為所兼併，資本必然集中在少數人手中，大多數人被迫而淪為無產階級，依賴工資為生，但又非人人皆可獲有工作機會，僧多粥少，貧苦乃相隨而日增。他說：「在資本主義制度之中，一切發展生產的手段，皆變為支配及剝削生產者的工具，把勞動者整個人身割裂而成片段，把勞動者整個人格，貶落成為機器的附

⓾ Marx: *Capital*, p. 32.

屬品。勞動者工作的興味，皆為所毀壞，而變為嫌惡的勞苦，其勞作已與理智相隔絕，所有獨立的學識技術，乃成為機器的一部份效能。這種生產使勞動者的生活變態，屈服在邪惡的暴政之下，將他一生葬送在勞動時間之中，而他的妻子兒女，亦輾轉而犧牲於資本主義的車輪之下。一切產生剩餘價值的方法，亦就是資本累積的方法，而每次資本累積的擴充，又成為發展此種方法的手段，結果資本愈形累積集中，勞動者的命運，不論其工資高低，總必日趨惡劣。……一方面是財富的累積，同時另一方面，則是貧苦、奴役、獸性、愚蠢、墮落的累積。」⓫

第三節　革命的進行及天堂之臆測

一、經濟危機的發生及後果

　　馬克思接著在剩餘價值的理論之後，以一種先知的口吻，推論並且斷定生產過剩所造成的經濟危機，及無產階級革命的到來。他認為這是資本主義發展至飽和狀態的必然現象，乃是資本主義製造了自我崩潰。因為在他看來，資產階級是以謀利的動機，為其生產基礎，所以要儘量榨取剩餘價值，乃依賴其固定資本愈甚，並減低工資報酬，集中資本，中產階級逐漸消滅，所謂勞動的後備軍日益增多。同時由於人口過剩，勞動力的供給亦過剩。人們購置力降低，但物品仍在大量生產，結果是生產過剩，消費減低，勢必發生經濟的危機。這是近代資本主義制度下，文明社會的流行病。資產階級已不能應付他們自己所創造的財富，反成為致命的創傷。他在「共產黨宣言」中說：「資產階級不但鍛鍊了一種致自己於死地的武器，而且也養成了一些使用武器的人，此即是近代勞動階級，亦即是所謂無產

⓫ 同 Ibid., p. 182.

階級。」⓬此即是說資產階級自己培育了堅強的敵人，資產階級過去曾利用過勞工反抗專制政治，但是現在在勞資的衝突中，無產階級的勞工將要組織起來，發動一種新的革命，一種劇烈的階級鬥爭。因為勞工們的階級意識已經覺醒，他們已認識佔有生產工具的資產階級，是剝削他們的公敵，他們必致力顛覆資本制度的社會，他們並且也覺悟到只有在生產工具公有之下，始能獲得公平的報酬。

這一個無產階級的陣營是龐大的，人數是愈來愈多，甚而統治階層亦會發生分裂，有一部份人要脫離其舊關係，而投入無產階級的革命行列，使無產階級得到智識及進步的新種籽。而且由於資產階級龐大的工廠制度之建立，使無產階級有機會聯合在一起成為有訓練有組織的隊伍。這是一個大多數人自覺獨立的革命運動，不同於以往為少數人利益所產生的革命，起初僅發生於一個社會的內部，但最後必將變成為國際性的。資產階級再不配統治，亦不能再要社會維持其生存，他們的資本制度，只造成埋葬自己的墳墓，至此，資產階級的傾覆與無產階級的勝利，皆是不可避免的事。

二、共產黨與無產階級的革命

至於共產黨與無產階級有何關係？在革命的戰鬥中是處於何種地位？在「共產黨宣言」的第二段中有明白的表露，馬克思與恩格斯一致認為共產黨與無產階級是不可分離的。他們說：「共產黨不是為了要反對別的工人階級的黨派而組織的另一黨派，他們除了無產階級的全部興趣之外，別無所感。他們並非別樹一幟另外提倡何種主義，來規定無產階級的形式。共產黨之與其他工人階級黨派不同者，有以下幾點： 1.當無產階級在各該國內鬥爭的時候，共產黨不但要超過一切國家的界限，把無產階級全部的利益指示出來，而且還要把這種利益實現出來。 2.在工人階級與資產階級鬥

⓬ 參閱《社會主義思想史》二卷十四章。

爭時，無論何時何地，共產黨所代表的乃是全部的利益。他們是一切國家工人階級中最進取最果敢的一部份，是能推動其他一切人們邁進的一部份。另一方面共產黨對於無產階級運動的方針、情況及結果，是應較其他的無產階級份子更為清楚。」❸接著又說：「至於共產黨目前的目標，是和其他無產政黨一樣，即是：1.把無產者結合起來，造成一個階級；2.推翻資產階級的威權；3.無產階級專政。」❹

由此可以得知，共產黨乃是無產階級的組織者及領導者，是無產階級中最優秀的份子，在他們的領導下，首先是要「全世界無產階級聯合起來」。共產黨所領導的無產階級革命乃是國際性的，因為一切的資本主義國家都是一樣，存在有階級的敵對，無有妥協的可能，全世界所有無產階級間皆有一個以經濟為基礎的共同利益，此種共同利益的關係要強於國家民族的共同利益之上，一國之無產階級與外國無產階級之間，較之與本國資產階級要親近得多。於是他們說：「工人階級是沒有國家的。」其階級意識要強於國家民族的意識。在「宣言」中他們更加解釋的說：「因為無產階級第一步的工作，就是要奪取政權，就是將自己作為一個民族的領袖階級，所以其本身就是一個民族，不過此民族與資產階級之所謂民族，有些不同而已。」❺他們更認為如果無產階級能掌握政權，則一般的民族仇恨將迅速消滅。無有了國家中的階級掠奪，則國家間的掠奪亦隨之無有，因此共產黨要到處扶助革命運動，反對現存的政治情況，無條件的站在革命的一方，而且是決不與現在的政權妥協共存，作永無休止鬥爭，直到無產階級獲得完全的勝利，無產階級專政獨裁而後已。因為「無產階級除了鎖鏈之外，不會有任何損失，而他們所得到的卻是世界的全部」。❻在鬥爭的過程

---

❸ 同❷。

❹ 同❷。

❺ 同❷。

中，馬克思更主張用武力將現有的一切推翻，使原來的統治階級在顫慄中
傾覆敗亡。

三、無產階級專政

　　當無產階級專政之後，最初是升至統治階級，建立民主政治，然後利
用其政權，逐漸的奪取資產階級的資本，將一切生產工具集中於國家，交
由「有組織而又有統治能力的無產階級手中」，以增加生產量之總數。至於
具體的項目，綜合其「宣言」中所揭露者，有下列十二項：1.廢止土地私
有，將所有地租用於公共事業。 2.徵收高度累進率的所得稅。 3.廢止一切
繼承權。 4.沒收逃亡者與叛徒之財產。 5.集中信用機構於國家之手，設立
國家銀行，運用國家資本，獨佔辦理。 6.集中交通運輸機構於國家之手。
7.擴充國有工廠及生產工具。 8.墾殖荒地，並根據共同計劃，改良土壤。
9.人人對於勞動應有平等之義務。設置職工部隊，尤注重於農業。 10.聯絡
農業與工業在一起。11.平均分配全國人口，以漸次消滅城市與鄉村的差別。
12.一切兒童免費進入公立學校，接受義務教育。廢止工廠童工制度，使教
育與實業生產發生聯繫。❶❼

　　無產階級所以必須奪取政權而獨裁者，是由於舊的力量必須予以制服
肅清，以免使新制度的推行受到阻礙。一切舊制度、舊觀念、舊勢力，如
任其自由的存在，則人民不能接受新的啟示，新社會的建立，就不會順利，
所以無論在政治、經濟、軍事、教育各方面，都要獨裁而採取嚴厲的手段，
打破傳統。以後列寧 (Nikolai Lenin, 1870–1924) 亦強調自資本主義社會過
渡到共產主義社會時，過去的大多數被剝削者對少數剝削者有壓制之必要，
故國家工具仍須利用。再者國家工具尚有被利用作為灌輸新觀念，及實施

---

❶❻ 同❶❷。
❶❼ 同❶❷。

新制度的價值，去克服過去勞工之惰性，如何使得對於新社會發生信心，
對於新工作發生興趣，培植新的道德觀，所以也必採用獨裁方式，因此後
來的托洛斯基 (Leon Trostky, 1877–1940) 甚而主張工廠軍隊化。而馬克思
不僅認為過渡時期必須獨裁，並且認為為肅清舊思想，創立新習慣，更可
以採取恐怖主義。

四、國家消逝及共產天堂的構圖

　　無產階級的專政獨裁，只不過是一段過渡時期，而不是終極目標，是
手段不是目的。馬克思的最後理想是國家消逝，進入共產社會的天堂。但
是對於此一天堂的構圖卻是粗略，模糊而空洞的。

　　當無產階級在過渡期中完成其任務時，即將是國家的逐漸萎謝而消逝。
因為在馬克思看來，國家只不過是一個階級握有政權壓迫另一階級的工具，
但在無產階級專政成功之後，階級敵人均被消滅肅清，他認為沒有階級對
立，便沒有國家，不再需有一個組織的力量，去發揮壓制的作用，他在「共
產黨宣言」中說：「由於階級的差別已經無有，一切生產已集中於全國人民
的大聯合之中，政權乃失去其政治性質。本來政權即不過是一個階級壓迫
另一個階級的一種有組織的權力而已，無產階級與資產階級格鬥時，雖迫
於情勢，不得不組織一個階級，不得不用革命的手段去佔據統治階級的地
位，及應用權力去掃除一切舊有的生產條件，但同時，因為無產階級應將
一切階級仇恨掃除淨盡，所以亦應將自己的階級威權廢止。」⓲恩格斯在
《反杜林》中更明白的說：「無產階級取得國家政權以後，首先將生產工具
變為國有產業，如此則其已消失原來身份，終止了階級間的差別與矛盾，
國家亦因而消失。……國家到了真正成為社會代表的時候，其本身便成為
廢物，因為社會上既無有壓迫階級，便無有壓迫，就無須要一個特殊的壓

⓲ 同⓲。

迫權力——國家之存在。……此時管理物品和指導生產的機關，就代替了
國家，國家並不是被廢除的，而是自行萎謝消逝。」⑲

　　於是國家消失於無形，所存在的乃是一個自由平等的社會，而且他們
認為此一社會將進入一極適當的境地。一切工業從私人資本的控制下解放
之後，其發達的程度，要如同過去從手工業發達至今的大工業一樣。用科
學的方法從事大規模的生產，眾多的生產力在智識的指導下聯合團結。勞
動者不是在被剝削的情況下為工資而工作，工作乃為了生活中至高的需要，
是一種享受，一種娛樂，他們並且夢想工作時間可減到至低限度。由於生
產機構組織良好，使所有動力和諧作業，效果大增，而且每個人可隨時依
照其願望去選擇及變換工作，分工可以去消，因為機械日益完善，任何人
皆能無需事前知識及訓練，而操縱自如，工廠的整個動作不是由於工人，
而是由於機器發動，所以隨時可以更調人員，無礙於工作程序。讓每個人
都可有機會發展他的才能，優異的天才，不再如同鳳毛麟角，而是充滿在
街頭巷尾，文化的發展日有所進，將達到空前的高度。所有的人，都是無
可比擬的健康、聰明、自由、愉快。而且由於永遠的斷絕私有財產，人們
將無有絲毫罪惡，恢復了美德，並擁有不可勝度的財富，於是馬克思說：
「在這個社會的旌旗上面，我們便可以鑲上『各盡所能，各取所需』的一
句話。」⑳這就是美麗的如童話寓言般的共產天堂。一位科學的社會主義
者，一變而為吉卜賽式的預言者。

---

⑲ 恩格斯《反杜林》三章三節（參閱 M. Oakeshott: *The Social and Political Doctrines of Contemporary Europe*, pp. 130–131）。

⑳ 參閱《社會主義思想史》二卷十五章。

第四節　馬克思主義思想的討論

一、對於「唯物史觀」之討論

茲就馬克思主義的理論程序，逐步的作一討論。

首先是唯物史觀，亦即是經濟史觀。雖然關於此一觀點，恩格斯在晚年時，曾有所辯解，他在一八九〇年及一八九三年給其門徒及友人的信中，都有所說明，認為所謂上層建築，如政治、法律、哲學、宗教等，對於歷史中的鬥爭，皆有所影響，甚而在許多地方，可決定鬥爭的方式。但是「經濟條件是歷史基礎」之確認，並未稍變。何況又有唯物論的哲學基礎，及辯證的必然發展作配合，為其以後的信徒所堅信不移。

馬克思以物質決定一切，猶如黑格爾以思維精神決定一切同樣的不能自圓其說。物質環境可以決定一部份人類意識，決不能決定人類全部意識。馬克思稱生產方式之改變，歷史亦隨之而改變，但所謂生產方式為何？其中所包括者，不僅是有物質的部份，亦有精神思維的部份，龐大的機器生產，固然使得生產方式改變，而企業家的管理、經營，及甘冒風險的魄力、眼力，亦有其作用。即以生產工具而言，固屬物質，農地生產由犁耙變為機器，致生產效率大增，而發生多方面的影響，但犁耙之所以變為牽引機，仍賴於發明家運用其聰明才智的創造，犁耙自身絕非能夠變化。事實昭示於人，人類的精神雖亦非能完全決定歷史，但思維的力量及因思維而產生的若干社會結構及制度，自有其特性及本身的法則，人類並非完全不由自主，而亦有其決定的能力，知道如何去處理生產關係，及其他一切的社會關係。

馬克思是以科學的社會主義而自詡，然而卻全未顧及到客觀的事實，歷史的經驗，只是以他個人的思維，草擬出一個形而上的歷史系統。人類生活並非僅為獲取麵包，還有許多另外的衝動，有些人往往自願處於不利

的經濟環境中，如一般禁欲主義者之所為，以求其精神的愉快，心性的安適。顯然是在經濟利益之外，另有政治的、宗教的、道德的、或藝術的各種需求，此在人類歷史的發展上，均曾佔有優先的地位。尤其是人類的權力慾，更給人類歷史平添不少波瀾，此在霍布斯之思想中早已論及，羅素在其《權力論》(*The Power*) 一書中，亦有詳細的討論。亞歷山大、拿破崙及希特勒之征服世界的野心，是絕對非出階級的經濟利益。文藝復興之後的思想家們，大都注意到此一問題，但馬克思卻忽略了這個事實，因此對歷史的解釋便無法正確。克里姆林宮每次政變之後權力傾軋，便是最有力的證明。

由上述可知人類的歷史並非單憑經濟所決定，人類問題亦非因經濟利益解決而化烏有。馬克思作武斷的自欺欺人之談，實違背科學精神。他是處於一個經濟的不祥時代，資本主義初期發展的偶然事變，使他目注神往，以致只是去誇張經濟利益獨佔的弊害，他自己卻要縱情於思想的專斷。同時這種偏重物質的思想結果，便完全忽視人的價值，所以在共產極權的國家中，一切人民只有在國家所支配的生產機構下，作匍匐而行的奴隸，人的尊嚴，已蕩然無存。

二、對於「階級鬥爭說」之討論

至於階級鬥爭論，只不過是馬克思把一時的病態，而擴大為人類全部歷史的動力，削足適履的以配合其正反合的辯證法則，而且在激盪的情緒中，充滿了憤懣仇恨的變態心理。　國父孫中山先生對此有很確切的批評，他說：「階級戰爭不是社會進化的原因，階級戰爭是社會當進化的時候，所發生的一種病症。這種病症的原因，是人類不能生存，因為人類不能生存，所以這種病症的結果，便起戰爭。馬克思研究社會問題所有的心得，只見得社會進化的毛病，沒有見到社會進化的原理，所以馬克思只可說是一個社會病理家，不能說是一個社會生理家。」㉑　國父更指出馬克思的錯誤，

是在於「倒果為因，本源不清」。並不是因為階級鬥爭，才促進社會進化，歷史發展，相反的乃是社會進化發生阻礙時所產生的弊病。鬥爭的結果，只有暴露與增長人類的殘忍，製造相互的仇恨，擴大裂痕，加速破壞，使雙方力量消耗，社會何能得益？ 國父於《孫文學說》中說：「物種以競爭為原則，人類則以互助為原則。社會國家者，互助之體也，道德仁義者，互助之用也。人類順此則昌，不順此則亡。」㉒此正可糾正馬克思思想之謬誤。

　　塞班在其《政治理論史》中，亦曾提出「階級鬥爭說，過於簡單，而其預測亦多有錯誤，以歐洲各國及俄國實際情形證之，馬克思的學說皆不見正確。事實上任何社會中的階級結構，均非常複雜，而不能純以經濟加以解釋。其學說僅為一種似是而非的論辯，其所形成，乃是為求達到一種論戰的目的」。㉓馬克思只把一國之人，分為剝削與被剝削兩種階級，因此一切的國家皆是壓迫工具而已，這種情形至資本主義發達之後愈加顯明，此時之政府不過為資本家辦事的一個委員會。而由於資本集中，中產階級消失，只剩下資產階級與無產階級兩種人，階級鬥爭是必然的要到來。但事實上中產階級始終保存著，社會的結構愈形複雜，絕非單純的兩種階級之對立可以概括。企業組織固然更龐大，但卻是為眾多的股東所有，並非一二大王所獨佔，即使是一個工人，亦可能掌握若干股票，他們的生活情狀，不再是十九世紀四十年代的慘苦，他們自己往往就是資本家，在這種情形下，階級意識根本無以產生，則階級鬥爭更無可能。馬克思居住倫敦日久，只看到當時因失業而徬徨的工人，但卻不知除此之外，尚有廣大的人群，他只把革命鬥爭的使命，加在這一批所謂無產階級的工人身上，卻

㉑《三民主義》，〈民生主義第一講〉（見《國父全書》，二六一頁）

㉒《孫文學說》第四章（《國父全書》，十七頁）。

㉓ G. H. Sabine: *A History of Political Theory*, Chap. 34.

完全忽視從事其他職業的人之存在與願望。故事實的發展，均與其預言相反，工業發達的歐美各國，並未見有劇烈流血的階級鬥爭發生，而農民佔有五分之四以上的俄國，其革命的實際性質根本與馬克思所言者大相逕庭。

果如塞班所言，馬克思只不過想以階級鬥爭的理論，發生煽惑的作用，製造暴力革命。他在基本上承認破壞主義的價值，並切望其實現，本來破壞的革命，乃為達到目的的方法，但結果其本身變為目的。方法的合理與否，原應視其是否與目的相適合，而目的是否正當公道，亦應有一正確標準。馬克思則使其信徒們迷信歷史有一定的法則，一切他們自己想做的，皆為歷史軌道中的必經過程，階級鬥爭在辯證的法則之下，是必然的，也是無休止的，是方法亦是目的，在他們皆是無可批評的神聖事業，由此亦可知馬克思主義完全是先驗的而並非科學的。所以共產黨徒的行動是否合理，從不肯就人民能獲得多少福利的觀點作衡量，只是反覆的說明它合乎歷史規律，其蠻橫的武斷態度及神祕主義的氣氛，均由此而發生，宋巴特即曾作如是之分析批評。他更認為馬克思及其信徒，視革命為永久的事業，為無窮盡的程序，或雖認為其理有盡期，但在實踐上為期甚久，革命的心情永久存在，以免影響其革命的朝氣，戰爭的鬥志，以致使他們認為最後的目的不要緊，革命運動最重要，於是一切皆變，而革命如恆。❷❹如此則不僅方法與目的相混，甚而方法已超越目的，頗有類乎馬基維里在霸術論中所犯之錯誤。

由於馬克思強調經濟利益，亦強調因經濟利益而結合的階級意識，由於此種意識之強烈，每一個無產階級的工人，必定對於資產階級敵人，懷恨極深，勢必置之死地而後已。但事實上已證其誇大其辭，別具用心，而就心理言，人人亦非單純的只汲汲於利。歐文亦出身於無產階級的工人，並未嘗具有階級鬥爭的意識，至其努力奮鬥而為資本家廠主之後，亦未嘗

---

❷❹ 同❸（《新思潮》三十五期，二十八頁）。

榨取工人，相反的卻是同情工人，自動的實行改革。所以真正參加無產階級革命行列份子多為亡命之徒。據宋巴特分析，其中所包括的不是全體從事勞動的工業無產階級，而是一些所謂破落的無產階級，或無業流氓；不是真正的知識份子，而是一般浪漫的及走頭無路的文藝人；在鄉區亦不是廣大農民，而是一批土匪強盜。總之是一群被擯棄於社會之外的人。❷⑤馬克思與其若干同道及信徒，都是此類人物的典型，他們之所以加入鬥爭行列，並非僅具有階級意識，而是有著複雜的心理因素。再者馬克思為擴大階級鬥爭成為國際性的，所以更強調階級意識要超過國家民族意識，於是他倡言「工人無祖國」，他要全世界的無產階級聯合起來，以對抗所有資產階級，但是此不待其逝世，事實已證明其謬誤，一八七〇年普法戰爭起，他雖然向德法的工人大聲疾呼，但卻無人理睬，至一次世界大戰發生，國際同盟的瓦解，亦由於民族意識強過階級意識。

三、對於「剩餘價值說」之討論

　　馬克思的勞動價值及剩餘價值說，皆出於與事實不符的假設。首先在價值的決定上，並非僅只是勞動力一方面的貢獻，而市場上的供求情況，卻佔有重要因素。往往是供給大於需要的物品，其價格較低，需要大於供給者則較高。一件物品，無論所含有之勞動量如何，如生產過剩超過消費者之需求，則不可能以高價出售，而且對於物品的需要，又常因消費者個人生活背景之不同而差異甚大。由此可見價值的決定，並不只是由於勞動量，尚有供求的比例在內，亦即是說不只是由勞動者生產供給所決定，消費者的需要亦不能棄置不顧。何況有許多物品，如古物陳酒等，更不是僅憑勞動量計值，時間的因素更屬重要。

　　單就生產方面而言，一件物品的製成而出現於市場，亦非純由勞動所

❷⑤同❸（《新思潮》三十五期，三十頁至三十一頁）。

能完成。馬克思在「共產黨宣言」中亦曾道出資本主義的成就，由於機器發明，工廠制度建立而大量生產，有極偉大的成就表現。他認為是「較埃及的金字塔，羅馬的水道，哥德式的教堂，更為驚奇的事業」。㉖但是這絕不是只靠可變資本之勞動力的結果，不變資本尤有所貢獻，土地、機器、資金的運用、企業的組織，以及資本家的冒險經營，均應計算在內。不僅如此，甚而再生產的資本，亦計入今日物品價格之內，馬克思將勞動力以外的一切因素，皆棄而不顧，實在是不合情理的。

　　勞動價值說既屬不確，則剩餘價值說便也露出了破綻。　國父曾批評說：「所有工業生產的盈餘價值，不專是工廠內工人勞動的結果，凡是社會上有用有能力的份子，無論是直接間接在生產方面或是在消費方面，多少都有貢獻。那種有用有能力的份子，在社會上是佔大多數。如果專講工人，就是在工業極發達的美國，工人的數目，也不過二千多萬，只佔全美國人口五分之一。」㉗縱使退一步說，他的勞動價值說可以成立，但剩餘勞動之確切數字如何計算得出，仍然是困難重重，甚至是根本無法計算的。首先生產物品之所謂「社會必須的勞動」，就因為人生所需物品千種萬類，令人感到茫然無緒。再退一步說，必需的勞動，或可以拿勞動者一日生活所需之資料為準，但又由於生活資料本身之價值難以確定，則必需的勞動便不易把握。於是「必需的勞動時間與剩餘勞動時間的劃分，既然於事實上理論上，都不能成立，那麼一天勞動時間之中，剩餘勞動等於多少小時，於理論上事實上，也就永遠成了一個未知數」。㉘剩餘勞動既成未知數，則剩餘價值更無從索求。此一切皆出於馬克思之抽象的臆斷，根本沒有科學的立場，沒有事實的依據，當然不是一個經濟的原理，只不過是作為政治的與社會的宣傳口號而已。

㉖ 參閱列德萊《社會主義思想史》二卷十四章。

㉗ 《三民主義》，〈民生主義第一講〉（《國父全書》，二六二頁）。

㉘ 參閱趙蘭坪著《馬克思主義批評》七章十二節，一六三頁（正中書局版）。

四、對於「經濟危機說」之討論

馬克思的勞動價值說及剩餘價值說既非事實，不足為恃，則資本集中與經濟危機諸說，便都將落空，以後的事實表現，是皆足以證明。他曾認為資本家為大量榨取剩餘價值，必定會減少工資，延長工人工作時間，及抬高物品售價。　國父在〈民生主義第一講〉中，即以美國福特汽車廠的具體事實去駁斥。福特汽車廠相反的是增加工資，減少工時，壓低售價，亦未見影響其收益，反而更有所獲。這是馬克思認為絕不可能的事，但事實上是如此，而不僅福特廠如此，凡一般資本雄厚，有所成就的工廠皆如此。　國父說：「許多事實，在馬克思當時，自以為是料到了的，後來都是不相符合。」❷⑨而資本之集中，亦未如他所料，中產階級的小企業仍存在。要知道馬克思固然一方面批評資本集中增加了工人的痛苦，但一方面卻寄希望於無產階級專政後，由國家將資本集中，獨佔經營大企業，他反對的是資本制度下現代文明的社會形式，卻未反對其核心。但是資本集中的大企業之優越性並不是一般的，不是絕對的而是相對的，並非是愈大愈好愈賺錢，在各種經濟的行業中，各有不同的最相宜之大小限度，踰此限度即由益而損。而且資本集中與資本所有權集中並不相符一致，資本大王並未縮小數字，反而有增，更由於企業發展採取股份原則，資本不僅不集中反而分散，資本所有權與企業經營劃為兩事，一個在馬克思看來是受剝削的勞工，今日卻亦手握股票兼具資本家身份。資本所有與企業經營皆趨於民主化，即使少數企業有集中情形，但亦不至使原來經營生產之小企業者變為赤貧，去做無產階級的後備軍，他們仍可另外經營與大企業生產有關的產業，小企業並未消滅絕跡，社會上並不是有少數資產階級與大多數無產階級單純的兩種人存在。

---

❷⑨ 參閱《三民主義》，〈民生主義第一講〉（《國父全書》二六二頁至二六三頁）。

更由於一般資本主義國家，逐漸採取「社會與工業之改良，運輸與交通收歸公有，直接徵稅與分配之社會化」等政策，❸⓿以及制定許多保護勞工的社會立法，使經濟危機消滅於無形，即使有若干次的不景氣，但亦未曾造成劇烈的階級鬥爭，而促成無產階級專政。

五、對於「無產階級專政說」之討論

馬克思所有理論基礎，發生了動搖，則無怪乎無產階級專政並未在資本主義發達的國家發生，而卻在二十世紀初葉生產落後的蘇俄上演，不管馬克思的信徒如何將其理論視若聖言，但他們造成的事實，已違背了聖教。

就依馬克思自己的辯證而言，亦不能自圓其說。歷史的進展既依辯證的方式進展，每一個歷史階程中，都不可避免階級鬥爭的原動力，是則無產階級專政之後，亦不免有內在的矛盾，仍不免有對立的階級起來與之鬥爭，亦理應在相當的時日之後，專政的無產階級，亦成為被革命的對象，要被辯證的歷史洪流所吞噬。但是馬克思之辯證的與鬥爭的歷史，到此卻突然停頓，此與黑格爾至德意志民族出現，即達於歷史之終點，是如出一轍，同樣的不可理喻。❸❶

或謂無產階級專政之後，即是階級的消滅，因此再無需階級鬥爭了，馬克思亦曾作如此之預言，假使是真的如此，則馬克思對自己的理論無法交代，是自相矛盾。事實上在蘇俄及一般共產極權國家，所展現的真相並不然，雖然當一九三六年在蘇俄的新憲法公佈之時，史達林 (Stalin, 1879–1953) 即宣稱剝削階級已不存在，資本家及其他自古以來的階級都已被摧毀。而實際卻另有內幕，乃是一個史無前例的新階級的出現，此一新階級完全是在無產階級專政的表面文章下所產生。無產階級專政事實上是從未

---

❸⓿ 同❷❾（參閱《國父全書》，二六〇頁至二六一頁）。
❸❶ 參閱本書第十七章第三節第二項。

有過，所有的只是此新階級對無產階級的工農專政，其剝削迫害，獨裁殘暴，較之以往任何統治階級皆有過之。

因為「無產階級專政」本身，在理論及實際上，皆非可能。所謂無產階級應是包括人數龐大的赤貧工農而言，則無產階級專政，即理應由此億萬的工農人民去發號施令，但事實上是不可能的，即使在最民主的國家，在實際政策的策劃與執行上，人民只能有表示意見的機會，而不能決定，最後的決定及執行，仍必為少數人，故無產階級專政之說，根本就是欺人之談，所以在蘇俄真正專政的乃是共產黨，共產黨取代了無產階級，所謂無產階級專政，即是共產黨專政。馬克思早已表示，共產黨乃是一切國家工人階級中最果敢的一部份，對於無產階級運動的方針最為了解。列寧亦聲稱共產黨乃是勞工階級中最前進，最具有階級意識，及最革命的部份。他們是由最優秀與最智慧，而且眼光遠大的工人們所組成。史達林更斷然的肯定，在蘇俄只有共產黨一黨的存在，共產黨可以為無產階級的工人和農人的利益勇敢的保護到底，甚而將此原則載之於憲法，而使黨與國不分。但是共產黨自有嚴密層疊的組織，由少數人組成的中央委員會把持，中央委員會復由黨魁所獨裁，史達林當年權力之大，已超過歷史上所有的獨裁暴君。此並非因為史達林為一梟雄而所產生之偶然現象，亦並不因史達林之死而稍變，實與其共產主義有先天的連鎖關係，至此所謂無產階級專政之真相乃大白。

獨裁專政之流弊，即在於獨裁者掌握政權後，便想要永遠把持此權力，結果自然會施用武力，無論是個人獨裁或集體領導的寡頭專權，其必然造成極權國家，何況馬克思是主張以武力剷除舊的一切，建立新的制度，為達目的可以不擇手段。屬於共產黨的新階級，新貴族獨佔政治及經濟的權力與利益，並且製造統一的意識形態，順我者生，逆我者死，於是人民成了機械與羔羊，所以其造成之極權暴政乃是史無前例的。但是威權是可以使人腐化的，威權愈重，其腐蝕力愈大，因此如何增加威權的抗毒素，俾

不致濫權腐化，乃是政治上的確定原則。民主制度之有效，即在於能注入適量的防腐劑以抗毒，提醒掌握權者的警覺，人民並非羔羊，他們掌握權力的範圍及期間，皆是有限度的。獨裁制度則恰與此相反，馬克思對於歐洲之民主制度，是至表反對的，而極盡譏嘲之能事。他認為那是在資本主義下意識狹小偏於政治的虛偽民主，一切國家的議會，並無真正的立法權，而且置經濟平等於不顧，則不足以動搖資本主義的基礎，自由平等及一切權利皆成為空言，因為這種民主不能代表真正的多數。殊不知他的信徒們建造的蘇維埃國家，仍須在表面上採取議會的形態，而且在一黨操縱之下，又如何能代表真正的多數？絕大多數的人民對於自由，已成了不可想望的奢侈品，所謂平等只是勞動的平等，被奴役的平等。自由平等既已喪失，其他任何權利亦隨之而被剝奪。馬克思曾一再說明國家為壓迫的工具，如其言尚具有百分之一的正確性，那便是他的信徒們所建造之共產極權國家，可為之佐證。

六、對於「國家消逝說」之討論

至於共產主義實現，國家隨著萎謝而消逝之說，只不過是馬克思一個含糊的交代，草率的結束，虛晃一招，聊備一格而已。他評譏烏托邦社會主義者之不切實際，但是他自己的共產天堂，卻較任何烏托邦的藍圖，更為抽象虛幻，甚而超出審理的範圍。

馬克思與恩格斯均臆測在無產階級專政，實行共產主義後，只需要有管理物資及指導生產事務的機構，至此國家已屬多餘，行將廢棄，因為階級消滅，無需乎治人之政府機關繼續存在。此一論說完全是由於他們曲解國家及政府的涵義而來。在他們看來，所謂管理物資及生產事務的機構，所管治者是事而不是人，因此便無一般政府之性質，便不再是政府。然而事因人起，即使是偏於經濟生產者多，但由於規模龐大，涉及於人者亦必多，是仍不免有對人之管治，則所謂管理事務之機構，亦仍不免有政治性

質，仍為一行政機關，縱使名稱有別，而事實上國家依然如故，以社會代國家之說，不過是巧立名目而已。蘇俄的共產黨已假無產階級之名，掌握國家工具數十年，何嘗有委棄跡象。而今蘇俄共產黨集團業已崩潰瓦解，但其國家仍然存在。

　　馬克思以及其信徒，對於共產天堂的編織，是極力的設色美化，但都不過是隨性之所至，任意渲染，所謂各盡所能各取所需，也只是一種模糊的概念，作為騙人的標語及口號而已。今日任何一個共產國家，皆未能達此境界，反而在政策上是多所變易，蘇俄即首倡於先。天堂的美景，只是給人一個幻象，一個遙遠而縹渺的目標，以便於驅使奴工掙扎前進，甚而作為犧牲現在千萬人的福樂，以為爭取將來千萬人福樂的藉口，不負責任的諾言與目標永不得實現，人民即將永遠犧牲而陷入痛苦的深淵。

　　事實上馬克思及其信徒所注重的是階級鬥爭，所感到興趣的是無休止的革命，或熱心於無產階級專政，此雖為手段，卻變成了目的，由於手段目的之不分，甚或手段超過了目的。馬克思所言之鬥爭革命，皆包含有破壞主義在內，據宋巴特所解析，這實在是由於他的身世處境，及性格傾向所使然，以致「對外界特別緊張，而內心卻毫無著根依據之處，既不能肯定一種絕對的積極的價值，同時又極力在生命之中追尋一種依據，雖有相當資質而不能有所建樹，因此乃抱定那種根本否定的態度，以破壞一切價值為唯一有價值之事，如此始足以掩飾他自己的不足道，並且這種否定一切的態度，迫使他走上革命之路，因為在革命之中，會忘記一切，包括自己內心的慘痛在內」。㉜

㉜ 同❸（參閱《新思潮》三十五期，二十九頁）。

第二十四章　各主要社會主義派別

一、國家社會主義在德國之產生

十九世紀中葉以後，英國及法國的社會主義思想已逐漸的傳佈到中歐，尤其是在一八四八年之後，普遍的革命運動，更觸發了一般國家的社會主義思想發展，於是國家社會主義 (State Socialism) 乃產生於工業發達稍遲的德國。國家社會主義本來在路易布蘭的著作及其具體表現中已見端緒，但無論自理論或事實上看來，德國皆為此一思想及運動的堅強陣地，使得社會主義脫離烏托邦的空想，亦避免步入激烈的破壞性革命，而折衷調和趨於實際及科學，將整個社會主義的發展，帶領到一個新的方向，影響極為廣大。

簡言之，所謂國家社會主義，是主張把生產工具集中於國家，由國家管理生產及分配。國家社會主義者認為古典經濟學派之公私利益相一致的看法，與事實不符，放任的經濟政策，只造福少數資產階級，形成貧富懸殊的不平等現象，乃主張賦與國家立法行政之極大範圍，廢止私人的自由競爭，將資產階級握有的產業，集中於國家，由國家管理，以達到經濟分配的平等。並且德國的一般國家社會主義者，又深受到黑格爾派國家學說的影響，所以對於國家極為信任，願意將改造社會的責任，置放在國家身上。茲將其主要理論家的思想，分述於後。

二、洛柏圖斯

洛柏圖斯 (Karl Johann Rodbertus, 1805–1875) 是為德國國家社會主義的創始者，❶他的思想多由法國引申而來，受西思蒙第 (Jean de Sismondi, 1773–1842) ❷、聖西門、蒲魯東諸人影響最大，斐希特及黑格爾的國家觀念亦影響於他。因此視國家社會為分工所造成之有機體，惟不相信自然法有何裨益，國家是為歷史之產物，其組織之確定非由於無意志之自然，而實由於其本身中個體之努力。國家既為一有機體，所有其中個體是為整個有機體的部份，故所有每個人應貢獻自己，努力去做關乎國家目的的事情。於是他根據此一觀念，以為關於國民經濟的組織，不該屬於不勞而獲的資本家個人，一切個人應直接一律平等的隸屬於國家，不應該使人成為資本家私人的工具。

洛柏圖斯更認為依照歷史的進展階段，現在的社會組織已到了必須改革的時候。應當將土地及資本歸於國有，使人們合作互助的去從事生產，並且由國家分配。凡欲獲有分配者，必須參予生產，而以勞動的成績，去謀有報酬，因此可使生產物與人們的欲望相一致。由此可見，他亦重視勞動價值，他希望能增加勞動者之收入，不使勞動者受到市況漲落的影響，而能與其他的人共享同一的幸福。於是他有三種設計： 1.依勞動之多寡決定貨物的價值。 2.以勞動券支付工資。 3.設立貨物貯藏所，以備持有勞動券者交換其所需物品。如此則勞動者之生產，不致為人所掠奪，社會即可實現真平等。洛柏圖斯曾入政界，早年相信立憲政體，至晚年因受俾斯麥

❶ 洛柏圖斯著作：*Forderungen* (1837); *Sociale Briefe* (1850–1851)。

❷ 西思蒙第是為法國十九世紀最早的一位社會主義者。他的目的在改革經濟學說，以增進國家福利，力主政府干預管理財富之累積與分配，並贊成在機器之使用，生產競爭及勞工管理各方面，加以限制。他的著作是：*Nouveaux Principes d'Economie Politique* (1819)。

(Bismarck, 1815–1898) 政策成功之影響，遂傾向於君主政體，希望使君主政體之政策與實際的社會主義方案加以調和。

三、拉薩爾

拉薩爾 (Ferdimand Lasalle, 1825–1864) 是德國推行國家社會主義最具影響力的人物，❸他是一個實際的運動者，才華過人，長於煽動宣傳。德國的社會民主黨是經由他的努力而創立。一八六二年他即開始組織工人以爭取參政，於翌年五月首先成立 「全德國勞工協會」 (Universal German-Workingman's Association)，成為一位工人政黨組織的領袖。他是一個富有的商人之子，早在柏林大學肄業之時，已嶄露頭角。斐希特及黑格爾均為他所景仰，他根據唯心派注重國家的理論，來反對個人主義的經濟學說。認為人類的歷史，是經過了許多奮鬥，始戰勝自然及一切苦惱，建立了國家，國家之成立，乃是奮鬥的歷史過程之結果。孤立無助的人，不可能獲致任何成果，必聯合一致才能勝利，此類聯合即為建設國家的基礎，人類必須經由國家，才可以達到高等的文化，國家是教育人類，改善人類的工具，國家的活動，就在於增進人類幸福。中產階級認為國家是因保護私產及個人自由而設，實係錯誤。因此他對於德國當時強調個人主義的進步黨，極力攻擊。

拉薩爾主張關於經濟生活應為政府干涉之範圍，不可任由私人去做，他想要借用國家的力量，建設一個財產公有的平等社會。為達此目的，應由工人們自己組織政黨，爭取普選權利，促使民主政治的實現，直接參政。他在「全德國勞工協會」的組合法中曾表示「如果要使德國工人階級的社會利益，獲得完全的實現，如果要剷除社會中的階級仇恨，則唯一的方法，就是獲得普遍、平等和直接的參政權。此一聯合的目的，是要用和平與合

---

❸ 拉薩爾主要著作是：*Das System der Erworbenen Rechte* (1861)。

法的方法，去獲取政權」。❹他雖然也採取了馬克思的若干意見，但是他相信國家有輔助人類達到自由的功能，並且很顯然的，他不同意用武力革命的方法去實現無產階級專政。

他亦如一般社會主義者一樣，極反對工資制度。他認為在李嘉圖的「工資鐵律」(Iron Law of Wages) 下，勞工被視作商品，受價格法則的支配，勞工人少而需要多，則工資高；反之勞工人數多而需要少，工資便低，但無論高低，亦僅供糊口而已。廢除了工資制度，由政府借給資本予勞動者，勞動者可自己組織生產組合，則不再有資本家的漁利剝削，資勞衝突可以化為烏有，全體平等的新社會，即可實現。

四、斯泰因

斯泰因 (Lorenz von Stein, 1815–1890) 亦為德國具有影響力的一位國家社會主義者❺。他將社會與國家作一區別，認為社會組織係基於自私自利之原則，每個人欲犧牲他人以實現自己的目的；國家組織則在私利與公益間求調和，保護自由並求得公眾幸福，國家乃代表有意識的智慧之企圖。社會的與政治的勢力之間固然有不斷的衝突，但是他相信經由國家之適當組織與職權之逐漸擴張，可以獲致合理的解決以取得自由與正義。所以他雖然採馬克思的階級鬥爭學說，卻不信任革命，而應由社會民主政治之成功以達到改革目標。他主張勞工階級應自教育與普及選舉作開始，以取得國家統治權，並應從事廣大的立法政策，以脫離資本階級的支配。

德國的社會主義在俾斯麥執政期間，受到壓抑，此證明在政治尚未達於民主的國家，社會主義的推行，必有困阻，但是德國的社會主義運動，

---

❹ 參閱列德萊，《社會主義思想史》三卷十九章。

❺ 斯泰因的著作是：*Des Begeiff der Gesellschaft, Introduction* (1849); *System der Staatsrviss, enschaften* (1852–1856)。

始終能在荊棘中努力奮鬥。實際上俾斯麥雖然一方面排斥社會民主黨，但一方面卻也進行溫和的社會改良，通過勞工意外與疾病保險，及老年保險的立法，他自己亦受到國家社會主義的感染，社會民主黨持久不懈的精神，終有所成就，但他們從無暴動，只是保持堅忍持久及毫不畏縮的抵抗力。時至今日，國家社會主義的發展，雖然在程度及內容有所不同，但是在許多國家都已有具體的表現，而劇烈的革命終於減少。

第二節　修正社會主義

一、修正社會主義之產生

在德國由於拉薩爾提倡國家社會主義的影響，一般標榜社會主義的政黨，雖然名義上採用馬克思的理論，而實際卻作了極大的修正。因為德國的政治及社會環境，不能容納馬克思的思想，為適應時代的需要，使政治經濟及社會的問題，得到完善的解決，修正主義 (Revisionism) 乃應情勢所趨而建立。這一派在理論上很受到英國情況及費邊社的影響，更受到拉薩爾的影響而極端主張愛國主義。他們的態度不再如同馬克思一樣的趨向激烈，而變為溫和緩進。由於俾士麥的強力壓制，激烈的社會黨人多被放逐，所餘留者皆為和緩份子，即使回國者亦多因流亡英國受費邊主義影響，態度亦變為緩和。他們為避免與當時法律牴觸起見，多注重理論研究，少有實際行動，即使在宣傳上，對象亦為有智識的工人，而不向無智識感情容易衝動的工人宣傳。更由於主張社會主義的政黨結合之後，❻人數眾多，

---

❻ 一八七五年，由拉薩爾所創始的德國社會民主黨，與李白納采 (Wihelm Lebknecht) 及巴倍爾 (Angust Bebel) 所組織的社會民主勞動黨 (Social Democratic Workingman's Party) 合併而為社會勞動黨 (Socialist Workingman's Party)。

中和份子增加，態度自然溫和，彼等經濟情況甚好，不願去做無謂的犧牲，而須求自身之安全。至威廉二世 (William II, 1888–1918) 即位後，取消許多俾斯麥秉政時期的嚴厲法律，對社會主義者較具好感，修正主義一派思想，更得到活躍的機會。

修正社會主義雖以修正馬克思主義為名，但實際不啻根本推翻馬克思的學說，此由於各國事實發展，皆未能與馬克思所預言者相符，使原來信仰馬克思的人，乃至懷疑而異議，要另覓途徑，與現實配合以循序漸進。此種修正思想在十九世紀末及二十世紀初之時，極為流行，是不僅德意志一國為然，惟德國之表現最為熱烈，理論最為充足，但是真正的完成系統，還是在柏恩斯坦 (Eduard Bernstein, 1850–1932) 的著作《社會主義的前提與社會民主黨的任務》 (*Dle Veranssetzungen des sozialismue und die Aufgaben der sozialdemokratie*) 於一八九九年問世之後。柏恩斯坦為一工程師之子，於一八七二年加入社會民主黨，擔任該黨機關報 《社會民主黨人》 (*Sozialdemokrat*) 的編輯，他雖因俾斯麥之壓制而流亡於瑞士，仍能經由邊界，將此出版物傳佈於德國。後來又被迫至倫敦，得以認識英國社會主義的運動，並結識馬克思與恩格斯。一九〇〇年他回到德國後，成為修正主義的領袖。當他在英國時，看到英國資本制度的發展，大多皆與馬克思所說不符，資本並未見集中少數人之手，小企業依然存在而增多，尤其在「工廠法」實行以後，消費聯合會成立，工人生活反趨改善，於是他發現馬克思學說缺點甚多，大有修正之必要。

二、柏恩斯坦之批評馬克思

柏恩斯坦對於馬克思思想的修正，實係澈底的批評，使馬克思主義發生完全的動搖。茲先就經濟史觀言，他認為馬克思與恩格斯的理論過於褊狹，除了經濟的原因外，更應當注意到其他的原因。他說：「除了生產能力與生產情形的歷史和勢力之外，對於法律思想與道德思想，各時代歷史的

遺傳、宗教遺傳、地理的勢力，以及其他自然環境的影響，我們亦應予以充份的認可。」❼同時他又看到經濟力量與人類的精神作用，是依社會進化而消長的，社會愈進步，人類心智作用愈發達，而經濟的影響力就愈為衰減。在無有文字以前的時代，人類生活多受自然力之支配，而經濟的影響力亦較大，但在現代文明社會中，人類思想愈趨自由活躍，非特經濟力量不能決定人類意識，相反的是人類意識有決定經濟的可能。他說：「現代社會在理想方面，較以往要豐富得多，但理想卻不是經濟勢力所決定的。現在科學、藝術以及許多的社會關係，並沒有像以往那樣依靠在經濟上。」❽自表面視之，現代社會的人似乎對經濟感覺到十分重要，但其實是一種錯覺，人類精神能力日益發達，思想日益自由，人類意識乃逐漸脫離經濟力的羈絆。尤其是科學與藝術不一定是依經濟因素而轉移，社會進化與經濟進步的關係已經是間接的，經濟並不是人類生活的重心，及社會進化的原動力，馬克思的觀察太過簡單，致有所偏失，因此對於未來的發展，他只是假冒先知，作了錯誤的預測。

　　柏恩斯坦對於馬克思的價值說及階級鬥爭均有深刻的批評。他認為勞動價值與剩餘價值說，都是概略的和抽象的，與實際情形相去很遠。只不過是一種訣竅與幻想，但是卻易使人誤入歧途。他說：「因為這論調似乎可以把資本家剝奪工人的程度計算出來，其實價值論是不足以衡量勞動生產分配的公平或不公平，此猶如原子論不足以衡量一個雕像之美醜一樣。我們一方面可在剩餘價值多的工業中，遇到境遇優越的工人，而在剩餘價值少的工業中，遇到貧苦的工人。」❾至於階級鬥爭說，柏恩斯坦認為在一個進步的國家，政治趨於民主，不僅資產階級的特權要漸漸消滅，即勞動

---

❼ 參閱《社會主義思想史》三卷二十章。

❽ 同❼。

❾ 同❼。

階級亦不會有支配一切的權利。一切皆是自由平等的，無有特權與階級的
事實，階級鬥爭根本無由產生。因為政治組織愈趨於民主化，則政治劇變
愈是不需要，亦愈沒有機會。

　　由於事實的發展，完全與馬克思所言者相背，故柏恩斯坦對於馬克思
之資本集中說，尤感不滿。他用許多實際的統計數字，以指出科學的社會
主義者之謬誤。他看到一般資本主義發達的國家，資本集中的現象固然是
有，卻並未由多數變成少數，而中產階級並未消滅，反日漸增多。如一八
九九年英國製線托辣斯的股東，不下一萬二千三百多人，其中普通股份者
即佔六千多人；又如英國細紗紡織托辣斯的股東有五千四百多人，普通股
份佔二千九百多人。以英國全國股份公司情形來看，當時有二萬一千二百
二十三家，但股東人數卻有一百多萬，由此證明資本並未集中，反而是分
散。另一方面據當時的《英國評論》(British Review) 所載，在一八五一年
時，英國中產階級每年收入自五十鎊至一千鎊者有三十萬戶，至一八八一
年，則增至九十多萬戶。其他法德各國的調查，中產階級莫不是佔絕大多
數，超過富有者及無產赤貧者之總和的數十倍，而無產赤貧者在三者之中
為數最少。此無論在工業農業及商業方面情形皆相同，因此柏恩斯坦認為
大企業之兼併小企業，事實並不可能。大企業的大量生產，固然非小企業
者能望其項背，但是有若干工業是以手工為貴而含有藝術性質的物品，勢
必由中小企業所經營，大企業經營未必有利。再者許多日常消費的物品，
往往在生產完成之後，即立刻分配於消費者，否則此物品因性質發生變化
而貶值，甚或完全失去效用，尤以食物為甚，此種工業為求迅速分配，又
往往限於一時一地，故不適於大規模的生產方法，而由中小企業者擔任。
還有一個原因，亦足以使中小企業與大企業並存者，因為在資本主義經濟
組織當中，資本的需要供給，未必一定配合，事實上常有小額資本流放於
市場。而對於新商品的需要，亦常依社會財富的增加程度而遞增。有些新
的商品，在大企業未大量生產之前，社會已發生需要，中小企業者往往能

利用此種時機作小規模的經營，以應社會之需，而這種情形是會接續不斷的發生。

資本集中既與事實不符，則經濟危機以致因而促成資本主義的自我崩潰之說，亦不能成立。柏恩斯坦認為現代生產事業的特別表現，即在於生產力與消費能力的增加，不會如馬克思所言：勞動者日趨貧困，購買力低落，少數資本家消費有限，致使大量生產過剩，無法銷售，造成恐慌現象。事實上由於交通運輸的發達，許多工業國家即使有過剩的資本，但投資的環境及機會增加，足以使恐慌現象減少，而且由於交通運輸的便捷，亦容易補救經濟上的變化。在國內方面，由於信用制度的建立，及同業間結合性的企業發生，足以限制競爭而避免生產過剩，減少局部性的恐慌，大恐慌亦不易發生。

三、修正主義的主張

柏恩斯坦對於馬克思主義的重要理論，俱一一予以批評，當然對於因其理論所產生的暴力革命，也極力反對而必須加以修正，此種修正意見，亦正可以表示出修正主義本身的主張，是要用緩和漸進的方法，實行一種民主化的社會主義。他認為政權的奪取，無需革命，至於無產階級專政，更無必要。無產階級的份子複雜，不可能發生有效的互助精神，只造成缺乏效率的暴民政體。事實上「階級專政乃是低等文化中的事，除了權宜性之外，專政不過是一種政治復古主義罷了。」❿因此柏恩斯坦主張循民主合法途徑，由爭取普選權下手，實現真正的民主制度。以普選代替暴烈革命，雖然是較為緩慢的，但終必可以像磁石一樣的將民主政治的各項原則吸引過來。工人的政治及經濟權利，可由普選產生的代表們，以正常的立法去謀求保障，及逐步的實行社會主義。他發現馬克思的論說中，實在仍

---

❿ 同❼。

存在有烏托邦主義的餘燼，因為在馬克思的著作中，從未對合法及暴烈行動的結果，有比較的及系統的研究。革命暴動的方法雖較迅速，但卻是消極的；立法途徑是緩慢而妥協的，但卻是積極的。立法之時，是理智勝過情感，革命之時則情感勝過理智，雖欲速而不達；立法雖有遷延遲緩的毛病，但表現出一種有系統的能力，可以給人更大的及持久的利益。

　　柏恩斯坦亦不贊成立刻將一切工業社會化，因為那是不可能的事，政府需要何等的判斷力，具備多少的實際智識，及多少管理人才，才能管理及統治整個國家的龐大機體。如果在許多技術上的問題不能解決，實際上是換湯不換藥而已。他主張在推行社會主義的初期，可採取合作社的方式，及期望於工會運動的成功。另外他主張為使普選權發揮真正的效力，應先在教育上求發達。最後他相信他這種民主的社會主義，是與自由主義相合的，所用的一切方法以及目的，都在於發達與保障自由的人格，即使有許多方法在應用時，含有強制性，但目的仍為保障自由。他的看法是：例如合法的最高限度之工作時間規定，此即是自由的最低限度，因此在原則上說，我們不允許人們超過每日一定工作時間去出賣其自由，此種禁令是與自由主義者對於將自己賣身為奴的反抗，站在同樣的立場。他甚而認為社會主義哲學的理想中，包含有一切自由。不過在他看來，自由與責任的關係極為密切，沒有責任，便也沒有自由，有工作能力者，應有其經濟責任，否則健全的社會生活，不可能建立。所謂責任，是希望人們對社會給予他的恩惠有所報答，但社會因此亦應竭力設法，使各人能按照其才能志趣去得到工作崗位。人們有工作的義務，亦有工作的權利。由此可知社會主義並不給人約束，而給人自由，但不是無政府主義者形而上的自由，是要在組織之中產生，於是他認為可以把社會主義視之為有組織的自由主義。

　　以馬克思主義正統派自居的考次基 (Karl Kantsky, 1854–1938)❶，為維

---

❶ 考次基主要著作有《階級鬥爭》(*The Class Struggle*, 1910) 一書。

護馬克思的理論，對柏恩斯坦的修正意見，曾著述立說以反駁。他仍然相信馬克思所言之革命必然到來，不過他也認為不一定是暴力的革命，也主張採用緩和的民主方式，讓工人階級用投票與經濟的活動，將政權自資本家手中奪取過來。同時由於他相信社會革命一定要在資本主義最發達的國家實現，因此認為蘇俄的共產革命，是違背馬克思主義的，是不合乎科學基礎的盲目衝動，他指責列寧乃是馬克思的叛徒。

第三節　費邊社會主義

一、費邊社會主義在英國之產生

費邊社會主義 (Fabian Socialism) 是為社會主義中最為溫和的一派，其產生於一向保守漸進的英國，是理所當然的。英國雖然在工業方面是最為先進的國家，但社會主義思潮的實際產生及發展，卻要遲至一八八〇年之後，此由於強調自由的個人主義，曾長時間的支配社會人心之故，但個人自由競爭，終於暴露出缺點，因此約翰·穆勒於晚年之時，已有社會主義的傾向，他的功利主義已經要人從眾人的幸福中去尋求個人的快樂，並且有由國家管理分配的主張，對不勞而獲的地主，徵收土地稅。即使極端鼓吹個人主義的斯賓塞，也曾反對土地私有，他的國家有機說，對費邊主義者，亦頗具影響。唯心論者格林，則更主張國家應該除去妨害人民自由進步的障礙，其理論意旨，就是要把維護個人自由的責任，置放在國家身上，他們的思想均有影響於費邊社會主義。本來個人主義與社會主義，有其殊途同歸的目的，都想給予個人很大的自由與幸福，不過個人主義認為個人要得到自由幸福，便必須消滅一切外界的約束與限制；而社會主義者覺得必須個人與社會合作，個人只能在國家以內得到發展及自由。個人主義實驗的結果，只使少數人得到自由及幸福，大多數競爭能力弱的人，反日見

貧苦，此一現象日愈嚴重，使得英國思想界，不得不轉移其傾向，因此乃認為要避免此種不良結果，國家的行動是必不可少的，以制止無限制的競爭營利。同時在個人主義下支配英國甚久的政治自由民主的思想，亦有了缺點，那些純粹政治性的問題，如議會制度、選舉制度、政黨制度等，實不能醫治社會上貧困的病症，不能解除經濟上壓迫的痛苦，因此英國的思想家以及政黨，皆捨棄以往純粹政治問題的討論，而注意到貧富不均的社會問題、經濟問題，社會主義的思想乃因勢而興起。

　　英國自一八八〇年之後，思想固有所轉變，但由於英國的傳統，一向少有激烈的變動，和平漸進為政治上確守的原則，每一時代的思想家大都皆能以冷靜的理智態度，去應付潮流，所以少有劇變。其他國家積極的革命思想，一旦流入英國，經過英國思想家的洗鍊，就能避免其危險性，而另起變化。盧梭的思想，極有影響於法國的大革命，但傳至英國，即為功利主義所吸引化合，另成一新面貌，使英國得到改革的實際利益，避免了劇烈革命的危險。馬克思的思想，在俄國發生了很大的影響，但在英國又為費邊社會主義所堵擋，又成為另一種新的化合物。費邊社會主義者的態度是慎重的、務實的，堅守遲緩原則，相信和平漸進是社會改革的最適當步驟。

　　費邊社 (Fabian Society) 係成立於一八八四年。❷但在一八八一年時，曾有海德曼 (Hyndman, 1842–1921) 在倫敦組織 「社會民主聯盟」 (Social Democratic Federation)，造成一種工人階級的運動，主張土地國有及普選政策。 開始社會主義的理論研究及實際運動， 其中以莫里斯 (William Morris, 1834–1896) 最為出色。 一八八二年傑方司 (Jevons, 1835–1882) 著《國家與勞工的關係》(*The State in Relation to Labour*) 一書，認為為了公

---

❷「費邊社」名稱，係取自羅馬紀元前三世紀一位將軍費邊斯 (Fabius) 之名而來，費邊斯對抗迦太基之漢尼拔 (Hannibal)，以遲緩遷延戰略，靜待時機，一戰得勝。

共幸福起見，國家干涉實為必要。而美國之亨利喬治 (Henry George, 1839–
1897) 於一八七九年所著《進步與貧困》(*Progress and Poverty*) 一書傳入英
國，尤富刺激性，他認為貧困乃是勞工階級的整個問題，補救的方法應該
是以近代工業所得的財富，公平的分配於工作者，勞力、資本、土地，均
為生產要素，所謂分配，亦應各與其功能相稱。一八八三年大衛遜
(Thomas Davidson) 自美國來，參加社會主義者的集會，發表演講，他在美
國是一個社會主義的實行者，他要求高等智識份子，以身作則的從事社會
主義的生活及運動。費邊社乃受此種影響，而於一八八四年初成立，最初
僅為少數智識份子的集團，後漸形擴大，左右實際的政治經濟之改革，他
們雖未實際組織政黨，但是他們有志於此，他們的會社與以前之社會民主
聯盟，實促成今日工黨的產生。費邊社中包括當時社會最優秀的人才，主
要者有韋布 (Sidney Webb, 1859–1947) 及其夫人帕忒爾 (Beatrice Potter,
1858–1943)、蕭伯納 (George Bernard Shaw, 1856–1950)、威爾斯 (Herbert
George Wells, 1866–1946)、貝山特夫人 (Annie Besant, 1847–1933) 等人，
均為學識淵博之士。他們發行小冊，廣為宣傳，一八八九年所出版的《費
邊論文集》(*Fabian Essays*)，為一集體創作，可代表他們的思想。

二、費邊社會主義的基本態度

費邊社會主義者視社會為一有機體，與其他有機體一樣是逐漸成長及
發達進化的，其間有連續性，在不知不覺中漸進。社會中的制度，如果達
到不能適合社會的程度，自然有其他新的原質逐漸成熟，以替代舊制度，
正像生命中細胞的新陳代謝一樣，在不停的慢慢改變。此為社會變遷的常
態，社會進化的正軌，循此順序前進，可以得到圓滿的發展，如越出正軌
而求突變，社會必受鉅大損害，故從事改革運動的人，必須明瞭此一原則，
使社會各部份逐漸的除舊換新，否則改革目的尚未達到，而社會本身元氣
大傷，有害無益。韋布在他的《民治理想的進化》(*The Development of the*

Democratic Ideal) 中說：「社會的理想不是靜止的，是活動的，社會有機體在不斷的生長發展，此已為必然之事。哲學家所注意的是從舊秩序變為新秩序的演進，在演進過程中，不需要使社會全部組織突然劇變，而失去連續性。新陳代謝，時時發生，一件事物剛被人認作為新的時，卻又已變為舊的了。歷史昭示我們，無有任何先例，足以證明烏托邦的或革命的空想，會忽然成為事實。」❸由此可知費邊社會主義者，雖亦曾受到馬克思的影響，但是內容顯然是不同的，他們極反對劇烈的革命，只承認緩和政策才是改革社會，逐漸達於圓滿途徑的唯一方針。他們根據專門的研究，去了解經濟及社會生活的一切現象及問題發生之癥結，設法與各種社會密切接觸，使各社會能抱有同一意見，由社會管理社會所創造的價值。他們不作階級意識的宣傳，所以他們不但周旋於工人代表之間，亦與資本家相往返，去解說急驟革命的不可能，只有逐漸的改良，才能使社會進步。他們亦了解法制與行政，將所獲得的智識貢獻於政府，實際去執行。

三、費邊社會主義的主張

　　至於費邊社的具體主張，可歸納於下列兩點中見之。

　　第一、所要求的是土地國有及資本國有，尤其是主張土地國有。他們所以如此主張，是反對私產制度下，使社會造成敵對的階級，及貧富不均的不平等現象。蕭伯納在《費邊論文集》中說：「因為私產制度所表現的是自私自利，是商人鉅大的企業，是猛烈的血汗，是奴役的驅策，是血汗與熱淚的浪費，所以在奴隸的微薪上所堆積者無他，只有可怕的虛飾，腐敗的階級大學、階級藝術、和許多人的荼毒災患而已。在此種經濟分析之後，我們便可決定私產始終是一件不平等的事。」❹他們更認為將土地授予私

---

❸ 參閱《社會主義思想史》三卷十八章。

❹ 同❷。

人，而想使他能善為利用，實不可能，故將土地收歸國家，廢除一切租金制度，是為大眾的責任，使國家所擁有的天然利益及既得利益，歸全體人民所享有。

由於他們相信社會為一有機體，個人不是一個孤獨的單位，不可能以一己之力獲得利益，惟有與他人合作，在社會的有機體中創造財富。所以一個都市的發展，可以增加其土地的價值，其他如某一地區煤礦的開發或鐵路的敷設，皆可使土地增值，所以然者，是由於社會的需要。因此可見在每一種事物上，社會都有產生一部份價值的功勞。於是他們根據這種社會有機說及社會價值說，得到一個結論，就是凡社會所創造者，應由社會管理及享用。由此而更進一步認為社會全體應佔有生產工具，以及管理各種公共事業，如鐵路、礦山、運河等。如此則生產工具及公共事業皆可發揮增進全體人民幸福的效用，不再為少數人所專享，而社會亦可享受自己所創造之價值了。

第二、在政治方面所要求的是一個代表社會全體的民主政治之國家。他們主要的固然在於社會經濟改革，但必須是在國家以內的，而且是在一個民主國家之內。同時他們看到中產階級意識下的民主政治，已漸漸成為過去，屬於社會全體的一種民主政體，必將實現。因為他們既認為財富及價值的創造係屬社會，主張財富應歸社會全體管理及享有，所以如韋布所說：「現在我們一天天的在慢慢承認著，就是民主政體的自然結果是民治。人民不但要支配他們自己的政治組織，而且要藉著此種政治組織去支配生產中一切主要的工具。並且還要慢慢的以組織的合作以替代競爭的紊亂。」❺此一社會係由勞動生產者所組成，他們是佔有生產工具的人，同時亦即是工具的使用者。生產工具如為私人所佔有，則人民生活受少數私人所操縱，如歸諸社會公有，人民是佔有者亦是使用者，他們接受代表整

---

❺ 同 ❿。

個社會意志的民主國家之指揮，亦即是接受自己的指揮。他們亦主張需要代表機關，以表示社會意志，管理社會所創造之價值，謀求社會全體福利，但必依照社會全體的命令去工作，如此始成為一個代表社會全體的民主國家。各人依照國家命令行事，實際上就是依自己命令行事，此種觀念，猶如盧梭之認為被統治者亦即是統治者。至於從事實際的管理工作，仍需要有專門人才擔任，亦即是說政府組織中的行政人員，要有專門的學識及經驗，可用考試方式以選拔，能充份利用社會富源，為社會造福。

　　為了真正澈底的實現民主政治，他們又主張地方分權，反對中央集權。他們認為一個民主國家，必應當各地方有其自治政府，各有其憲法，有與中央同樣民主的議會，否則便不成為一個社會民主國家。惟有地方分權自治之後，才能脫離單一國家的壓力，及官僚的專橫，使個人的自由有所發展。而且他們更認為各城市或地方自治單位，乃是實行社會主義最理想的處所。

四、費邊社會主義的貢獻

　　由費邊社會主義者的理論及主張看來，他們也是一種國家社會主義，需要借用國家力量，承認國家團體之存在，並要求由國家統制生產，故亦可稱為集產主義 (Collectivism)。又由於他們雖接受馬克思廢除資產階級的部份政策，但是在理論基礎及實行方法上，卻大有不同，使革命的社會主義 (Revolutionary Socialism) 變成一種進化的社會主義 (Evolutionary Socialism)，足使德國的修正主義有所借鑑。

　　費邊社會主義者不但創立了一個進化社會主義的理想，而且在實際的社會改革運動中，亦造成不少成績，他們努力工作的結果，使勢如狂濤的馬克思主義，在英國不能發生效力，而是配合民主政治，依循序演進的方式進行，對於英國之社會貢獻甚大。他們的思想對勞動者曾發生很大的影響力，勞動者應獲得公平報酬的政策，雖非費邊社所首創，但卻不能否認

其宣傳之有力，使原為一種理想的政策，漸漸變為具體的事實，使能力薄弱的勞動界，得到了有力的扶助。他們自演講及討論中獲得不少有價值的結論，發行許多宣傳小冊，收效至宏，其中如《社會主義者須知》(*Facts for Socialists*)，從經濟學的重要著作中，摘錄原句，連貫而成，藉以證明社會上大部份金錢，往往流入不勞而獲的少數人手中，多數人之所以為貧苦所迫，並非如個人主義者所說由於個人人格不完全，乃由於利潤全為地主及資本家所攫取之緣故。又如《倫敦人須知》(*Facts for Londoners*) 一書，搜集關於都市真相的種種統計，對於勞動者受壓迫的原因，有明白的解釋，並包括改革的各種設計，關於工廠法的擴大，濟貧法的改良，及選舉權等問題亦多論及，而且皆有統計為根據，不作虛構的理想。此種注重事實基礎的研究方法，為現代研究社會問題，開闢了新的途徑。一九二四年英國工黨第一次組閣，首相麥克唐納 (MacDonald, 1866–1937) 即為費邊社員，其內閣閣員亦多為費邊社人物，他們的立場，更有了逐漸實現的機會。

第四節　基爾特社會主義

一、基爾特社會主義之產生

基爾特社會主義 (Guild Socialism)，亦產生於英國，在第一次世界大戰前後十數年間，曾盛極一時。「基爾特」(Guild) 一語，原為中古時期一種同行業組合的稱謂，為當時經濟性的社團。一九○六年基爾特社會主義者潘悌 (A. J. Penty) 著《基爾特制度之復興》(*The Restoration of the Guild System*) 一書，讚美中古時期的同業組合，要恢復那種在生產上實行自治的制度，同業者自己佔有生產工具，自己決定生產的性質及數量，以增進勞動者的福利。自潘悌之著作問世之後，引起許多社會主義者的注意，一九

一二年奧萊吉 (A.R. Orage) 創辦《新時代》(*New Age*) 雜誌，更廣為宣傳鼓吹，信從者日眾。當一九一〇年前後，英國物價甚為昂貴，生活困難，依工資為生者尤感痛苦，情緒至為不安，他們由於生活無有保障，因此對於政治發生懷疑及不信任，感到當時的代議政治，只不過是替富有者謀福利，並未顧及到勞動者的利益。政治力量既不可依賴，勞動者只有起而自謀，勞動組合因而增加，亦愈顯出重要性，同時由於對執政者的不信任，乃欲謀由自己握有政治上部份權力，謀求本身的利益。而此時法國之工團主義，及美國之勞工組合運動亦正興盛，亦是為刺激的力量。一九一五年「全國基爾特聯盟」乃告組成，實際的運動，有力的推廣開來，各業之基爾特組合漸次成立，尤以建築基爾特在一次大戰後最為活躍，後由於政府停止貸款，工業普遍蕭條，建築基爾特解散，全國基爾特運動亦陷於停頓，至一九二五年而解散。

基爾特社會主義的主要人物，除潘悌、奧萊吉⑯之外，尚有霍布生 (S. G. Hobson)⑰，而尤以柯爾 (G. D. H. Cole)⑱最為重要，著述最多。他們原為費邊社員，後來雖同屬基爾特社會主義者，但意見並不始終一致，茲綜合彼等理論，述之於後。

二、基爾特社會主義的主張

工業自治是為基爾特主義最主要的主張，他們深感到議會政治不能為生產勞動者謀利益，因此想要把生產事務，交由生產者自己支配管理。其

---

⑯ 奧萊吉在基爾特主義方面，於一九〇七年發表論文一篇——〈工匠與政治〉 (Politics for Craftsman)。

⑰ 霍布生主要著作有《基爾特與國家》(*National Guild and the State*) 及《戰時與平時之基爾特原理》(*Guild Principles in War and Peace*)。

⑱ 柯爾主要著作有《工業自治》(*Self-Government in Industry*)、《社會理論》(*Social Theory*)、及《基爾特社會主義》(*Guild Socialism*) 等。

所持之理由，就是生產勞動者對於與自己有利害關係的事，了解最為深切，如由別人越俎代庖，不但無益，反而有害，社會問題之所以發生，即在於此。另外他們又有一種「職能原則」的理論，認為各種職業團體單獨組合以後，可以更能發揮其職能，使社會價值有充份的發展，社會結合更見和諧。他們所希望實現的社會，是一個包括許多職能不同的團體之複合體，在此一複合體中，各團體可為其各自的目的自治管理，增進其福利。團體的大小，可依各該行業的地位及效率上的要求而定。他們亦如同一般社會主義者一樣，反對在資產階級操縱下的工資制度，自治的基爾特組織完成之後，每個勞動者，無論是勞力者或勞心者，都不再是資本家可以用工資去購買的物，而是有機會去發展其健全人格的人，他們不但在有工作能力和健康時能得報酬，就是在失業和患病時亦有保障，他們共同管理他們的生產機構，及共同享受他們的生產所有。

　　每一個基爾特組織，即是一種公社，為社會的一個單位，其中所包括的，乃是有一共同目的而互相依賴的人，負起對社會的某種責任，他們有完全的自治權，在他們團體內的一切管理，是根據民主精神，自行選舉主管指導的人，如果此種人選需有專門技術及智識，當另有限制範圍。總之能以民主方式選舉經理人才，使他們與勞動生產者充份合作，去服務社會，而不再為利潤打算。柯爾說：「這樣，基爾特工廠自然是一個自治的中心，而不再像現有工廠那樣，只成為無聊和無益的勞力之牢獄了。」⓳這種基爾特組織，有工業基爾特，普通基爾特，及消費基爾特。各種基爾特相互之間的事務，可採取聯席會議的制度去調協解決。至於基爾特中各會員份子的報酬，雖依照平等原則，卻在最初並非人人報酬劃一。除支付報酬之外，為維護及發展一個基爾特，亦需酌留若干費用，其餘則應由全國基爾特徵收而去，為舉辦一切關於社會福利的事。

⓳ 參閱《社會主義思想史》三卷二十三章。

　　在應當採取何種手段,以達到基爾特組織的成功方面,一九二〇年的
全國基爾特聯盟議決由改組工會著手,這種工會不是只以要求提高工資,
改善目前生活為滿足,而負有高尚的使命,要完全推翻現行工資制度,設
法使其勢力能完全的壟斷工廠,以一種侵略式的統治方法,將工廠自資本
家手中接收過來,交由工人所選派的代表管理,然後再慢慢將工業利潤歸
於工人。他們不願有暴烈的革命行動,而是要逐漸的造成既成事實的紀錄,
採用進化演進的行程。併合政治與經濟同時並進的革命,不是工人們能在
一個短時間之內所能勝任的。柯爾說:「凡希望革命成功的人,應該向革命
的途徑上緩緩進行,並且要從許多小的地方得到勝利,然後預備革命進展
的道路。」❷對於工廠資本或土地被接收之後的業主,可以酌量給予年金
或津貼,但此種報酬亦僅能以兩代為限。

三、基爾特社會主義的國家觀

　　由以上的主張中視之,基爾特社會主義者對於國家有了與其他社會主
義者不同的看法,雖然在他們自己的陣營中,意見並不完全一致。其中以
柯爾最為反對國家及政府的職權。但是他們雖不再如國家社會主義者一樣,
重視國家的至高無上,但亦非如工團主義或無政府主義完全否認國家。由
於他們相信職能原則,各種行業的基爾特去各自管理,無須政府插手其間。
他們認為人類社會中存在有各種不同的團體,各自實現其特殊的目的,國
家是為一基本的社會,有一固定的地域,由於人類具有特殊目的的各種生
活,各由不同的社會組織所管理,則國家顯然已不可能管理到人類全部生
活,只能管理到相同的一部份,因此國家只能具有一定範圍的職能。尤其
是關於生產事業,非國家所擅長,在各種經濟活動方面,社會中各份子所
受影響,是有所等差的,理應由受影響最大,身歷其境,有特殊經驗的人

❷ 同⓲。

去管理，如此不僅對社會福利大有助益，而且亦更能保障個人自由。

於是有些基爾特社會主義者，如柯爾之一派，則將基爾特的組合與國家並立而分工。基爾特的組合可代表生產者的利益，國家則代表消費者的利益，在兩者之間，又有一個由雙方所聯合組成的委員會機構，以司調協糾正，排難解紛，及決定雙方共同利益的事。基爾特與國家可分別選舉代表，組織議會，一採職業代表制，一採區域代表制，如此亦即是將經濟的事務與政治的事務分別開來，人民在兩種機構中分別享有經濟與政治的權利和自由。在此一主張之下，雖然有駕乎基爾特與國家之上的聯合委員會，但由於基爾特分享了國家的一半職權，已將國家排斥於經濟之外，以避免官僚化集產主義之弊端，於是乃形成了主權多元的觀念。

基爾特社會主義，是在國家社會主義與工團主義之間，採取折衷的態度，其目的在調和專制與混亂，希望分散政治機關萬能的職權，以免個人受到集團的壓制，因此他們是有信仰民主及個人自由主義的色彩。但是大工業的基爾特之權力，極有可能擴大到脫離眾人的掌握管理，柯爾的公社與政府又有何異？所以想要恢復那種中古式基爾特的性質，勢非可能。此種理想終成過去，但是在社會主義的發展上，畢竟留下了痕跡，而其主權多元觀念及職業代表制，亦的確發生實際的影響。

第五節　無政府主義

近代無政府主義 (Anarchism) 之首倡者為高德文，繼之蒲魯東加以發揚光大，得以建立，至十九世紀晚期亦成為政治思想中重要的一派。其目的在融合十九世紀社會改革之兩大思潮，即個人主義與社會主義，自個人主義中摘取厭惡國家及熱心個人自由之含義，又從社會主義中採來憎恨私產及同情工人被榨取之論說。指責國家之罪惡與無能，必消滅而後快。他們聲稱自由而無社會主義，則陷於非常之特權；而社會主義中如無自由，

則必造成專制與奴役。

　　無政府主義自蒲魯東建立後，後起者在理論上，大致可分別為個人主義的及共產主義的二種，前者最著名的人物為斯特涅 (Max Stirner, 1806–1856)，㉑後者則以巴庫寧 (Mikhail Bakunin, 1814–1876)、克魯泡特金 (Prince Kropotkin, 1842–1921) 二人為代表。

一、斯特涅

　　斯特涅是德國人，受到黑格爾哲學的影響，而傾向於人類精神絕對自由的理想，由於過份重視「自由」此一神聖名詞，因此無論專制的政府，或獨斷的基督教，及共產主義等，均不能與其自由的要求相配合，甚而認為家族、國家、社會皆為抽象不實的名詞，而所謂人道、善良、純潔等觀念，尤為虛幻，只有個人是真正實在的。每一個人皆有其獨立的，原始的勢力，他的唯一法則，即其本身之利益。每一個人都有權利為所欲為，任何一種利益，只要是事實上可能的，均屬正當，猛虎噬人是乃猛虎之權利，人設陷捕虎，亦就是人的權利，所以他認為力量就是權利，並且沒有無力量的權利。

　　個人既為唯一之真實，而且為了其利益應有為所欲為的權利，故一切集團性的組織，都是限制個性的發展，都是無意義與不應該存在的。事實上一切集團如家庭、社會、國家、民族，斯特涅視之，均非實在，唯個人具有形體，真正實在。他認為人之所以為人，就在於有一個軀體，一切社會集團無非是一個個人的形體所構成，其中有多少人便有多少形體，而社會本身卻無形體，只不過是空幻的觀念。一切社會國家集團中所有的權力，都是個人所給予的，個人一旦不承認，則所有權力隨即喪失，只要個人成為一個真正的自由人時，一切集團便再無有勢力。

㉑ 斯特涅著作有：*Der Einzige und Sein Eigenthum* (1844)。

斯特涅實在是一個最極端的個人主義者,除自我以外他不願承認一切,唯我為最尊,我之外無有任何權力和真理。他要推翻妨害個人的勢力,無論是國家、政府,或耶穌、上帝。他要個人享有其能力所及的任何權利,權利乃是自己所定的,即使殺人亦未嘗不可。個人既應如此自由,有如此多之權利,則今日為資本家所榨取的工人,或是在地主剝削下的農人,可以如心所欲的將財產奪取過來。解決貧苦的方法,並不需要任何主義或法制,只要伸出手拿過來,擊破一切組織和制度,實現個人絕對的自由,過一種「自我聯合」(Union of Egos) 的生活,各人為自己彼此而聯合,達到個人的滿足。現在的社會,是由社會決定個人,個人成為社會的工具;在自我聯合之中,則社會是個人之工具,個人可隨心所欲,自由參加亦可自由退出。

斯特涅的思想偏激到令人驚奇,他認為社會是虛幻的,唯個人為真實,事實上社會也是真實存在的,個人必生存於其中,始有生活的滿足,他要個人可隨意離開社會,但是社會是無所不在的,有人處即有社會,當斯特涅如果像魯賓遜一般的漂流孤島時,將會有此憬悟,而會感到個人之不能離開社會而存在。人類在生活上必須彼此結合,不可能不處處與社會發生關係。他所理想的自我聯合,仍為一種社會,而且果如他所言,力量即是權利,財可劫,人可殺,則生活於此一自我聯合的社會中,又如何能有自由的幸福?

二、巴庫寧與克魯泡特金

巴庫寧出身俄國貴族,繼蒲魯東之後為無政府主義的領袖。他的著述少,[22]而從事實際革命行動的事蹟多,一生流亡國外,遍歷德法英等國,後居於瑞士。曾入獄十二年,被判死刑兩次。在法國時因與蒲魯東結識而

---

[22] 巴庫寧著有《上帝與國家》(*Dieu et le'tat: God and the State*, 1882) 一書。

深受薰陶，一八七二年在海牙舉行之第一國際會議上，因與馬克思意見相左，發生衝突，第一國際亦隨之破裂瓦解。克魯泡特金亦出身俄國貴族，亦曾渡過鐵窗生活，長期流亡國外。他對於自然科學頗有研究，尤其有興趣於生物學，他是無政府主義者中著作最豐富的理論家，其主要著作有《革命者自述》 (*Parole d'un Rovolte*, 1885)、《麵包之掠取》 (*La Conquete du Pain*, 1888)、《無政府的哲學與理想》(*L'Anarchie: Sa Philosophie son Ideal*, 1896–1897)、《國家論》 (*The State, Its Part in History*, 1898)、《互助論》 (*Mutual Aid*, 1902)、《現代科學與無政府主義》 (*Modern Science and Anarchism*, 1903)、《無政府的共產主義之基礎》(*Anarchist Communism: Its Basis and Principles*, 1905) 等。

巴庫寧與克魯泡特金亦注重個人權利及人格之充份發展，但反對斯特涅那種自私的極端個人主義，而崇尚人道思想，相互善意與人人平等共處是為其重要主張。他們固然亦重視自由為一切人類進化的主要目的，但所要求的是社會中人人的自由，彼此的互相尊重，而非著重於一己之自由。巴庫寧認為必須人人有了自由，個人才會有自由，自由不是一件孤立的事實，乃是相互間善良意志的結果。克魯泡特金亦認為你如何對人，人即如何對你。己所不欲，勿施於人；己所欲者，則應先施於人。

這種自由的觀念，是與斯特涅大不相同。但由於重視人道的自由，也同樣厭棄國家政府及威權。他們認為凡用權力壓制他人者，即侵犯他人之自由，違反人道，而國家是為一切權力的綜合，因為國家干涉人類的一切關係及事務，以法律規定，有官吏執行，軍隊強制，所以巴庫寧認為國家成為違反人類自由的總和，是犧牲及埋沒一切個性的墓穴。即使是一件好事，但一經國家政府之手，即變為壞事。因為人本生而具有智慧與德性，應任其自由，自可適宜得當，一經強制，行為失其本性，原係良好者亦失去道德意義，無論出令或受令者同受其害，所以有國家威權在，治者與被治者同樣會道德墮落，人格破壞。克魯泡特金更自以往歷史視之，國家亦

並未盡到保障及愛護人民之責，反而是增加災害與罪惡。

　　他們亦如一般社會主義者，反對私產，並且亦歸罪於政府，因為法律之目的，無非是在保護私產，政府的真正職能，盡在於此。而一切用以保護私產的法律，亦即是保護政府，政府乃為私產的基礎，二者結為狼狽，為害於大多數人，此實為人類進化的最大障礙。私有財產制度，完全違背公平精神，讓少數人享有由長時期多數人努力之成果。克魯泡特金說：「每一發現，每一進展，每一次人類財富之增加，均由於過去與現在各種的勞心與勞力，然而究竟根據何種權利，而可由任何一人將此巨大總和之細微部份，自行佔取而謂此是我的，不是你的？」㉓竊取財產的少數富者，驕奢縱慾，致多數人貧困匱乏，不僅終生苦難，而且延續於下一代。

　　他們既憎恨政府及私產，乃主張無政府與共產。所希望實現的是一個沒有權力，沒有壓迫，而由人們自由訂約組織的新社會，以互助合作為唯一條件，此一理想，係來自人道的自由平等觀念，個人與社會有密切的連帶關係，只為一己之私，不推己及人是不可以的。個人既是社會一員，應增進社會全體的利益，因此便要互助。克魯泡特金在其「互助論」中有極好的發現。達爾文的物競天演，適者生存，給他很深影響，但是他研究生物科學的結果，發現凡能合群互助者，則生存發展的機會較為優越，此不僅人類因此而為萬物之靈，即一般動物亦有互助事實，並依此原則決定優勝劣敗，生存淘汰。由此得知進化發展的原則是合作互助，並非是競爭相殘。人類社會上一旦權力與壓迫的現象消失，人與人之間不再敵視仇讎，則互助合作的效果尤能發揮，人類社會自然會有更大的進步。所以他們主張澈底的消滅國家政府，他們以為以往一切革命或改革，只不過是把政府變一下，去掉一個舊的壓迫，換來一個新的壓迫，那不是真正的革命。

㉓克魯泡特金：《麵包之掠取》（參閱 F. W. Coker 英譯：*Recent Political Thought*, p. 211）。

在他們理想的新社會中，實行共產，乃是一種自由的共產主義，真正實現經濟自由與政治自由，使個人與團體間以自由契約相結合，以互相協定替代法律。這一定是一個協調的社會，此種協調並非由於服從任何法律的強制，或任何權力的壓迫而得來，乃是各種地域性的或職業性的團體，互訂自由契約而成，是為了生產與消費的利益，為滿足人類各種欲望與需要而自由組織成功。在此一社會中，一切動產、不動產、及生產工具，均皆共有，人人均獲有工作，享受幸福生活。自二十五歲至四十五歲者，每日工作亦僅四五小時，輕鬆愉快，人人樂於從事而無須強制，生產效率高，生活資料不虞匱乏，凡人所需可由社團組織給予。所有的人，無分種族，平等相處，自由生活。

三、對無政府主義之評論

無政府主義者雖主張共產，但卻與馬克思分道揚鑣，他們不贊成馬克思的無產階級專政，那會使得社會一切力量更加集中於國家，個人溶化於國家之中，再無有自由。他們不願有任何過渡時期，而要立刻廢棄國家，剷除政府。

無政府主義的理想固然是美好的，給人一個高遠的境界，然而亦不免有如烏托邦之虛幻。即使此種社會實現，在各種地域或職業性的社團下，進行生產與分配，仍免不了要有管理的機構，有行政的人員，政府的形式雖無，政府的實質仍在。而且他們亦缺乏促其實現的具體方案，卻不分青紅皂白的以暗殺各國政要，為顛覆現存制度的手法，他們理想的世界是友愛的，卻想以流血殺戮為前進的歷程，巴庫寧尤致力於此，於是只有消極的破壞，缺少積極的建設。他們亦曾於一八八二年於瑞士日內瓦舉行「無政府國際」的會議，結果於十九世紀末與二十世紀初的十數年間，使歐美各國元首均陷入暗殺的恐怖中，俄皇亞歷山大二世、法國總統加諾(Carnot)、奧大利亞皇后伊麗莎白、義大利王亨柏特一世 (Humbert I)、美國

總統麥金利 (Mckingley)，均為無政府主義的恐怖份子暗殺致死。其他國家元首亦多遭狙擊之危，各國暴動事件亦層出不窮。俄國的虛無主義 (Nihilism) 受到影響而興起，此實際上即是恐怖主義，❷為無政府主義之支流，工團主義亦甚受其影響。

另外在法國，無政府主義的後繼者，尚有格累烏 (Jean Grave)❷其人，繼續發揮理論，亦主張永不妥協，以暴烈手段隨處行動。俄國文學家托爾斯泰 (Count Leo Tolstoi, 1828–1910)❷，亦被稱為無政府主義者，但雜以基督教社會主義思想，包含有原始的基督教教義之說，反對武力，反對納稅及強迫兵役，他的理想是以非正式的合作以代替有組織的社會，但不贊成革命性團體之行動，只以個人為起點，實行一種不合作不服從的無抵抗主義。美國方面亦曾有華倫 (Josiah Warren) 及塔刻 (Benjamin Tucker) 倡無政府主義說，但皆少有進展。

第六節　工團主義

一、工團主義在法國之產生

工團主義 (Syndicalism) 產生於法國，法國工業的發達，較美國及德國均遲，當十八世紀末，英德諸國在工商業上正有驚人的發展之時，法國尚保持農業國之狀態，又由於政府禁止英國機器進口，亦阻礙其發展。至一

---

❷ 俄國虛無主義於十九世紀末由巧爾尼雪夫斯基 (Tchernyshevsky, 1828–1889) 所創始。欲解脫一切束縛，獲求意志之自由，並謀求解救沈淪於悲慘之境的勞動階級。激烈的進行革命運動，以暗殺為要訣，俄皇亞歷山大二世即死於其份子之手。

❷ 格累烏最主要著作為《社會的來日》(*La Societe Future*, 1895)。

❷ 托爾斯泰主要著作有《天國在你心中》(*The Kingdom of God is Within You*, 1894)、《愛國主義與政府》(*Patriotism and Government*, 1903)。

八二五年禁令取消，工業始得到逐漸發展的機會，但與英德相較，仍屬於靜態的，是小工業國之狀態。因此其勞工組合亦較為鬆弛力弱，並不能為工人真正解決問題，效力甚小。而一般標榜社會主義的勞工政黨，為政客所操縱，翻雲覆雨，不堪信任，彼等一旦握有政權，躋身權貴，不惟不能為工人謀福利，反而欺騙勞工，壓迫勞工運動，使工人們厭惡政治，不再懷有希冀，乃反求諸己採取激烈的行動。而且法國有一種傳統的革命性，國民感情衝動，富有戰鬥性。法國人又偏愛理論，喜歡尋求一種根本的哲學原因，以證明其行動之合理，於是工人的激動情緒，加以智識份子的理論鼓吹，乃造成工團主義的風潮，既有行動，復有理論的配合。但卻是先有行動的事實，然後自行動中產生理論，造成理論，以適應事實。換言之，即先有工團，而後才有工團主義，這是與其他社會主義所不同者。

　　工團主義所依據的組織，是一八九五年所成立的「勞動總聯盟」(Confederation General du Travail)，乃是由以往的工人組織演變結合而成。在理論方面，是受到柏格森 (H. Bergson, 1859–1941)、尼采 (F. Nietzsche, 1844–1900)，以及馬克思主義、無政府主義的影響。最重要的理論家當首推索勒爾 (George Sorel, 1847–1922)，他最重要的著作是《暴力論》(*Reflection sur la Violence*, 1908)，其他理論家尚有白斯 (Edmund Berth)、路易 (Paul Louis)、拉加第 (Lagardell) 等人。

二、工團主義的主張

　　工團主義的目的，是要以勞動者的團體組織來支配社會一切事務。根本的推翻資本主義的經濟組織，取消任何階級的支配，由各種職業的工人聯合起來，直接謀求全體福利。所以他們極端反對國家及政府，認為國家乃是資產階級之組織，因此他們亦如馬克思一般，自國家性質視之，是為資產階級所利用的統治工具，使人官僚化，對於實際生產者的需要與希望，永不會表示同情，無論任何國家的政府及社會制度，對於勞動者皆屬不利，

勞動者的需要，只有勞動者自己才能了解，因此一切政治事務，可由勞動者自己管理，國家是不必要的。他們對於一般相信民主政治，議會制度的社會主義者，深表不滿，認為此仍為中產階級的思想家所構想出來的，是不忠實，不正當的，他們不了解勞動者，而只知道與資產階級的政黨妥協，軟化階級鬥爭力量。工團主義者由於反對國家政府，甚而亦反對愛國思想，主張國際主義。工人是沒有祖國的，工人的國家就是他們的工廠，全世界的工人應當聯合起來，脫離資產階級的苛政。又由於工團運動常受到國家軍事力量的干涉，他們更反對國家的武力，主張工團主義的宣傳要深入軍中，使兵士們放下武器。

　　工團主義者接受馬克思階級鬥爭的理論，但不願坐等資本主義的自我崩潰，或是採取政治的手段去進行。他們最主要的主張是直接行動，用總罷工、怠工等手段去擊潰資產階級。尤以總罷工為致命利器，平常的一般罷工可視為一種演習訓練，為鞏固組織，激發熱情的手段。罷工的目的不只是要求資方改善待遇，而是要把整個勞資關係打破，獲得工人的完全解放。索勒爾說：「罷工對於無產階級蓋已激發其所具有之種種最偉大，最深刻，及最有力之情緒。總罷工把他們安排在一個聯繫計劃之內，而且在集合他們之中，即給予每一個人最深刻最熱烈的罷工情緒。總罷工能引起各次個別衝突的慘痛回憶，並能使無產階級意識上一切瑣細成份，富有生命色彩。我們由此得到對於社會主義之直覺認識，而非言語所能形容，而且我們所得到者是完整的，立即的。」❷罷工即是停止工作，並用暴力恫嚇怯懦的資方，使資本主義呈現麻痺癱瘓狀態。索勒爾由於重視罷工的奇效，甚而可將罷工視為基督教所言耶穌基督再降世的神諭一般，給工人一種堅強的信仰，熱切的企盼，可以產生一種不可思議的神奇力量。除罷工之外的怠工，亦為一重要工具，利用種種不合作的閒散態度，破壞行為，使雇

❷索勒爾《暴力論》（T. E. Hulme 及 J. Roth 英譯：*Reflection on Violence*, p. 137）。

主感到恐慌不安。怠工的方法是很多的，或直接損壞機械，或表面守份的工作，實際上進行破壞，如故意精心致意於工作，以拖延時間耗費原料及機器。或如一般鐵路工人，故意精神懈怠，及過份刻板遵守鐵路規章，不肯多用思想，順機應變，使行車發生故障。索勒爾並不認為罷工怠工是不道德的野蠻行為，反而認為能給予工人一種道德的勇氣，激發戰鬥的精神，在那種暴動的短暫時間內，人以直覺行事，使人性愈接近自然，亦愈接近道德，可以自其中創造一個新的人出來，那是真的自我，亦可以說發現出如柏格森所說的自由人來。

三、對工團主義之批評

工團主義的思想，雖然有許多是受到馬克思的影響，但是也有若干不同。以索勒爾而言，他不相信馬克思之所預言，他認為馬克思是不切實際的，其思想中仍殘存有烏托邦主義的廢料且只具有對中產階級的經驗，而對於無產階級根本缺乏認識，甚而是一無所知，故所言者多屬浮泛膚淺。索勒爾所注意的不是社會演進中的經濟原因，亦不注重運用政治手段進行經濟改革及社會改革，而集中在利用一種神祕的下意識作用去罷工，以求社會新秩序的實現。他亦不贊成無產階級專政的過渡，而澈底的使國家消滅。

但是工團主義以罷工為手段，只是破壞的而非建設的，只願意從事直接行動，而不問後果，索勒爾並讚美暴力罷工的道德意義，直視罷工為神聖事業，以致使手段變成了目的。然而事實上罷工或怠工何嘗具有道德價值？反而是對工人道德，發生相反的惡的影響，並不能產生宏大的效果。索勒爾受到柏格森哲學的影響，原來在柏格森的哲學中是缺少倫理原則的，只有行動的頌讚。缺乏倫理原則，只有破壞行動，必然的會有錯誤，有不良結局。索勒爾在二次大戰法國維祺政府建立時期，竟然即與希特勒合作，由此亦可得見其思想之後果。以暴易暴，只有阻礙進步，不會有助於進步，

更不能使勞工得到完全的解救，罷工或怠工只能是一種消極的手段，而無有積極價值，總罷工或可能使資產階級麻痺，但同時整個工業亦將癱瘓，工人自己也會餓死，同時罷工也會使得與工人以外的人相疏遠。工團主義者對於消滅國家之後的新社會秩序之建立，亦過於粗疏，除工人外並不是一切人都生活在工廠之中，許多有關公共的社會問題、政治問題，皆未有設計，此係過份重視消極的鬥爭所致，而忽視積極的目標。

　　事實上法國並未見有總罷工的實現與成功，工團主義在理論與事實上，皆不得不有所轉變，將注意力亦集中於經濟與政治問題上，承認民主政治可以達到社會主義，並且認為在涉及工業範圍以外的各種問題上，社會主義的政黨亦自有其價值。所以工團主義固然曾發生過影響力，義大利、西班牙亦有了工團主義出現，國際性的勞工組織亦曾產生，大規模的罷工，亦間有所見，但隨著一次大戰爆發，由於種種外在的及內在的原因，工團主義終告變質而結束。

第二十五章　法西斯主義與極權政治

一、法西斯主義產生的背景

第一次世界大戰後，在義大利及德國所產生的法西斯主義 (Fascism) 及納粹主義 (Naziism)，最初是對共產主義而發，另外也是對個人主義的一種反擊，他們認為建築於西方傳統個人主義的民主，是腐敗、虛偽、頹廢的資產階級的民主。事實上當戰事結束之後，無論戰勝國或戰敗國，都嚐到了戰禍的苦果，尤其是義大利與德國，最受到威脅。義大利雖為戰勝國，但他們卻聲稱是戰爭的勝利者，卻是和約的失敗者，經濟陷入危機。德國更由於戰敗，飽受政治的和經濟的壓迫，更容易激起反抗的心理，及湧出強烈的民族意識，一般人民生活窮困艱難，中小資產階級們深感通貨膨脹及經濟不景氣所帶來的痛苦，一方面受到資本家及統治者的壓力，另一方面也懼怕共產黨所領導的無產階級的陰影，而資本家尤其懼怕共產主義的侵入。法西斯主義初起時，都曾自稱為社會主義。墨索里尼 (Benito Mussloini, 1883–1945) 原本即是一個工團主義者 (Syndicalism)，希特勒 (Adolf Hitler, 1889–1945) 也自稱其政黨為「國家社會主義德意志勞工黨」(National Socialist German Workers Party)，他們能吸收到一些勞工，但實際上，他們亦拉攏資本家，以致使他們能左右逢源，而平地崛起。

二、法西斯主義的特性

無論義大利或德國的法西斯主義 (納粹主義實亦即法西斯主義)，都是產生於不景氣的貧窮與騷亂之中，惟就思想理論言，兩者均無一完整的體系。事實上，他們重視行動而輕理論，是行動在先，然後再以理論以配合。

墨索里尼說：「我憎恨那些冷靜的理論者，我們是用熱血來思想的。」工團主義就是以立即行動以替代理論言辭的，即使亦或有若干理論，但也是片段零碎的，不相連貫而相互牴觸。他們只是被狂熱的情緒所驅使，類乎歇斯底里式的高喊口號。但探究其思想，畢竟有其淵源，甚而可遠溯早年文藝復興時的馬基維里及宗教革命時期的馬丁路德。馬基維里唱政治無道德的霸術論，並緬懷羅馬帝國的光榮。馬丁路德雖然在宗教思想上，有個人主義及民主政治的傾向，但在政治上卻強烈的走向專政，及充滿國家主義的色彩。此後盧梭的浪漫主義，及受盧梭思想影響甚深的德國唯心主義，都給予法西斯主義者許多啟示。斐希特、黑格爾的國家理論，以及嘉萊爾 (Carlyle, 1795–1881)、叔本華 (Schopenhauer, 1788–1860)、萊脫契凱 (Treitschke, 1834–1896)、尼采 (Nietzshe, 1844–1900) 等人，可能都給予法西斯主義若干理論基礎，而其共有特點，即在於注重於意志力，不注意認識，重權力輕快樂，武力勝於辯論，戰爭勝於和平，貴族高於平民，宣傳的謊言優於客觀的事實。因此使法西斯主義反理性、反民主、反自由與平等，崇拜英雄，歌頌戰爭，而在民族仇恨下滋生出褊狹而狂熱的民族主義，發展成為對世界權力的貪婪與野心。

第二節　法西斯主義思想的內容

一、反理智主義

反理智主義是為法西斯主義的基本精神，因此他們蔑視理性的論辯、冷靜的分析，與客觀的真理，此在墨索里尼、希特勒的言論中，隨處可見。希特勒說：「一個精力充沛的人物，其價值勝過一千萬胡言亂語的知識份子，他們是國家毫無用處的廢物。」他們重視的是本能與直覺，喜愛農夫的單純質樸，以及原始的感情，果敢的意志，斷然的行動，用鐵與血去獲

致真理，他們希望的是文藝復興以前的那種中古式的信仰。墨索里尼在其所著《法西斯主義之社會及政治原理》(*The Social and Political Doctrine of Fascism*) 中說：「法西斯主義雖然缺乏那種有美麗的定義，有精詳的解釋，有標題有節目的理論，但我們有一件更重要的東西——信仰。」為達到一單純信仰的目標，便需要宣傳，德國的國社黨在此一方面尤勝於義大利的法西斯。而事實上他們之注重宣傳，就是對群眾撒謊。希特勒在他所著《我的奮鬥》(*My Struggle*) 中說：「就宣傳而言，對象民眾愈是廣大，則理智內容應愈低微。……所含理智愈淺，所牽情緒愈多，則所得效果愈大。」他認為民眾心理簡單，接受大謊要較之接受小謊更為容易；內容簡單及約定範圍，重覆的運用口號標語，是為宣傳成功的原則。

　　法西斯主義之讚頌武力與戰爭，乃是必然的。墨索里尼在《法西斯主義之社會及政治原理》中說：「法西斯主義不但認為永久的和平不可能，並且認為不必要。只有戰爭才能使人類的能力達到最高度的緊張，才能使一個勇敢的民族得到高貴的光榮。」希特勒在《我的奮鬥》中則說：「戰爭屬於永恆，戰爭屬於普遍。並且無所謂開始，亦無所謂和平。戰爭就是生活，任何爭執就是戰爭，戰爭是一切事物之起源。」因而他們也同樣主張英雄主義，而反對平等與民主。墨索里尼說：「法西斯主義根本反對多數人只因為他們是多數就可以統治人類社會，它反對用按期選舉的方法所得到的一個數目就可以成為政府，它堅決主張人類那種永久不變的不平等，這種不平等是有利於人類社會的，絕對不能用普選的機械方法而勉強使大家永遠平等。」他們認為民主政治的平等，是荒謬而虛偽的，評譏多數統治及投票選舉的制度。人間存在有永不能變更的不平等，是絕不能用機械的程序可予磨平的。墨索里尼說：「所謂民主政權，只是每隔若干時間，給予人民一種主權在民的幻覺，而實在的有力的主權，仍自掌握在其他不露面不負責的勢力手裏。民主政治本是並無一位君王的政權，實則受制於許多君王，要比一位君王乃至一位暴君更專制，更暴橫，更殘酷。」❶

二、國家絕對論

　　法西斯主義對於國家的基本觀念，與民主主義和共產主義均不同，惟與共產主義具有同樣的結果，即是極權的國家。依法西斯主義的理論看來，國家本身就是一個精神道德的事實，因此將國家視為絕對，而一切個人或團體，與國家相比，只是相對，國家本身具有意志與人格，是一個倫理國家，一個道德實體。墨索里尼說：「照法西斯主義所想像和建立的國家，本身就是一個精神道德事實，因為其政治、法律、經濟組織皆為具體事物。不僅如此，此種組織自必在其起源與發展之中，成為整個精神之表現，國家乃是對內對外安全之保證人，經過數百年在語言風俗及信仰之中滋長發育，國家也是民族精神之保管者與傳遞者。國家不僅是現在的，亦是過去的，而且更是將來的。只有國家才能凌駕個人生命短促的局限，以表示國家積極的道義，國家的形式可以改變，但國家的需要永遠不變。只有國家能化育其國民於文明道德，能將使命意義賦予其國民，使他們自覺其所負之責任，使其團結一致，公正的調和他們的利益。國家觀念如果低落消沈，一般人或個別團體如果趨向分崩離析，則民族國家亦必走向衰敗沒落。」依此而言，國家並不是只關心人民生活安全的守護者，也不是只為物質目的的經濟利益而設置的機構，如只為某種程度的安全或繁榮，一個行政機構便可做到，亦即是說國家並非人民的工具，或是某種工具，而是其本身即為目的，相反的人民才是工具。依照法西斯主義包羅萬象的理想，國家應當領導並且指揮全國各種活動。任何組織，不論其為政治的、經濟的，均不能排除於國家之外。所以法西斯主義是接近人民的以政治道德來教育人民，並且組織人民，不僅以職業的、經濟的觀點而組織，而且是以軍事的、文化的、教育的觀點而組織。❷

---

❶ 參閱浦薛鳳編著《現代西洋政治思潮》，九十五頁。

　　因此法西斯主義的國家，乃是一個整體，一個道德的、政治的、經濟的整體，具有生命、目的，一切個人與個體，須遵從國家整體的目標。在法西斯主義下的人，是屬於國家及其祖國的個人，而絕不是一個人為一個單位，乃是一代又一代為單位，將個人與代代結合為一個傳統，一個任務，個人應當壓制其獲致一時短暫的歡樂，以便在其責任範圍內，獲致一種超越時空限制的更高超的生活。在此種生活中，經由克制自己，犧牲私人的利益、生命，提升個人生命的價值。國家乃是一個有生機的整體，作為部份的個人只能生活於國家整體之中，離開國家便毫無價值可言。因此法西斯主義反對民主主義為了個人利益而否定了國家的價值，同時亦反對共產主義的階級鬥爭，無視國家應在一個首領下各階級的統一。法西斯主義以新的有機觀和歷史觀以取代舊的唯物觀及機械觀，建立個人為國家服務的新觀念，以取替國家為個人服務的舊意識，個人是工具，國家是目的，以國家權利代替個人權利。以法西斯主義者言，十八世紀是將個人從國家中救出來，二十世紀則應將國家從個人中救出來。

　　就以上所言，法西斯主義對於民主主義之重視自由與人權，均認為是陳舊朽腐的思想而予以拒絕，因為此皆立於唯物論的個人主義。法西斯主義更認為個人自由實乃緣起於社會，而係由國家所賦予，故自由應著眼於社會利益及國家情況所許可的範圍內，除此而言，個人自由是毫無價值的。因為自由可導致派系主義的發生，故必須增加國家權力以消滅自由，個人的一切活動，要受到國家的控制，一切反映個人利益的制度，必須應由代表國家利益的制度以取代，無論教育、宗教、商業、勞工、康樂、新聞等，都須接受國家的管制。因此國家不可有兩個或兩個以上的政黨，那顯示大眾對國家問題及政策的分歧與衝突，應該僅有一個政黨，其他的必須予以消滅。義大利法西斯主義之理論家項蒂爾 (Giovauni Gentile, 1875–1944) 在

❷ 參閱《法西斯主義》，二一三頁至二一四頁（帕米爾書局編輯部編）。

其所著《法西斯主義哲學基礎》(*The Philosophic Basis of Fascism*) 中表示，國家與個人是一而二、二而一的，兩者同是一個組合物的不可分離的因素，國家與人民自由，構成一個連續無縫的圓，其中權威以自由為先決條件，自由亦以權威為先決條件。蓋因自由惟在國家之中始得存在，而國家意識即為權威，而國家權威是絕對的。換言之，國家與個人，猶如大我與小我，個人與國家融為一體，此始為一十全十美的民主國家，遠較傳統的民主政治為優，因此國家應教育人民，使人人有此共同的意向與體認。❸

　　在此種理論下，國家必然是極權的，而極權的範圍不只限於政治組織及政治動向，而是有關整個民族國家之意志思想和情感，乃至於人民生活的全部。

三、優秀種族論

　　法西斯主義由於反理智，反對審慎的分析及客觀的真理，而重視直覺及單純的信仰，因而他們理論的基礎，便常建築在一種「祕思」(Myth)上。所謂「祕思」，是一種若有若無、似真似幻的意識中的存在，但是它卻包含著具有價值意義的種種信念及想像。它雖然不必有確切的根據及客觀的證明，但它給予人直覺上的信仰，產生一種熱情與勇氣，無形中支配社會人心，甚而導引國家發展的動向。義大利的法西斯主義相信其為羅馬帝國的後繼者，而以恢復羅馬的紀律統一與光榮，為其神聖使命。德國的納粹主義則更製造一種優秀種族論，以滿足其自負狂妄與貪婪，以遂其侵略擴張的帝國企圖。

　　德國的納粹主義與義大利的法西斯主義，在思想理論上頗為類同，惟在對國家觀念上有其差異，如前項所言，後者認為國家是目的，而前者卻認為國家是工具，但也並非以人民為目的，而是以民族為目的。希特勒在

---

❸ Gentile: *The Philosophic Basis of Fascism*, p. 699.

其《我的奮鬥》中曾認為：「國家猶如容器，種族則為其內容，國家之最高目的，乃在於盡心竭力保持其種族的各項原始基本因素，創造一個更高人道的華麗與尊嚴。」但納粹主義固視國家為工具，民族是目的，但依然是崇揚國家，同樣的擁有籠罩一切的極權。

納粹主義既以民族為目的，便認為民族至上，而且各民族中以德意志所屬亞利安族 (Aryan) 至上，是為全世界最優秀的人群民族。為此他們便創出了一種祕思，其最主要的理論家羅森保 (Alfred Rosenberg, 1893–1946) 曾著《二十世紀祕思》(*The Myth of the Twentieth*) 一書，特別闡揚此一論說，然此一祕思，亦有其淵源。十九世紀法人葛賓南 (Count de Gobineau, 1816–1882) 著《論人類種族之不平等》(*Essay on the Inequality of Human Races*) 一書，認為世界人種中以白種人最優秀，黃種人次之，黑人最劣，猶太人則為「類似黑人」(Negroid)，種族之雜交婚配，可導致民族的退化。亞利安人是為白種人中最優秀者，而其中條頓族又為具有最高水準者。英裔德人張伯林 (Houston Steward Chamberlain, 1855–1926) 復於一八九九年出版《十九世紀的基礎》(*The Foundation of the Nineteenth Century*) 一書，指出西方文明的一切偉大貢獻，及歷史上最偉大人物，皆出於德國的條頓族。羅森保則進而認為整個人類歷史，便是一部種族鬥爭史，優勝劣敗，強者必統治弱者。歷史證明亞利安族是為最優秀民族。此一民族發祥於北歐，其中有一部份移居於印度、波斯、希臘、羅馬等地，這幾個古文明國的文化，皆為亞利安族所創造。為使今後人類歷史更輝煌的發展，必須保持亞利安族的純淨，而劣等民族則應予以淘汰消滅。納粹主義者最為痛恨猶太人，他們認為猶太人使種族混雜，煽動國際陰謀，對於財富更是無恥的貪婪。他們乃視猶太人為公敵。立志要使其滅種，因而在二次大戰中有屠殺六百萬猶太人的最不人道的殘酷紀錄。

為配合其優秀種族論，及其征服世界的野心，而又有「生存空間」(Lebensraum) 的一套理論，這是郝斯豪佛 (Karl Haushofer) 根據英國地理學

家馬金德 (Halford Mackinder) 所倡「心臟地帶」而修正倡出。所謂「心臟地帶」係指歐亞大陸而言，馬金德認為誰能控制此一心臟地帶，便能支配世界，而此一地帶之控制又以能否控制東歐為定。郝斯豪佛乃採用此一理論，贊成德國應向東方擴張。他認為德國缺乏生存空間，必須向東方擴張其領土，並且主要以俄國為犧牲對象，希特勒的攻佔路線，便依此而定，而使「血統與地緣」成為當年德國最流行的口號，研究地緣政治學是為學校中不可或缺的課程，而其結論是優秀的德國人有統治世界的權利，有德國人處便是德國。希特勒說：「世界的和平，絕不是用那些滿臉淚痕的婦女的撫摩就能達到的，必須賴有一個有統治能力的民族，武力戰勝了世界之後才可以達到，用武力征服了世界之後，才能產生更高的文化。」

四、獨裁的統治

納粹主義者雖肯定亞利安族優於其他民族，但此並非表示亞利安民族內各份子一律平等，各種族間既不平等，則種族內每一份子亦不平等。他們認為人類天生即不平等，民主主義之最大錯誤，就是企圖消滅個人間之差異，而使之平等，實際上民主制度下的人民，僅只是代表自私利益的相衝突。國家應當承認不平等的真實性，並應配合此一原則而設計其組織機構，統治系統。優秀份子應屬於一特權組織，他們是為統治階層，一般群眾則必須服從其領導，群眾缺乏推理的能力，不能了解國家諸多問題的複雜性。無論希特勒或墨索里尼都是蔑視群眾，但卻都知道利用及煽動群眾。至於優秀份子，他們在為生存而競爭時自會出人頭地，他們應當組成一個政黨，以鞏固其權力。

在凌駕於優秀階層及群眾之上的，則是最高領導人物。在所有法西斯主義國家的教條中，最高領導者所居高位，並非僅止於政治職位，希特勒之所以藐視總統或總理等官銜，而採用「元首」 (Der Fnehrer)，是表示領導者總攬一切，一切權力集於一身，領導群倫。元首不止是為全體人民的

代表，而是整個民族一切屬性的化身，他可以代表全體人民發言，而永遠代表人民最真正的意見，他同時也是黨的黨魁及政府最高首長，他制定及審查法律，他將行政權、立法權、司法權均掌握手中。在元首之下，固然仍有他的許多屬下擁有若干權力，可是他們要完全對元首負責，最初司法界亦曾有人反對元首的命令可取代既有的法律，但不久便遭到整肅。希特勒乃設置由忠貞黨員所控制的司法機構，以及祕密警察 (Gestaps)，主要任務在審判政治案件，他們本身即是法律，其行為不受法院審判。

元首之所以總攬一切而獨裁，因為他不是議會政治的多數代表，也不是某一特殊集團的代表，只是有執行他人意見的義務，那樣將降低了元首的地位。元首是頭腦最清晰的人，他可將人民純粹的感情化為有意識的意志，他個人可擬定人民集體的意志，俾使國家統一於一尊，以消泯人民間相衝突的私自利益。希特勒說：「事無鉅細，都應當服從元首的權威，元首是完全負責任的。」

因此一切權力集中於元首，他制定一切法律，提出及實現偉大的目標，擬定一切運用民族力量的計劃，他有權要求全民的通力合作，沒有任何事物不在元首及國家權力管轄之下，無論教育、工業、文化都是民族力量的一部份，都需要受到控制與指揮。對於元首領導的正確無誤，必須毫無懷疑的接受。希特勒的助手戈林 (Goering) 說：「在政治或其他方面，凡有關民族與社會利害者，元首所作決定，萬無一失。」司法部長佛蘭克 (Hans Frank) 說：「我們經常說此為是或此為非，今日我們卻必須問，我們元首將如何指示，此種對元首之態度，乃是一項絕對必須。……希特勒之權威蓋得自上帝。」在義大利的法西斯亦有同樣的情形，其一九三八年所訂軍人十項信條中，第十項的條文便是：「墨索里尼的一切決定，必然準確。」在德國的「希特勒少年」組織中，有一篇朝夕背誦的祈禱文，其中則直接將希特勒視為上帝。❹

第三節 　**極權與民主**

一、極權政治的面貌與本質

就上節內容所述，將法西斯主義的思想加以剖析，不難看出其是為殘暴的專制獨裁政治。法西斯此一名辭，已被視為極權政治的代辭與別名，並曾鑄造了歷史上的大錯誤，掀起第二次世界大戰，釀成了人類的大悲劇。而蘇俄自一九一七年十月革命，由共產黨奪取政權後，所執行的所謂無產階級專政，也是不折不扣的極權政治，雖然自表面看來，其與法西斯主義是相反而敵對，但事實上揭去理論的外衣，卻是一丘之貉，有其本質的類同。茲將極權政治的面貌與本質論述於下：

㈠**反理性：**反理性亦即是反人性，極權主義之政權的獲得，均係訴諸非法的暴力，其政治理論，完全不注重理智的分析，客觀的事實，而置基於虛妄的祕思，或以先知式的口吻，製造一套夢囈般自白式的理論架構，及渺不可及永不能實現的目標，但卻成為不容置疑的教條，自欺欺人的直接灌輸於人民，使人民在長期的洗腦之後，不再有自己的意念，人人之發言，千篇一律，有如錄音帶的播放，不僅使人不能有沈默的自由，而禍從口出，一語錯出，便遭大禍，使人民失去自我的個性及尊嚴，也失去良知與良心。

㈡**否定人民基本權利：**極權主義每每強調國家或社會全體的權利與權威，使個人僅成為全體的工具或奴工，毫無個人生活的意義及生命的價值。在虛無的理想目標，美麗的標語口號中，充滿了謊言與欺騙，並且將手段與目的混為一談，哄騙千千萬萬的人民作無謂的犧牲。而不論在任何時間空間，都存在有敵人，都強將人民劃分為不同而相敵對的階層，如納粹之

---

❹ 同❶一二一頁至一二二頁。

將種族分為優劣，大肆屠殺猶太人，共產極權更強調階級敵人，或將人民強行紅黑分類，彼此敵對，所以在極權主義下，只有必置之死地而後已的敵人，沒有公平競爭的對手，以致整個社會充滿仇恨血腥，荒謬無恥與暴戾，即使是家人骨肉，也人人猜忌，互不信任。

⑸**極權統治**：極權主義國家對人民的管理，可說是無微不至，及於身心的各方面，從生到死的生活每一細節。由於國家萬能，以國家取代了社會，人民沒有了屬於自己的社會生活、個人生活，一切都是政治的，都是屬於國家的。而政治的禁忌特多，常使人噤若寒蟬，生活在高度緊張的恐怖之中，特務組織嚴密的控制著每一角落，集中營遍佈各地，可以不經任何法律程序，任意將人民逮捕囚禁，折磨殺戮，此種極權專制較之古典式的君主專制，要超過千萬倍，因為它使人如槁木死灰，但只盲從，逢迎權威，以求一己的苟延殘喘，完全失去生活的希望與情趣，以及為人的意義及價值。

⑷**個人獨裁**：極權主義的政治組織，無不是金字塔及一條鞭式，其政治首領獨攬一切大權，以行政指揮立法，事實上首領的命令即是法律，字面的法律亦僅是徒具形式而已，以其特選的所謂精英份子為各級政府幹部，享有特權，而層層節制，最後歸於獨裁者一人，並且利用各種宣傳，亦即是利用編造的謊言，塑造首領如神，騙取人民絕對服從其領導，而政權的轉移，無有法定程序，縱有亦如虛文，乃每每訴諸暴力與流血。

⑸**否定國際組織及秩序**：極權主義忽視一切國際組織，縱有，也只是被利用作為鬥爭的工具。而極權主義者皆好鬥成性，如法西斯主義視戰爭為理想為永恆，戰爭乃屬生活常態，惟有戰爭，才能發揮人類智能，提升人類文明；共產極權則強調階級鬥爭的歷史觀，如此人類勢必永無休止的戰爭復戰爭，鬥爭復鬥爭，強將國家劃分界線，必埋葬資本主義及一切階級敵人而後已。在世界各地製造動亂，滲透顛覆，暴力戰爭的流血慘劇，使全人類都深感惶恐不安。

二、對民主政治的探討

當第一次世界大戰時，美國威爾遜 (J. W. Wilson, 1856–1924) 總統曾為此一戰爭而發言說：「為使民主政治能在世界中得到安全而戰。」戰爭結束，民主的一方獲致勝利，但不幸的是短短二十餘年之後，二次大戰再起，此次戰爭仍然是民主與法西斯主義的極權之戰，結果仍是民主一方獲勝。不料歷經兩次人類浩劫至於今日，極權政治雖已漸沒落，但仍有殘存於世，故亦應將民主政治作一探討，試與極權政治作一比較分析，以得知孰優孰劣，何者適合人類理性生活的發展。

民主政治的成長，的確是歷經艱辛，得來不易，前所講述諸多倡導民主政治的思想家之理論，如主權在民，自然權利，契約同意，群眾樂利，立憲政體，多數決定，治權制衡等，皆是為民主政治的理想依據。而來自中古的宗教平等觀念，宗教議會之召開，對暴君專制之反抗，乃至一六四八年的清教革命，繼之一六八八年的光榮革命，一七七六年之美國獨立革命，一七八九年之法國大革命，而演進到一八四八年的歐洲普遍革命，到了二十世紀初葉，民主政治終於在歐美各國漸次實現，但卻也在二十世紀的上半個世紀以至於今日，是一連串的戰爭噩夢，雖然前兩次大戰，民主終獲勝利，但何以勝利不能持久？許多人乃懷疑而探討民主政治必有其弱點，無怪乎德義右傾的法西斯極權曾平地崛起，稱霸一時，效尤者亦曾紛紛而起，迄今未止。

許多批評民主政治的學者認為其缺失，就其種種思想理論言，在當年爭取民主時，如英美法等國革命時期，都曾予人美好的憧憬、理性的認同，但事實上這些理論，都是出諸政治哲學家的推理臆測，籠統含混，只見森林不見樹木，一旦民主政治真正實施，具體運作之時，乃問題叢生，理論與實際間，不能相符，更有許多理論，使人有虛幻不實之感，如自由，如平等，皆問題重重，都有如空中樓閣，極權主義者竟亦可假冒民主，甚而

說其民主更為圓滿，乃使是非混淆莫辨。許多學者提出證明人之先天稟賦本不平等，如強調多數統治，則民主政治無異愚民政治，而事實上任何民主國家的統治階層，仍為少數，而此少數雖或經由選舉產生，但卻常為富人之金錢壟斷，或為政黨的組織把持，才德之士，不屑嘩眾取寵，向人民諂諛而拒絕參予。而政府機構之間，由於互相制衡，乃致呈現脆弱、阻礙、停滯現象，不能應付艱危，因此民主政治，實際上是不可能的、不真實的，至少是不公平、不澈底、不完善及無能力的。

　　以上對民主政治的不滿批評，雖容或有吹毛求疵之嫌，卻也絕非是無的放矢。但事實上，世上從來沒有十全十美的理想國，民主政治也是在歷史進步發展中逐漸成長，是人類長久經驗的選擇，它固然有若干瑕疵，但截至目前，與以往曾經有過的任何政治體制比較，它畢竟是較好的。上述許多批評，均可以辯駁。對民主政治最有研究的英國學者蒲萊士(James Bryce, 1838–1922)，就曾作肯定的表示，儘管批評民主的缺陷，然有何更佳者可替代？比較之下，它畢竟是缺點最少的，民主政治當然是並不完善的，但當民主政治施行之後，它只是方法而不再是目的，惟其不完善，正可隨時加以改進。極權主義者每強調其政治哲學的必然性，設想一虛無而永不能實現的目標，而為實現此一目標的每一措施，都是不容置疑的，以驅使一代接一代的人民永遠被奴役。

　　民主政治施行至今，還沒有一個大家一致公認的定義，民主政治制度，也並沒有統一的形式或範本，各國的歷史文化及環境不同，可以各有其不同的制度及型態，以實現民主，無須厚此薄彼。但有幾項要素，是為今日民主政治必須具備而承認的，那就是國家主權在人民，重視人民的福利，及立憲的政體，同意的政府，開放的社會，個人的尊重，立足的平等，不斷的進步。上述每項要素，都有豐富的含意，都有其不可或缺的重要性。而民主政治可貴之處，是人人遵守法治，而法律乃根據人民的同意。政權的轉移係透過和平的手段，公開競選、公平競爭、多數決定，且掌握政府

治權者，有一定的任期，而必須注重人民的權利，負有政治責任，政治紛
爭經由妥協調和的過程以謀解決，使每個人民受到尊重，享受到真正自由
平等的幸福，這都是順乎人性，合乎理性的。尤其是二次世界大戰之後，
一般民主國家走上所謂福利國家的道路，採行社會安全及福利政策，不僅
使人人政治平等，而更切實際的注意到經濟安全，社會公平，使人民生活
於一個美滿樂利的社會中，無虞匱乏，養生送死無憾。

三、結　語

　　以上將極權政治與民主政治，予以分別評述，孰優孰劣，何者更適合
人類理性的生活，應可得見。惟前已言之，民主政治並非完美，其中有幾
點是應當加以注意的。

　　民主政治是以爭取自由而開始的，但自由的真義究竟為何？法國大革
命以爭取自由為其第一目標，但當時革命的結果，自由反而由天使變為魔
鬼，變為罪惡的別名。事實上孟德斯鳩早已提出自由的範圍，應以法律定
之。民主政治即法治政治，人民不能無法律的規定而獲得自由，自由亦不
能因法律的限制而喪失。再進而言之，當初爭取自由、爭取民主，以民主
為目的時，人民為維護其自由，總樂意實現「最少管理即最好政府」的願
望，對政府權力抱有戒懼的心理。但以今日視之，政府能力不足，反使人
民自由得不到保障，因此今日我們對政府無須再抱消極抗拒的態度，因為
民主政治乃責任政府，其所擁有的任何權力，都是一種制度化的權力，不
是屬於某一人的權力。無論具有任何職權的政府，其組織、職掌，以及權
力行使的方式與範圍，均一一載之於法。

　　再者個人自由與國家安全之間，究應如何協調而不致使個人自由與國
家權力相互衝突？自由的範圍固然以法律定之，但法律的制訂，究應採取
何種原則，才能對自由的保障恰到好處？關於此，乃仁智互見，難得有放
諸四海皆準的規格，但總必須要顧及到國家安全，而這又要隨各國之背景

及所遭遇之非常狀態而異。民主先進國家如美國，亦有「護憲的獨裁」(Constitutional Dictatorship) 制度，作為一個民主國家的國民，應當有信任其國家及政府的基本認識，及維護法治，遵守法律的責任與義務，而不應該有排斥其國家，抗拒其政府的不當心態，更不應該有藐視法律，以違法而逞雄的乖謬意識。因為民主國家即是法治國家，而法律是人民所同意而授權的立法機關，經由法定程序所制定，如此法律，乃係國家之公器，是人人的保障，法律是人人的法律，國家是人人的國家，個人並非立於國家之外，實係在國家之中，與國家休戚相關。而國家之處境有危有安，有富足有窮困，則人民應如何同心協力，並享康樂或共渡難關，能有此體認，則所謂國家權力與個人自由的問題，自可化解烏有，此種體認，亦即是作為一個民主國家的國民，應有的態度及認識。邊沁在論及平等與安全時，也是以安全為重，他認為「失去安全，便失去一切」，此一警語，也是不可不注意者。

　　另外自由與平等的問題，也在民主政治中常引起爭論，甚而有人認為此二者是互相排斥的，偏右者為自由而要捨棄平等，偏左者又為平等要捨棄自由。殊不知自由與平等必須平衡發展，不可有所偏頗，否則便會喪失民主政治的真義與價值。事實上自由與平等，乃是一個觀念而有兩種不同卻又密切相關的表現而已，其主要分別，在於出發點與重點，自由從個人開始，然後推廣至團體；平等則從團體開始，然後及於個人。自由與平等乃是一個問題的兩面，兩者都排斥極端，而崇尚中庸，自由的正確觀念是一方面反對暴政，另一方面亦反對無政府的放縱狀態；平等的觀念則是不能接受特權階級，同時也排斥絕對的完全相等一致。由此亦可知，自由與平等乃是有一貫相通的道理，二者實乃同出一源，同出一理，並無矛盾衝突之處。有平等的自由，乃為人人所擁有的自由，則自由非為少數超人及暴力份子所獨有的自由；而有自由的平等，才是真正的平等，不再是政治的謊言，奴役的別名。

　　前面曾述及自由與法律關係之密切，惟法律縱多如牛毛，仍不能將人
的行為，一一納之於法，何況法律是普遍性一般性的，但人際關係，則常
有其特殊性，個別性。民主政治事實上並不是完全靠法律所建立的，於是
我們發現穆勒所言，民主政治的背後，必須還要有一個民主社會，的確是
卓越的見地，否則一切法律制度成為偽裝。所謂民主社會即是一個寬容的
社會，所以在今日一個民主國家中，自由的觀念，已不再只是消極的要求
對個人自由的保障，而是更要積極的相互尊重他人的自由。不僅是消極的
己所不欲，勿施於人，更應當進而積極的抱有人飢己飢，人溺己溺，立人
達人的胸懷，而真自由真平等的精神，實亦在其中。因此一個國家應先在
社會上培養民主生活的規範，而習以為慣，才可以建立堅強的民主政治之
共信。

西洋政治思想簡史　　逯扶東／著

本書雖以精要為主，然全書自古代希臘、羅馬，經中古而至近代、現代，所有具有代表性重要政治思想家之論著均一一述評。如自柏拉圖、亞里斯多德，經中古至文藝復興時期之馬基維里，而至近代之霍布斯、洛克、孟德斯鳩、盧梭、康德、黑格爾、邊沁、穆勒，以及之後的馬克思與社會主義各主要派別、法西斯主義之極權政治，皆列為重要篇章，是以首尾俱全、脈絡清晰，而少繁蕪冗長之弊。

西洋政治思想史（七版）　　薩孟武／著

本書有三項特點：（一）分古代、中世、近代三篇，每篇第一章又分若干節，說明該時代該社會的一般情況，依此分析每個政治思想發生的原因及其結果。（二）精選每個時代代表學者的代表思想，人數不求其多，說明務求清晰，使讀者容易瞭解某一時代政治思想的特質；尤致力於說明時空背景、何以產生此種思想、對後來有何影響。（三）外國著作固不必說，就是國內學者亦不能將西洋政治思想與吾國先哲的政治思想做比較；本書於認為有比較的必要時，用「附註」之法，簡單說明中西思想的異同。

歐美民主憲政之源流：從古代民主到現代民主之實踐

王晧昱／著

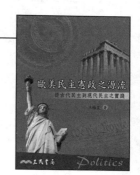

　　本書探究歐美民主憲政之緣起，及其締造和發展的艱困過程與主要路徑，重視不同時代統治者與被統治者的互動，以及面對其間矛盾與衝突的因應作為，並檢視各時代的政治理念、政治勢力和政治制度的演化，以及在不同時代的變遷結構下，所層層注入的不同內容，尤其是抗爭者與思想家所主張的訴求，這種種因素的累積，和層層的積效，造就了現代的民主憲政，本書進而檢視現今歐美國家民主憲政上所形成的多樣風貌，以認識其實踐和發展成果。

中國政治思想史（四版）　　薩孟武／著

　　本書共分六篇，自先秦乃至明清，擇要介紹各時代重要的哲人與其政治思想，讓讀者能博覽諸子並掌握其思想精要。相較於其他史學著作，本書著重於政治思想，故凡思想與政治無關者均捨去不談，為讀者節省寶貴的時間。另外，本書資料豐富且完整，引文均註明出處，詳載哪一書、哪一卷、哪一篇，便利讀者檢索原文。

中國社會政治史（一）～（四）　　薩孟武／著

　　本書共分四冊，自先秦乃至有明，歷數朝代興亡之根源。其資料之蒐集除正史外，實錄、文集、筆記、奏議等也多擇其要者而引用之。相較於其他史學著作，正如書名所示，本書更著重於社會、經濟、思想、政治制度間的相互關係。作者相信，欲研究歷史，必須知曉社會科學，方可兼顧部分與整體，而不致徒知其所以而忘忽其所由。

政治學（五版）　　薩孟武／著

　　凡是一種著作，既加上「學」之一字，必有其中心觀念。沒有中心觀念以聯繫各章節，不過雜燴而已。本書是以統治權為中心觀念，採國法學的寫作方式，共分為五章：一是行使統治權的團體──國家論；二是行使統治權的形式──政體權；三是行使統治權的機構──機關論；四是國民如何參加統治權的行使──參政權論；五是統治權活動的動力──政黨論。書中論及政治制度及各種學說，均舉以敷暢厥旨，並旁徵博引各家之言，進而批判其優劣，是研究政治學之重要經典著作。

政治學概論：全球化下的政治發展　　藍玉春／著

　　臺灣是一個非常好的民主政治實驗室及觀察場域，本書扣緊臺灣時事與全球脈動，兼具議題廣度與論述深度，拋棄傳統政治學冷僻生澀的理論，直接爬梳當代全球化趨勢下的主要政治現象與實務，並對照臺灣相關的政治發展。前半部分析權力運用及民主的特色與缺失、第三波民主化浪潮與茉莉花革命、公民投票、總統直選、憲政體制、媒體與政治親密的危險關係；後半部則在全球化的大架構下，分析人權演進與斬獲、國際政治與經貿的高度依存關係、區域整合與治理、環保生態與經濟發展的兩難困境、女性領導人崛起等重要議題。

　　讀者用心閱讀完後，也能變成政治學專家，成為紛亂時局中政治議題核心意義的掌握者，或至少，在當今公共事務皆泛政治化的趨勢中，不再是追隨者、承受者，而像顆大岩石般，是一個頂得住浪潮的堅定清醒者。

政治學方法論（二版）　　呂亞力／著

　　本書內容包括狹義的政治學方法論、政治研究的基礎、政治分析的主要概念架構，聚焦於政治現象的實證研究與政治問題的理性思辨，內容深入淺出，針對政治研究的方法、理論皆有著墨，對於從事政治學研究的讀者而言，實為值得一讀再讀的經典之作。

公共政策（三版）　朱志宏／著

　　本書從理論面與實務面分別對如何妥善規劃政策方案、爭取支持政策方案、監督公共政策執行、監測、評估政策結果、掌握政策管理原則等公共政策重要課題，做了周延、深刻的剖析。

　　作者以其優越的專業知識與傑出的文字能力，撰就此書，內容豐富、文字嚴謹、可讀性甚高，可作為在校選修「公共政策」或相關課程，以及準備參加國家考試學子的最佳教材，亦是政府決策官員及其政策幕僚最有價值的參閱資料。

中華民國憲法：憲政體制的原理與實際

蘇子喬／著

　　本書作者以深入淺出的筆觸，結合政治學與法學研究方法，對於我國憲政體制進行全面且深入的探討。本書介紹了民主國家的憲政體制類型，對我國憲政體制的變遷過程與實際運作進行微觀與巨觀分析，並從全球視野與比較觀點探討憲政體制與選舉制度的合宜制度配套。本書一方面兼顧了憲政體制的實證與法理分析，對於憲法學與政治學的科際整合做了重要的示範，另一方面也兼顧了微觀與巨觀分析、學術深度與通識理解、本土性與全球性分析，非常適合政治學與憲法學相關領域的教師與學生閱讀，也適合對憲政體制與臺灣民主政治發展有興趣的一般讀者閱讀。

國家圖書館出版品預行編目資料

西洋政治思想史／逯扶東著.——二版一刷.——臺北
市：三民，2023
面；　公分

ISBN 978-957-14-7552-3 （平裝）
1.政治思想史 2.西洋政治思想

570.94　　　　　　　　　　　　111016913

西洋政治思想史

作　　　者	逯扶東
發 行 人	劉振強
出 版 者	三民書局股份有限公司
地　　　址	臺北市復興北路 386 號 (復北門市)
	臺北市重慶南路一段 61 號 (重南門市)
電　　　話	(02)25006600
網　　　址	三民網路書店 https://www.sanmin.com.tw
出版日期	初版一刷 2002 年 10 月
	初版四刷 2008 年 1 月
	二版一刷 2023 年 1 月
書籍編號	S571210
I S B N	978-957-14-7552-3

三民書局